スピノザ『エチカ』講義

批判と創造の思考のために

Leçons sur l'*Ethique* de Spinoza, Pour la pensée critique et créative

江川隆男

法政大学出版局

目次

第Ⅲ部　〈神‐自然〉とは何か

序論　批判的で創造的な

『エチカ』の特異性——人類にとって不可欠な〈倫理-哲学〉書

本書は、一七世紀のオランダの哲学者、バルーフ・デ・スピノザ（一六三二—七七年）の主著である『エチカ』（*Ethica*）全体についての「講義書」である。本書は、単なる解説書や概説書ではない。本書は、現代においてもっとも読まれるべき哲学書についての、つまりもっとも現代的で反時代的な意義を有した書物についての、意味の変形や価値の転換を含んだ仕方で——つまり、系譜学的に——読解された一冊の「講義書」である。著者は、スピノザの『エチカ』を単なる過去の偉大な哲学書としてではなく、むしろ現代のあるいは未来の人間に対して問題提起する書物として、なるべく理解しやすいかたちで読者に提示したいと考えている。本書は、こうした意味において、探求の様式を纏った一冊のスピノザ論である。

スピノザの哲学は、自然に内在し存在するものをどこまでも肯定しようとする哲学である。その限りでこの哲学は、極限まで表現の問題を構成する思考を探求することになる。不完全なものあるいは非実在的なものは、自然のうちにはけっして内在しない。つまり、否定的で欠如したものは、自然においては絶対に存在しない（〈否定-世界〉は、存在しない）。これは、スピノザが言う「必然性」の意味でもある。では、こうした自然の完全性あるいは実在性は、われわれにとって実際に——つまり、実践上——どこで肯定され、どのように定立されるのであろうか。それらは、何よりも人間の存在を最初に存立させる各個の人間身体の肯定性において、あるいはそうした各個の人間身体の実在的触発において以外にありえないであろう。こうした〈肯定性〉と〈実在性〉のもとで人間身体を哲学のうちに導入したということを考えるだけでも、スピノザが西洋哲学のうちでどれほど異端的で例外的な思考を展開したのかがわかるであろう。というのも、西洋哲学は、古代のギリシア哲学から始まって現代の諸々の哲学まで、つねに〈否定－欠如〉を媒介とした思想、〈身体－触発〉を無視した哲学を延々と展開してきたからである。言い換えると、それらは、人間身体を徹底的に無視すること（優越欲、名誉欲、等々）によって、ひたすら人間精神だけを評価し、そしてこの精神の場所《トポス》をあらゆる意味においての〈否定性の優位〉でもっぱら踏み固めてきたからである。

さて、スピノザの哲学は、その理論的テーゼから考える限り、実は有神論でも無神論でもないと言える。それは、むしろ徹底した〈自然論〉のうちにある。というのも、この自然においては、あるいはすべての事象や思考のうちには、対立（矛盾）は、けっして存在しえないからである。つまり、神に関するこうした〈有〉論と〈無〉論は、それらがともに成立するものと考えるなら、その限りでけっして対立せず、つまり相互に排除し合うことがないし、あるいはそれらが互いに対立するものと考えるなら、その限りで自然のうちにけっして存立しえないであろう。観念も物である限り、同様である。現に有神論と無神論は、実際には対立せずに自然のうちに内在しうる。つまり、矛盾の観念も、矛盾に対応するような諸事象も、けっして自然のうちに内在することも存在することもできないのだ。物の本性のうちに対立あるいは矛盾が含まれることは、絶対にないからである。そんな概念や論理を考えるのは、超越を欲望する動物、すなわちニヒリズムの動物、或る種の人間存在だけである。

スピノザの思想は、それゆえ脱－ニヒリズム的であり、その意味で西洋の哲学思想の歴史においてまったく異質である。というのも、西洋哲学の大勢は、差異を否定して同一性を何よりも優越的に思考することにあったからである。こうした思想は、最高の同一性としての〈神〉を想定して、これを頂点としたあらゆる存在者の存在の価値評価に関する位階序列《ヒエラルキー》の作成につねに従事していたと言える（この位階序列については、「第一四講義」の［図14－1］を見よ）。この位階序列を下降すると、同一性や精神性はより減少し弱められると同時に、それだけ差異は増大し、それゆえ雑多なものが、つまり物体性や質料性がより多く発生することになる。これに対して、この位階序列を上向すると、今度は同一性はより増大し強められると同時に、それだけ差異や物質性は減少し、したがって精神的なものがより支配的になる（後に論じるが、こうした一般的で常識的な、存在論的で価値論的な位階序列は、スピノザにおいては並行論の思考によって完全に解体されることになるだろう）。

読者にとってこうした問題提起の仕方は、理解し難い事柄であろうか。例えば、同一性を「善」として、差異を「悪」として考えたならば、どうなるであろうか。神は最高善であるが、この存在価値の位階序列を下っていけばいくほど、同一性という善はより減少し、それと反比例するようにして差異という悪がより増大していくことになる。言い換えると、こうした価値評価を生きるニヒリズムの動物は、悪を善の欠如として、差異を同一性の欠乏として考えることになる。つまり、同一性は肯定されるべきもの、差異は否定されるべきものという仕方で最初から評価されているのだ。これに反して、スピノザの哲学は、存在と価値に関するこうした位階序列を批判し、これらを完全に破壊しようとする。というのも、『エチカ』における神は、まさに〈差異〉そのものだからである。つまり、それは、差異を肯定する観念を人間に与えるものである。われわれは、スピノザの哲学に基づいて、このように思考し価値評価しうるための倫理学あるいは生活法を次のようにまとめることができるだろう――〈比較しないこと〉、〈差異を否定するのではなく、肯定すること〉、〈目的論ではなく、作用原因によって生きること〉、……。

私は、こうした意味での価値評価の破壊と転換を含むスピノザの『エチカ』を人類にとってもっとも重要な書物だと考える。例えば、今、本書を手に取っている読者諸賢も含めて、ほとんどの人が、実際には「哲学は多様であり、また人間にはいろいろな思考の仕方がある」、と考えているのではないだろうか。それは、たしかに正しい理解である。しかしながら、これに対して私は、あえて次のように言いたい――哲学は、実は二種類しかないのだ、すなわち、スピノザの哲学とそれ以外の哲学である、と。観点は少し異なるが、ヨハン・ゴットリープ・フィヒテ（一七六二―一八一四年）は、次のように述べていた。

――私は、もう少し注意しておこう。「自我はある」を踏み超えるときには、人は必然的にスピノザ主義に至らざるをえないのである。（…）また、完全に徹底した体系は二つしかない、すなわち、この〔自我の〕限界を認める批判的体系〔カント〕と、この限界を踏み超えるスピノザの体系とである。(1)

フィヒテにとって哲学の歴史のなかでもっとも徹底した完全な体系は、イマヌエル・カント（一七二四―一八〇四年）とスピノザによってすでに達成されているということである。事態は、現代においても同様であろう。というのも、この両者の哲学を学ぶことなしに、まさに動詞としての〈哲学すること〉を身につけることはできないとさえ言えるからである。『エチカ』に結晶化されたスピノザの哲学は、アリストテレス以来の〈形而上学《メタ・フィジック》〉などではけっしてない。人は、スピノザの哲学に「形而上学」の思考を想定すべきではない。それは、むしろまったくの反‐形而上学としての〈自然学《フィジック》〉ではないのか。そして、それは、同様に〈道徳学《モラル》〉などではけっしてない。というのも、それは、むしろ反‐道徳主義としての〈倫理学《エチカ》〉だからである。こうした意味での〈自然学〉と〈倫理学〉との完全な融合が、まさに『エチカ』の思考の根本をなしている。言い換えると、スピノザは、哲学を形而上学と道徳主義から解放したのである。この〈エチカ‐哲学〉は、それゆえ自然と形而上学、知性と意志、認識と道徳、自然法則と道徳法則、等々の一般的で二元論的な諸区分を前提とせず、むしろそれらの間の境界線を無化して、それらがもつ普遍化した超越主義を告発するであろう。『エチカ』は、倫理学と自然学とが一つの同じものであると人々に理解させるような内在性の思考そのものである。「神あるいは自然」(Deus sive Natura)(第四部、序言)というスピノザの有名な言葉があるが、これは、まさに〈倫理学あるいは自然学〉を意味していることになるであろう。それにしても、こうした考え方は、たしかにいつの時代にあっても、なかなか理解され難い事柄であると思われる。というのは、このように意味の変形と価値の転換とを含んだ真の哲学は、絶えず反時代的思考の表現そのものだからである。

こうした〈エチカ‐哲学〉は、形而上学と道徳主義との共犯関係を徹底的に批判するものである。ここから、もっとも重要な結論の一つが得られる。それは、神においてであれ、人間においてであれ、〈意志あるいは自由意志の場所はどこにもない〉ということである。『エチカ』の問題提起は、知性や認識から自律したものとして定立された自由意志、つまり絶対的意志を否定して、いかにして自由を意志から分離して再び肯定することができるかという問いに収斂する、とさえ言えるからである。これもまた、ほとんど理解し難い問題提起であろう。ここでは、ただ次のことだけを指摘しておきたい——(1)こうした問いの力を有した諸問題の提起が『エチカ』ではつねに為され続けるということ、すなわち、(2)『エチカ』は、この意味において内在的な言表作用の多様体そのものであり、それゆえ、唯一のテクストであるということ。

『エチカ』にとって哲学とは何か——その系譜学的思考について

スピノザの〈エチカ‐哲学〉は、反‐道徳主義の倫理学である。スピノザの哲学は、それゆえフリードリヒ・ニーチェ（一八四四—一九〇〇年）の前代未聞の道徳批判と同様、常識や共通感覚に反して思考し、日常の諸価値の感情に反した価値評価をおこなうことでしか理解できないような物の本性の知覚の様式を本質的に有している。変革や革命や変化は、こうした事柄の単なる結果であり、むしろ二次的な問題である。というのも、あらゆる価値におけるただ一つの〈価値〉転換こそが批判と創造との一致という仕方で生起する唯一の出来事であり、意識化できるような、つまり目的化できるような変革や革命は、あくまでもこうした批判と創造とのズレの諸結果にほかならないからである。ニーチェは、まさに反‐道徳主義の倫理的態度を次のように明確に述べている。

> 〈非‐真理〉を生の条件として容認すること、これは、言うまでもなく危険な仕方で日常的な価値の感情に反抗することである。このことをあえてする哲学は、それだけで善悪の彼岸に立つことになる[2]［強調、引用者］。

ニーチェの道徳に対するこの嗅覚は、直ちに自然が放った矢そのものとなる——感覚の受動性は、一瞬のうちに情動の能動的投射となりうる。というのも、この倫理的嗅覚は、真理の知と価値の感情とが相互に密接な共犯関係をなしていることを看破することができるからである。そして、ニーチェは、能動的な喜ばしき知の所在を善悪の彼岸として明確に提起している。スピノザは、ニーチェに先立って、こうした意味での〈善／悪〉の彼岸のもとで、つまりもっとも「危険な仕方で」、とりわけ神と人間とを思考していた。何故なら、スピノザのエチカ的思考は、例えば、そこで定義される神は〈善／悪〉とはまったく無関係であり、また同様に人間にとっての〈善／悪〉は人間の身体との関係——すなわち〈よい／わるい〉——なしにはいかなる価値評価にもつながらない、といった意味変形と価値転換とを必然的にともなうものだからである。〈善／悪〉は、それらが一つの超越的価値である限り、実はまったくの無そのものであろう。スピノザの〈エチカ‐哲学〉は、一般的で常識的な、言い換えると、歴史的・社会的に形成された人格神（＝擬人化された超越神）の思想に抗して、人間を含めた、すべてのものの無条件的原理としての内在神（＝

無仮説の原理）を発生する仕方で定義し、また人間の身体と精神とをまったくの未知の仕方で肯定したのである。
人間は、ニヒリズムの本性をもつがゆえにつねに自然から超越しようと努力している（進歩あるいは発展の努力）。あるいは人間は、或る特異な環境を、つまり自分たちが紡ぎ出した、きわめて恣意的で偶然的な優位性と劣位性との間の空間をその努力に即して生きることができるし、またその努力に反して生きざるをえない。しかし、スピノザの哲学は、そうしたニヒリズムの人間精神を解体して、人類そのものがまさに特異な〈地球‐球体〉という所産的自然――巨大分子――に内在し直すための諸観念から人間精神を再構成しようとする（カントは、こうした球体を現象学的な地平から区別して、現象が有限ではあるが、無際限に生起する唯一の可能的経験の領野として定立し肯定していた）。これは、ニーチェと同様に、もっとも哲学的な思考――つまり、本質的に意味の変形と価値の転換からなる哲学――を最大限に有した、その意味でそれらの強度をもっとも有した人類の生ける産物であり、その限りでまさに未来の遺産（つまり、〈未来を思い出すこと〉）である。スピノザの『エチカ』は、人間によって書かれたあらゆる書物のなかで未来の様態のためにもっとも必要なことが書かれている。それは、科学的理性や宗教的精神に絶対に還元されえない哲学的知性によって書かれている。この意味においてスピノザは、ニーチェと同様に、もっとも哲学者らしい哲学者である。哲学は、つねに似非‐科学に陥る危険があると同時に、道徳の愚鈍さのうちに積極的に閉じこもろうとする（一階は危険な空間であり、二階は閉鎖的な空間である）。つまり、そうした哲学は、間違いなく個々の諸学の科学的成果と称されるものを横領して、自らの糞を生み出すための食糧にしているようなものである。現代の多くの人文学が時代的な諸状況を大前提として、それらと共可能性な知性の展開に自分たちの力をひたすら費やそうとしていること、これは疑いようのない事実である。

さて、「自分たちは何ものか」――このように自らを問う生物は、地球はもちろんのこと、この大宇宙においてさえはたして存在しうるのだろうか。例えば、人間よりも高度な知性をもった生物を地球外生物としてイメージ化したような映画は、一般的に多数存在している。しかし、そうした高度な知性をもった生命体は、人間が自らを「人間とは何か」という仕方で問うように、「自分たちは何であるのか」と問うような存在としてはたして描かれているだろうか。もし高度な知的生命体であれば、それは、人間のように、自らの存在を問うような存在者であるに違いないし、そのように考えるべきであろう。しかしながら、次のように考えることもできる。そのように自らを問う存在者は、実際には単に擬人化して表象された生命体以外の何ものでもないのではないか、と。「……とは何か」という一見するとその物の本質についての問いのように思われる質問は、ほとんど無能力のうちにある言葉遣いではないのか、と。ところが、物の本質への問いは、その本質の発生的要素を見出し、それによってその本質が変形されるような諸問題の構成にまで至るとき、まさに実在的になる。これがスピノザの唯一の倫理学であり、そこには必ず系譜学的と称されるべき思考の様式があるのだ。というのも、この倫理学には、物体的には何も変化しないが、しかしすべてを非物体的に変化させるような、意味変形と価値転換を有した系譜学が本質的に包含されているからである(3)。

物の本質への問いあるいは問題提起は、より善い解答や説明への意志によってではなく、意味や価値、感情やイメージ、概念や直観といった非物体的なものに対する変形作用としてのみその意義を有するものである。まずは、あらゆる価値あるいは複数の諸価値の源泉となるような一つの〈価値〉を見出し、それを転換しなければならないだろう。その〈価値〉とは、何よりも〈神〉であり、あるいはまた〈人間〉以外の何ものでもない。これが系譜学的思考である。この思考は、第一に歴史的な通時的時間でも、また第二に構造的な共時的時間でもなく、まさに第三の時間としての系譜的で層位学的な時間にかかわる。これは、言わば唯一の価値転換の時間であり、また時間である限りそのための方向性を、つまり批判の条件と創造の条件との一致という方向性を有するものである。

本講義書の特徴

さて、スピノザの『エチカ』は、全五部からなる書物である。幾何学的形式によって書かれているため、『エチカ』の全体に関する解説書や注釈書、また研究書のほとんどが必然的に第一部から第五部へと順番に論じていくことになる。これに対して本書では、あえて次のような実験的秩序を採用した。それは、第三部、第四部、第五部、第一部、第二部という順番である。つまり、本書の第I部では主に『エチカ』の第三部「感情の起源と本性について」を、次の第II部では第四部「人間の隷属について、あるいは感情の力について」と第五部「知性の力能について、あるいは人間の自由について」を、最後の第III部では第一部「神について」と第二部「精神の本性と起源について」をそれぞれ論じることになる（［表1］）。

［表 1］本書の各部と『エチカ』の各部との対応表

本書『エチカ』講義	第Ⅰ部	第Ⅱ部	第Ⅲ部
スピノザ『エチカ』	第三部	第四部・第五部	第一部・第二部

『エチカ』はこのように五部からなる書物であるが、内容的にはこれを二つに区別することができる――すなわち、第一部から第三部までの前半部分と、第四部と第五部の後半部分。『エチカ』は〈自然学＝倫理学〉の哲学書であり、したがってここでは自然学と倫理学とを分離して考えることはできない。言い換えると、形而上学的思考も、それと相性のいい道徳的精神も、ここではまったく必要ない。しかしながら、あえて『エチカ』の前半部分を狭い意味での〈自然学的部分〉、その後半部分を同様に〈倫理学的部分〉と区別して呼ぶこともできる。つまり、(1)自然学的部分では、属性による神そのものの構成と、このように構成された神による様態の産出という二つの水準（第一部）から始まって、次に神の二つの力能――存在する力能と思考する力能――のもとで人間を構成する精神と身体との並行論（第二部）が取り扱われ、この心身並行論が今度は具体的に身体の変様とこの変様の観念（受動感情）との側面（第三部）から解明されていく。(2)次の倫理学的部分では、どのようにしてこうした受動感情（非十全な観念）から理性（十全な観念）へと人間精神の或る部分を移行あるいは反転させうるのか（第四部）という問いのもとで論究が展開され、最後にこの理性からさらに直観知という永遠の相のもとでの認識が人間身体の本質との並行論（第五部）において主題化される。『エチカ』におけるこうした言表のすべてが、人間はどのようにして自然のうちに内在しうるのか、あるいは人間はいかにして自然のうちに十全に内在することができるのか、といったもっとも本質的な問いを含んでいる。もしこうした問いの諸過程が人間精神のうちに少しも生起しないとすれば、われわれ人間の自由と喜びは、いつもニヒリズムと超越欲求とを背景とした意識のうちに囚われたままであるだろう。

話を戻すが、本書の論述の順序は、『エチカ』とはまったく異なっている。本書は、むしろ人間のもっとも経験論的な場面から、すなわち身体の変様とその最初の原初的な理解の様式としての感情とから出発して（第Ⅰ部）、次に理性と直観知という別の認識の様式のもとで並行論を考え（第Ⅱ部）、さらに神あるいは自然についての諸水準を考察し、最後に精神と身体との力能論的並行論から帰結する、自由意志とはまったく無関係な、人間の真の自由に至る（第Ⅲ部）という実験的順序――プラグマティック、実践的、戦略的――のもとで展開される。実際に『エチカ』を読もうとすると、たしかに第一部「神について」の冒頭の論述で挫折する読者がほとんどだと思われる。しかし、本書ではこの部分を後半にもってくることで、まずは前半で、人間身体の存在の意義、あるいは感情や欲望についての経験論的であるが、しかしきわめて独創的なスピノザの思考を取り上げることによって、多くの読者が強い関心をもって『エチカ』を最後まで読み進められるのではないか、と私は期待している。また、これによって哲学的思考におけるとりわけ〈身体論的転回〉と称されるべきスピノザ哲学の遠近法主義――とくにプラグマティックと実践哲学とからなる――がどれほど重要な問題を提起しているのかが、より明確になると思われる。

批判と創造との一致について

哲学史上、ほぼ初めて「身体」(corpus)を哲学的思考にとって不可欠のものとして考え、精神と身体とを相互にまったく異なるものとして規定しつつ、しかし存在論的には完全に対等なものとして評価した哲学者がまさにスピノザである。本書では、人間のこうした並行論的な存在の仕方についての新たなプラグマティックや実践哲学の諸問題を構成し、それと同時にこうした観点から能産的自然としての神の意義について光を当てるつもりである。〈批判〉と〈創造〉についての哲学的思考が結晶化した倫理学書、それが『エチカ』である。二〇世紀において、もっともスピノザ的でニーチェ的な、つまりその意味で反‐道徳主義的で非‐主意主義的な哲学を新たに、しかも全面的に展開したフランスの哲学者、ジル・ドゥルーズ(一九二五―九五年)は、まさに〈批判の条件〉と〈創造の条件〉とがまったく同じでなければならないと述べていた。

思考において始原的であるもの、それは不法侵入であり、暴力であり、それはまた敵であって、何ものも〈愛知《フィロゾフィー》〉を仮定せず、一切は〈嫌知《ミゾゾフィー》〉から出発するのだ。思考によって思考される内容の相対的な必然性を安定させるために、思考をあてにするなどということはやめよう。反対に、思考するという活動の、また思考するという受苦《パッション》の絶対的な必然性を引き起こし、しっかりと立たせるために、思考するという活動を強制するものとの出会いの偶然性をあてにしよう。本当の〈批判の条件〉と本当の〈創造の条件〉とは、まさに同じものである。すなわち、おのれ自身を前提とするような一つの思考のイマージュの破壊、思考そのものにおける思考するという活動の発生[4]［強調、引用者］。

思考すること、つまり思考の形相は、思考される内容と予め調和したような「相対的な必然性」のもとで行使されるのがつねである（＝愛知）。しかし、人間には別の思考の仕方がある。すなわち、それは、思考することが、表象の形式に対する抵抗として表現されるような仕方である。これは、それまでの一般的な概念的理解が不可能になるようなものとの「出会いの偶然性」によって発揮され、それゆえそれによって或る種の「絶対的な必然性」に触れるようになることである（＝嫌知）。思考のうちに〈思考する〉という動詞が発生すること。

或る人が誰かを批判する、あるいは誰かに向けて何かを批判する場合、その批判者のうちにはそのための批判の条件や規準が必ず存在することになる。これは、当然のことであろう。何故なら、もしそうした条件や規準がなければ、人間における批判的言説のすべてが不可能な事柄になってしまうからである。ところで、もしその批判者が有しているそうした潜在的な批判的条件や規準から新しいものや興味深いものが何も生まれないとすれば、つまりそれらの条件や規準に何の産出性（若干の意味変形を含む）も未来性（若干の価値転換を含む）も認められないとすれば、批判者のその批判を受け入れる理由は、どこにも見出すことができず、それゆえ誰のうちにも生じないであろう。というのは、その批判は、実は単なる否定や非難を目的とした諸条件にすぎないからである。それにもかかわらず、もしそれらに意味と価値があるとすれば、それは、まさに〈怨恨《ルサンチマン》〉――「お前が悪い、お前が悪い」――から決定された様態以外にはありえないであろう。しかし、物の自然において産出性と未来性のない様態は、この物の自然においてはけっして存在しえないのである。

このようにして、創造から切り離された批判は、単なる非難や否定というありふれた営みにほぼ間違いなく陥り、結果として或る別の形態を増大させることになる。それは、〈怨恨《ルサンチマン》〉に対する応答としての〈疾しい良心〉――「そう、私が悪い」――を生み出すのである。これと同様の、しかし正反対の場合もありうる。それは、今度はこの〈創造なき批判〉を裏返しにしたような〈批判なき創造〉である。批判をまったく欠いたような創造は、今度は言うべきこと、伝えるべきことをまったく含んでいないがゆえの表象言語の再生や、これに対応した単に目新しいだけの物の羅列や制作物の付加に陥ることになるだろう。現代の社会的領野における他者との過剰な接続——例えば、ゲーム性の拡張あるいは総合なき侵食——などは、それ自体がまさにその典型であろう。したがって、この批判なき創造（＝資本主義の公理）の〈様態‐社会〉の内側には、当然のことながら創造なき批判（非難と否定）の〈様態‐個人〉が蔓延することになる。言い換えると、こうした再生、羅列、付加は、弁証法的な量から質への転化を単に期待してのものでしかないのだ。これらに反して、問題は、思考のうちに真に〈思考する〉という動詞を生み出すようなものとの遭遇、そうした意味での外部の存在との出会い、それらによる触発である。こうした出会いや触発は、単なる繋がりや接続とはまったく異なった面がある。何故なら、出会いは、むしろそうした接触に対する抵抗や破壊をともなう限りでしか存立しえないようなものだからである。では、思考にとっての最初の外部の存在とは何であろうか。それは、何よりも自己の身体であり、その触発あるいは変様である。身体こそが人間精神をまさにその外部へと連れ出す要素なのである。これこそが、心身並行論が有する批判的で創造的な意義である。そこでは、自己自身をつねに前提として思考するという独断的な思考のイメージは、必ずや解体されるであろう。スピノザは、このことをまさにわれわれに教えるのである。

　では、人間精神は、自己の身体から実際に何を学ぶのか。あるいは身体は、精神にいかなる実在性を伝えるのか。それは、超越性の諸要素——〈善／悪〉や〈真／偽〉など——を前提とした判断ではなく、まさに内在性の諸要素——〈よい／わるい〉や〈十全／非十全〉など——として表現されうる、意味の変形や価値の転換についての諸観念である。要するに、われわれは、身体の変様（その活動力能の増大・減少）によって、精神の外部に存在する〈よいもの〉と〈わるいもの〉との選別を知り、また同時に、身体における内在性の諸規準を理解するのである。これによって精神は、こうした身体の触発と並行論的に〈よいもの〉を観念として肯定し、〈わるいもの〉を観念として否定することができるのだ。スピノザの哲学には、こうした意味での批判と創造が溢れている。こうした諸々の論点を提起することなしに、つまりスピノザ哲学の幾何学的な諸構造をニュートラルに、単なるスタイルの違いとして論じてもほとんど意味がないであろう。何故なら、『エチカ』には、この哲学の幾何学的論証に忠実に対応した、実に倫理的で系譜学的な、意味の変形と価値の転換とが本質的に含まれているからである。『エチカ』が幾何学的形式で書かれているとことの意義は、単にその理論のあるいは体系の内的整合性やそのための方法論にあるだけではない。幾何学的形式は、〈内容の形式〉と反転するために採用されたまさに〈表現の形式〉であり、そのことによってとりわけ言表の特異化——表象の形式ではなく、表現の図表化——として機能するものである（これについては、後に論究する）。

〈外の思考〉としての倫理学

私は、とりわけドゥルーズの哲学を中心にして西洋哲学の研究をおこなってきた。この哲学のもっとも本質的な課題は、とくにスピノザやニーチェの反‐道徳主義的な倫理学を展開しつつも、それ以上のさらなる強度に溢れた〈エチカ〉の形成にある、と私は考えている。それだけでなく、何よりも哲学一般の思考にとっても、あるいは未来の哲学にとっても、その本質的な課題は、まさにこうした反‐道徳主義としての倫理学にあることは間違いないであろう。この意味での倫理学は、それ自体がまさに一つの力能である。というのも、それは、現に存在する人間の集合体が今後も生き残るために役立つような知識や知恵などではなく、別の或る精神と身体——スピノザが言うような意味での「賢者」あるいは「高貴な者」、ニーチェが語った「超人」——をたとえ部分的にでも現在の人間のうちに生み出す原因となるような力能を有する思考のことだからである。

この限りで、スピノザ、ニーチェ、ドゥルーズといった反‐道徳主義の一つの系列は、それぞれの哲学の内包的な差異がいかなるものであれ、まさにあらゆる道徳的な諸体制に対する或る本質的な、つまり系譜学的な抵抗の仕方としての哲学を形成し、またもっとも偉大な思考の様式を実現したという意味で、正当にもひとまとめにされなければならない[5]。それは、『エチカ』のうちに書かれているように、〈個別性‐一般性〉が織りなす巨大回路（記憶や一般概念によって肥大化した精神の回路）に抵抗する限りで形成されうる〈特異性‐普遍性〉の最小回路（この巨大回路を減算するとともに、精神が身体とともにはじめて形成しうる画期的な回路）である。というのは、或るものを個別性から特異化することは、同時にその個別的なものが帰属する一般性を変形するような普遍化の運動が潜在的にともなっていなければならないからである。個別的なものから特異なものへの現働的な移行は、同時に一般的なものから普遍的なものへの潜在的な移行を必然的にともなっている（[図1]）。

さて、時代のスタイルだけを重視したかつての現代思想的な観点から、スピノザ的な諸問題に光を当ててみよう。ドゥルーズの哲学は、かつては「ポスト・モダン」の思想や「ポスト構造主義」の思想と称されてきた。しかし、それは、この哲学についての多くの誤解や無理解に基づいたもの以外の何ものでもなかった。一言で言うと、人々は、そこでは何が問題で、それがどのような仕方で提起されているのかさえほとんどわからずにこの哲学について論評していた（スピノザの哲学は、それ以上に何世紀もの間、同様の誤解と無理解のなかにあった）。ところが、こうしたかつて言われていたような表象的で表面的な規定とはまったく別の意味において、われわれは、改めてドゥルーズの哲学はまさにポスト・モダン的だと言うべきではないだろうか。したがって、またスピノザとニーチェの哲学も、それらがひとまとまりの反‐道徳主義的哲学である限り、同様にこの意味でのポスト・モダンを形成するために固有の問題提起をおこなっていたと言われるべきであろう。というのも、ポスト・モダンとは、実は新たな〈外部〉のあるいはむしろ〈外〉の思考によって特徴づけられるような、あらゆる時代に抵抗しうる反時代性の意義を有していなければならないからである。この〈外部〉あるいは〈外〉を端的に言うことができる。つまり、それは、精神の〈外部〉であり、ニヒリズムの〈外〉である。したがって、それは、〈善／悪〉あるいは〈真／偽〉の彼岸のことである。それはまた、あらゆる既存の媒体（とりわけ言語あるいは記号）の外部のことでもある。

　スピノザの哲学において、神はいったいどのように考えられるのか。それは、最高〈善〉や絶対的〈真理〉などによる理念的な喚起とはまったく無縁の、〈よい〉あるいは〈十全〉の諸観念を人間のうちに与える能産的自然のことである。それは、位階序列の頂点に位置する超越者ではなく、自然の内在性そのものである。人間身体とこれに対応する限りでの人間精神は、こうした自然に内在する諸規準としての〈よい／わるい〉や〈十全／非十全〉を一定の仕方で表現する様態である。スピノザの『エチカ』は、まさに先に述べた意味でのポスト・モダンを開くのに相応しい哲学であるだけでなく、そうした時代、こうした日々を実際に生み出す諸力となるのに不可欠な書物である。それは、あらゆる媒体を変形しつつその外部に存在する記号や実在性に出会うための書物である。〈超越〉ではなく、〈外〉が問題なのである。精神だけの人間、すなわち身体との並行論的関係を形成しないような精神

↑	特異性（このもの性）	普遍性（観念）	↑
	個別性（個々のもの性）	一般性（概念）	

［図1］〈個別性－一般性〉から〈特異性－普遍性〉への脱領土化の線

によってのみ思考し続ける人間は、すぐに暴走して超越したがる。内在性の思考とは、こうした超越性に抗しつつ、実際に〈外〉の存在を見出すことである。言い換えると、これは、むしろ自然のうちに十全に内在し直すことにあると言わなければならない。これこそが内在的倫理学なのである。

例えば、次のような簡単な形式のもとで外部の問題を考えてみよう。プレ・モダンを自分たちの外側に存在している多様なものがもっぱら模写され伝達される時代のことであると端的に規定するなら、これに対してモダンは、そうした模写や伝達の手段そのもの、つまり媒体そのものをひたすら問題化し巨大化させようとする時代であると定義されうる。言い換えると、後者においては目的と手段は逆転し、手段を所有することそれ自体がまさに目的となる[6]。近代とは、例えば、人間が対象に規定されるのではなく、反対に言語や記号や概念を用いて人間が自然を構成できるという意識によって支えられる時代のことである。この点は、芸術などを事例として取り上げると、さらにわかりやすくなるだろう。例えば、私たち自身の外側に現実に存在している諸々の自然物を絵画や音楽で表わしていた時代がプレ・モダンだとすれば、モダンとは次のような時代だと言える。そうした外部に存在するものとの関係を第一に考えるのではなく、絵画は色や線の運動それ自体を問題化して表現しようとしたり、音楽は音の諸特性がそれぞれに有する固有の運動を、あるいはそうした音の運動の変化によって時間そのものを表現しようとしたりする時代精神、それがまさにモダンである。そのなかでももっとも典型的なものの一つが、言語についての哲学の在り方である。言語だけを考察していれば、すべて事足りるといったような言語哲学的な思考などは、まさにモダンの動きの典型の一つであり、それ以外の何ものでもない。これに対して、ポスト・モダンとは、たしかにモダンを批判するものである以上、それ以前のプレ・モダンに一見すると類似したもののように思われる。しかし、それは、まったく異なったものである。というのも、そこで見出されるべきものは、単なる外側の現実でも自律した媒体でもないからである。

「神」という言葉が嫌いなら、『エチカ』のなかの「神」をすべて「自然」という言葉に置き代えてみろ！

無神論者、唯物論者、反道徳主義者は、実はスピノザの「神」によってもっともよく表現され肯定されることになる。言い換えると、数えられることなく空間を占有する者たち、すなわち多様な分子的様態こそ、まさにスピノザの哲学を理解する力能を有するであろう。しかし、次第に明らかになるが、実は無神論であるか有神論であるか、あるいは唯物論であるか観念論であるかといった問題は、実はそれほどの重要性をもっていない。もっとも重要なのは、道徳と倫理の差異を知ること、道徳を批判すること、反道徳的な倫理を創造することである。スピノザの『エチカ』は、これから人類がニヒリズムを徹底化し、それと同時に脱ニヒリズム化の運動のもとで生きていく際のもっとも重要な書物であり、またそうした運動とその理解とを同時に発生させる実在的要素である。こうした意味も含めて、一七世紀よりもむしろ二一世紀の現代の方が、この哲学書の重要度は増しているように思われる。もしスピノザの『エチカ』のなかに書かれていることを理解したいとより多くの人間が望むなら、それに比例してより多くの人間が意志の決定に還元されない自由の問題を意識することができるであろう。

　この書物の重要度を次のように表現したいと思う――『ザ・ウォーカー』（アレン&アルバート・ヒューズ監督、二〇一〇年）というアメリカ映画がある。主役のデンゼル・ワシントンが演じる男は、最終戦争によって地球上のすべての文明が破壊されたなか、一冊だけ残った書物を、つまり『聖書』を「西へ」と運ぶ使命を負っている。何のためにその書物を運んでいるのかというと、それは、生き残った人間たちの間に再び秩序を取り戻すためである。何によって秩序を回復するのかというと、それは、当然のことながら宗教によってということになる。さて、ここで言いたいのは、『聖書』を西へと運ぶ行為は、人間の社会や歴史あるいは人間そのものを、すなわちニヒリズムを単に再開するための意義しかもたないということである（秩序づけとしてのニヒリズム）。ニヒリズムとは、人間自身が定立した超越的価値によって自分たちの実存を貶めるという人間精神の本性のことである（否定的ニヒリズム）。それは、例えば、神の擬人化、意味と価値の固着、身体の無視、主体性や精神への愛着、知性と意志の分離、等々として形成される意識の過程である。こうしたニヒリズムにおける人間は、最初から最後まで、実は自分たち自身をも擬人化する動物として現われ、またそのための集合体を形成する動物として発生することになるだろう。人間は、自分たち自身をまさに擬人化して理解するのである。これは、ニヒリズムのすべての段階に共通の特性である。しかし、ニヒリズムは、反復されるべきではなく、徹底化されるべきである。つまり、これは、つねに同一の段階にとどまろうとするニヒリズム――おそらく反動的ニヒリズムのもっとも強い特性の一つ――を少しでも別のニヒリズムへと移行させることである。その限りで、ニヒリズムのうちに脱‐ニヒリズムの発生的要素が部分的に、しかし至るところで生起することになるだろう。例えば、反動的ニヒリズムを少しでも受動的ニヒリズムへと移行させようとする努力なしには、能動的ニヒリズムはどこにも発生しないであろう(7)。

哲学とは、まさに意味の変形と価値の転換の過程そのものであり、より正確に言うと、たとえ部分的であっても、こうした強度を有した発生的要素となりうる言表作用の総体のことである。そうでないとすれば、今日、哲学とはいったい何であるのか(8)。ニーチェにおける怨恨《ルサンチマン》をもたない人間、すなわち「超人」も、スピノザにおける永遠の相のもとでの認識を有する人間、すなわち「高貴な者」も、ドゥルーズにおける動かずに生成変化する「遊牧民」や戴冠せる「アナーキスト」も、こうした共通の強度的部分――脱‐ニヒリズム化の運動の発生的諸要素――である。一冊の偉大な書物は、「西へ」と単に運ばれるのではなく、自然が放った矢そのものである限り、至るところで発生しうるのである。たとえ運ばれるとしても、それは、けっして愚鈍な西の方向などではなく、むしろ極寒や灼熱の地に、地層化された大地の深層に、潜在的な気候変動の流れに向かうであろう。若干の人間が超人の部分的原因となり、あらゆる人間のうちの或る精神的部分が高貴さで充たされ、或る小さな集合体がつねに尺度を変える遊牧的な変形の民となり、哲学者たちがまさに自然が放った矢としてのアナーキストになるなら、それらの者たちが運びうる一冊の書物は、間違いなくスピノザの『エチカ』である。

しかし、それを阻むようないくつかの理由が『エチカ』のなかにある。たしかにその難解さはもちろんであるが、最大の要因は、実はその中心に「神」が存在するということである。端的に言うと、そこに「神」という言葉が用いられているということにある。そのことだけでも、例えば、無神論的傾向を一般的にもつ現代人の多くは、おそらく『エチカ』を真剣に読むことが不可能になるだろう。しかし、私がここで提案したいのは、『エチカ』のなかの「神」(Deus)という言葉をすべて「自然」(Natura)という言葉に置き換えて読むことである。スピノザ自身がまさに「神あるいは自然」と言っている以上、この置換は完全に正当化されうる。そこで、次のような定理を事例として挙げてみよう。

(a)すべて在るものは神のうちにあり、そして何ものも神なしに在りえず、また考えられえない(第一部、定理一五)。

(b)何びとも神を憎むことはできない(第五部、定理一八)。

一読してわかるように、無神論的な傾向にある現代人にはおそらく違和感のある文章であろう。しかし、これらの定理のなかの「神」に代わって「自然」という言葉を入れると、この文章は次のようになる。

(a')すべて在るものは自然のうちにあり、そして何ものも自然なしに在りえず、また考えられえない。
(b')何びとも自然を憎むことはできない。

おそらく何の違和感もなく、多くの人々がこの二つの言説を当然の事柄として受け入れることができると思われる――すべては自然のうちにしか存在しえないし、自然がなければ、何ものも存在しえない。自然は自然法則からしか成立しないのであるから、自然をいくら憎んでも何にもならない、等々。それどころか、われわれがこれまでに理解してきた「自然」とはいったいいかなるものであったのか、という反省的意識が逆に生起するかもしれない。重要なことは、こうした問いには、哲学における経験論の悪しき蔓延に対する批判が含まれているということである。それは、どうしても可能性や自由意志を大前提とした議論になりがちだからである。こうした身体なき経験論をわれわれは、擬人化された経験論と称することができる。自然に内在できない擬人化した人間は、きわめて肥大化した記憶(歴史性)と習慣(社会性)によって一方的に接続された巨大回路を形成し続けることになる。この「一方的」とは、例えば、身体を触発する外部の諸原因の関係を一般概念のなかの繋がりとしてしか把握しないことを意味する。これに反してスピノザは、日常の価値感情や共通感情に反して、あるいは習慣や記憶から学んだ言語使用や価値評価の秩序に完全に抗して、身体なしには存立しえない真の知性の秩序を、すなわち人間身体と人間精神との間の最小回路を問題にするのである(この場合の「最小」とは、まずは一般概念や言語の意味に先立つ、自己の身体の変様とその変様の観念からのみ構成された精神との間だけに存立するような並行論の回路の形式性を意味する)。

『エチカ』は、神の存在を大前提として書き始められているような書物ではない。神の存在を大前提にすることは、言い換えると、歴史や社会によって形成され与えられた神を――それに対する信仰などまったく関係なく――大なり小なり受け入れるということを、つまり先に述べた巨大回路のうちで最初から思考するということを意味している。そうではなく、宗教や伝説や神話なしに、そして社会や歴史や科学なしに〈神〉を考え、つまり無人のうちに〈神〉を、あるいは〈自然〉を肯定すること。このことは、身体という強度の地図にもっとも充ちた、まさに人間精神が形成しうる最小の思考回路のうちに存するであろう。この意味において、『エチカ』に内属する倫理の思考は、道徳的ではなく反‐道徳的な、表象的ではなく表現的な、形而上学的ではなく自然学的な、同一的でなく差異的な、歴史的でも構造的でもなく系譜学的な生活法——生活の最小回路——のなかを動いていくのである。本書を最後まで読んでもらえるなら、私がこの「序論」で述べたいくつかの事柄は、まさに意味と価値を以って理解されるようになるだろう。

第 I 部

〈人間－身体〉は何をなしうるのか

第一講義　人間身体の価値――二つの座標系

本書では、『エチカ』の各部についての最初の講義――第一、第五、第八、第一〇、第一三の各講義――に、その部の概要と構図と言表集からなる「地図」と称する節が置かれている。ここで言う「構図」は、幾何学的な形式で書かれた各部のおおよその見取り図である。また、「言表集」は、『エチカ』の各部のなかのとりわけ重要であると考えられた言表を列挙したものである。

『エチカ』の「第三部　感情の起源と本性について」の地図

概要

『エチカ』の第三部では、人間精神と人間身体との間の並行論が、身体の変様とその変様の観念（＝感情）との間の並行論として具体的に取り扱われる。換言すると、人間は精神と身体という二つの様態から構成された個物であり、スピノザはこの精神と身体との間に成立する関係を並行論的関係として把握していく。

この第三部以前の二つの部（『エチカ』の第一部と第二部）で展開された考え方に最低限、触れておかなければならない。人間身体は、物体の一部である。身体あるいは物体は、神（実体）における延長属性の様態である。他方の人間精神は、諸観念から構成される。それは、神における思考属性の様態である。神はその本性が無限に多くの属性から構成されるが、人間はそのうちの二つの属性、すなわち思考属性と延長属性のそれぞれに異なった様態――観念と身体――からなる個物として認識される（「実体」、「属性」、「様態」等々については、本書の第Ⅲ部で詳しく論じる）。神

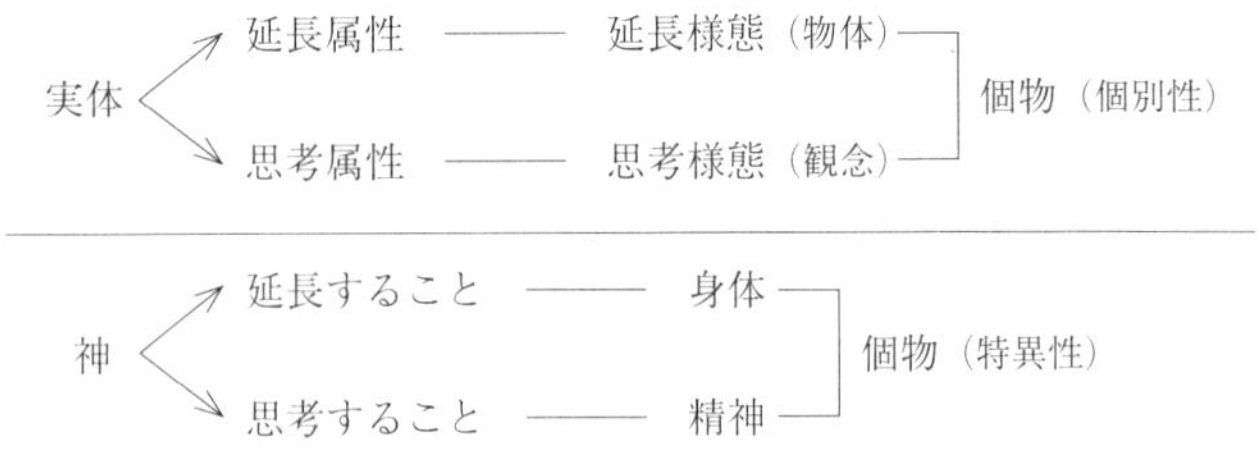

［図 1-1］実体の系列と神の系列の同一性

と実体は同じものであるが、神の観念と実体の概念は思考上区別されるべきものである。その端初となるような区別の仕方を、二つの属性に限定した限りで、［図1－1］に簡単に図示しておく。要するに、神は、実体そのものである。実体の属性は、実体の本性を表現する形相である。これは、また属性が神の動詞であることを意味する。したがって、実体の各属性の様態は、神の動詞を一定の仕方で表現する〈様態－度合〉である。こうした意味において、人間身体は神の延長属性の様態であり、人間精神は神の思考属性の様態である。『エチカ』の第三部は、こうした身体と精神とからなる人間を、とりわけ身体の受動的変様とこの変様の観念としての受動感情との側面から考察することになる。

　スピノザは、知性あるいは理性以上に、感情についてきわめて重要な考察をしている。それは、言わば〈感情の幾何学〉を形成するものである。というのも、感情は、自然のうちに存在する人間精神の最初の内在的様態（観念）そのものだからである。感情は、身体における諸変様の観念であり、その限りで、まさに図形における切断、附加、削除、投影などの操作――つまり、図形に生じる諸変様――と同様に幾何学的に理解されなければならない。スピノザにおいて感情という認識の様式は、人間の主観性の単なる私秘的な領域に属するものではなく、存在論的にもきわめて普遍的なものである。スピノザは、単純な二元論的な価値評価をけっして前提としない。というのも、二元論は、つねにその二つの要素の間に優劣関係を設定することで成立する思考法だからである。優劣関係、これは、ニヒリズムを支える典型的な価値規準の一つである。スピノザは、例えば、身体に対して精神を、感情に対して知性を、感性に対して知性を、世界に対して神を、様態に対して実体を……、それぞれ優越的に評価したり、あるいは特権的に思考したりしない。優越性は、内在的な〈エチカ〉の思考にとってもっとも遠い特性の一つだからである。

　人間の感情は、とくに道徳的と思われている諸感情（同情、哀れみ、名誉、恥辱、等々）のどれか一つでも取り上げてみればわかるように、一見すると自然法則とはまったく異なった法則で動いているように思われる。しかし、『エチカ』における人間の感情は、自然法則とは異なった別の法則によって生起するようなものではない。これは、当然の事柄であろう。人間身体が自然のうちに存在しているのに、その人間精神のうちに生起する諸感情が自然に内在していないなどと考えることは、きわめて不合理であろう。したがって、いかなる感情であっても、それは、自然の一部であり、それゆえ自然法則に従って生起するのである。スピノザは、このような仕方で人間がもつ感情を第一に徹底的に肯定しようとする。感情が自然のうちにしか存在しえない以上、同様にいかなる否定的な感情（憎しみ、嫉妬、怒り、妬み、等々）も、それ自体として考察されれば、自然のうちに必然的に生起するものとして肯定されることになる。

　では、感情とは何か。感情そのものは、あくまでも精神における観念である。しかし、感情は、単に人間の心のその都度の内面性を表示するようなものではない。感情は、むしろ人間精神が有する完全な認識の様式の一つである。感情は、たしかに「混乱した観念」であるが、しかし客観的で実在的な認識の様態でもある。スピノザにおいては、感情も含めて、いかなる認識も自己の人間身体なしには絶対に成立しえない。感情とは、実は外部の原因——自己の身体の外部に現実に存在する事物——による自己の身体の諸変様を理解する仕方の一つである。もっとも重要なことは、感情における実在的変化は身体における変様を肯定するという点にある。言い換えると、身体の活動力能の変様なしに感情は、けっして生起しない。感情の形相を構成するのが観念である限り、感情は、人間の精神に内在する。〈感情 - 観念〉は、身体の活動力能の増大あるいは減少を表現する精神の質的多様体である。言い換えると、感情の対象性そのものを肯定することは、身体の存在を積極的に評価することである。

　こうした〈自己の感情を肯定すること〉と〈自己の感情に隷属すること〉との間には、決定的な違いがある。人間は、自己の感情をほとんど肯定することなく、むしろ自己のうちに生起する諸感情に盲従するのがつねであろう。しかし、感情は、それが身体の活動力能の変様についての観念であり、その限りで自己の身体について変化する実在性を最初に表現する様態である。正確に言うと、感情は、このような身体の活動力能の変様に相応した、つまりその力能の増大あるいは減少に対応した精神に生起する認識の様態（観念）であると考えられる限り、精神の思考力能を〈表現内容〉としたまさに〈表現形式〉であると言える。身体の変様とその変様の観念こそが、個物としての人間の基盤となる心身並行論を形成するものである。

スピノザの哲学的思考の根源にあるのは、すでに述べたように、あらゆる意味での優劣性の関係を自然のなかから排除する考え方である。そして、このことを積極的に表現するもっとも重要な概念の一つが、この〈並行論〉(parallelism)という思考の様式である。並行論は、それだけで〈内在的 - 倫理的〉であり、また〈価値転換的 - 系譜学的〉である。『エチカ』においては、現代における理論的言説からプラグマティックな実践に至るまでの諸領域を価値転換しうるような、内在的並行論という思考の様式が十全に表現されている。まずは、人間をつねに或る決定へと促すような感情の力と身体の活動との間の並行論のなかで、人間精神と人間身体との総合態を厳密に考えてみなければならない。

構　図

(1)序言／三つの定義／二つの要請
(2)定理一から定理三まで——精神の能動と受動について
(3)定理四から定理一一まで——諸感情に関係する努力《コナトゥス》の特性
(4)定理一二から定理二〇まで——受動感情の諸特徴
(5)定理二一から定理三四まで——感情の模倣性とその間 - 人間的な諸形態
(6)定理三五から定理四七まで——受動感情における葛藤について
(7)定理四八から定理五七まで——感情に関する習慣の体制
(8)定理五八から定理五九まで——能動感情について
(9)諸感情の定義／諸感情の一般的定義

言表集

(1)「そこで私は、感情の本性と力、ならびに感情に対する精神の力能を、私がこれまでの部で神と精神についておこなったのと同じ方法で論じ、人間の活動と衝動とを、線や面、あるいは立体についての問題であるのと同様にして考察するであろう」(序言)。――感情は、けっして自然法則とは別の法則(例えば、道徳法則)に従って人間のうちで生起したり変化したりするようなものではない。感情は、第一に幾何学的な諸々の図形と同様に考察することができ、また第二に自然法則に従って完全に存立するものである。

(2)「或る原因の結果がその原因だけで明晰判明に知覚されうる場合、私は、この原因を〈十全な原因〉と称する。これに反して、或る原因の結果がその原因だけでは理解されえない場合、私は、その原因を〈非十全な原因〉あるいは〈部分的原因〉と呼ぶ」(定義一)。――或る結果を原因から認識する場合、ただ一つの原因からその結果を明晰判明に説明しうるならば、われわれは、その原因を〈十全な原因〉と言う。これに対して、或る結果を説明する際に、無際限に原因の系列を遡ってしまう場合、われわれは、それらの原因を〈非十全な原因〉と呼ぶ。

(3)「われわれ自らがその十全な原因となっているような或ることがわれわれの内部あるいは外部で生じる場合、言い換えると、われわれの本性によって明晰判明に理解されうるような或ることがわれわれの本性からわれわれの内部あるいは外部に生じる場合、私は、われわれが〈働きをなす〉(能動)と言う。これに反して、われわれが単にその部分的原因であるにすぎないような或ることがわれわれの内部で生じる、あるいはわれわれの本性から生じる場合、私は、われわれが〈働きを受ける〉(受動)と言う」(定義二)。――十全な原因はわれわれ自身の能動性を、非十全な原因はわれわれの受動性を意味する。言い換えると、能動とは、その変様が自己の本性から説明されうるような仕方で生起する状態(或る種の〈自己触発〉)のことである。これに対して、受動とは、その変様がつねに外部の諸物からより多く説明されうるような仕方で触発される状態(言わば〈異他触発〉)のことである。

(4)「感情とは、われわれの身体の活動力能を増大するあるいは減少する、促進するあるいは阻害する身体の変様、また同時にそうした変様の観念であると解する」(定義三)。――これは、受動感情一般についての基本的定義である。身体のこうした変様とこの変様の観念(感情)とは、存在論的に同時であり、したがって並行論的関係にある。あるいは身体の活動力能の変様は、第一に受動感情の発生的要素(観念の対象の価値)として規定されているとも言える。

(5)「人間身体は、その活動力能を増大するあるいは減少するような多くの仕方で触発されうるし、またその活動力能を増大も減少もしないような仕方で触発されることもできる」(要請一)。――前者の触発のもとで人間精神のうちに感情としての観念が発生するが、後者の触発では人間精神のうちに知覚としての観念、物の観念のみが成立する。

(6)「各々の物が自己の有に固執しようと努める〈努力《コナトゥス》〉は、その物の現働的本質以外の何ものでもない」(定理七)。――物の本質とは、その物の類や種に共通の抽象的な特質などではなく、まさに個々の物に固有の特異性である。この限りで物の本質とは、その物の存在を維持しようとする真にアクチュアルなものでなければならない。つまり、物の本質とは、自己の現実存在を維持しようとする現働的本質、つまり〈努力《コナトゥス》〉のことである。

(7)「この〈努力《コナトゥス》〉が精神だけに関係づけられるときには〈意志《ヴォルンタス》〉と呼ばれる。しかし、精神と身体とに同時に関係づけられるときには〈衝動《アペティトゥス》〉と呼ばれる。したがって、衝動は人間の本質そのものにほかならず、この本性から自己の維持に役立つことが必然的に出てくるのである。そして、それゆえ人間は、それらを行うように決定される。次に衝動と〈欲望《クピディタス》〉との間には、人間が自らの衝動を意識している限りにおいて、欲望がもっぱら人間に関係づけられるという以外に、いかなる相違もない。そして、そのためにこのように定義することができる。欲望は、意識をともなった衝動である」[強調、引用者](定理九、備考)。――努力、意志、衝動、欲望についての規定。とりわけ最後の〈欲望=意識をともなった衝動〉という規定は、〈欲望の名目的定義〉と呼ばれているものである。

(8)「精神の本質を構成する最初のものは、現実に存在する身体の観念であるから、われわれの精神の最初にして主要なものは、われわれの身体の存在を肯定する努力《コナトゥス》である」(定理一〇、証明)。――人間精神を構成するのは、自己の身体の存在についての観念であり、単なる外部の諸物についての一般概念などではない。精神の本質を構成する観念とは、まさに自己の身体の存在をその都度肯定する思考力能の形相のことである。

(9)「われわれの身体の活動力能を増大するあるいは減少する、促進するあるいは阻害するものが何であれ、その物の観念は、われわれの精神の思考力能を増大するあるいは減少する、促進するあるいは阻害する」(定理一一)。――精神と身体の並行論は、単に固定した、つまりすっかり出来上がった精神と身体とがつねに対応関係にあるということを意味しているわけではない。そうではなく、それは、身体の活動力能の増大・減少と精神の思考力能の増大・減少とが同時に生起するという両者の実在的変移の並行論である。

(10)「われわれは、精神が諸々の大きな変化を受けて、或るときにはより大きな完全性へ、また或るときにはより小さな完全性へ移行することがわかる。この受動は、たしかにわれわれに喜びと悲しみの感情を説明してくれる。こうして私は以下において、喜びを精神がより大きな完全性へ移行する受動と解し、これに反して悲しみを精神がより小さな完全性へ移行する受動と解する」（定理一一、備考）。――こうした並行論のもとでの精神の思考力能の二つの度合上の変様（より大きな完全性へとより小さな完全性へ）は、相反する原初的な二つの感情（喜びと悲しみ）として質的に表現される。言い換えると、喜びと悲しみは、何よりも自己の存在の実在的な諸変化を、つまりその二つの移行方向の質的差異をそれぞれに表現する観念である。

⑾「この三つの感情（喜び、悲しみ、欲望）以外に、私はどんな基本感情も認めない。何故なら、その他の諸感情は、この三つから生じるからである」（定理一一、備考）。――人間の諸感情は、三つの基本感情とそれ以外の派生感情からなる。この三つの基本感情は、身体との並行論を考えることなしには選定されえないものである。

⑿「愛とは、外部の原因の観念をともなった喜びにほかならず、また憎しみとは外部の原因の観念をともなった悲しみにほかならない」（定理一三、備考）。――これは、最初の派生感情としての愛と憎しみに関する定義である。愛の定義には喜びが、憎しみの定義には悲しみが、それぞれ含まれていることにとくに注意されたい（〈愛＝外部の原因の観念＋喜び〉、〈憎しみ＝外部の原因の観念＋悲しみ〉）。

⒀「私はここで、〈善〉をあらゆる種類の喜び、さらに喜びをもたらすすべてのもの、またとくにそれがどんな種類のものであれ、願望を満足させるもの、と解する。また〈悪〉をあらゆる種類の悲しみ、またとくに願望を妨げるものと解する」（定理三九、備考）。――身体の活動力能の変様とそれらの観念とに基づく〈善〉と〈悪〉についての第一の定義。これは、身体論的転回のもとでの完全にプラグマティックな〈善／悪〉の定義である。何が善であり何が悪であるのかは、外部の当の物体による身体の二つの変様の仕方によって評価されなければならない。したがって、スピノザがここで規定する〈善／悪〉は、ほぼニーチェにおける〈善／悪〉の彼岸としての〈よい／わるい〉を実質的内容とする。

⒁「欲望とは、人間の本質が何らかの与えられた変様によって或ることを為すように決定されると考えられる限りにおいて、人間の本質そのものである」（諸感情の定義一）。――これは、〈欲望の実在的定義〉である。というのも、ここで言われている「何らかの与えられた変様（喜びあるいは悲しみ）によって或ることを為すように決定されると考えられる限りおいて」ということが、まさに意識の原因を示していると考えられるからである。われわれは、喜びの感情によってその原因となった外部の物体（あるいは身体）の所有へと、また悲しみによってその原因となった外部

の物体（あるいは身体）の排除へと決定される。これがまさに実在的定義と言われるのは、欲望を単に「意識をともなった衝動」と名目的に定義するのではなく、その意識の原因についての言説が、すなわち意識を穿つその発生的要素が欲望の定義のうちに含まれているからである。

⒂「心の受動状態と言われる感情は、或る混乱した観念である。こうした観念によって精神は、自己の身体あるいはその一部について、以前よりもより大きなあるいはより小さな存在力を肯定する。また、精神そのものは、混乱した観念が与えられたならば、あれよりもむしろこれを思考するように決定される」（諸感情の一般的定義）。——感情は必然的に非十全な観念（混乱した観念）であるが、しかしそうした受動性のなかにあっても、感情の形相を構成する観念は身体の存在力あるいは活動力能を肯定する作用を有している。一般的生あるいは生一般ではなく、あれこれの一つの生とは、まさに混乱した観念によって或るものを他のものよりもより多く思考し欲望することから形成されるのである（非十全な実在性）。

⒃「しかし、注意すべきことは、私が「以前よりもより大きなあるいはより小さな存在力」と言うのは、精神が現在の状態を過去の状態と比較するという意味ではなく、むしろ感情の形相を構成する観念が身体について以前よりもより大きなあるいはより小さな実在性を実際に含むような或るものを肯定するという意味だということである」（諸感情の一般的定義、説明）。——観念が感情の形相である限り、観念は、身体の変様を、つまりその実在性の増大あるいは減少という実質的移行を内容として含んだ身体の活動力能を肯定する形相的作用そのものである。ここに言う〈より大きな〉あるいは〈より小さな〉は、比較可能な外延量的な単なる増大・減少をけっして意味しない。そうではなく、それらは、むしろ外延的に比較不可能な内包的度合の変化を表示しているのだ。要するに、諸感情は、まさに内包量としての〈度合の差異〉からなるということである。

身体論的転回(I)——スピノザ哲学における価値転換の普遍性

哲学においても、しばしば〈コペルニクス的転回〉と称されるような革新的思想が生起することがある。これに関してすぐに思い浮かぶものとしては、カントが認識論の領域で達成した模写説から構成論へのコペルニクス的転回、あるいは二〇世紀における言語論的転回、さらには実体主義から関係主義へという構造主義的転回などがある。そこで、スピノザの哲学をこうした観点から考えてみると、その重要な論点の一つに、人間身体を人間精神とまったく異なったものとして規定しながらも、存在論的にはまったく対等であるという問題提起的な思考の様式がある。このような仕方で人間身体を哲学に導入することで、はじめて思考可能になった価値転換が実は『エチカ』のなかにはいくつもある。つまり、『エチカ』には、哲学の歴史においてもっとも特異な〈身体論的転回〉があり、またこれとともに形成されるべき未知の倫理学がある。この倫理学は、自然学とプラグマティックと実践哲学とからなるものである。スピノザの哲学は、それまでの形而上学的で道徳学的な思考に基づく哲学の体系や物の価値評価に関するすべてを転換して破壊することになる――形而上学的ではなく自然学的、道徳的ではなく倫理的な思考。端的に言うと、これは、とりわけ〈神〉という無限存在と〈人間〉という有限存在についての意味理解と価値評価とに関する思考の様式を完全に転換することにある。ここでは、とりわけ人間それ自体についての、まさに価値転換された理解の仕方について、あるいはそれらに基づいてさまざまな考察を進めていくことにする。

　スピノザは、単に精神が精神であるという理由だけで、人間精神の価値を卓越的に評価したりすることはない。というのも、精神は、それ自体で自律的に存在するものではなく、自己の身体とともにでなければそもそも現働的に存在しえないし、また各個物がもつ身体に対応したその存在の在方しか有することができないからである。人間は、精神と身体とが合一した、あるいはより的確に言うと、総合された個物である（ただし、こうした合一あるいは総合は、けっして人間だけに限らない）。人間をもっぱら精神の側面からのみ、あるいは身体の側面からのみ考察すること、それは、人間を個物ではなく、単に抽象化された物として、あるいは無理やりに個別科学の対象として考えることに等しい。精神を身体から分離して、ただそれだけで分析的に考察しても、哲学における実質的な意味、その総合の力能は、ほとんど見失われたままであろう。というのも、それは、精神を〈死せる様態〉に、悪しき抽象物――単なる分析の対象――にすることだからである。そうではなく、人間は、あるいは一般的にあらゆる個物は、精神と身体との文字通りの〈総合態〉なのである。スピノザは、それゆえ次のように述べることができるのだ。

観念〈精神〉の卓越性とその現実的な思考力能は、対象の卓越性によって評価されるからである（諸感情の一般的定義、説明)。

これは、予め価値が高いと価値評価された事物を思考したり望んだりすることで、当の精神そのものの価値がそのことによって同様に高まるといったような従属的な道徳論を意味しているわけではない。例えば、イデアは最高に価値があるので、それを思考し望むことのできる人間精神は、同様に最高の価値に値する、と。革命的な事柄を対象として考えているから、その精神は革命的である、と。精神中心主義の思想は、ほぼすべてこのような推論のもとにある——何と愚鈍な思考であろうか。しかし、ここでスピノザが言っている「対象の卓越性」とは、精神の存立と同時にすでに絶対的に与えられているもののことである。精神は、第一に諸観念の集合体である。したがって、精神は、直接には〈私〉や〈主体〉でもなければ、〈統覚〉や〈自由意志〉でもない。それらは、後に意識から発生した派生物あるいは虚構物にすぎないのだ。そして、観念そのものあるいはこの観念がもつ思考力能は、こうした精神的実体として想定され望まれるようなものではなく、まさに思考の様態である。人間の精神とその身体は、それぞれに属性を異にする様態である。人間精神を、あるいはこれの別名としての〈魂〉や〈意識〉や〈意志〉を、けっして実体化したり、あるいは身体から完全に自律したものとして自存化したりしてはならない。そうではなく、精神は、その「対象の卓越性」から分離されることなく、むしろそれによって評価されなければならない、とスピノザは言う。つまり、これは、精神を〈生ける様態〉として理解しようということである。

では、この「対象」とは何か。また「対象の卓越性」とは何か。それは、何よりも自己の身体の存在のことである。自己の身体の存在こそが、自己の精神の最初の対象であり、またその精神の価値なのである。観念は、つねに何かについての観念である。何故なら、観念は、その対象(=観念されたもの)を理解し認識し思考する様態だからである。この〈何かについて〉が、スピノザにおいては第一に〈自己の身体について〉ということになる。スピノザは、この点を次のように第二部で的確に述べている。

(a)人間精神の現働的有を構成する最初のものは、現実に存在する或る個物の観念以外の何ものでもない(第二部、定理一一)。

(b)人間精神を構成する観念の対象は、身体である、あるいは現実に存在する或る延長の様態である。そして、それ以外の何ものでもない（第二部、定理一三）。

(c)人間身体の外部の物体から触発される各々の様式の観念は、人間身体の本性と同時に、外部の物体の本性を含まなければならない（第二部、定理一六）。

この三つの定理からきわめて重要な考え方を取りだすことができる。(1)人間精神を現働的に構成する最初のものは、現実に存在する個物の観念である(a)。つまり、観念は、常に〈特異なもの〉の観念として存立するのである。観念は一般概念ではなく、それゆえその対象としての個物はその一般概念に対応した単なる外延としての〈個別なもの〉ではない（後に論究するが、この「人間精神の現働的有を構成する最初のもの」は、身体との間で〈最小回路〉を形成する精神の側の要素であると解されたい）。(2)人間精神を構成する観念は、外部に現実に存在する延長物である、あるいは自己の身体の存在である(b)。これを正確に言うと、人間精神を現働的に構成する観念は、外部に存在する物体による自己の身体の〈変様＝触発〉の観念である。というのも、自己の身体の変様は、身体を触発する延長の様態の本性とその身体の本性との関係態だからである。それゆえ、こうした自己の身体の変様の観念は、自己の身体の本性と外部の物体の本性との間の諸々の〈実在性－力〉の流れをまさに表現するものである(c)。

すでに述べたように、精神あるいは観念は、実は単にそれらが精神あるいは観念であるというだけで、つまりそれ自体で評価されるような存在ではない。それらは、むしろその対象の価値によって、つまり自己の身体の変様によって評価されるのである。しかし、古代ギリシアから現代に至るまで、哲学においては、結局は身体を無視するという仕方で、つまり精神や意識を自存化して、それらを優越的に実体化する考え方に、人間はつねに傾き陥ってきた。このことは、まさに近世のルネ・デカルト（一五九六―一六五〇年）から始まって現代のさまざまな哲学思想の潮流にまで引き継がれてきたし、またこの間の人々の主体性に関する広大無辺な形而上学的趣味を思い起こすだけでも十分であろう。精神に関するこうした抽象化や実体化は、身体の活動力能がもつ内在的な倫理性を理解することなく、精神のうちにあらゆる道徳的暴走（例えば、ニヒリズムの諸運動）を招くことになる――その際に身体は、つねに意志化された精神の、すなわち自由意志にとっての最大の、しかし単なる実行手段としてしか見なされなくなる。

〈認識対象〉－〈認識内容〉－〈認識作用〉

［図 1-2］近代的認識論の三項図式

〈身体〉－〈観念〉

［図 1-3］認識論的並行論の図表

さて、観念の集合体（＝精神）をその上位から統一するような〈私〉や〈主観性〉や〈意志〉などは、つまり人間精神を統合するような超越的要素は、スピノザ哲学のうちにはまったく存在しない。こうした近現代の主体性の形而上学における主要な諸要素は、むしろ〈精神－多様体〉からもっぱら二次的に派生したものである（観念の多様体としての精神は、身体との並行論のうちにあると考えるならば、まさに存在論的無意識であると言える）。近代哲学の認識論の典型的な構図である〈認識対象－認識内容－認識作用〉という三項図式は、ここでは批判の対象以外の何ものでもない。例えば、私の目の前に林檎と蜜柑（＝認識対象）があるとする。われわれのうちでは、まずはそれらについてのイメージや表象（＝認識内容）が成立し、この認識の諸内容を等しく表象し統一化する〈私〉や〈超越論的主観性〉（＝認識作用）が定立され、さらには認識の諸内容に対して肯定・否定することのできる自由意志の作用さえも定立されることになる。これが近代以降の、哲学的に常識となった認識論の構図である（［図１－２］）。

しかし、これに対してスピノザの認識論的並行論の場合は、観念とその対象という図表しかない。つまり、ここで私が言いたいことの第一は、形而上学的な〈私〉も、超越論的な〈主観性〉も、絶対的な〈自由意志〉も、この図表のうちには存在しないということである。観念の対象は、自己の身体の存在であり、正確に言うと、外部に存在する他の物体からの自己の身体の触発、自己の人間身体の変様である。したがって、観念は、実際には、そうした身体の存在の変様についての観念、つまりその認識の様式、理解の仕方である。したがって、観念の集合体としての精神はそれ自体、自己の身体の存在そのものとしての無数の諸変様と同様の多様体として存在する。それゆえ、身体をモデルにして精神を考える限り、精神という〈観念－多様体〉に、これを改めて総合したり統一したりするようないかなる超越的機能素も導入する必要などない（［図１－３］）。これをより正確に書くと、［図１－４］のようになる。これは、たしかにきわめて単純な図式である。しかし、ここから心身並行論を考えることでしか知覚されえないさまざまな認識が、批判的かつ独創的な仕方をともなって帰結するであろう。スピノザの側から二つの批判的論点をまずは挙げておこう。(1)いかなる事物であれ、それを対象として認識するには、身体を必要とする。つまり、認識論は、人間身体の変様を必然的に含むことなしには成立しえないとい

［図 1-4］認識論的並行論の具体的図表

〈身体の変様〉－〈身体の変様の観念〉

うことである。したがって、認識対象は、精神に対して単に自存する一つの実在性として直接に現前しているわけではなく、人間の身体を触発し変様させる限りでの実在性のもとで認識の対象として真に成立するのである。(2)外部の或る物体が人間身体の変様の原因となる限りで、その物体についての観念は存立する。したがって、それらの観念を予め総合するために機能するような主観的な統一性は、身体に先立って存在することはなく、むしろその後で虚構物の一つとして派生するだけである。つまり、人間精神は、自己の身体の無数の触発に対応した一つの〈観念‐多様体〉としてのみ存立するのである。

この認識論においては、コギトも統覚も自由意志も、身体から自律して存在するようなものではない。言い換えると、スピノザの哲学は、デカルト以降、現代にまでつながる主体性の形而上学――意識中心主義あるいは人間中心主義――のうちにはなく、むしろそれらに対する先駆的な批判となっている。人間精神は、自己の人間身体の評価とともにしか考えられないような言わば存在論的無意識にさえ帰されるものである。いかなる個物であれ、精神はその身体によってしか評価されえない。すなわち、人間精神は、人間身体によってしか評価されないのだ。人間とは何か。人間は、理性的動物でも言語を話す動物でもない。それらは、単なる帰結の一つにすぎないだろう。では、何の帰結なのか。それらは、明らかに身体の系譜学的な帰結である。ただし、それらは、身体を原因とした結果ではなく、身体を系譜学的な発生的要素とした帰結である。こうした意味において、人間とは、まさに人間身体のことであり、またこれを対象の価値とする人間精神のことである。人間をひたすらその精神や魂や主観性からのみ特性化していたことに代えて、生成変化の未来はこのように言われるべきであろう。それゆえ、もし人間が他の物や他の動物よりも優れていたり劣っていたりする点があるとすれば、あるいは人間精神が他の物の魂や他の動物の精神よりも優れていたり劣っていたりする点があると考えるなら、そうした価値の系譜はすべて人間身体に存している。

諸々の観念は、その対象自身と同様に相互に異なっているということ、そして、或る観念の対象が他の観念の対象よりもより優秀でより多くの実在性を含むにつれてその観念も他の観念よりもより優秀でより多くの実在性を含むということである。このゆえに、いかなる点で人間精神が他の精神と異なるか、またいかなる点で人間精神が他の精神より優秀であるかを決定するためには、すでに述べたように、その対象の本性を、言い換えれば、人間身体の本性を認識することが必要である［強調、引用者］（第二部、定理一三、備考）。

人間精神が他の個物の精神からどのように区別されるのかは、その精神の対象の価値によって、つまりその対象の本性によって決定されるのである。つまり、人間精神が他の物の精神に対してもつ最大の差異は、実は自由意志や理性や言語のうちにはなく、ただ自己の人間身体の変様のうちにあるのだ。要するに、受動性のうちでの、すなわち非十全な認識のもとでの心身並行論においては、身体は、明らかに精神にとっての指導的モデルとなるのである。スピノザの認識論は、〈身体の変様〉と〈その変様の観念〉との並行論のうちにある。精神は、諸観念からなる思考する様態である。これに対して、身体は、物体であり、その限りで延長する様態である。スピノザにおける心身の並行論は、精神と身体との間に実在的因果性を絶対に認めない。精神が身体を動かしたり、身体が精神に影響を与えたりすることを否定するこの並行論においては、身体は、存在論的には、精神にとって一つの絶対的な外部であることを意味している。しかし、それにもかかわらず、この両者は、同じ存在論のもとで並行論的に「合一」しているのだ。言い換えると、並行論をなす精神と身体は、実在的に区別されるが、しかし相互前提の関係にある。

身体論的転回(Ⅱ)——身体による精神の変革（最小回路のために）

精神はつねに自分自身を前提とした——スピノザが言う意味での「対象の価値」を前提としない——作用しかもたない、と考えるのが一般的である。次のように言うことができる。精神は、一般概念によって構造化されている。これは、ジャック・ラカン（一九〇一—八一年）の有名な言説、「無意識は言語のように構造化されている」に倣った言い方である。人間精神は、ほとんど一般概念から構成されている。精神に関するこうした見解をスピノザは、徹底的に批判することになる（第二部、定理四〇、備考）。一般概念を中心として精神の特質を考察したり、あるいはそのもとでのみ人間精神を考えたりすることは、自己の人間身体の存在やその触発をまったく気にしないだけでなく、無視し続けた結果以外の何ものでもない。ところが、哲学的思考は、長きにわたって言語や一般概念から構成された精神のみをもっぱら大前提としてきたのである。

これに反して精神は、諸観念の一つの集合体であり、また諸観念からなる諸々の作動配列である。そして、人間精神の最初の現働的存在を構成するものは、まさに自己の身体の変様の諸観念である。したがって、そのほとんどの観念は、われわれに意識されえないと言える。というのも、身体の存在における大部分の変様は、言わば微小変様だからである。それにもかかわらず、スピノザは、身体に生起するすべての変様が人間精神に知覚されていると言う。人間精神を構成するのは観念であり、その観念の対象は自己の身体の変様である。身体の変様は、つねに或る特定の個物を原因とする結果である。つまり、その変様の観念は、その特定の個物の実在性を含んでいる。要するに、人間精神は、身体の触発の諸観念から、つまり此性あるいは特異性の観念から構成されているのだ。(1) これを私は、精神と身体との間の〈最小回路〉と称したい。この最小回路は、生成変化する精神とその対象の価値としての身体との並行論を形成するものである。というのも、人間精神は、自己の身体それ自体を認識するのではなく、自己の身体の変様の観念を有することによって、身体の変様の原因としての外部の物体を認識し、またそれと同時に自己の精神を意識するからである。

> 人間精神を構成する観念の対象のなかに起きるすべてのことは、人間精神によって知覚されなければならない。あるいは、その物について精神のなかに必然的に観念があるであろう。言い換えると、もし人間精神を構成する観念の対象が身体であるならば、その身体のうちには精神によって知覚されないような〈あるいはそれについて或る観念が精神のなかにないような〉いかなることも起こりえないであろう（第二部、定理一二）。

ここまで述べてきたように、精神を構成する観念の対象が自己の人間身体の変様以外の何ものでもない以上、その身体に生起する変様は、それに対応した観念が必然的に精神のうちに存することになる。こうした無数の観念からなる一つの〈多様体－精神〉、すなわちこのように構成された人間精神は、ほとんど無意識の領域であろう。というのも、われわれは、自己の身体の諸変様のほとんどを意識しないからである。或る大きな変様があれば、われわれは意識をともなってそれらを知覚することになる。しかし、スピノザがここで問題にしているのは、身体において生起するす

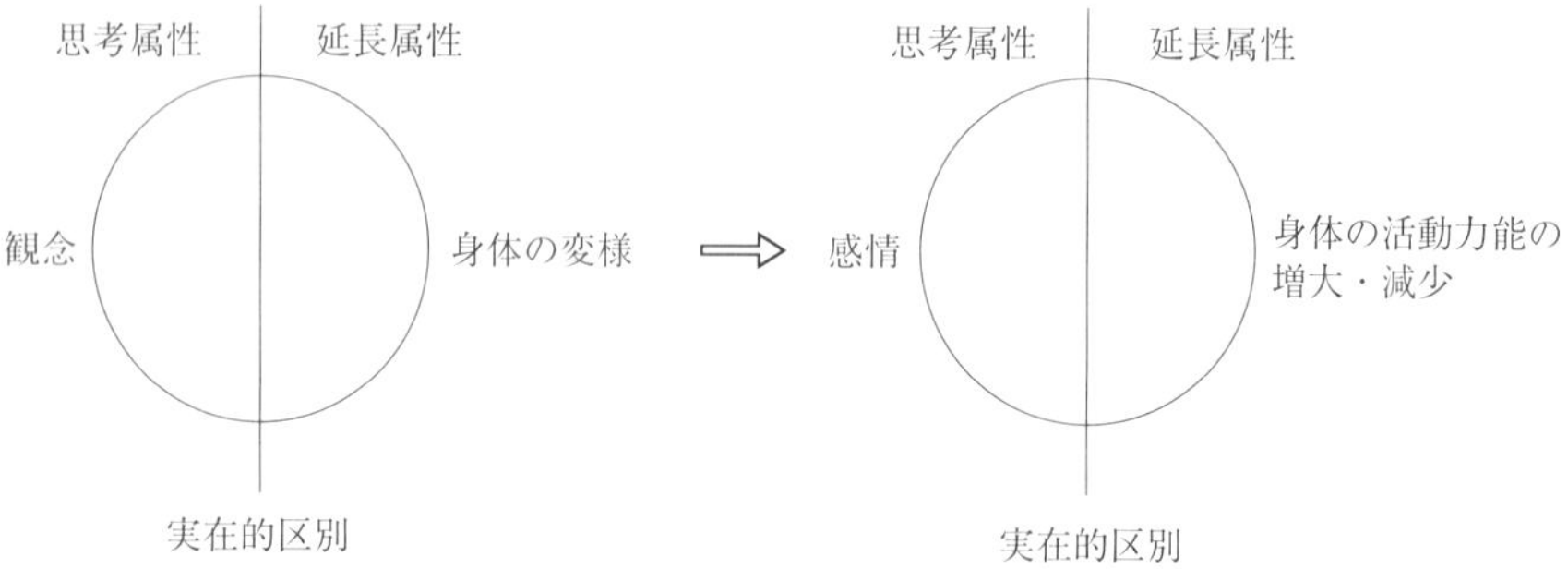

［図 1-5］精神と身体との間の並行論的最小回路

べての変様とそれについての観念との間の並行論である。これは、実に驚くべき考え方である。われわれの精神も身体も自然のうちに存在する。ということは、スピノザにとっては、例えば、人間が或る物の観念をもつということは、自然あるいは神がその観念をもつということと同じである。言い換えると、人間精神を構成する観念は、単に人間の有限な主観性のうちに還元されるような認識作用などではない。観念とは、人間身体の活動力能における変様の仕方に対応する、人間精神の思考力能における認識の様式――形相的存在――である以上、自然の内在的な自己認識そのもののことでもある。

　こうした事柄は、〈身体の変様〉と〈その変様の観念〉との並行論からすべて必然的に帰結するものである。すでに述べたような、われわれの最初の精神と身体との間の〈最小回路〉は、まさに自然の一つの強度的部分としてここに存在するのである。それは、自然の最深部に内在する諸要素、すなわち強度の回路である。ここから出発して、この最小回路のなかでの、物の理解の仕方についての移行あるいは反転――共通概念の形成、認識の諸様式の間の無媒介的反転――等々が後に考察されることになる。それらは、ときにプラグマティックであり、ときに実践的であり、ときに戦略的である。ところで、身体と精神との間に引かれた線には、名称がある。それは、「実在的区別」（distinctio realis）と言われるものである（詳しくは、本書の「第一一講義」で論じる。この区別は、第一に属性の間の区別であるが、同様に属性を異にする諸様態の間の区別でもある。それは、端的に言うと、実在的な因果関係を絶対的に切断する線である）。心身並行論の最小回路は、この実在的区別の周辺で形成されることになる。それは、身体の存在の変様、あるいは身体の活動力能の増大・減少と、それらの変様に対応した精神における観念、あるいは精神の思考力能の増大・減少を表現する感情との間の並行論を表現する。

［図1－5］は、精神と身体の並行論的合一の図である。真ん中の線は、「実在的区別」を示している。これによって精神と身体との間の直接の因果関係は、完全に切断されることになる。属性のもとで観れば、この線の右側は延長属性に、その左側は思考属性になるが、同様に属性を異にする様態の観点に立つなら、右側の半円は身体に、左側の半円は精神に対応する。これらの様態は、合一して一つの個物を形成することになる。

さて、これに対して、人間精神をつねに一般概念や言語の意味や意志の作用などからなる巨大回路にしようとする努力は、まったくの肥大化した精神のニヒリズムに存している。身体はこうした巨大回路に巻き込まれているが、それと同時に外部に存在する諸物体もこの秩序のうちに徐々に取り込まれていくことになる。それは、言語的表面の形成であり、聖なる高所（審級、決定機関）の定立である。スピノザは、この肥大化した精神が紡ぎ出す巨大回路を徹底的に批判することになる。この回路は、主に記憶と習慣から形成されるものでもある（これについては、「第七講義」でさらに論じられる）。［図1－6］は、アンリ・ベルクソン（一八五九―一九四一年）の有名な図を利用して、精神と身体との間の並行論的な巨大回路を表わしたものである。左側には、肥大化した記憶あるいは習慣の秩序が、言い換えると、一般概念や意味の秩序があり、それは、まさに右側の身体の活動力能を忘却し無視する限りで形成される回路である。しかしながら、これによって右側には、実は身体の変様を虚焦点とした限りで成立する延長の様態についての現象化と物自体化、特質化と実体化、等々の二区分が現われる。スピノザの批判の一つは身体の活動力能をモデルにして精神の力能を明確に理解することにあるが、これとともに精神の巨大回路は結果的に減算され解体されていくであろう。しかし、このことは、人間において巨大回路が完全に無化され消滅するという意味ではなく、むしろ脱領土性並行論の地図上に位置づけられる――これが新たな批

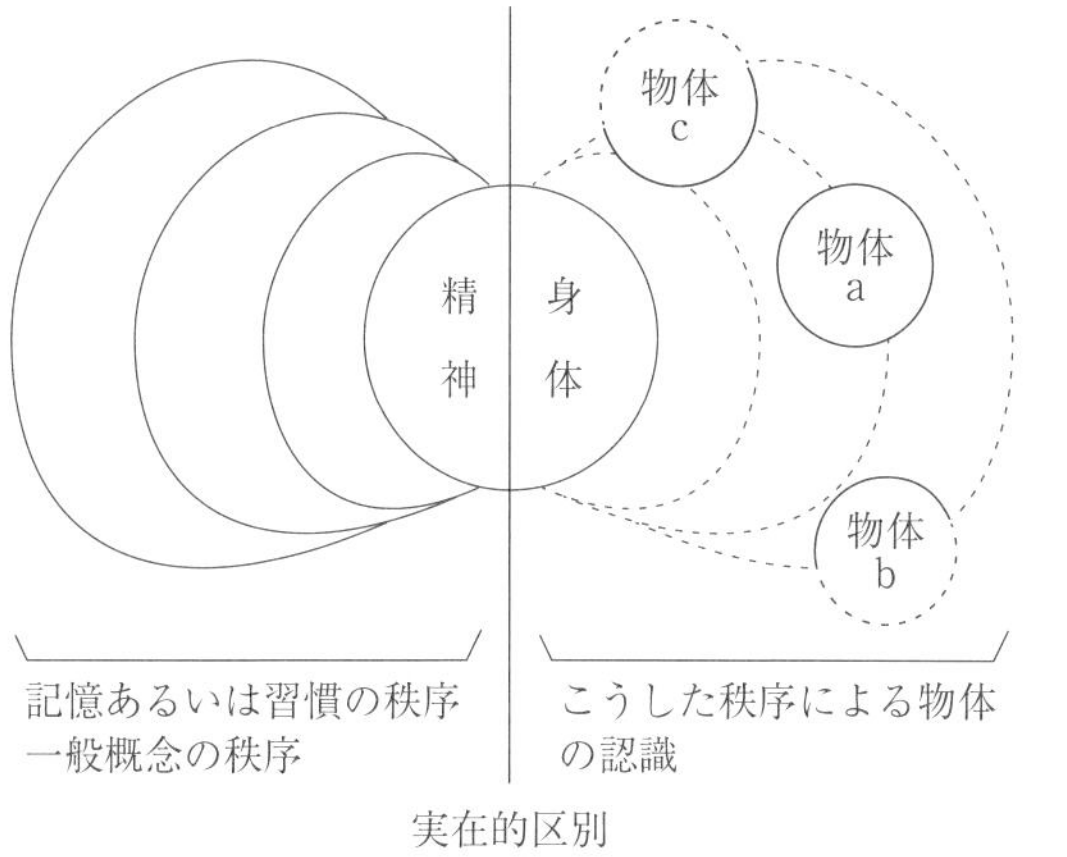

［図1-6］精神と身体の巨大回路（「第七講義」の［図7-2］も参照せよ）

判と創造の意味になる——ということを示している。

身体の系譜学的な価値——身体を評価する独自の仕方

さて、一般的に哲学は、感覚の存在を軽視して、つまり一つの多様体としての身体の諸変様を忘却して、もっぱら知的精神の壮大な諸理説を展開してきた。というのも、哲学的思考は、つねに感性よりも知性が、身体よりも精神が、差異よりも同一性が、それぞれ価値が高いとほぼア・プリオリに、あるいは無批判に考えてきたからである。しかし、人間も含めて、すべての個物は、その身体に対応した固有の精神や知性しかもちえない。スピノザは、このことを述べていたのだ。精神の価値、あるいはその思考する力能の価値は、その対象としての自己の身体によって評価されるしかないのだ。次のように考えてみよう——〈人間‐精神〉は〈人間‐身体〉に、〈樹木‐精神〉は〈樹木‐身体〉に、〈犬‐精神〉は〈犬‐身体〉に、〈トンボ‐精神〉は〈トンボ‐身体〉に、〈机‐精神〉は〈机‐身体〉に……、それぞれ完全に対応したものである、と。これは、次のような考え方へと人々を導くことができるであろう。例えば、すべての人間が互いに争うことも傷つけ合うこともなく、互いを思いあって、平等な関係のもとで、平和に幸せに暮らしていけるような社会がもし実現されるとするなら、こうした社会は、果たして単にわれわれの精神を原因とするだけで達成可能な問題——あるいは精神だけで設計されうるような社会の問題——であろうか、と。そうではないだろう。そんな社会を実現できる人間は、現在の人間とは異なった身体をその精神と同様に有するのでなければならないだろう。何故なら、人間精神の変形は、それに対応した身体の触発なしには絶対に成立しえないからである。要するに、そもそもこうした類いの社会の実現に関してもっとも重要な発生的要素は、新たな諸動詞によって表現されるべき活動力能をその身体が有していなければならないということにある。

そこで、こうした意義も含めた人間身体について考察してみよう。人間精神が複雑であるのは、そもそも人間の身体がきわめて複雑だからである。

人間身体は、本性を異にするきわめて多くの個体——その各々がまたきわめて複雑な組織をもつ——から組織されている（第二部、定理一三の後の要請一）。

このように本性を異にする多くの個体からなる人間身体のもとでわれわれは、きわめて多様な仕方で外部の物体から刺激を受けることができる。言い換えると、身体は、その身体の外部に存在する諸物体に依拠することなしには、一瞬たりとも自己の存在を維持することができない。自己の人間身体の外部に存在する多様な物体——水、空気、食物、家、布団、衣服、等々の無数の様態、要するに、自然物だけでなく、他の多くの人間による活動の諸成果——に依拠し続けること、つまり触発を受けることでしか、われわれは自己の人間身体の存在を維持することができない。

人間身体を組織する個体、したがってまた人間身体自身は、外部の物体からきわめて多様な仕方で触発される（第二部、定理一三の後の要請三）。

人間身体は、自らを維持するためにきわめて多くの他の物体を必要とし、これらの物体から言わば絶えず更生される（第二部、定理一三の後の要請四）。

人間は、自己の身体を維持するために、絶えずきわめて多くの物体から多様な仕方で触発を受ける必要がある。つまり、外部からの多様なものによる人間身体の触発、それは、言わば〈異他《ヘテロ》－触発《アフェクション》〉(hetero-affection) である。これは、相互に外在するものの間で成立する受動的変様のことである。ということは、人間は、実は単に触発を受けるだけでなく、そのことによって反対に自己の身体によって外部のさまざまな物体に作用することもできなければならない。ただし、これをわれわれの能動的作用のように解してはならない。何故なら、われわれは、このような何かを為す際にもつねにその刺激を受けているからである。

人間身体は、外部の物体をきわめて多くの仕方で動かし、かつこれにきわめて多くの仕方で影響を与えることができる（第二部、定理一三の後の要請六）。

われわれは、人間身体を考察せずに、人間精神を十全に理解することはけっしてできない。しかし、その際にもっとも重要なことは、身体を系譜学的に考察しなければならないという点にある。では、この場合の〈系譜学的〉とはいったい何を意味しているのか。要するに、それは、身体の考察によって精神そのものがそれとともに非身体的に――意味理解や価値意識が――変化するような仕方のことである。つまり、人間身体こそが、まさに人間精神の革命的変化の系譜学的で発生的な要素だということである。身体を考察することによって、精神が有している日常的な一般概念や意味、そしてそれらの価値や感情が〈非身体的に〉――スピノザにおいては言わば〈想念的に〉――変形され変容すること、これこそが心身並行論がもつ真の系譜学的価値である。一般的に言うと、あらゆる個物がもつ精神の価値は、その身体の変様を発生的要素に、つまり対象の価値にしているのだ。

人間における〈努力〉(conatus)について

スピノザ哲学における人間身体の導入とその位置づけの意味を考えるならば、それらは、まさに〈系譜学的〉と称するのがもっとも相応しい。何故なら、(1)身体の導入は精神のうちにその系譜学的価値を作動させることであり、(2)またその位置づけは身体の変様とともに脱一般概念化を精神の本性とするような言わば脱領土性並行論を実現することだからである(ここでの「領土性」とは、すでに述べた精神の肥大化によるあの巨大回路のことである)。人間身体の変様は、あらゆる精神のうちで価値転換の発生的要素としての身体の活動力能を表現するように強制するものである。ここには、自由意志に還元されるような主体性の中心はまったく存在しない。それゆえ、『エチカ』においては、〈私〉などけっして登場せず、ただ〈自己〉と言われるだけである。というのも、一人称の〈私〉は、非-人称的触発としての〈自己〉の後に二次的かつ派生的に成立したものにすぎないからである。そして、この自己は、まさに身体の変様なしにはけっして存立しえない一つの多様体である。精神は、身体それ自体を認識するのではなく、身体の変様についての観念を有する限りで自己の身体を認識し、さらにこの観念を知覚する限りで自己自身を認識するからである。

精神は、身体の変様の観念を知覚する限りにおいてのみ自己自身を認識する（第二部、定理二三）。

自己とは何か。それは、端的に言うと、身体の変様の観念を知覚すること——身体の変様の〈観念の観念〉を有すること——でしか成立しえない自己認識のことである。ここで言われている「観念を知覚する限りにおいて」とは、スピノザにおける〈観念の観念〉のことである（第二部、定理二一、備考）。それは、いわゆる「反省的認識」と呼ばれるものである。簡単に言うと、身体の或る変様についての観念(a)が別の観念(b)の対象になることで、この観念(b)は、観念(a)についての観念として、つまり〈観念の観念〉として成立することになる。要するに、精神は、このようにして、まず身体の変様についての観念をもつが、この観念を知覚することで、つまりその観念についての観念をもつ限りで自己自身を認識すると言われるわけである。自己は、身体の変様とその観念、そしてその変様の〈観念の観念〉をもつ限りでしか存在しないのである。それらにア・プリオリに先立って予め考えられるような、同一性としての自己意識、自由意志としての主体性、〈私〉の自己認識などけっして成立しえないし、またそうした超越論的な主観的作用はむしろ否定的な悲しみやその無能力のなかで創建された、超越的な浮上作用とでも称すべきものであろう。

さて、自己の人間身体をモデルにして考えると、まず第一に身体は、これに対応した自己の精神がそのことを意識しているか否かにかかわらず、自己の身体の存在を絶えず維持しようと努力していることがわかる。人間は、自己の身体の存在のすべての変様過程——呼吸すること、食べること、寝ること、話すこと、等々——を通してまさに自己自身の存在を、すなわち自己の身体の存在だけでなく、自己の精神の存在をも維持しようと努力しているのだ。こうした努力をスピノザは、人間だけでなく、すべての個物について妥当するその物の現働的本質として次のように述べている。

各々の物は、自己のうちに存する限り、自己の有（存在すること）に固執するよう努力する（定理六）。

自己の人間身体の変様は、単に意識された身体を超えて自己の身体の存在を徹底的に維持しようとする無意識的努力

(ニーチェが誤解した努力《コナトゥス》のイメージ)　(スピノザにおける現働的本質としての努力《コナトゥス》)

[図 1-7] 努力《コナトゥス》についての二つのイメージ

の表現そのものでもある。その限りで、身体こそがまさに精神の無意識を形成するのであり、また身体の活動力能は精神における無意識のまさに発生的要素だと言える。また、この無意識における精神の思考力能も、同様に人間精神としての自己を維持しようとする努力そのもののことである。

各々の物がそれによって自己の有〔存在すること〕に固執しようと努める〈努力〉(conatus)は、物それ自身の〈現働的本質〉(actualis essentia)にほかならない(定理七)。

ここで言われる「自己の有に固執しようと努める努力」とは、その物の名目的な本質ではなく、何よりもその物の実在的本質のことである。この本質は、自己の存在を維持しようとする実質的な努力であり、したがって自己の本質とその存在とを一致させようとする力能であり、その限りでまさに〈現働的本質〉以外の何ものでもない。つまり、物の本質は、一般的に考えられているような、複数の個物に共通の一般的性質でも、抽象的な、その意味で不活性な悪しき類的本質などでもない。物の本質は、その物の存在上の特異性に関する権利問題を表現しうる現働的で差異的な或るものでなければならない。言い換えると、物の本質とは、個々の物に対して単に無差異で一般的な特質などではなく、むしろ個々の物の存在についてしか言われないような、差異的で特異な存在する力能のことであろう。こうした意味で自己の有を維持しようとする〈努力《コナトゥス》〉は、まさに自己の現働的本質なのである。すなわち、物の本質としての〈努力《コナトゥス》〉は、個々の物の現実存在の差異化あるいは個体化についてのみ言われる特異な本質であり、その限りで現働的本質以外の何ものでもない。この「現働的」という言葉には、さらに次のような意味が含まれている。すなわち、それは、自己の存在を単に現状のまま維持しようとすることではなく、より多くの実在性を含む仕方で、つまり自己の存在する力能がより増大する方向で——つまり、喜びの実在的過程のもとで——自己の現実存在を維持しようとすることである。こうした意味での〈努力〉は、まさに現働的《アクチュアル》な本質としてしか考えられないであろう。

［表 1-1］心身並行論における二つの座標系

	精　神	身　体
（現働的本質の）強度的な縦座標	思考力能	活動力能
（現実的存在の）外延的な時空座標	持続的存在	現実的存在

物の本質とは、スピノザにおいては、先ずはその物の存在力能のことである。それは、自己の現実存在を維持しようとする努力であり、自己における差異の肯定を必然的に内含するような本質である。先に述べたが、この自己保存の力能としての〈努力《コナトゥス》〉は、単に現状維持的な、例えば、一般的に水平に引かれた直線によってよくイメージされるような固執の仕方ではない。そうではなく、〈努力《コナトゥス》〉とは、むしろつねに自己の存在力能がより増大する方向で自己の存在に固執しようとする特異性のことである（［図1-7］）。ニーチェは、スピノザのこうした努力《コナトゥス》という自己保存の力の在り方をまったく誤解したと言ってよい。ニーチェは、スピノザにおける自己を維持しようとする努力《コナトゥス》を、個物において現在達成されている或る状態をもっぱら現状維持しようとする能力であると理解して、これを批判することになった。というのも、ニーチェが提起する〈力能の意志〉は、単に現状を維持するような力ではなく、自己の力の増大を求めるものだからである[2]。少なくとも、ニーチェの努力《コナトゥス》の理解は、明らかに間違っていた。スピノザの自己保存の力とは、自己の本質と自己の現実存在とが一致する方向で維持しようとする現働的な努力であり、それゆえ自己の人間本性としての力能の増大を追求する方向と一つのものだからである。

まずは、人間身体をモデルにして、こうした現働的本質をつねに意識し考える必要がある。身体の本質と存在は、次のような二つの座標系によって表現されうるであろう。(1)身体の現実的存在あるいはその外在化した存在は、必然的にこれに対応した精神の時間上の持続的存在を有する（外延的な時空座標）。(2)これと同時に、こうした座標に位置づけられる身体は、その現実存在を維持しようとする活動力能を必然的に内包している。この身体の活動力能には、完全に精神の思考力能が対応している（強度的な縦座標）[3]。ここで重要なことは、この二つの座標系を単に知的に区別することではなく、この二つの座標系の一致方向が人間の喜びの、つまり倫理学の源泉となり、これに対してこの両者の分離方向がまさにわれわれの悲しみの感情の、つまり道徳の発生源であるということを知覚することにある（［表1-1］）。

第二講義　実在性の変移——身体と感情について

身体論的転回(Ⅲ)——精神と身体の並行論

精神と身体の間に実在的な因果関係の成立を認める立場が、いわゆる心身の〈相互作用論〉(interactionism)である。これは、端的に言えば、一方が他方に能動的に作用して、他方がこの一方の作用を受動することを意味する。言い換えると、そこでは一方が原因となり、また他方が結果となる。しかし、精神と身体というまったく異なる〈存在の仕方〉(=属性)の諸様態——例えば、一方は非物体的、他方は物体的——の間に、実在的な因果関係を想定することは、とくに精神から身体への命令作用を評価して成立したまさに道徳的な思考法であるだろう。というのも、実はこの考え方の背後には、優越的な存在としての精神こそがまさにそれより劣った存在である身体を支配しうるというきわめて道徳的な価値評価がまったく無批判のまま隠されているからである。

これに対して精神と身体は、相互に因果的に関係し合うことは絶対にない。これが、スピノザにおける心身の〈並行論〉(parallelism)の基本的な考え方である。[1] 言い換えると、精神と身体においては、一方が受動的であれば、他方も受動的であり、また一方が能動的であれば、他方も能動的である。

精神の努力あるいはその思考力能は、身体の努力あるいはその活動力能と本性上等しくかつ同時である(定理二八、証明)。

精神と身体は、存在的にはまったく異なるものであるが、しかし存在論的にはまったく対等である（精神と身体との間のこの〈差異性〉と〈対等性〉とをつねに意識する必要がある）。並行論においては、どちらか一方を他方よりも優越的なものとして考える発想がない。ここでとりわけ注意すべき論点を述べておこう。相互作用論も含めて、たしかに心身の関係に関してはさまざまな説が現代においても展開されている。しかし、私がここで並行論を肯定する理由は、単に並行論が精神と身体との関係を相互作用論よりもよりよく説明できるといった点にあるのではない。つまり、私は、説明原理としての優劣性を問題としているのではまったくない。そんなことが理由だとすれば、並行論は、他の諸説によって容易に乗り超えられてしまっているだろう。そうではなく、並行論は、心身関係論のうちでもっとも批判的で創造的、端的に言うと系譜学的である。反‐道徳主義の倫理学は、或る理説の他の諸々の理説に対する説明体系の卓越性にも、あるいはさまざまな学説の間の単なる乗り超え話しの類いにもまったく関心がない。何故なら、意味を変形し価値を転換する系譜学は、もっぱら説明と克服の点で優れた諸原理に依存するよりも、むしろ批判と創造とを総合する諸原理により多く依拠するからである。こうした意義を有する系譜学的並行論は、身体の変様をモデルにして、精神における固着した実存的な主観性の領域からの脱領土化の運動を実現する倫理学であり、人間の精神と身体をともに生成変化へともたらす哲学である[2]。

心身の〈相互作用論〉――われわれの日常的な感覚にはもっとも合致した心身関係の在り方――が含む意識中心主義に対して、スピノザにおける心身の〈並行論〉は、すでに述べたように、現代的に言えば精神の無意識を導入していると言ってよいだろう。もちろんスピノザが生きた一七世紀に「無意識」という言葉はなかった。ラテン語に、〈scientia〉（知識、科学）と〈conscientia〉（知識が集まり統合される場としての意識）という言葉はあったが、この後者に打ち消しの意味をもつ接頭辞〈in〉を付けた、〈in-conscientia〉（無‐意識）という言葉は存在しない。たしかに「無意識」は、一般的にはジークムント・フロイト（一八五六―一九三九年）によって一九世紀末から二〇世紀にかけて精神分析学の形成とともに人間精神の潜在的な深層領域が見出されるなかで規定されてきたものである。しかし、スピノザは、その心身並行論のうちに人間身体の存在と価値を導入することによって、すでに一七世紀の時点でまさに無意識の諸問題を提起していたと言える[3]。言い換えると、スピノザは、デカルトによって開始された意識中心主義の歴史のその始まりの段階ですでに人間身体とともに無意識を哲学に導入することで、こうした近代的意識とともに二一世紀まで続くような〈主体性の形而上学〉を当初から徹底的に批判することができたのだ。人間精神だけの〈主体性の形而上学〉を完全に解体して、これに取って代わるのは、まさに人間身体を必然的にともなった〈自己の自然学〉であろう。

さて、スピノザの心身並行論においては、精神と身体との間にいかなる因果関係を成立しえず、したがって一方が他方を何かに決定することなどけっしてできない。

> 身体が精神を思考するように決定することはできないし、また精神が身体を運動や静止に、あるいは他の或ること（もしそうしたものがあるならば）に決定することもできない（定理二）。

精神と身体との間に実在的な因果作用はけっして存立しえず、したがって一方が他方を何かを為すように決定することはできない。ここから次の事柄が帰結する。スピノザにおける心身並行論は、意識と意識された身体とを超えた、言わば精神の思考力能と身体の活動力能との並行論、言い換えると、第一に精神の無意識とその発生的要素となる身体の強度的変様との間の並行論である。精神がわれわれの意識をはるかに超えた思考力能そのものであるのと同様、身体もこうした思考に対応した、けっして意識化されえない無意識の身体、すなわち強度的変様の地図を描くことのできる活動力能である[4]——「〈身体が何をなしうるか〉を、これまで誰も規定しなかった」［強調、引用者］（定理二、備考）。このような仕方で身体を考えることは、単に環境世界や生活世界のうちに存在する身体に配慮するといったような非遠近法的なものなどではない。〈精神〉（Mens）と〈身体〉（Corpus）は、自己の外部の領域を、まさに諸物体との遭遇の場あるいは外延的な時空座標として、また同時に実在性の流れの強度的な縦座標として遠近法的に構成しようと無際限に努力しているのだ。心身並行論を表象化された心身の単なる対応関係の水準から脱領域化することが、スピノザの並行論のうちには本質的に含まれているのである。「第一講義」の最後に挙げた［表1-1］は、［表2-1］のように書き換えて示すことができる。

意識としての精神（Mc）は、その対象となる意識化された身体の変様（Cc）との間に一対一的な対応関係を定立しようとする。こうした並行論は、まったくの固着した精神とそれに対応する身体の変様との表象的な秩序からなる。

言い換えると、この秩序は、記憶と習慣のうちにある意識とこれらによって秩序づけられた身体の変様とからなる。これに反してスピノザの心身並行論は、現にそのように存在している精神と身体との間の単なる対応関係ではなく、第一次的にはそれらが生成変化するなかで形成されるような、つまりプラグマティックで実践的な並行論である。要するに、ここでは、気質化され領土化された――〈Mc〉と〈Cc〉との――並行論から、無意識（思考力能）としての精神（Mi）とこれに対応するその活動力能としての身体（Ci）との脱領土性並行論への移行、あるいはそれへの生成変化とその実現が、まさに倫理的諸問題を本質的に構成することになる。このように、スピノザの並行論は、すっかり出来上がった二つのものの間に想定されるような、単なる一対一対応的な関係をまったく意味しない。例えば、ニーチェが次のように意識に対する「身体の全現象」について語るとき、それは、ほぼスピノザ主義の観点を本質的に含んでいるとさえ言えるであろう――「身体の全現象は、知的な観点から言うと、われわれの意識に、われわれの精神に、われわれの思考し感覚し意志する意識的な仕方に優越しているが、これは代数学が九九の表に優越しているのと同様である(5)」。

［表 2-1］心身並行論の脱表象化の作用（矢印の方位性）

↑	強度的変様の総体としての身体（Ci）	無意識（観念の思考活動）（Mi）	↑
	意識化された身体の変様（Cc）	意識（概念の表象活動）（Mc）	

身体は精神に何をもたらすのか

人々は、たしかに〈精神はいかに身体に作用するのか〉、あるいは〈精神は身体に何をもたらしうるのか〉といった事柄をより多く意識して生活している。しかし、反対に〈身体は精神に何をもたらしているのか〉という問いに関しては、人間精神はほとんど無関心であり、それゆえこの問題についてまったく無差異である。第一次的に身体をモデルにして形成されるスピノザの心身並行論は、第二に〈身体は精神にいったい何をもたらしているのか〉といった問いを発する声を有している。身体は、一時たりとも自己の外部に存在する多様な物体なしには、自己の存在を維持することのできない様態である――これ以上に自明な事柄は、身体に関してほぼ考えられないであろう。例えば、われわれの呼吸は、通常ほとんど意識されることなく続けられている身体における必然的な触発である。栄養も、つねに身体が摂取しなければならないものである。座っているときも、身体は、単に椅子だけでなく、床や他の多くの諸物体に依存していることがわかる。歩くという行為でさえ、われわれは、自己の身体と大地と空気なしには絶対に成立しえない出来事であることがわかる。要するに、身体は、その存在を維持するために必然的に外部に開かれていなければならないのだ。しかし、すでに述べたように、すべての物の身体は、外部の物体によって自己の現在の存在状態を単に維持しようとしているわけではない。何故なら、身体とは、つねに自己の活動力能が増大する仕方でその現働的存在を維持しようと努力する様態だからである。この身体の活動力能は、並行論の観点から言うと、まさに精神の欲望という思考力能そのもののことである。われわれが自己の身体の変様を意識するかしないかにかかわらず、身体とは、その変様を通して自らの活動力能が増大する方向で、その現実存在を維持しようと努力する様態のことである。したがって、身体におけるこの努力とは、精神においてまさに〈欲望〉と呼ばれているもののことである。この努力あるいは欲望こそが、物の現実的存在がもつ本質そのものである。身体の活動力能、すなわち意識化されえない身体の未知の部分、つまり身体の強度的な内容形式は、精神においては意識の表象に抵抗するより深い思考の部分、すなわち非表象的な無意識の力能であり、観念の表現形式と同じものである。

ところが、身体は、いつも自己の活動力能を増大しうるようなものと遭遇できるわけではない。というのも、その力能を減少へともたらすものが、自己の身体の外部には必ず存在するからである。要するに、身体の活動力能の増大とは外部の或る物体を原因として自らのできることがよりできる方向へと促進されることであり、これに対して身体の活動力能の減少とは外部の或る物体を原因として自らのできることがよりできなくなる方向へと阻害されることである。こうした身体の活動力能の増大・減少は、身体においては〈度合の変化〉の、つまり〈強度の差異〉の表現である。しかし、身体におけるこうした〈度合〉は、精神においては〈質〉として第一に表示されなければならない。これこそが、まさにわれわれがもつ「感情《アフェクトゥス》」（affectus）である。感情は、実は単なる主観的な気分でも心理的な雰囲気でもなく、自己の身体の変様のもとに現前している外部の物体についての認識の様式以外の何ものでもない。感情は、要するに身体なしには存立しえない物の対象性の認識そのものである。改めて問う——感情とは何か。あるいは、喜びや悲しみ、愛や憎しみとはいったい何であるのか。感情は、人間精神にとってもっとも重要な認識の様式の一つである。感情がなければ、われわれの認識はほとんど成立しないと言ってもよい。しかも、それは、自己の身体の変様という実在性の流れを含んでいるという意味で、たしかに一つの対象性の認識そのものでもあるのだ。感情は、もっぱら精神だけがもつような〈視点〉からの認識ではなく、まさに身体の実在的変化のなかでの〈遠近法〉の認識をわれわれに与えるものである。こうした意味で人間の感情は、人間精神にとってもっとも根本的な認識の一つの様式なのである。

　ところが、われわれは、人間の感情は自然の法則とはまったく別のものに従っている、と思い込んでいる。つまり、感情の動きは自然に反した何か別の法則に従っていて、あるいはまったくの無法則であって、それゆえ感情は或るときには人間を崇高な存在者にしたり、別のときにはまったくの堕落した動物にしたりするのだ、と。しかし、こうした考え方は、スピノザによれば、自然のなかの人間を「国家のなかの国家」のごときものと考えるに等しいと言う。人間身体は、他の自然の物体とともに存在する。すなわち、それは、他の自然物から触発されたり、あるいはそれらを触発したりしなければならないのだ。人間精神における感情も同様、こうした触発の内包的表現として自然のうちにあり、人間身体が従っている唯一同一の自然の法則のもとに存在する。何故なら、自然は、至るところでつねに「同一」だからである。

　さて、喜びや愛といった肯定的な感情だけでなく、悲しみや憎しみといった一見すると否定的な感情も、人間精神のうちで何らかの実在性を有しているのはたしかである。感情は、単なる自己の内なる気分でも情緒でもなく、自己の人間身体との関係で生起する外部の物体に関するきわめて本質的な認識の仕方である。スピノザは、次のように述べている。いかなる感情であっても、それらはまさに自然の必然性と力から生起しなければならない、と。

> 自然のなかには、自然の過誤のせいにされうるようないかなる事も起こらない。何故なら、自然はつねに同じであり、自然の力と活動力能とは至るところで同一だからである。言い換えれば、万物が生起して一方の形相から他方の形相へと変化するもととなる法則および規則は、至るところでつねに同一だからである。したがって、すべての事物——それがどんなものであっても——の本性を認識する様式も、やはり同一でなければならない。すなわち、それは、自然の普遍的な法則および規則による認識でなければならない。このようなわけで、憎しみ、怒り、妬み等の感情も、それ自体で考察すれば、その他の個物と同様に自然の必然性と力とから生じるのである

（序言）。

ここで言われている自然の力あるいは活動力能とは、〈存在する力能〉のことであり、これは至るところで同一である。こうした力あるいは力能は、多様な差異（＝様態）についてのみ言われる同一のもののことである（これは、後に述べる〈一義性〉（univocatio）という概念によって理解されうる。スピノザは、ここで物の存在とその認識について一義性の思考を展開している）。したがって、存在するあらゆるものの本性を認識する様式も同一であると言われる。何故なら、人間精神における認識も、自然に内在する様態（＝観念）以外の何ものでもないからである。そこには、人間精神が有する諸感情も必然的に含まれる。それどころか、憎しみや妬みや嫉妬といった感情も、自然の必然性と力から生じたものである、と言うことができるのだ。つまり、スピノザは、いかなる感情であれ、それを徹底的に肯定しようとする。というのは、どれほど否定的な感情であっても、自己の人間身体の変様の実在性を含む限り、感情は、どこまでも肯定されるべき自然に内在する人間精神の諸様態以外の何ものでもないからである。感情の形相を構成するのは、観念である。言い換えると、観念それ自体がもつ肯定あるいは否定の作用は、喜びあるいは悲しみという質的度合をともなって表現されうるのである。

感情は、物の実在的変化の認識である

さて、感情は、自己の身体の活動力能の変様によって伝えられる外部の物体についての認識であると同時に、さらにはそうした変様を通したその物体についての評価（肯定／否定）をも含んでいる。スピノザは、まず次のように感情を定義する。

> 感情とは、われわれの身体の活動力能を増大するあるいは減少する、促進するあるいは阻害する身体の変様、また同時にそうした変様の観念であると解する（定義三）。

感情のこの定義のうちに、「身体」という言葉が、あるいは「身体の変様」——身体の活動力能の増大あるいは減少——という要素が含まれていることにとくに注意されたい。感情は、身体なしには定義されえないのである。われわれが感覚しうる諸感情は、存在論的には人間身体の変様——身体の活動力能の増大あるいは減少——と完全に等価であり、また認識論的には身体のこうした変様についての観念である（この前者は神の〈存在論的並行論〉に、後者は神の〈認識論的並行論〉にそれぞれ由来する。神のこの二つの並行論については、「第一三講義」で詳しく論じることになる）。

ここでは、まず以下の三つの論点を指摘しておく。(1)感情は、身体なしにはけっして考えられないということ。というのも、この感情の定義のうちには、その発生的要素としての〈身体の活動力能の増大あるいは減少〉が含まれているからである。(2)感情は、自己の人間身体の活動力能が増大あるいは減少する限りでの、言わば人間身体の〈本質の変様〉についての観念（認識の様式）であるということ。観念は、自己の身体の存在そのものの知覚ではなく、あくまでも自己の身体の存在上の変様についての観念である。しかし、この変様に身体の活動力能の増大あるいは減少がともなうとき、つまりその物の知覚に感情がともなうとき、観念はまさに感情の形相となるのだ。身体の現働的本質（＝努力《コナトゥス》）は、つねに自己の人間身体の現実的存在のもとでその力能をより多く発揮しようとする。これは、言い換えると、自己の身体の活動力能をつねに増大する方向で維持しようと努力しているということである。さらに言い換えると、感情は、こうした身体の活動力能の実在的変様あるいは度合を〈内容〉とした、精神における最初の質的な〈表現〉である。

(3)一方で身体は、渦巻状の空間に配された諸物体による触発の多様体である。他方でこれに対応する〈感情‐観念〉は、まさにこの多様体の本性を含む限り、これを諸々の〈実在性‐力〉の流れとして差異的に表現する人間精神の内在的様態である。感情は、外部の物体による精神への直接的な刺激物でもなければ、あるいは単に精神だけの状態を表示するような情感や情緒や気分でもない。そもそも感情の形相を構成する観念は、その物体（触発の原因）についての単なる外在的な、あるいは無視点的でそれゆえ客観的と呼ばれるような理解の様式ではない。身体は、言わば外部の諸物体の〈実在性‐力〉の多様な流れの部分的な合流域である（第二部、定理一六、系一と系二）。したがって、身体の活動力能の増大あるいは減少のもとに必然的に存在する身体は、その近傍空間をまさに実質的な遠近法の外部として、つまり螺旋状あるいは渦巻状に形成するのである。〈感情‐観念〉は、身体の本質の変様が有する、自己の身体と外部の物体との本性を含んでいる。感情は、外部に存在する物体による自己の人間身体の内在的変様を含んだ理解の様式であり、まさに物の自然における〈実在性‐力〉の諸々の流れについての表現的観念である。こうした受動感情が表現する人間精神における実在性の諸変化（より大きな完全性へ（＝喜び）あるいはより小さな完全性へ（＝悲しみ））とは、まさに人間身体の活動力能の変様が含む物の諸力の流れのことである。この限りで精神における〈感情《アフェクトゥス》〉（affectus）と身体における〈変様《アフェクチオ》〉（affectio）は、すでに述べた自然学の二つの座標系を通した並行論的関係にあると言うことができる。

スピノザの心身並行論は、すっかり出来上がった二つの項の間の対応関係を考察するものなどではない。そうではなく、それは、互いに一つのブロックをなすようにして生成変化し発生する精神と身体との間の関係を明らかにするものである。要するに、身体の活動力能の増大・減少についての観念は、そのまま精神の思考力能の増大・減少に完全に対応した生成変化の形相的表現である。

> すべてのわれわれの身体の活動力能を増大しあるいは減少し、促進しあるいは阻害する物の観念は、われわれの精神の思考力能を増大しあるいは減少し、促進しあるいは阻害する（定理一一）。

身体におけるこうした活動力能の増大・減少という変様は、単なる外延量的な変化ではなく、まさに内包量（＝度合）の変移である。つまり、感情そのものは、度合の概念として理解されなければならないのだ。身体の活動力能の内在的変様は、精神においては感情という内包的な質的差異——喜びと悲しみ——として表現されるのである。

> われわれは、精神が諸々の大きな変化を受けて、或るときにはより大きな完全性へ、また或るときにはより小さな完全性へ移行することがわかる。この受動は、たしかにわれわれに喜びと悲しみの感情を説明してくれる。こうして私は、以下において、喜びを精神がより大きな完全性へ移行する受動と解し、これに反して悲しみを精神がより小さな完全性へ移行する受動と解する［強調、引用者］（定理一一、備考）。

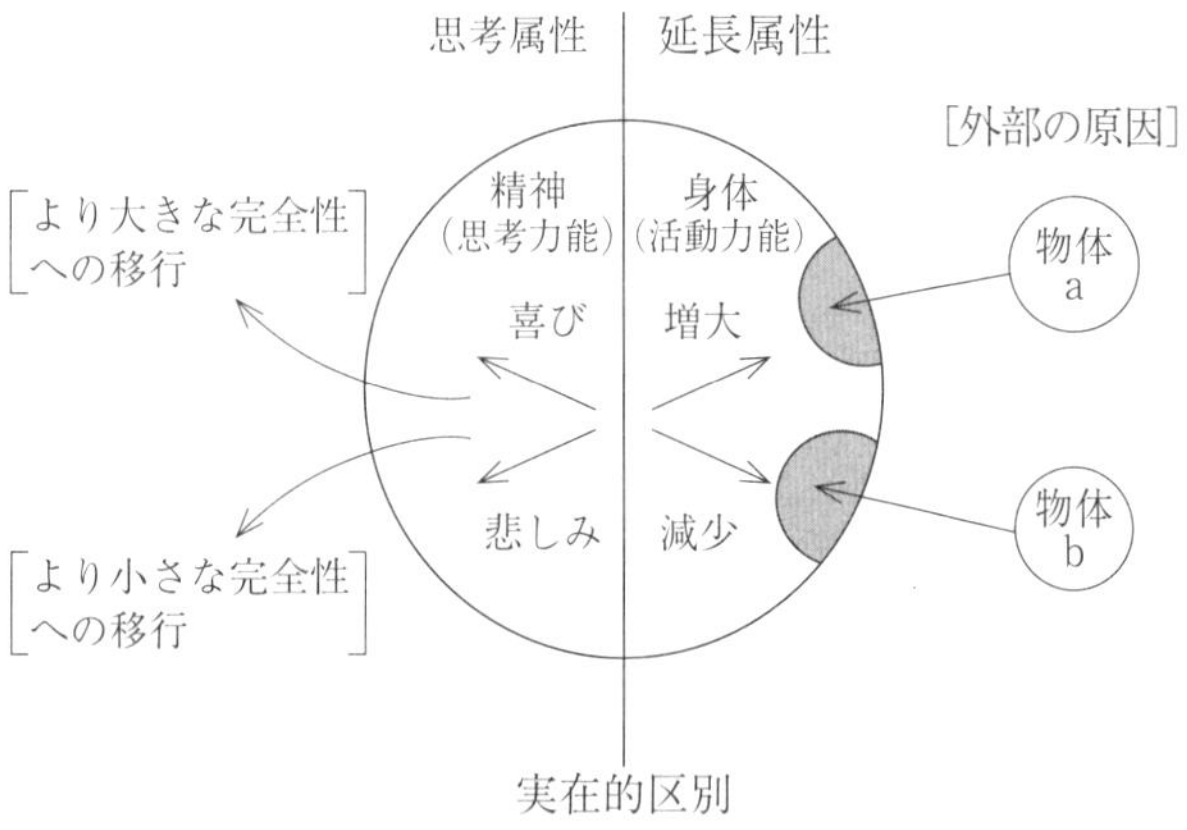

［図 2-1］身体の活動力能の変様とその観念（＝感情）との並行論

これらの言説をまずは［図２‐１］のように示しておこう。第一に精神は思考力能として、身体は活動力能として捉えられる（この二つの力能は、神から産出された様態の本質であり、それゆえ人間本性の二つの側面である）。身体は、すでに述べたように、その存在を維持するためにつねに外部の諸物体に触発され続けなければならない。外部の諸物体による身体の活動力能の変様は、増大あるいは減少という二つの仕方で可能であった。これに従うと、例えば、人間身体にとって外部の諸物体は、端的に二つのタイプに分類されることができる――一方は〈物体ａ〉のように、その触発によって或る人間身体の活動力能が増大する場合、他方は〈物体ｂ〉のように、その触発によって或る人間身体の活動力能が減少する場合。こうした身体の活動力能の増大あるいは減少に完全に対応する仕方で、精神においては、前者は思考力能の増大を表現する〈喜び〉として、また後者はその減少を表示する〈悲しみ〉として生起するのである。またそれは、完全性（＝実在性）の二つの実質的移行――〈より大きな〉と〈より小さな〉――を表示している。完全性という名目的様相は、スピノザにおいては、この移行のもとでまさに様態の実在的様相として捉えられている。

要するに、人間精神は、身体の活動力能の増大に対応したより大きな完全性への移行を〈喜び‐観念〉として、あるいは身体の活動力能の減少に対応したより小さな完全性への移行を〈悲しみ‐観念〉として有するのである。こうした人間の受動性の領域――外部の物体による身体の触発――を明確に理解するには、精神よりも身体を指導的モデルにして考察することがもっとも重要となる。しかし、心身並行論である限り、自然のなかの身体の絶対的受動性は、こうした受動的な〈異他‐触発〉を肯定する人間精神の側の努力に裏打ちされ、またこれによって並行論的に二重化されている。言い換えると、人間は、経験的‐超越論的二重性として歴史的・社会的に構成される以前に、すでに精神的‐身体的二重体として系譜学的に組成されているのだ。

　精神は、身体の活動能力を増大しあるいは促進するものだけをできるだけ表象しようと努力する（定理一二）。

精神は、自己の思考力能が増大すること——喜びの感情に刺激されること——をつねに欲する。しかしながら、このことは、人間の現実の受動性のうちではどのように実現されうるのであろうか。それは、自己の身体なしに実現されることは絶対にないであろう。つまり、精神は、自己の身体の活動力能を増大するような外部の物体を端的に表象しようと努力する。この表象の努力は、まさに出会うことの欲望である（内発的衝動）。精神は、特定の〈物体ａ〉をできるだけ表象しようと努力する。何故なら、この〈物体ａ〉は、自己の身体の活動力能を増大する外部の原因、すなわち自己の喜びの原因となるものだからである。言い換えると、この定理が示しているのは、人間精神はつねに自己の本性と一致するものを自己の現実的存在——精神と身体の並行論からなる自己の存在——により多く帰属させよう（つまり、その一致するものをより多く表象しよう）と努力するということである。ということは、反対に次のような事態も同様に成立することになるだろう。

　精神は、身体の活動力能を減少しあるいは阻害するものを表象する場合、そうした物の存在を排除する物をできるだけ想起しようと努力する（定理一三）。

自己の身体の活動力能を減少させるものは、並行論的に言えば、精神にとっての悲しみの原因であることになる。それは、自己の本性と一致しないものである以上、そうした物を表象する場合、われわれは、実際にできるだけその物の存在——特定の〈物体ｂ〉——を除去しうるようなさまざまな物や事柄を同時に想起しようと努力する。ところで、物の肯定的な表象の仕方（＝喜び）であれ、物の否定的な表象の仕方（＝悲しみ）であれ、この両者には共通の努力の作用がある。つまり、人間は、単に喜んだり悲しんだりしているだけでは、自己の存在をけっして維持できない。そのためには、われわれは、その喜びの原因を明確に喜びの対象として所有する必要がある。また、われわれは、その悲しみの原因を明確に悲しみの対象として排除する必要がある。こうした〈所有／排除〉の働きこそが、第三の、しかしより本質的な感情としての「欲望《クピディタス》」（cupiditas）なのである。これらの定理からわかるのは、まさに精神の〈努力《コナトゥス》〉とはこうした根本感情としての欲望そのもののことだという点である。

「私は、移行と言う」——実在性の内在的流れについて

このように把握された諸感情によって、われわれは、まさに自然のうちに必然的に内在する自己の存在の仕方を実感し感覚するのである。身体の活動能力を増大あるいは減少する外部の物体についての観念は、同時に自己の思考力能の増大あるいは減少を表現する感情として存立する。ここでわれわれがスピノザの哲学から理解すべき論点は、単に神を内在的原因として把握するだけでなく、精神を身体から超越させる思考（道徳的傾向性）を具体的に解体するような、こうした心身並行論がもつ自然の働き、すなわち倫理作用である（スピノザの哲学は、〈差異を肯定すること〉によってより大きな喜びをともなう、あるいは能動的な喜びをともなう自由活動をなそうとすることにある）。すでに述べたように、スピノザは、喜びと悲しみを人間精神における完全性の、相反する実在的移行として定義する。

喜びとは、より小さな完全性からより大きな完全性への人間の移行である（諸感情の定義二）。

悲しみとは、より大きな完全性からより小さな完全性への人間の移行である（諸感情の定義三）。

スピノザは「完全性」という言葉を多用するが、「不完全性」という言葉はほぼ用いられない。というのも、スピノザは、完全性を不完全性の対概念とは考えず、また不完全なものはそもそも自然のうちにけっして存在しないと考えるからである。悲しみや憎しみ、妬みや嫉妬といった感情も、身体の変様という実在性の流れを含んだ表現的観念である。では、何故、喜びや悲しみの定義にそもそも「完全性」という言葉が用いられる必要があるのか。それ以上に、そもそも「完全性」とは何か。あるいは、何故、スピノザにおける完全性は、〈より小さな〉や〈より大きな〉

という形容詞の比較級とともに移行性として理解されうるのか。われわれが普段の日常のなかで感じる「喜び」や「悲しみ」は、実は自然のなかの個物としてのわれわれ自身の、その完全性の変移にかかわっているのだ。ただし、こうした〈人間‐個物〉の完全性の変移を、例えば、「人格」や「理想」や「目的」といった問題として道徳的に捉えてはならない。何故なら、スピノザが様態について用いるこうした完全性は、完全性そのもののことではなく、すでに述べたように、完全性の変移の問題、実在性の流れあるいはその実質的移行の問題だからである――「私は、〈移行〉（transitio）と言う」（諸感情の定義三、説明）。すなわち、喜びは、より大きな完全性そのものではなく、より大きな完全性への〈移行〉である。したがって、悲しみは、単なる喜びの欠如ではなく、それに固有の実在性を有している。つまり、悲しみは、それに特異な実在性の移行に、つまりより小さな完全性への〈移行〉に存しているのだ。「というのも、欠如は無であるが、悲しみは一つの積極的状態だからである」［強調、引用者］（同上）。悲しみや憎しみは、実は積極的で肯定的な感情なのである。スピノザがすべての感情を肯定する最大の理由がここにある。

スピノザは、次のような重要な定義を与えている。

実在性と完全性とは同一のものであると解する（第二部、定義六）。

「完全性」（perfectio）とは、「実在性」（realitas）のことである。つまり、喜びとはわれわれの実在性がより増大していく移行のことであり、また悲しみとはわれわれの実在性がより減少していく移行のことである。スピノザが言いたいのは、個物として人間が存在することは、こうした絶えざる実在性の変移運動という存在の仕方を、つまりその内在的様態を必然的に有するということである。物の自然においては、主体など存在せず、つねに生成変化する個体化しか存在しない。物の自然における無限に多くの個物は、こうした意味での絶えざる個体化の相においてのみ存在する様態である。こうした実在性の変化をもっとも本質的な内在的様態とする個物は、単に固定化した個体などではなく、まさに非主体的個体化を自らの本性とするものである。物の自然においては、実はこうした個物しか存在しえないのだ。いずれにしても、喜びとは自己の本質とその存在とが一致する方位――できることがより多くできる――の表現であり、また悲しみとは今度は反対に自己の本質とその存在とが分離する方位――できることがより少な

［表 2-2］二つの力能の変様過程の並行論（「第五講義」のいくつかの［図］を参照）

心身並行論における二つの生成変化の方位性	精　神	身　体
自己の力能の増大方向：自己の本質と存在との一致方向	思考力能の増大（＝喜び）：より小さな完全性からより大きな完全性への移行	外部の物体による自己の人間身体の活動力能の増大的変様
自己の力能の減少方向：自己の本質と存在との分離方向	思考力能の減少（＝悲しみ）：より大きな完全性からより小さな完全性への移行	外部の物体による自己の人間身体の活動力能の減少的変様

くできる——の表現である（例えば、愛する力能を人間は有するが、その力能が愛の対象においてより多く促進されるなら、つまり、自分の愛する者から愛し返される受動が得られるなら、喜びは、その愛する者において必然的により多く生起するであろう。これに対して悲しみは、この愛する者の力能が阻害されて、つまり愛する対象から愛し返される力の流れが得られず、その力能が発揮できない状態、すなわちできることがより少なくできる状態の表示である）（［表２－２］）。

基本感情と派生感情との関係性

第一に多くの感情が相反する別の感情を有するのは、身体の活動力能の変様がもつ二つの移行方向との並行論に存しているからである。それゆえ、第二に基本感情の数も、同様に身体の活動力能とその変移の二方向とに必然的に対応したものとなる。ここでは、基本感情と派生感情について考察してみよう。

基本感情について——スピノザにおける基本感情は、喜びと悲しみと欲望の三つである。それ以外のすべての感情は、ここから派生したものにほかならない。この三つの基本感情は、〈喜び／悲しみ〉と〈欲望〉という仕方で二つに分けて考えた方がよい。というのも、喜びと悲しみの感情は、相互に相反する感情として規定されるからである。これに対して、欲望は、基本的には、こうした感情によって或ることを為すよう人間の本質を決定する感情である。例えば、外部の或る原因（物体）による身体の活動力能の増大は、同時に精神の思考力能の増大（＝喜び）として表示される。これによって欲望が具体的に作動して、われわれは、喜びの原因をその対象として所有するよう決定される。欲望は、力能の観点から言うと、喜びと悲しみの感情よりもより根本的であり、まさに人間の本質そのものである（諸感情の定義一)。この点に関しては、実はニーチェも同じような考え方をしていた――「力能の意志は原始的な感情形式(Affekt-Form)であり、その他の感情は単にその発展にほかならない」(6)。ニーチェにおける力能の意志は、自己の存在を維持しようとする努力そのものである。したがって、受動における完全性の二つの変移が生じるのも、実は欲望がすでに現働的本質として作用しているからである。言い換えると、二つの移行方向がもつ度合の差異あるいは質的生成は、まさに人間の本質上の差異である。

　派生感情について――愛は喜びから派生する最初の感情であり、また憎しみは悲しみから派生する最初の感情である。ここから、重要な論点が帰結する。それは、愛は必ず喜びの感情を含んでおり、また憎しみは必ず悲しみの感情を含んでいるという点である。言い換えると、愛が喜びを必然的に含むということは、愛は身体の活動力能の増大についての観念を含んでおり、また憎しみが悲しみを必然的に含むということは、憎しみは身体の活動力能の減少についての観念を含んでいるということである。言い換えると、喜びなき愛も、悲しみなき憎しみも、物の自然においてはけっして存在しない。スピノザは、これらの派生感情を次のように定義している。

> 愛とは外部の原因の観念をともなった喜びにほかならないし、憎しみとは外部の原因の観念をともなった悲しみにほかならない(定理一三、備考)。

ここで言われている外部の原因とは、実際に身体の活動力能の増大あるいは減少の原因となるような、自己身体の外部に現実存在する特定の個物のことである。つまり、愛とは、そうした原因の観念――あるいは物体の知覚――に喜びがともなった感情のことである。悲しみについても同様である。これらは、人間の一般的生ではなく、一つの生につねにともないうる重要な感情の定義であるので、もう一度記しておこう。

　愛　＝喜び＋外部の物体の観念

　憎しみ＝悲しみ＋外部の物体の観念

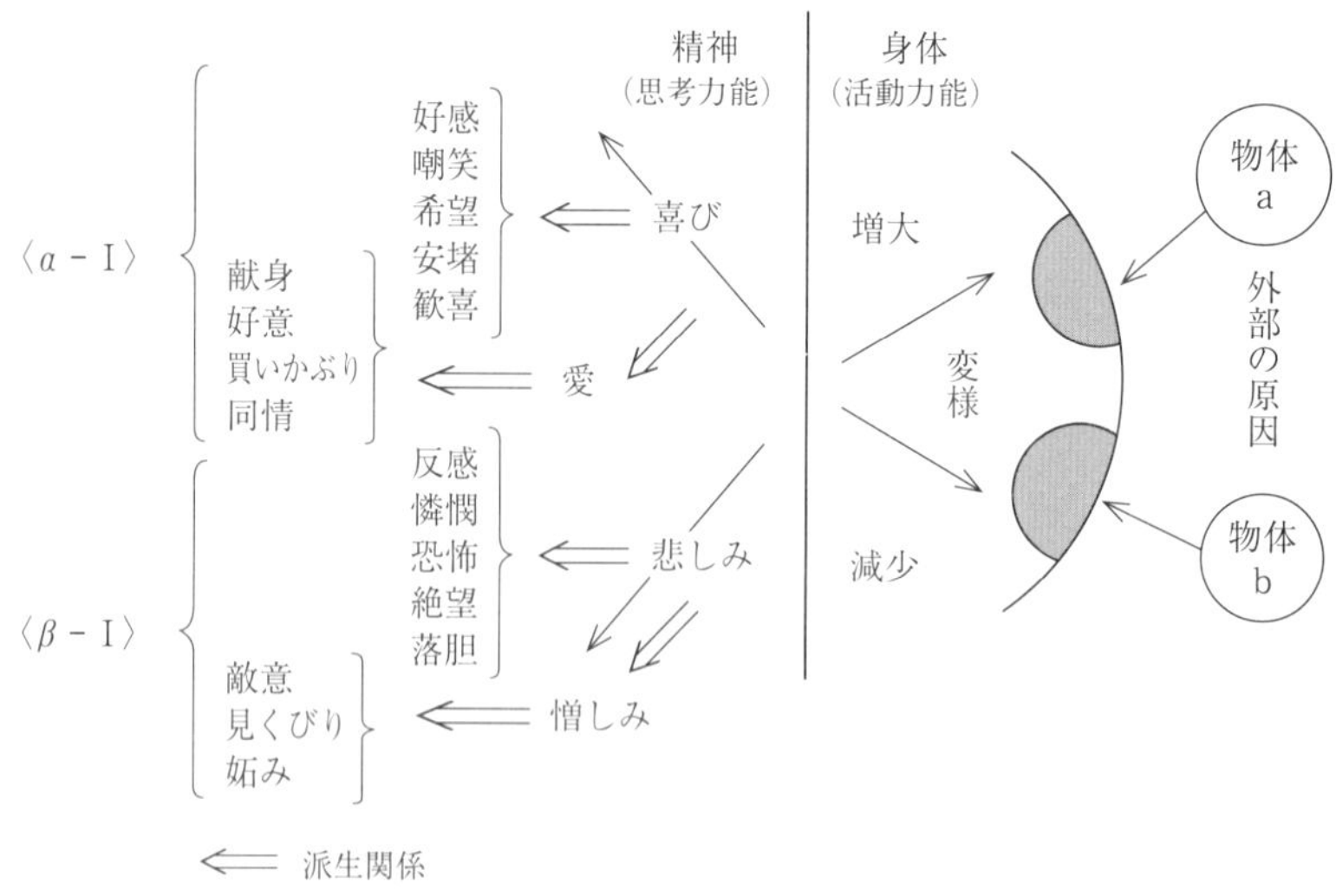

［図2-2］外部の原因の観念をともなった基本感情と派生感情との関係

愛の定義には喜びが、憎しみの定義には悲しみが含まれていることにとくに注意されたい。「外部の原因の観念」とは、言い換えると、愛の場合には先に述べた或る〈物体a〉の観念であり、憎しみの場合には或る〈物体b〉の観念のことである（この場合、〈観念とはその物の知覚や表象像のことである〉といった理解の仕方でまったくかまわない）。ここから、例えば、一般的によく言われるような、愛の幻想や憎しみの錯誤がいかにして生じるのかが、明確に理解できるであろう。人は、喜びを含まないような愛を平気で語ったり、喜びを生み出す愛に刺激されていると容易に考えたりすることができる。あるいは人は、悲しみをともなわないような憎しみを平気で語ったり、悲しみを生み出す憎しみに刺激されていると容易に考えたりすることができる。このように理解された愛と憎しみは、一般概念による精神の肥大化を裏打ちするような感情の表象化の基本要素でさえある。言い換えると、この表象化は、人間精神の記憶と習慣の巨大回路を形成する最初の一歩であり、それと同時につねにこの回路を再生する端初でもありうる。

　喜びを含まない愛、つまり喜びから派生しない愛は、当然、喜びというより大きな完全性への移行を含まない。したがってこの喜びなき愛は、実は身体の活動力能の増大をまったく含んでいない。言い換えると、この類いの感情は、一般的には精神や心だけに支えられた言わば情緒や気分や雰囲気にすぎないのだ。歌の歌詞などに時々見られるように、愛から喜びが生まれるかのような理解は、精神のもとでしか愛を捉えていない者たちの表象化の様式以外の何ものでもない。憎しみの場合も、これとまったく同様である。テレビを観ていて、例えば、飲酒運転をしていたドライバーの車が朝方に通学中の小学生の列に突っ込んだというニュースが流れたとする。そのときわれわれは、容易にそのドライバーに対する憎しみの感情に刺激されうるだろう。同様の、誘拐、幼児虐待、ストーカー、いじめ、等々のニュースは、われわれの周りでは日常茶飯事である。われわれは、こうしたニュースを見たり聞いたりする度に、その容疑者あるいは加害者に対して直ちに憎しみの感情に刺激される。しかし、そうしたニュースを観た後で、例えば、バラエティ番組を観たり、友人にメールをしたり、買い物に出かけたりすると、そのときの憎しみの感情は、ほぼ消失していることがわかる。何故か。その憎しみは、悲しみの実在的移行を含んでいない、つまり自己の身体の活動力能の減少をまったく含んでいないからである。そのような愛や憎しみは、記憶と習慣の秩序からなる精神の巨大回路の

（α－Ⅰ）喜び ⇗〈好感、嘲笑、希望、安堵、歓喜〉
　　　　　　 ⇘ 愛 ⇒〈献身、好意、買いかぶり、同情〉

（β－Ⅰ）悲しみ ⇗〈反感、憐憫、恐怖、絶望、落胆〉
　　　　　　　 ⇘ 憎しみ⇒〈敵意、見くびり、妬み〉

［図 2-3］外部の原因の観念をともなった諸感情の関係

（α－Ⅱ）喜び ⇗〈自己満足、名誉〉
　　　　　　 ⇘ 愛 ⇒〈高慢〉

（β－Ⅱ）悲しみ ⇒〈謙遜、後悔、自卑、恥辱〉

［図 2-4］内部の原因の観念をともなった諸感情の関係

（γ）欲望⇒〈思慕、競争心、感謝あるいは謝恩、慈悲心、怒り、復讐心、残酷あるいは残忍、憶病、大胆、小心、恐慌、鄭重あるいは従順、追従（名誉欲）、美味欲、飲酒欲、貪欲、情欲〉

［図 2-5］欲望の感情から派生する諸感情について

なかで生起した単なる情緒だったからである。言い換えると、それらは、後に述べるような、感情の模倣、類似、過剰といった諸様相によって主に成立する感情だからである（例えば、この場合の憎しみは、むしろ「敵意」と呼ばれるべきである。これは、「他人に害悪を加えた人に対する憎しみ」（諸感情の定義二〇）であり、とくに〈感情の模倣〉のもとに生起する派生感情の一つである）。

　三つの基本感情以外のすべての感情は、この三者から生じた何らかの派生感情である。つまり、ここで派生感情と言う場合のこの「派生」は、必ずその基本感情の実在的移行の本性を必然的に含んでいるという意味である。そこで、まず外部の原因の観念をともなった喜びと悲しみとそこから派生する諸感情との関係の全体像を示しておこう（［図2－2］）。次に、⑴スピノザが挙げている、外部の原因の観念をともなった具体的な派生感情をもう一度記しておく（［図2－3］）。⑵内部の原因の観念をともなった派生感情を記しておく。内部の原因の観念とは、自己自身（あるいは自己の活動力能）について、自己自身のその都度の状態について、自己の或る行為についての観念のことである（例えば、〈買いかぶり〉の感情は外部の対象についての観念であるが、自己自身に向けられた場合、つまり自己を原因として生起した感情である場合、それはまさに〈高慢〉という感情になる）（［図2－4］）。⑶最後に欲望は、人間の本質そのもの、感情における思考力能そのものである。しかし、欲望も一つの基本感情である限り、自らの派生感情を有する。つまり、欲望は、たしかに人間の精神における本質であるが、しかしそれと同時に一つの感情である限り、喜びや悲しみと同様に複数の派生感情を生み出す（［図2－5］）。

第三講義　非十全なものの実在性

認識は、純粋な受動である

精神とは、〈思考する〉あるいは〈理解する〉を基本動詞とした諸観念に共通の働きそのもののことである。これに対して身体は、〈活動する〉あるいは〈延長する〉という動詞体そのものである。スピノザは、認識の根本が受動性にあることを明確に理解していた。しかし、これは、例えば、いわゆる認識上の〈模写説〉のような受動性を示しているわけではない。それどころか、これは、実はカントに代表されるような認識の能動的な〈構成説〉をも超えたところで言われている受動性である（後に、こうした受動性は、能動性への実在的反転を含んでいることがわかるであろう）。スピノザは、人間の認識について次のように述べている。

何故なら、われわれが述べたところによれば、認識は純粋な受動だからである。換言すれば、それは、精神のなかで物の本質と存在とが知覚されることである。したがって、事物について或ることを肯定ないし否定するのは、われわれではなく、事物自身であり、この事物自身がわれわれのなかで自身について或ることを肯定ないし否定するのである(1)。

認識は、人間の主観性の諸能力が自発的におこなっているような単なる能動的作用などではない。あるいは人間の主体性には、実体性など含まれていない。というのも、精神は、その背後にいかなる実体的な統一化の作用も必要としないような、諸観念からなる一つの多様体だからである。多様体とは何か。それは、それ自体のうちに総合の諸規準を有しているもののことである。したがって、スピノザは、すでに述べたように、こうした諸観念を表象として統一化するような〈私〉、〈統覚〉、〈超越論的主観性〉、あるいは〈自由意志〉、等々に基づく——デカルトから始まってこの現代にまで続いている——主体性の形而上学を、まさにその成立当初から批判していたことになる。スピノザにおいては、認識が純粋な受動であるということは、精神が単に物を写し取ることを、つまり物のモデル化やその複写をまったく意味しない。それどころか、物それ自体が、われわれの精神のうちで肯定あるいは否定の作用を展開するのである。精神とは、まさにそれらの活動を知覚する力能のことである（これこそが、物事を真に理解するということである）。要するに、物の観念は、それ自体が肯定あるいは否定の作用を本質的に有しているのだ。こうした意味において観念は、その物の実在性あるいは力を表現する精神における唯一の形相上の存在なのである。

身体の活動力能の変様は、外部の諸物体の〈実在性‐力〉の流れの遠近法的な地図として理解されうる。それゆえそれは、諸物体の実在性の流れの触発としての、まさに内包的な〈強度の地図〉である。言い換えると、こうした身体の活動力能の変様についての観念は、言語とは異なり、こうした〈実在性‐力〉の流れを完全性の諸移行として表現する〈図表《ダイアグラム》〉である——身体の変様という〈強度の地図〉とその観念という〈機能的図表《ダイアグラム》〉。ここで言う〈図表《ダイアグラム》〉とは、物体の実在性あるいは力を含んだ表現の様式あるいは形式のことである。形相とは、力能の表現のことである。受動感情における〈観念‐図表〉は、言わば身体の触発における非十全の実在性の流れの表現であると言える。それと同時にこの特異な心身並行論は、或る種の純粋な最小回路を形成している。これが受動感情についてもっとも重要な第一の論点である。これとともに非十全の実在性についての別の側面が、つまり記憶と習慣からなる巨大な地層化の回路が、多様な派生感情から考察可能になるであろう。これがその第二の論点である。

受動感情の諸特性について

スピノザの感情の幾何学は、或る時代や或る地域の人間だけに妥当するようなものではない。つまり、そこで取り扱われる諸感情の運動や関係は、けっして特定の時代や特定の地域の人々に限定されるものではない。というのも、この感情の幾何学は、いかなる人間であれ、人間精神の受動性の観念を人間身体の変様との並行論的関係からなるものとして規定しているからである。感情の幾何学は、それが幾何学である限り、たしかに無時間的であるが、しかし受動感情が持続における完全性の移行である限り、或る種の時間性を必然的に含んでいる。そして、この無時間性と持続性あるいは時間性の問題は、とりわけ受動感情（第一種の認識）から共通概念（第二種の認識）への実践上の課題のもとで再表現されることになる。いずれにしても、こうした時間性は、およそ次の二つの仕方で考えられることになるだろう——(1)過去、現在、未来という時間の三つの様態として、(2)〈それ以前〉と〈それ以後〉という時間形式として。

さて、受動感情の基本的な特性として、およそ以下の四つ（反転可能性、模倣性、過剰性、動揺性）を考えることができる。

(1)人間は、或る感情とは相反する別の感情に容易に触発されうる（反転可能性）——例：可愛さ余って憎さ一〇〇倍、昨日の敵は今日の友……。最初に有していた或る感情が相反する別の感情へと反転した場合、この後者の感情の強弱あるいは深浅は、前者の最初の感情のそれに完全に対応している。

> 或る人が自分の愛するものを憎み始めて、ついに愛がまったく消滅してしまう場合、彼は、それをまったく愛していなかった場合よりも——もし憎む原因が両方の場合に相等しいとしたら——より大きな憎しみに囚われるであろう。そして、この憎しみは、以前の愛がより大きければ、それに従ってより大きなものになるであろう（定理三八）。

(2)人間は、容易に他者が刺激されている感情と類似した感情に刺激されうる（模倣性あるいは感染性）——例：もらい泣き、共通感情……。感情の模倣は、第一に或る人間が他の人間（外部の原因）についてどのような感情に刺激されているかによって、それぞれ異なったものとなる。すなわち、(a)愛の場合、愛する者は、その対象、つまり愛される者が有する感情と類似した、かつ同様の大きさの感情に刺激される（定理二一）。(b)自分と「同類のもの」で、またいかなる感情も予め抱いていない場合、われわれは、ほぼ(a)と同様、その対象がもつ感情と類似した感情に刺激されることになる（定理二七）。(c)憎しみの場合（(a)の反対）、憎む者は、その対象、つまり憎まれる者が有する感情とは相反する感情に刺激される（定理二三）。

自分の愛するものが喜びあるいは悲しみに刺激されることを表象する人は、同様に喜びあるいは悲しみに刺激されるであろう。しかもこの二つの感情が愛されている対象においてより大きいあるいはより小さいのに応じて、この二つの感情は、愛する当人においてもより大きくあるいはより小さくなるであろう（定理二一）。

(3)人間は、容易に同一の感情に囚われ続けることができる（過剰性あるいは無際限性）――例：もっと多くの喜びを……。とりわけ「愛と欲望は過度になりうる」（第四部、定理四四）。喜びあるいは愛は、無際限に過度になりうる。したがって、それらから生じる欲望も、同様に過度になりうる。

われわれが日々囚われる感情は、もっぱら身体の何らかの部分がその他の部分以上に刺激されるのに関係するのであり、したがってそうした感情は、一般に過度になり、精神をただ一つの対象の考察に引きとどめて、精神が他のことについて思考しえないようにするのである[2]（第四部、定理四四、備考）。

(4)人間は、類似した対象に、あるいは同じ対象に対して相反する感情に同時に刺激されることができる（動揺性）――例：疑惑、葛藤……。ここには、類似が動揺を生み、またそこから疑惑が生じ、さらに葛藤へと陥る一般的な過程がある。

われわれを悲しみの感情に刺激するのをつねとする物が、等しい大きさの喜びの感情にわれわれを刺激するのをつねとする他の物と多少類似することをわれわれが表象する場合、われわれは、その物を憎むと同時に愛するであろう（定理一七）。

受動感情におけるこうした四つの特性は、相互に複雑に関連し、また相互に受動感情の体制を強化し拡大する性質を有する。では、こうした人間の感情の体制を形成し維持するような受動感情の四つの特性は、いったい何に由来するのか。人間精神は、自然のなかではたしかに非十全な観念から構成されることしかできないように思われる。しかし、非十全性には、第一に精神が身体との並行論に存しているがゆえに表現される〈実在性‐力〉のもとに考えられる観念（最小回路における）と、第二に記憶や習慣の秩序が形成される際の特性として把握される観念（巨大回路における）とがある。この二つの側面を同時に考えると、前者は、まさに後者の基盤であり、それと同時に後者を脱‐記憶化する要素ともなりうることがわかる。スピノザの実践哲学は、まさにこの論点を非十全性から十全性への移行問題として構成するのである。つまり、喜びの感情（非十全な観念）に基づく共通概念の形成（十全な観念）は、精神と身体の最小回路によってのみ可能となるということである（これについては、後で論じることになる）。これに対して、精神の受動性を記憶と習慣の秩序で充たすのが、「表象する能力」である。それは、とりわけ身体の変様の痕跡に基づいた記憶の秩序において発揮される能力である。いずれしても、この二つの回路は、つねに密接に関係し合っている。非十全の実在性は、一方では受動感情の諸特性と一般概念とによる人間精神の巨大回路への方位を示しているが、他方では人間身体の変様とその特異性の観念との間の最小回路、すなわち二つの様態の合一の仕方そのものである。個物における自己の存在を維持しようとする努力、現働的本質、存在力能は、この自己が現実に存在する原因でも理由でもない（例えば、私がなぜ存在するのかの理由や原因を、私の本性や内面のうちに探してもまったく無駄である）。非十全の実在性とは、こうした点を、つまり〈その本質に存在が含まれない仕方で存在すること〉を自然における様態の系譜学的な要素として積極的に提示するものである（これについての詳細な議論は、実体——〈その本質に存在が含まれる仕方で存在するもの〉——についての講義（「第Ⅲ部」）のなかでおこなうつもりである）。

欲望——観念そのもののうちでの衝動

われわれは、個物における自己の存在の原因あるいは理由を、この自己の本性や本質のうちに探求したとしても、けっして見出すことはできないであろう。そうした理由や原因は、自己の内部には、つまり自己の本性のうちには絶対に存在しないのだ。それらは、むしろつねに自己の外部に存在している。つまり、人間が様態（実体ではなく）としての個物である限り、その自己の存在の原因は、つまりそれが存在し始める原因は、自己の存在のうちにも、自己の本質のうちにもない（正確に言うと、人間身体（＝延長属性の様態）と人間精神（＝思考属性の様態）との合一が、個物としての人間である。つまり、様態とは属性における様態のことであり、個物とは属性を異にする二つの様態――一方は必ず思考属性の様態でなければならない――の合一物のことである）。ということは、人間は、自己の存在の生成と消滅、つまり誕生と死に関して、自己の外部の原因に絶対的に依拠していることになる。

いかなる物も、外部の原因によってでなくては滅ぼされることができない（定理四）。

われわれが経験する対象は、それが現象であれ物自体であれ、すべて様態である。実体ではなく、様態の存在の原因は、すべてその物の外部にある。ということは、外部の原因によって存在するものは、同様に外部の原因によってその存在が除去されることになる。次のような簡単な事例を考えてみよう。或る人間が個物として現実に存在し始める原因は、その人のうちにはない。その人が存在し始める原因は、例えば、その人間の両親であり、それゆえ両親を外部の原因とする以外にありえない。あるいは、眼の前に一匹の蛙がいたとする。その蛙の存在の原因は、同様にその蛙の親にあるであろう。しかし、それだけではない。或る人間がその具体的な現実存在を維持するには、多様な外部の物体に依拠する必要がある。つまり、人間にとって有効なあらゆる物体が、その人間の存在を維持するための外部の原因になりうるのである。

次に、人間の存在ではなく、人間の本質を考えることにする。自己の現実存在を維持するために依存する諸物体はたしかにわれわれ自身の外部に存在するが、しかし自己の存在を維持しようとするその力能は自己のうちにしか存しえない。様態としての物の本質は、自己の存在を維持しようとする力能であって、その物の現実存在の理由でも原因でもない。というのは、人間も含めて、様態である物の本質は、その物の現実存在が外部の原因によって与えられると同時に、まさにその現実存在を維持しようとする現働的本質として作用し始めるものだからである。このようにして、各個の人間の本質はつねにその各個の人間の存在を維持しようとする現働的努力であり、したがってすべての個物はそうした本質と存在とからなる「自然物」である。この物の特異な〈努力 - 本質〉は、一度様態の存在のうちで作動し始めたら、自己の存在を無限定に肯定し続けるものである。このことをスピノザは、まさに次のように表現している。

各々の物が自己の有に固執しようと努める努力は、限定された時間ではなく、無限定な時間を含んでいる（定理八）。

様態の本質は、その存在を絶対に否定するものではなく、それを無際限に維持し肯定し続ける働きを有するものである。言い換えると、このことは、死はつねに外部からやってくることを意味する。個物においては、既に述べたように、その物の存在の消滅は、自己の外部に存在する或るものを原因とするということである。物がひとたび存在し始めたら、その物の本質は、自己の存在を無限定に肯定し続ける。というのも、それが物の本質としての持続上の〈努力《コナトウス》〉だからである。これが、スピノザにおける物の本質についての考え方である。現実に存在する個物の本質は、たしかにその存在と同様に時間のうちにある。しかし、この努力は、どこまでも無限定に自己の存在を肯定し続けようとする働きを、あるいは等質化された時間の単位に分節されえない持続上の作用を有する。ということは、こうした作用を有する物の〈努力 - 本質〉は、その物の存在が規定されている時間の様態（過去、現在、未来）に対してけっして無差異ではない、むしろ時間上の規定された存在に対して、もっとも差異的であるのが自己の現働的本質であると言うべきであろう。何故なら、この努力は、人間精神においては、まさに〈欲望〉以外の何ものでもないからである。欲望は、与えられた自己の現在の変様にもっとも差異的な働きを有した人間の本質なのである。

物の存在が限定されるのは、つねに外部の諸原因によって、つまりその物の存在を開始したり破壊したりするような、あるいはその現在的存在を多様に触発するような自己の外部に存在する諸原因によってのみである。さて、人間は、自己の現働的存在を維持しようとするこの具体的な〈努力 - 本質〉を意識しうる。人間精神は、自己の特異な本質の作用を意識しうるのである。

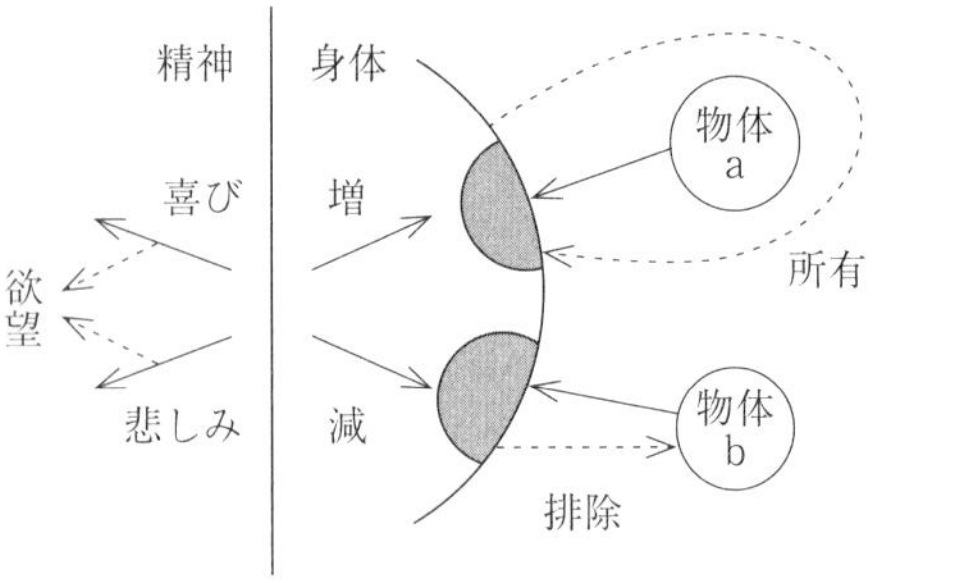

[図 3-1] 或ること（所有あるいは排除）を為すよう決定する欲望

精神は、明晰判明な観念を有する限りにおいても、混乱した観念を有する限りにおいても、或る無限定な持続の間、自己の有に固執しようと努め、かつこの自己の努力を意識している（定理九）。

つまり、精神は、能動的であれ受動的であれ、自己の有あるいは形相的存在に固執しようと努め、その作用を意識しているのだ。要するに、意識された努力とは、まさに〈欲望〉のことである（言表集の(7)を参照）。こうした欲望、すなわち「意識をともなった衝動」は、あらゆる判断に先立って、或ることを為すようわれわれを決定する作用を有する。

われわれは、或るものを善と判断するがゆえにそのものへと努力し、意志し、衝動を感じ、欲望するのではなく、反対に、或るものへと努力し、意志し、衝動を感じ、欲望するがゆえにそのものを善と判断するのである（定理九、備考）。

われわれは、予め或る物を善と判断したから、そのものを意志し追求するのではない。この場合には、その判断の根拠は、おそらく自己の本性の外部に予め定立された既存の価値判断や価値評価にある。しかし、スピノザがここで述べているのは、これとはまったく反対の判断の事後性である。われわれは、或るものに衝動を感じ、欲望するがゆえに、結果としてそのものを善と判断するのである。欲望が人間の本質である限り、判断は、単にその結果であり、もっぱら事後的である。何故なら、欲望とは、観念そのもののうちでの衝動だからである。言い換えると、それは、無限定な時間を含んだ努力、自己の存在を肯定し続ける力能のことである。われわれは、この意義を十分に理解する必要がある（[図3－1]）。身体の活動力能の変様に並行論的に対応して、例えば、喜びあるいは悲しみの感情が生起するが、欲望は、こうした与えられた観念によって或ることを為すように決定する本質的な作用を有する。言い換えると、これは、観念のうちでの衝動——〈所有すること、維持すること〉、あるいは〈排除すること、破壊すること〉（定理一三、備考）——として身体の活動にともなうものである。

二つの経路——特異化と派生化

すでに述べたように、喜び、悲しみ、欲望以外の感情は、この基本感情から多様に派生したものである。それらは、外部の原因が異なるだけ、つまりその対象の差異によってそれだけ多様になる。人間身体は、様態である限り外部の原因（＝物体）なしには自己の存在を維持できない。しかし、この自己の存在を維持する努力は、単なる現状維持のためではなく、その活動力能をより増大する方向で維持しようとする現働的な作用そのものである。すなわち、人間精神における欲望は、単に自己の存在の現状維持を意図した中立的な作用などではない。それは、つねに自己の存在の維持を、自己の力能がつねに増大する方向で保持しようとする現働的な努力なのである（［図1－7］、参照）。これは、身体が触発を受ける際のすべての事例について言える事柄である。言い換えると、これは、まさに欲望あるいは努力が無限定な持続を含んでいることの意義であろう。

さて、外部の或る物によって人間身体の活動力能が増大するとすれば、それは、精神においては喜びの感情として生起する。この或る物はその人間の存在にとって喜びの原因となり、それと同時に欲望が作動して、つまり与えられた変様によって或ることを為すよう決定される欲望のもとで、その人間はその外部の原因を喜びの〈原因－対象〉として所有しようと欲することになる。例えば、この外部の原因を或る音楽（m_1）だとしよう。これによって、或る人間身体（a）の活動力能が増大し、また同時にその精神に喜びの感情が生起するとする。つまり、この人間は、その音楽を聴くことによって快活になってより元気になるとする。ところが、この同じ音楽（m_1）が、別の人間にとっては、その身体（b）の活動力能を減少する原因であり、したがって悲しみの感情を生起させるものでしかないとする。つまり、この人間は、その音楽を聴くことによって不快になるとする。ところが、この人間は、別の音楽（m_2）をこよなく愛している。これに対して、さらに別の人間（c）は、この音楽（m_2）を嫌悪し、また最初の音楽（m_1）については何の感情も抱かないとする。さらに、別の人間（d）は、……以下続く。こうした類いの事柄は、人間の間で

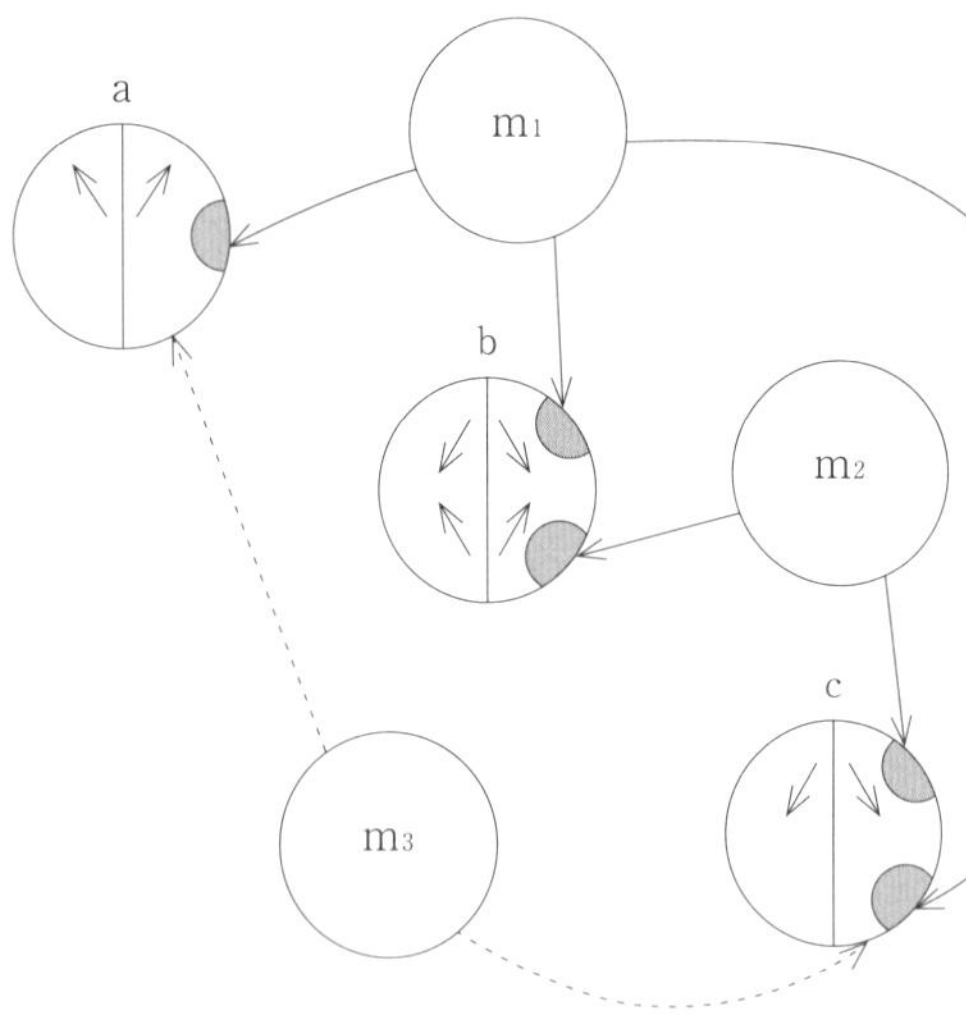

［図 3-2］特異性の法則へ向けて

は至るところに現われうる。しかしながら、これは、いったい何を意味しているのだろうか（［図３－２］）。

こうした事例は、一般的には趣味の問題などと言われて、ほぼ単なる各人の関心や好みの傾向性として片づけられてしまう。つまり、それは、単なる主観性の問題、あるいは各人がもつと想定される〈私秘性〉の問題である、と。先に挙げたような事例は、この程度の問題意識によって容易に無知の避難所（各人の私秘的な趣味性）へと押し込まれてしまうのだ。しかし、身体の変様を含んだこうした事例には、むしろ自然の或る法則が、すなわち自然における〈特異性〉の法則が示されていると考えるべきではないのか。何故なら、自己の身体の活動力能の増大あるいは減少は、外部の物体からの作用と同時に自己の身体の存在の触発をも含んだ、まさに物体相互の間に働く自然法則の表現だからである。要するに、それは、人間身体の力能の変様によってのみ表現されうる自然における特異性の法則である。つまり、この自然法則は、人間精神と人間身体との並行論的な生成変化を含んだまさに〈普遍性－特異性〉の法則として理解される必要があるだろう。これは、たしかに物体についての〈一般性－個別性〉の自然法則への批判を含むが、しかし同時にそのうえに必ず築かれる道徳法則を完全に否定するものでもある。

ここからスピノザの心身並行論に関する二つの経路が分岐してくる。一方はここで述べた特異化の経路であり、それは理性と直観知との回路を形成するであろう。もう一方は、このすぐ後で述べていくことになる、派生感情の幾何学と感情の体制との経路である。前者は必然性の様相をともなうが、後者は偶然性や可能性（あるいは強制性）といった諸様相のもとに巨大な回路をつくり上げていくであろう。言い換えると、前者は作用原因のもとでの諸々の触発の唯一の様相、必然性を有するが、後者の諸様相はそうした原因なしに生起するすべての感情にともなうものである。

この後者にあるのは、とりわけ偶然性あるいは可能性のもとで形成される派生化の流れである。

派生の偶然性

ここでは、基本感情から派生感情への派生化に関してすでに規定した受動感情の諸特性を用いてより深く——つまり、〈感情の幾何学〉あるいは〈感情の体制〉の問題として——論究していきたいと思う。

(1)偶然と類似——われわれは、受動感情のすべてを派生化の相のもとで考察するための固有の特性をいくつか考えることができる。それは、偶然性、類似性、動揺、疑惑、時間、模倣、葛藤、等々である。順番に考えていくことにする。スピノザは、まずわれわれの感情が反復的に生起する場合のもっとも一般的な事柄を次のように述べる。

もし精神がかつて同時に二つの感情に刺激されたとしたら、精神は、後でそのうちの一方に刺激される場合、他方にも刺激されるであろう（定理一四）。

例えば、或る商店街を歩いていたとき、以前よく聴いていた歌がどこかの店先から流れてきたとする。われわれは、ただちにその歌をかつてよく——つまり、喜びをともなって積極的に——聴いていたときの感情に刺激される。あるいはさらにこの感情からかつての自分の精神状態や置かれていた環境のなかでとくに支配的であった特定の感情に刺激されることもあるだろう。こうしたことは、われわれの精神にもっともよく生起する事柄の一つである。この事態をよく考えると、この二つの感情（この場合、一方が単なる知覚で、他方がそれにともなう感情でもよい）の間には、実はいかなる必然的な関係も存在しないということがわかるであろう。

各々の物は、偶然によって、喜び、悲しみ、欲望の原因となりうる［強調、引用者］（定理一五）。

先の音楽の事例を思い起こされたい。同じ音楽を知覚しながら、それと同時に、或る人間は精神の思考力能を増大させる仕方で喜びに刺激され、別の人間は逆に減少させる仕方で悲しみに刺激される。これは、その原因の力（この場合は、その音楽の力）によってではなく、むしろ偶然によって喜びや悲しみ、あるいは欲望の原因になっているにすぎないということを意味している。われわれは、その物のそれ自体がもつ力からではなく、まさに偶然によってそうした各々の感情に刺激されただけなのである。しかしながら、われわれの精神の巨大回路の形成の端緒がここにある。

われわれは、或る物を喜びあるいは悲しみの感情を以って観想したということだけからして、その物自身がそうした感情の作用原因ではないのに、その物を愛しあるいは憎むことができる（定理一五、系）。

たまたま或る物を或るときに喜びあるいは悲しみをともなって表象することで、われわれは、その物を容易に愛したり憎んだりすることができる。そして、後にこの物を表象する場合、人間精神は、そのときと同様の喜びあるいは悲しみの感情に刺激されることになる。これは、第一に偶然によって知覚と感情との間に或る種のコード化が定立されることを意味する。したがってこのコード化は、第二に以上のような仕方で、時間のうちで反復されることになる。それだけでなく、この偶然性をともなったコード化は、実は類似した物の表面へと伝播していく。これは、このコード化の言わば空間上の反復である。つまり、われわれは、偶然によって愛するあるいは憎む対象となった物に多少類似しているという理由だけで、今度はその類似した諸対象に対しても同様の感情に容易に刺激されることになるのだ。われわれの日常のなかの感情をより多く占有するとりわけ〈好感／反感〉といった感情は、このようにして形成されたものである。われわれは、或る物を偶然による感情のこうしたコード化のなかで表象するだけで、つまりその物を以前の最初の対象との類似性のもとで表象するだけで、その物がその感情の真の作用原因でなくても、その物を愛するあるいは憎むであろう（定理一六）。これは、ニワトリやアヒルなどにみられる言わば「刷り込み」と称される現象と似たようなものであろう。

(2)動揺と疑惑——ここからさらに受動感情にともなう別の特性を理解することができる。それは、物の類似性から生起する〈精神の動揺〉である。以下に挙げるのは、先に受動感情の四つの特性の最後のところですでに引用した定理である。ここでは、偶然にも或る物が或る感情の対象となる仕方が、すなわちそうした感情とこの感情の直接の作用原因ではない（例えば、多少類似していたという観点から）物の知覚との間に成立するまったくの恣意性が、われわれの精神の動揺あるいは疑惑を生み出すという観点からこの定理を理解されたい。

われわれを悲しみの感情に刺激するのをつねとする物が、等しい大きさの喜びの感情にわれわれを刺激するのをつねとする他の物と多少類似することをわれわれが表象する場合、われわれは、その物を憎みかつ愛するであろう（定理一七）。

さて、われわれは、或る憎しみの対象と類似した物が同程度の反対感情に、つまり喜びの感情に刺激することを経験する場合、この最初の対象をたしかに依然として憎み続けるが、しかしその類似物の観点からその物を愛することにもなるだろう。というのも、人間精神は、しばしば同一の対象に対して相反する感情に同時に刺激されうることができるからである――「二つの相反する感情から生じるこの精神状態は、心の動揺（animi fluctuatio）と呼ばれる」（定理一七、備考）。

数々の経験をもつ人々は、物を未来あるいは過去のものとして観想する間は、大抵動揺して、その物の結果について多くを疑うのだから、したがって物のこの種の表象像から生じる感情はそれほど確固たるものではなく、人々が物の結果について確実になるまでは、しばしば他の物の表象像によって乱されることになる（定理一八、備考二）。

二つの相反する感情から生じる精神の動揺は、実は「疑惑」を以ってその対象を表象することと同じである。われわれが同一の対象から、あるいは類似の諸物から何度も触発を受ける可能性がある以上、そうした対象や諸物がわれわれの多くの感情の原因に、あるいは相反する感情の原因になりうることは、われわれの経験からも明白であろう。一般的に言うと、われわれがもつ受動感情は、つねにそれと相反する別の感情へと反転する可能性を有するなかで生起している。愛はつねに憎しみに、喜びはつねに悲しみに反転しうる。あるいはその逆もありうる。つまり、われわれが受動性のうちにある限り、例えば、愛は憎む可能性のなかでの感情であり、喜びは悲しみに反転しうるなかでの感情である。現働的には愛していても、潜在的には受動性の諸特性ゆえに、つねに相反する諸感情のもとへと反転可能なのである。受動性におけるこの反転可能性は、精神につねに動揺あるいは疑惑を備給するような特性である。

派生の増殖化

(3)希望と恐怖の体制——感情の幾何学は、それが幾何学である限り、たしかに無時間的である。しかし、受動感情は、それが持続のなかでの諸々の完全性の移行を表現する観念である限り、時間性を必然的に含んでいる。このようにして、時間の様態（過去、現在、未来）が導入された感情の定理は、第一に次のようになる。

> 人間は、過去あるいは未来の物の表象像によって、現在の物の表象像によるのと同様の喜びや悲しみの感情に刺激される（定理一八）。

こうした時間における様態の側面からもっぱら感情の諸法則を考察する場合、われわれは、これを〈感情の幾何学〉に対して〈感情の体制〉と称することができるだろう。言い換えると、それは、〈喜び／悲しみ〉の幾何学に対する〈希望／恐怖〉の体制である。それは、時間の様態の秩序を含む限りでの、感情の幾何学に対する感情の体系的な備考のようなものである。言い換えると、この体制は、感情の幾何学がもつ秩序に対して、その時間上の非十全な理由を与えるものであるだろう。

> 各々の物は、偶然によって希望あるいは恐怖の原因であることができる［強調、引用者］（定理五〇）。

これは、先に挙げた定理一五とまったく同じである。しかし、注意されたい。定理一五が〈感情の幾何学〉における派生の特性を規定しているのに対して、この定理五〇は、まさに〈感情の体制〉における時間の特性から言われているものだと考えることができるだろう。偶然によって希望あるいは恐怖の原因となりうる物は、「よい前兆《オーメン》」あるいは「わるい前兆」と言われる——「これらの前兆は、希望あるいは恐怖の原因である限りにおいて喜びあるいは悲しみの原因である」（定理五〇、備考）。時間の特性から観られた希望あるいは恐怖は、それぞれに単なる一つの感情として規定されるよりも、むしろ人間のすべての感情が時間のなかで生起する限り、すべての感情をまさにそのように生じさせる潜在的で支配的な感情の体制を形成するものとして理解されるべきであろう(3)。では、希望と恐怖の感情それ自体は、どのように定義されているのか。

希望とは、われわれがその結果について疑っている未来または過去の物の表象像から生じる〈不確かな喜び〉にほかならない。これに反して、恐怖とは、同様に疑わしい物の表象像から生じる〈不確かな悲しみ〉である（定理一八、備考二）。

〈希望／恐怖〉は、過去から未来への時間経過のなかでの受動感情の生起の仕方を、つまり精神におけるそれらの存在の仕方をもっともよく具体的に規定するような感情の体制を形成する。つまり、それらは、現働的に生起する諸感情をその都度まさにそのように生起させる言わば〈前兆 - 審級〉のごときものである。それらは、「不確かな喜び」と「不確かな悲しみ」である限り、たしかに喜びと悲しみの派生感情にほかならない。しかし、喜びと悲しみも、それらが持続のうちで生起する感情である限り、この〈希望／恐怖〉の感情の体制のもとに必然的に存立せざるをえない。換言すると、〈希望／恐怖〉は、この「不確かな《インコーンスターシス》」——要するに、一貫性のない——諸感情の形式的条件、まさに偶然的で可能的な諸感情の時間上の条件あるいは体制そのものである。われわれは、つねにこうした希望あるいは恐怖のなかでの喜びや悲しみに、あるいは愛や憎しみにむしろ刺激されているのである。一方では身体の触発との間に最小回路を形成する精神の基本感情があるが（これをとくに〈感情の原幾何学〉と称すべきかもしれない）、他方では〈感情の幾何学〉におけるとりわけ偶然による受動感情の派生化、つまり巨大回路化があったが、ここではこの巨大回路が今度は〈感情の体制〉という条件の側から時間において条件づけられるものとなる。

希望と恐怖を、意識的であれ無意識的であれ、例えば、われわれの精神における未来へと投射された喜びと悲しみの感情として考えてみよう。われわれは、望んでいる事柄が現実の喜びになるよう、つまり実現されるようつねに希望という感情を以ってその事柄を表象する。もしその実現のためにいかなる疑念も除去されうるなら、その不確かな喜びとしての希望は、まさに「安堵」の感情に変化する。しかし、われわれは、そうした事柄が実現されない場合の恐怖の感情にも刺激されつつ同時にその事柄を表象していた。つまりその反対に、もしその実現の可能性がまったく除去されるなら、不確かな悲しみとしての恐怖は、今度は「絶望」の感情になるだろう。いずれにせよ、重要なことは、ここには「希望なき恐怖」も「恐怖なき希望」も存在しないということである（定理五〇、備考）。言い換えると、希望と恐怖は、時間に関して一つの感情のブロックをなしているのである。ここに受動感情に関する反転可能性の条件あるいは理由を見出すことができる。これは、受動感情の反転可能性のまさに時間上の理由であり、また感情の前兆化をその条件づけの論理とするものである。要するに、感情の幾何学の現働化の論理は、感情の体制における前兆化の非論理とともに二重化せざるをえないのである。

(4)感情の模倣――受動感情は、人間相互に模倣されうるという基本的な特徴がある。それは、一般的には共通感覚と呼ばれているものと同様、感情に関する「間-個人的な諸形態」を構成するものである（定理二一―三四）[4]。この「間-個人的」とは、言わば〈間-人称的〉という意味である。つまり、精神の巨大回路、あるいは一般概念と派生感情からなる精神の状態は、あまりに人間的――つまり、間-主観的、間-人間的――な領域を人称性の配分として明確に規定していく。これに反して最小回路は、並行論がもつ〈間-非人称的〉あるいは〈間-個体化的〉な自然の理解のもとにある。自己の精神も身体も、それらは、単に人称世界における一人称的なものでも、個体的なものでもなく、徹底的に非人称的な、つまり脱-人称的な個体化の過程以外の何ものでもない。

さて、感情の模倣をまず二人の人間の二項関係から考えてみよう。すでに述べたが、自分（第一項）の愛するもの（第二項）が喜びあるいは悲しみに刺激されていると表象する場合、その者（第一項）は、その対象（第二項）と同じ感情に刺激される。さらにその感情は、愛するもの（第二項）のうちに生起するその感情の度合に対応している（定理二二）。これに対して、自分（第一項）の憎むもの（第二項）が喜びあるいは悲しみに刺激されていると表象する場合、その者（第一項）は、今度はその対象（第二項）とは反対の感情に刺激される。つまり、自分の憎むものが喜びあるいは悲しみに刺激されるならば、その者は、それに応じて相反する感情に、つまり悲しみあるいは喜びに刺激されるであろう（定理二三）。

ここからさらに、三項関係のもとでの感情の模倣を考えることができる。或る人間（第三項）が自分（第一項）の愛するもの（第二項）を喜びに刺激すると表象する場合、われわれはその人間（第三項）に対しても同様に愛に刺激されるであろう。何故なら、自分（第一項）にとってその人間（第三項）は、外部の喜びの原因として現われるからである。反対に、或る人間が自分の愛するものを悲しみに刺激すると表象する場合、われわれはその人間を今度は憎むであろう（定理二二）。理由は同様である。人間は、自分の愛するものに対してその活動力能を増大する外部の原因の観念をともなった仕方で愛する。したがって、そのことを実現すると表象する第三者に対してもその人間（第一項）は、同様に愛に触発されることになる――要するに、味方の味方は味方、味方の敵は敵。この二つの事例は愛するものを起点とした模倣であったが、憎しみが先行する場合も、同様に考えることができる――要するに、敵の味方は敵、敵の敵は味方。

或る人がわれわれの憎むものを喜びに刺激することをわれわれが表象するなら、われわれは、その人に対しても憎しみに刺激されるであろう。反対にその人がわれわれの憎むものを悲しみに刺激することをわれわれが表象するなら、われわれはその人に対して愛に刺激されるであろう（定理二四）。

このようにして、感情の模倣は、人間精神の肥大化あるいはむしろ感染化を生み出すのだ。何故なら、「各人は、自分の愛するものを人々も愛するように、また自分の憎むものを人々も憎むようにできるだけ努めることになる」（定理三一）からである。この努力は何か。それは、とりわけ「追従＝名誉欲」と呼ばれるべき過度の欲望のことである。人間は、受動感情に囚われ続ける限り、つねに相互に対立しうるような存在者である（第四部、定理三四）。というのは、感情の形相である観念はその外部の原因となる対象が異なれば、それだけ異なった諸感情に刺激される。したがってそれらの外部の原因の本性あるいは実在性を含んでおり、したがって原因となる対象が相互に異なれば、それだけそれらの観念も相互に異なるからである。しかしながら、こうした差異は、次第に相互に排除し合うような〈対立〉へと次第に変化していく。観念の差異は、観念の対立へと拡大されるのだ――差異から矛盾へ。差異は肯定されるよりも、むしろ同一化への欲望によって、つまり追従（名誉欲）によって完全に〈対立〉へと拡張されることになる。対立あるいは矛盾は、その間に優劣的な価値評価が含まれ、またその評価を共有する限りで成立する差異の概念である。言い換えると、差異の肯定は、その間に優劣の価値評価が導入されるや否や、ただちに否定的な対立関係へと変様する。ということは、差異の肯定は、その価値評価を共有しないということになるだろう。つまり、優劣的な価値評価の非共有こそが、差異の肯定がもつ価値転換そのものとなるのだ。

感情の葛藤——愛と嫉妬について

こうして、否定的な対立（＝矛盾）が肯定的な差異から派生することになる。そこで、対立へと至る感情の葛藤を、愛と嫉妬を事例として考察してみよう。というのも、対立や矛盾の論理の実質は、一般的に感情の葛藤や疑念に存すると考えられるからである。では、愛は、いかにして憎しみへと変化するのか（定理三五—三八）。その前に、愛とは何か。それは、喜びの派生感情の一つである。では、喜びとは何か。それは、基本感情の一つである。それでは、感情とは何か。それは、身体の或る変様の状態に対応した認識の様式であり、精神における観念の多様性のもっとも表現的で投射的な要素である。こうした意味で、身体の変様との並行論のもとで考えられる〈感情‐精神〉は、自然における多様な〈実在性‐力〉の流れからなる一つの無意識、つまり無数の微細な実在性の移行過程からなる一つの多様体である。われわれは、ほとんどそれを明晰かつ判明に意識することがない。したがってわれわれは、習慣と記憶の秩序においては、喜びや悲しみ、あるいは愛や憎しみを、意識された対象について、しかもそのなかの特別な対象について向けられたものだと考えてしまうのである。われわれが日常のうちで考える喜びや悲しみ、愛や憎しみは、意識化されたなかでしか理解されておらず、それゆえあまりに貧素で、悲しいほどコード化された結果でしかない。

愛とは、或る人間の一つの生にとってその対象が〈よいもの〉であるかどうかを表示する観念である。というのも、愛は、すでに述べたように、喜びの派生感情の一つだからである。〈よいもの〉とは、その人に喜びを与えるもの、より小さな完全性からより大きな完全性への移行の原因となるもののことである。人間は、必然的にそうした原因についての観念を、つまり愛と呼ばれるべき、人間身体の変様の観念を有するのだ。つまり、われわれは、所有への欲望が作動すべく、自己の存在を維持するのに〈よいもの〉に衝動を感じるのである。そこで、感情の動揺あるいは葛藤について、愛だけが妬みや嫉妬の感情を生じさせることができるという観点から、つまり誰も愛なしには憎しみの派生感情である妬みや嫉妬の感情に刺激されないという問題意識から考えてみることにする。

人は、もし自分の愛するものが自分のこれまで独り占めにしていたのと同等の、あるいはより緊密な愛情の絆によって他者と結びつくことを表象するならば、愛するもの自身に対しては憎しみを感じ、またその他者を妬むであろう（定理三五）。

ここには、三項関係のなかでの感情の流れがきわめて具体的に表現されている。「妬み」の反対感情は、実は「同情」である。では、同情とは何か。それは、「他者の幸福を喜び、また反対に他者の不幸を悲しむように人間を動かす限りにおける愛」（諸感情の定義二四）のことである。同情は、愛から派生した感情の一つである。これに対して妬みの感情は、同情とは相反する感情である。つまり、妬みの感情は、「他者の幸福を悲しみ、また反対に他者の不幸を喜ぶように人間を動かす限りにおける憎しみ」（諸感情の定義二三）である。妬みは、憎しみから派生した感情の一つである。ということは、同情深い人は、嫉妬深いということにもなる。妬みとは、まさに自分が所有したいものを他者が所有していることから端的に生起する感情である。

この定理のなかの「これまで独り占めにしていた」とは、端的に言うと、「ただ一人だけしか所有できないもの」を所有してきたという意味である。こうした独り占めや所有は、両者が相互の存在をまさに喜びの原因として認識することによってのみ可能となる事態である。しかしながら、この事態は、第三者の存在によって容易に変化するであろう。例えば、〈a〉は、〈b〉を愛し、その限りで〈b〉と緊密な関係にあった。ところが、〈a〉は、第三者〈c〉が〈b〉を愛していると表象するや否や、それによって〈b〉の愛が〈c〉へと向かうのではないかという恐れの感情にただちに陥る。そして、〈b〉が自分と同じあるいはそれ以上の緊密な愛情で第三者〈c〉と結ばれることを表象するなら、〈a〉は、必然的に〈b〉には憎しみの感情を、〈c〉には妬みの感情を有することになる。つまり、〈a〉は、〈b〉に対しては愛あるいは憎しみという相反する感情に同時に刺激され、また〈c〉に対しては妬みの感情に刺激されるのである。これは、或る意味で非十全であるが、しかし厳密な規定でもある。これらの感情は、すべて〈a〉の遠近法に帰属した非十全な〈実在性‐力〉の流れであり、またその表現である。〈a〉が自分の愛する〈b〉を憎むのは、〈a〉自身の〈b〉に対する愛の努力を阻害するような表象像〈c〉が表象像〈b〉とともに〈a〉に与えられたからである。それゆえ、〈a〉は、ただ自分しか所有できないような仕方で衝動を感じていた〈b〉に対しては憎しみを覚え、また同時に自分の欲するものを所有しうる可能性のある〈c〉の喜びを表象することで、この〈c〉に対しては妬みという憎しみの派生感情に刺激されることになる。

妬みと結びついた、愛するものに対するこの憎しみは、嫉妬と呼ばれる。したがって、嫉妬とは、同時に愛と憎しみから生じ、またそれに妬まれる第三者の観念をともなった心の動揺にほかならない（定理三五、備考）。

〈a〉に生じた諸感情の流れは、ここで定義された「嫉妬」（zelotypia）という感情に総合されることができる。嫉妬を表現するこうした諸感情の配分はたしかに厳密であるが、しかしそれらの感情の強弱あるいは濃淡はきわめて非正確であろう。言い換えると、嫉妬という感情は、或る意味できわめて高度な受動感情であり、また複雑な触発の意識でもあるだろう。嫉妬は、まずは愛する行為が先行することなしにはけっして生起しない、一連の感情の系列の最後に生じる感情である。人間は、何の感情も抱いていない者に対して妬みや嫉妬の感情に刺激されることはけっしてない。つまり、或る人間が別の人間に対して嫉妬の感情に刺激されうるなら、それは、前者の後者に対する愛の感情が先立って存在していなければけっして存立しえない事態である（定理三五を、〈a〉の感情の動きを中心に図示しておく（[図3‐3]））。

少し前後してしまったが、次のような基本的な問いについて考える必要がある――われわれは、どうして愛するだけでなく、愛し返されたいという欲望をもつのか。何故、愛は、自分が愛するということだけでは完結しないのか。

われわれは、われわれと同類のものを愛する場合、できる限りそのものがわれわれを愛し返すよう努力する（定理三三）。

われわれは、自分にとって喜びの原因となるものを所有したいと思う。しかし、その手段は、現在の日常生活やその社会性を考えればすぐにわかるように、その原因となっているものの種類によってかなり異なってくるように思われる。しかし、いずれにしても、自分の愛する対象から自分が愛し返されたいと思ったらば、つまり「同類のもの」を愛する場合、その手段が多様であっても、その目標は一つである。愛する者は、自分が愛される者にとっての外部の喜びの原因となるよう、つまりその愛される者のうちに自分に対する愛の感情が生起するよう、要するに愛し返されるよう努力する。言い換えると、愛される者の活動力能の増大の原因となるよう、愛する者は、外部の原因として作用しようと努力するということである。

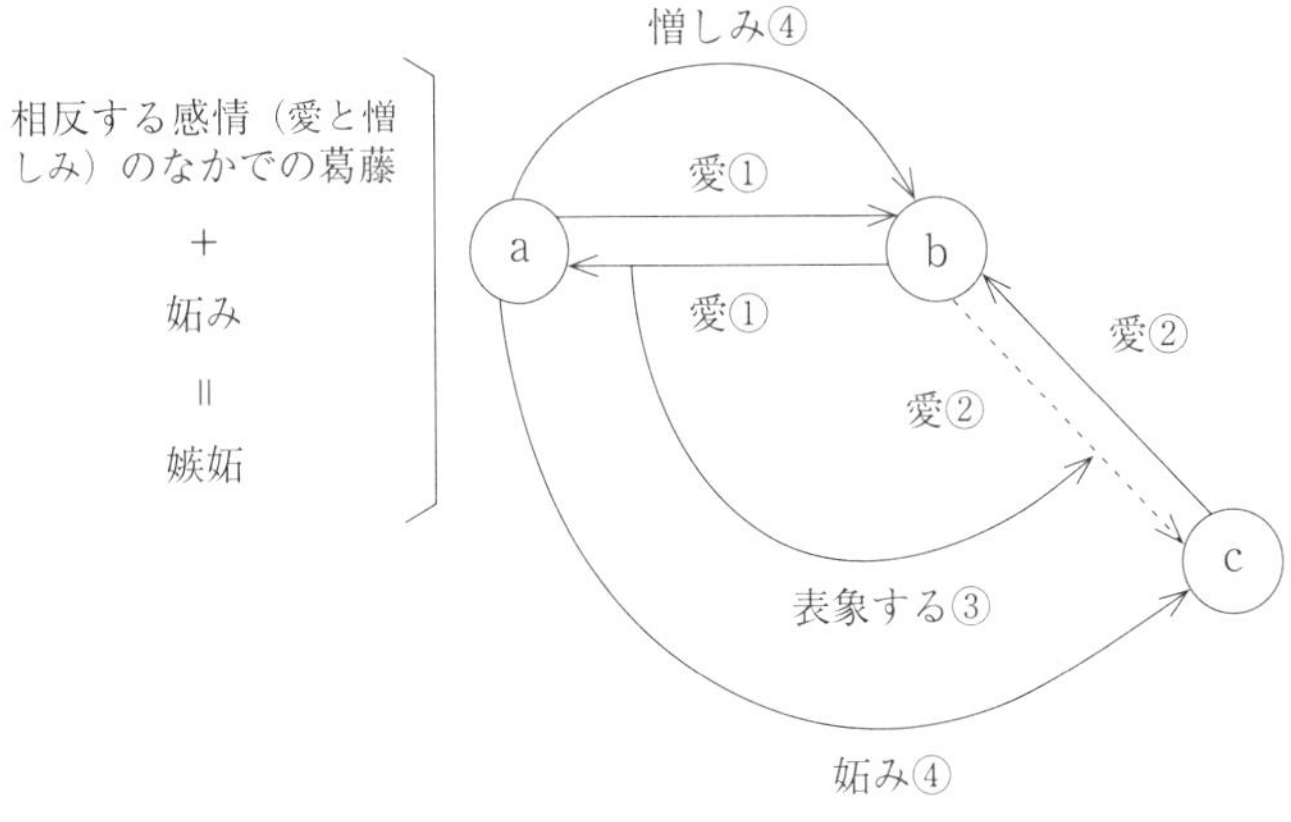

［図 3-3］嫉妬における三つの感情の配置（感情が生起する順番を一応番号で示しておく）

「同類のもの」について簡単に触れておく。この定理は、われわれにとって何が同類のものであるのかを規定している。つまり、これは、同類と非同類との間に引かれるべき境界線を言わば内在的に――身体の触発に基づいて――規定しているのだ。愛する対象から愛し返されるよう努力する場合、その愛する対象は、われわれにとって同類である。その境界線は、人によっても、時間的にも、集団によっても、つねに移動し続けるものである。さて、愛し返されることで完結するこうした所有は、あるいは自分の愛する対象を独り占めにしていた状態は、自分の愛する対象が他の第三者との間で同様の結びつき方をすると表象するだけで、簡単に揺らぎ始める。言い換えると、これは、受動感情の諸特性がそこで顕在化してくることである。当の愛する者は、愛する対象には〈憎しみ〉の感情を、またこの第三者には〈妬み〉という憎しみの派生感情に刺激される。

これによって愛する者は、愛する対象に対して相反する感情――愛と憎しみ――に同時に刺激され、それゆえそれらの感情の間で動揺し、疑念を抱き、また深く葛藤することになる。というのも、最初の愛の強さがその嫉妬の深さを決定するからである。しかし、嫉妬の感情は、最初の愛の形態が不幸な結果に終わっていることの一つの記号である。

〈非十全〉という仕方でしか開かれない実在性

感情は思考属性の一様態であり、したがってその形相は観念である。感情は、精神における観念なのである。正確に言うと、感情の形相を構成するのが観念である。感情は、非十全な観念である。それは、たしかに偽の観念であるが、それにもかかわらず、言わば〈偽なるものの力能〉をともなった観念である。というのも、或る事柄について真の観念をもったとしても、その事柄に内在する身体に固有の触発は、けっして除去されえないからである（「第五講義」の太陽の距離の事例を参照せよ）。非十全性は、身体と外部の物体との間に存在する実在性の流れを表現する観念上の特質である。感情は、身体の変様についての観念である。身体の変様は、その変様の原因となった外部の物体の本性と自己の人間身体の本性との両方を含んでいる。したがって、そうした変様の観念は、非十全な認識しか与えない。しかし、たとえそうであったとしても、そうした観念あるいは認識が、身体を中心とした力動的な変様、つまり〈実在性－力〉の流れを含んでいることに変わりはない――「人間身体が外部の物体から触発される各々の様式の観念は、人間身体の本性と同時に、外部の物体の本性を含まなければならない」（第二部、定理一六）。この非十全な観念は、次のような重要な作用を有している。

> 心の受動状態と言われる感情は、或る混乱した観念である。こうした観念によって精神は、自己の身体あるいはその一部について、以前よりもより大きなあるいはより小さな〈存在力〉を肯定する。また、精神そのものは、混乱した観念が与えられたなら、あれよりもむしろこれを思考するよう決定される（諸感情の一般的定義）。

この定義は、およそ三つのことを規定している。(1)感情は混乱した観念であり、これは人間の受動性を示している。

感情は、混乱した観念、つまり非十全な観念である。しかし、この「混乱した」は、単に否定的な意味でのみ言われているわけではない。それは、〈非十全性〉という仕方でしか開かれることのない、人間身体の変様のもとで現働化する諸物体の間の〈実在性－力〉の流れを意味している。これこそが、まさに人間の受動性の実在的な在り方である。こうした観念は、自己の身体の活動力能が増大の方向にあるのか、あるいは減少の方向にあるのかを最初に表現するものである。

(2)人間における受動状態を表現する実在性のあるいは完全性の力動的移行は、精神においては自己の身体のその都度の現働的存在を肯定する観念の働きとして成立する。「精神の本質は、精神が自己の身体の現働的存在を肯定する点に存する」（諸感情の一般的定義、説明）。スピノザにおいて〈表現する〉とは、まさに〈肯定する〉ことである。そして、「以前よりもより大きなあるいはより小さな〈存在力〉を肯定する」とは、自己の身体の或る過去の状態と現在の状態とを単に「比較する」ということではない。それは、自己の身体について以前よりも大きなあるいは以前よりも小さな実在性を含むものを肯定するという意味である。身体がもつこうした実在性の変移を観念は肯定すると同時に、精神はより大きなあるいはより小さな完全性に移行することになる。つまり、この完全性の移行は、実在性の変移の表現であり、その肯定である。

(3)最後に、欲望の本性について。「精神そのものは、混乱した観念が与えられたならば、あれよりもむしろこれを思考するよう決定される」とは、(2)における喜びと悲しみの本性によって、つまりその混乱した観念の現前によって、或ることを為すように決定されるということである。これが欲望の本性である。非十全な観念は、その都度の身体の活動力能の増大あるいは減少とともに並行論的に変移する実在性の表現である。これによって、まず〈実在性－力〉の流れが、一つの二重性――身体の実在性と精神の完全性――の移行として肯定される。次にこの流れが、精神における或るものをとりわけ思考するよう強制する。これによって思考のうちに意識が穿たれ現われると言えるだろう。というのは、この思考は、単に与えられた観念からなるものではなく、非十全な実在性を含むことなしには形成されえない観念の働きだからである。

第四講義　身体のプラグマティック

身体の変様に基づくプラグマティック

スピノザの感情論は、まさに〈善／悪〉ではなく〈よい／わるい〉を、〈真／偽〉ではなく〈十全／非十全〉をプラグマティックな諸価値として肯定する。このプラグマティックは、身体の変様の方位性に基づく観念の肯定・否定の作用そのものからなる。非十全な実在性においてわれわれは、〈善／悪〉の判断に先立って存立する〈よい／わるい〉によって或ることを為すよう決定される。言い換えると、人間の本質そのものである欲望は、〈善〉と〈悪〉についてではなく、〈よい〉と〈わるい〉について差異的である。その決定は同時に、精神だけに現われる〈真／偽〉などではなく、人間身体の内在的有り様を表現する〈十全／非十全〉のもとに存立する。したがって、われわれは、こうした〈よい／わるい〉あるいは〈十全／非十全〉のうちに人間の活動の原初的モデルを見出すことができるであろう。こうした観点から、スピノザにおける受動感情の主要な論点を以下に列挙しておこう。

——認識の様式としての受動感情について

(1)感情とは、そのほとんどが受動感情のことである。
(2)その基本感情は、喜び、悲しみ、欲望の三つである。
(3)その他の多くの感情は、これらの基本感情から派生したものである。
(4)感情は、人間にとってきわめて重要な外部の物体についての認識の様式の一つである。

(5)感情は、この外部の物体による人間身体の変様についての観念である。これに対して身体の変様とは、その身体の活動力能の増大あるいは減少のことである。

(6)喜びの感情（身体の活動力能の増大の観念）はその人間にとっての〈よいもの〉（＝外部の原因）についての認識であり、反対に悲しみの感情（身体の力能の減少の観念）はその人間にとっての〈わるいもの〉（＝外部の原因）についての認識である。

(7)人間身体の変様に精神の価値を置く限り、感情が示すこの〈よい／わるい〉は、人間の絶えざる個体化に関する自己の力能の表示である……。

スピノザは、ニーチェのように、実際に〈善／悪〉（Gut / Böse）と〈よい／わるい〉（gut / schlecht）にそれぞれ異なった言葉を充てて区別しているわけではない。しかし、スピノザが言う〈善／悪〉は、超越的な諸価値をまったく意味せず、内容的にはむしろそれらの彼岸としての――つまり、自然における内在的な諸価値としての――〈よい／わるい〉である。したがって、これ以降、これを〈善《よい》／悪《わるい》〉と記すことにする。そのもっとも明確な定義は、次のようなものである。

私はここで、〈善《よい》〉（bonum）をあらゆる種類の喜びと喜びをもたらすすべてのもの、またとくにそれがどんな種類のものであれ、願望を満足させるものと解する。また〈悪《わるい》〉（malum）をあらゆる種類の悲しみ、またとくに願望を妨げるもの、と私は解する。何故なら、（…）われわれは、物を善と判断するがゆえに欲するのではなく、かえって反対にわれわれの欲するものを善と呼ぶからである（定理三九、備考）。

この言説を支えているのは、価値判断に対する欲望の絶対的な先行性である。あるいは逆に、無意識的欲望の決定に対する意識上の判断の事後性である。この〈善《よい》／悪《わるい》〉についての定義は、先に述べたように、内容的にはまさに超越的価値の彼岸としての、あるいは逆に各人の一つの生を構成するという意味で、人間の本性にもっとも近い内在的価値としての〈よい／わるい〉であろう。身体の活動力能（＝身体の本質）を増大する仕方で触発する物体との出会いこそが、その物体も含めてわれわれにとって〈よいこと〉であり、またその反対が〈わるいこと〉である（「第五講義」を参照）。重要な論点は、こうした〈善《よい》／悪《わるい》〉が〈喜び／悲しみ〉という感情から生じた観念だということにある。すなわち、〈善《よい》／悪《わるい》〉の定義は、人間身体の触発についての〈感情‐観念〉なしには不可能であり、またそれなしには完全に無価値だということにある。言い換えると、こうした身体の変様なしに〈善《よい》／悪《わるい》〉を定立することが、例えば、ただちにニヒリズムにおける有名な〈無への意志〉――超越的価値への意志――を生み出すことになるであろう。

〈善《よい》〉および〈悪《わるい》〉の認識は、われわれに意識された限りにおける喜びあるいは悲しみの感情にほかならない［強調、引用者］（第四部、定理八）。

要するに、〈善《よい》／悪《わるい》〉は、精神だけが関わりうるような抽象的概念でも超越的価値でもなく、むしろ人間精神の価値の対象性である人間身体の諸変様についての具体的な表現の諸観念である。それらは、まさに意識された内在的価値である。スピノザにおけるこの心身並行論は、言わば〈身体のプラグマティック〉そのものであろう。このプラグマティックな心身並行論は、あらゆる形而上学的思想の諸価値の低下を引き起こすだけでなく、われわれを自然の本性の理解と人間の実践との一義的認識へと導くことができる（第三部の「序言」の最後の部分を参照せよ[1]）。こうしたことが可能になるのは、スピノザにおいては、自然に内在するすべての事柄を何よりも人間身体の変様の側面から問題構成することに存しているからである。スピノザにおいては、こうした〈身体のプラグマティック〉から〈精神の実践哲学〉への、哲学の歴史においてもほぼ皆無と言えるような、弁証法的な思考とはまったく異なる一つの肯定的な経路がつくられていく。一般的に言うと、これは、スピノザにおける受動感情（あるいは表象知）から共通概念（あるいは理性知）への移行の問題そのものである。スピノザにおける理性とは、受動感情という非十全な観念ではなく、まさに十全な観念、つまり精神の能動的部分のことである。それは、身体の受動的変様ではなく、その能動的変様に対応する精神である。

さて、自然において第一次的に存在するのは、変様や変化、つまり差異である。これに対して、およそ同一性と称されるものは、自然においてはもっとも存在が希薄なものの特質化でしかない。スピノザは、それゆえに変様や変化や差異が存在の本性であり、それをもっともよく表現するものは何かという問いを立てた哲学者である。したがって、重要なことは、変様や変化や差異を肯定する存在と、それらを否定する存在とをどのように人間に関して問題提起したらよいのかということになる。このようにして、人間身体の諸変様あるいは人間精神の諸感情においてわれわれは、実際には受動的な対象性の諸記号——光、音、味、香、性質、等々——のもとで肯定・否定を理解することになる。例えば、光の記号と音の記号は、まったく異なっている。それだけでなく、光の記号においても多様な差異がある。それらは、〈実在性‐力〉の流れとして必然的に或る身体の存在に変様をもたらす。こうした光の記号や音の記号は、たしかに身体の変様においてまったく異なる実在性を有している。しかし、人間の本質そのものである欲望は、これらの実在的な差異についてけっして無差異ではない。というのも、身体は、それら各々の記号についての差異を、まさに自己の活動力能の増大あるいは減少の差異として実質化しうるからである。

人間は、例えば、外部の原因の観念をともなった限りでの悲しみの感情によって或る活動へと決定されることがある。しかし、理性における能動的変様は、或る種の自己触発である限り、この悲しみの感情に刺激されることなく同じ活動へと決定されることである——要するに、受動の二方向の差異から、受動と能動との一方向の差異へ（これが精神の実践哲学の実質的課題である。これについては後で詳しく論じる）。しかしながら、人間は、こうした意味での精神の能動的部分を完全に忘却し、あるいは気づかず、あるいは教えてもらえず、それゆえ生涯のうちに能動の本性に触発されることなく、まさに延々と受動的ニヒリズムを享受し続ける動物でもある（この動物は、自分たちには自由意志という特権的な心的作用があると信じているのだ）。理性との間に生成のブロックを形成するような〈欲望‐感情〉は、外部の物体ではなく、まさに身体のプラグマティズムと精神の実践哲学とに触発されるのである。言い換えると、〈欲望‐感情〉は、それらを理解することによって理性の欲望になるのだ。これは、一般的な観点から言えば、きわめて非‐常識的で脱‐共通感覚的な〈理性〉の在り方になるであろう。

人間の三つの認識の様式について

ここで、スピノザにおける有名な、人間の三つの認識の様式について考察しておこう。スピノザの認識論の意義は、基本的に二つあると思われる。それは、第一に〈表象批判〉であり、第二に〈概念創造〉である。すでに述べたが、哲学的思考において批判は、まさに創造と一つのものでなければならない。というのも、批判は、或る事柄を単に非難したり否定したりすることではないからだ。批判とは、第一次的にはその対象における〈肯定すべきもの〉を見出すことにある。「批判」という言葉は、ヨーロッパの諸言語においては、〈critic〉、〈critique〉、〈Kritik〉に対応するものである。これらの語は、古代ギリシア語の動詞〈krinein〉に由来している。これは、肯定すべきもの、よいものを選別するという意味を有していた[2]。つまり、批判とは、何よりもよいものを肯定する働きであり、また創造につながる限りでその否定作用を考えるとすれば、能動的な破壊作用をも有していなければならない。批判をともなった創造は、こうした肯定と破壊の目的原因などではなく、まさにそれらの作用原因でなければならない。

さて、〈表象〉(representation)は、単に〈表現〉(expression)と対立の関係にあるのではない。それらは、むしろ相互に非共可能的であると言うべきかもしれない。しかし、それでもこの言い方は、あまりよくないであろう。何故なら、この非共可能性は単に与えられるものではなく、表現だけが、表象との間にこの非共可能的な関係を積極的に形成することができるからである。言い換えると、表象は表現について無差異であるが、表現は表象に対して差異的である。この非共可能性という意味における表現は、つねに時代の表象精神そのものに、あるいは表象からなる時代精神そのものに対して〈反時代的〉でなければならない。この限りで表現は、まさに表象とはまったく異なるものとなる。前者は差異をもっともよく形成するものであり、後者は同一性にもっとも深く関わるものである。前者は抵抗と肯定であり、後者は還元と否定からなる。こうした意味において表現が反時代的であるのは、それが批判と創造とを分離不可能な仕方で含んでいるからである。この限りで表現は表象に対する外部性の形相を有し、これに対して表象はつねに何らかの内部性の形式の表示であると言うことができる(こうした内部性と外部性については、「第九講義」で考察する)。

以下に挙げるのが、スピノザにおける三つの認識の様式である。ただし、これらは、単にその特徴から三つに区分されたもの、つまり名目的に区別されたものである。

上に述べたすべてのこと〔表象像に支配された概念〕からして、われわれが多くのものを知覚して普遍的概念を形成することが明白にわかる。すなわち、

一、感覚を通して、毀損し混乱した、そして知性による秩序づけなしに、われわれに提示される諸々の個物から。それゆえ私は、こうした知覚を漠然たる経験による認識と呼び慣れている。

二、諸々の記号から。例えば、われわれが或る語を聞いたり読んだりすると、それとともに物を想起し、それについて物自身がわれわれに与える観念と類似の観念を形成することから。事物を観想するこの二つの様式〔感覚と記号〕を私は、これから第一種の認識、すなわち意見（opinio）あるいは想像〔表象〕（imaginatio）と呼ぶであろう。

三、最後に、われわれが物の特質について共通概念あるいは十全な観念を有することから。そして、これを私は、理性（ratio）あるいは第二種の認識と呼ぶであろう。

これら二種の認識の他に、私が後で示すように、第三種のものがある。われわれは、これを直観知と呼ぶであろう。そして、この種の認識は、神のいくつかの属性の形相的本質の十全な観念から物の本質の十全な認識へと進むものである（第二部、定理四〇、備考二）。

第一種の認識は、ここでは「一」と「二」において述べられているものである。これは、言わば「表象知」（imaginatio）と呼ばれる認識の様式である。非十全な認識としての表象（＝想像）がまさにこの様式である。したがって、非十全な混乱した観念としての感情は、この限りで第一種の認識の様式になるが、つまり表象の側面をもつが、しかし、それと同時に身体の変様を表現する観念でもある。「知性による秩序づけなしに」というのは、原因からの認識なしにという意味である。言い換えると、そこにあるのは、身体の変様という外部の原因による諸結果だけを用いた偶然による関係づけであり、まさに受動性における関係の在り方である。それは、また「漠然たる認識」を示している。意見《オピニオ》も、実は同様の認識の一種である。言い換えると、これらの様式が記憶と習慣の秩序に属していることは、間違いないであろう。既に述べたように、例えば、或る人が、かつて大いなる希望を持って生きていた時代によく聴いていた音楽があったとしよう。その彼が喫茶店でコーヒーを飲んでいたとき、その音楽が店内に流れたとする。

［表 4-1］認識の諸様式の差異について

認識の様式	観念の種類	観念の対象	身体の変様
第一種の認識（表象知）	非十全な観念	物の存在	身体の存在の受動的触発
第二種の認識（理性知）	十全な観念	物の存在	身体の存在の能動的触発
第三種の認識（直観知）	十全な観念	物の本質	身体の本質の自己触発

彼は、ただちにその音楽をよく聴いていたときの自分を思い出し、次にその時期に抱いていた希望を想起するであろう。こうした思い出の水準あるいは秩序は、その人の記憶や習慣のうちにしかない偶然によって成立したものであるだろう（第二部、定理四四、系一と備考）。

次の第二種の認識は、ここでは「三」で述べられているように、物の存在上の特質について「共通概念」あるいは「十全な観念」を有する場合のわれわれの認識、すなわち「理性知」である。この共通概念は、われわれが有する「犬」や「人間」や「コップ」、等々の一般概念とも、あるいは「存在」や「物」や「真」、等々の超越概念とも異なる。スピノザの哲学における共通概念は、およそ二つに区別することができるだろう。それは、第一にきわめて自然学的な理論的テーゼに関する概念であり、第二に本質的にプラグマティックで実践的な、その意味で倫理的テーゼに関するものである。しかし、この二つのタイプの共通概念は、いずれにしても、『エチカ』全体を通して形成されなければならない特異な概念であるという点では一致している。さらに、第三種の認識が、物の本質の十全な認識としての「直観知」である。これは、物の存在についての認識ではなく、その物の本質についての認識である。何故なら、物の本質は、概念的に共通のものとして把握されることができず、ただ特異性そのものとして直観されるだけだからである。物の本質は、言わば〈直観されることしかできないもの〉である。

スピノザはこのように人間における三つの認識の仕方を区別したが、この認識論でもっとも重要な論点は次のことである。この三つの認識の様式は、第一の表象知から第二の理性知へ、さらにそこから第三の直観知へと人間精神の全体がそのように上昇的に展開され移行されるべきであるといった考え方とはまったく無縁である。したがって、それらの様式は、言い換えると、第一種の認識は第二種のそれによって、第二種の認識は第三種のそれによって乗り超えられ否定されるといった理解とも無関係である。スピノザは、この三つの認識の様式を、優劣をともなった価値評価のもとで規定しているわけではない。何故なら、三つの認識の様式には、人間身体の変様がつねに並行論的に対応しているからである（［表4－1］）。

最近原因と発生的欲望——認識と感情との〈間《あいだ》〉をめぐって

ここでは、スピノザにおける知性と感情との間に考えられうる二つの価値について考察することになる。それらは、端的に言うと、〈原因〉と〈形成〉である。第一に、或る認識の様式とそれに対応する感情との間には、〈認識‐原因〉から〈感情‐結果〉への関係が考えられうる。第二に、異なる二つの認識の様式の間には、一方の認識の様式に属する感情から別の認識の様式そのものを形成しうるあるいは発生させうるような関係がある。言い換えると、第一の場合には、各様式における認識〔知覚〕はそれに対応する感情の最近原因であり、また第二の場合には、一方の様式に属する感情〔欲望〕は別の認識の様式そのものの発生的要素になりうる。

認識と感情との間の〈原因‐結果〉の関係について——スピノザにおける認識の三つの様式は、何よりも知覚あるいは知性に関するものである。(1)第一種の認識は、感覚や記号を通した、あるいは意見や想像に基づいた物の認識の仕方であった。ここから、精神においてこの認識を原因とした感情が、つまり受動感情が生じることになる。要するに、この場合の認識は、精神における混乱した観念としての感情の最近原因なのである。

> 愛や欲望のような思考の様態、その他の感情の名で呼ばれるものは、同じ個体のなかに、愛され、望まれなどする物の観念がなければ存在しない。これに反して、観念は、他の思考の様態がなくても存在できる[3]（第二部、公理三）。

これは、各認識の様式とそれに帰属する感情との間に成立する事柄でもある。愛や憎しみ、欲望といった受動感情は、同じ精神のうちに愛されたり憎まれたり、望まれたりする物の観念が、つまり外部の原因の観念がなければ存在しえないのだ。すなわち、身体を触発する外部の物体の知覚が、つまりその観念がなければ、受動感情は存在しえないのだ。「それら〔愛や喜び〕は、知性がまず考えられない限り、考えられることができない（…）。実際、知覚が除去されれば、それらのすべてが除去されるのだから[4]」。

⑵第二種の認識についても同様である。そこでは受動感情ではない別の感情が、共通概念あるいは十全な観念から生じるであろう。共通概念の形成とともに、或る種の能動的な諸感情が物の存在に関して生起するようになる。それらの感情は、受動感情の諸特性をほとんどもたないという意味で、諸個人の感情の差異がその対立にまで至るのではなく、むしろ差異の対等性による触発の観念——理性から生じる諸感情——であろう（要するに、〈差異から対立へ〉ではなく、差異についての一義的概念）。それらの感情は、例えば、消極的には謙遜や後悔であり、また積極的には勇気や寛容である。⑶今度はこうした感情から第三種の認識、直観知への欲望が生じる——「物を第三種の認識において認識しようとする努力あるいは欲望は、第一種の認識からではなく、第二種の認識から生じることができる」（第五部、定理二八）。第三種の認識についても同様である。それは、まさに物の本質に関する感情——至福と欲望——の発生である。それは、神の観念を原因とした喜びあるいは愛、つまり至福である——「われわれは、第三種の認識において認識するすべてのことを楽しむ。しかもこの楽しみは、原因としての神の観念をともなっている」（第五部、定理三二）。認識の三つの様式とそれぞれの認識を最近原因とする感情は、［表4-2］のようにまとめられるであろう。

［表4-2］認識と感情との対応関係

認識の様式	感　情
表象知（物の観念）	受動感情
理性知（共通概念あるいは人間の観念）	能動感情
直観知（神の観念）	至　福

感情と認識との間の発生論の関係について——第一種の認識は、表象知であり、記号や感覚を通した知覚によって成立する。こうした〈知覚‐観念〉を最近原因とした受動感情は、まさに精神のうちに存在することになる。受動感情は、人間をとりわけ完全性の実質的な差異（〈より大きな〉と〈より小さな〉）のもとで、つまり内在的で力動的な移行過程として表現する観念である。ところが、能動性における感情は、喜びと欲望だけである（定理五八、五九）。つまり、受動感情から能動感情へと直接に移行することは、不可能であり、また否定されなければならない。というのも、第二種の認識においては、能動感情の最近原因は、精神における理性知あるいは共通概念だからである（第二部、公理三二）。

さて、第一種の認識論には、身体のプラグマティックを肯定する働きがある。そこには、喜びの感情を原因から理解しようとする欲望の作用——「精神の決定」——があるが、それと同時に、並行論的な活動の決定——「身体の規定」——の問題も必然的に含まれている（定理二、備考）。

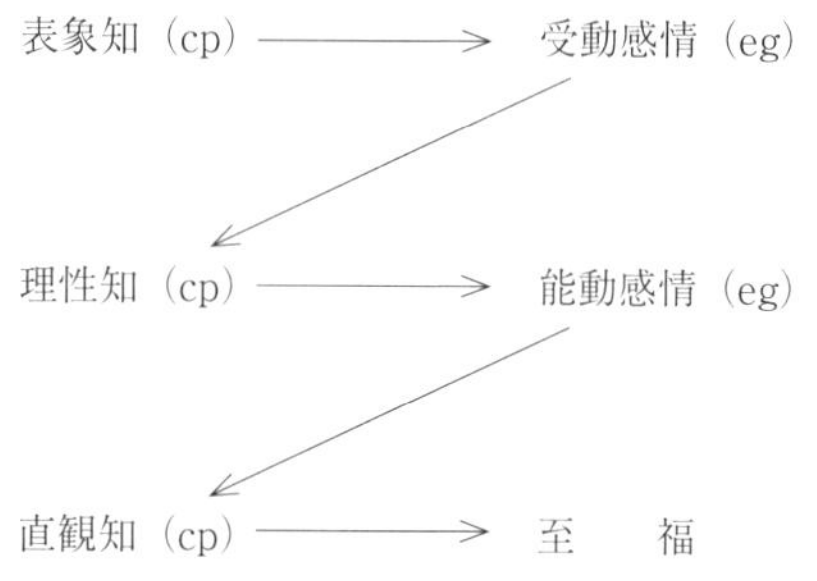

cp：causa proxima（最近原因）：因果関係（ ⟶ ）
eg：elementum genetivum（発生的要素）：発生論の関係（ ↙ ）

［図 4-1］認識と感情との間の原因と発生の関係について

これは、単に喜びの感情に刺激されること、つまり結果の享受にとどまることではない。欲望は、こうした結果認識に満足せず、原因からの認識を欲するのである。それは、第一種の認識から第二種の認識が発生し始めることを意味する。〈感情 - 結果〉の原因を理解すべく自己の身体と外部の原因との間に共通なものの概念を形成することは、外部の原因についての非十全な観念ではなく、自己の身体とその外部の物体との間の共通の本性について十全な観念を所有することである。これは、まさに身体のプラグマティックの問題を引き継いで発生する共通概念の形成の問題であり、スピノザにおける実践哲学の第一の側面である（認識と感情との間の二つの関係――原因と発生（形成）――を図示しておく（［図4 - 1］））。

　後に詳しく述べるが、ドゥルーズが展開した共通概念の「形成の秩序」は、とくに喜びの受動感情から一般性のもっとも低い共通概念の発生的関係を明らかにするものであった。何故、形成される共通概念は、一般性のもっとも低いものとなるのか（この「一般性」は、物の本質ではなく、その存在に関わるという意味で用いられている）。それは、共通概念の形成の秩序が必然的に精神と身体との間の最小回路の形成でもあるからだ。ところで、こうした非十全な観念から十全な認識への或る種の連続的移行、すなわち共通概念の形成の秩序を否定することとは、むしろ認識の三つの様式そのものの間に、つまり三つの知の様式の間に〈無媒介的区別〉を定立し、それを強調することと一つである。しかし、それは、それぞれの認識の様式における知性が感情の最近原因であることを無視することによって提起された問題ではないだろうか。形成の秩序は、あくまでも受動感情において喜びによって或ることを為すように決定された欲望が原因からの認識を欲すること、つまり共通概念の形成に努力することにある。それゆえこの非十全な観念としての欲望は、物の存在に関する十全な認識（理性知）の真に実質的な発生的要

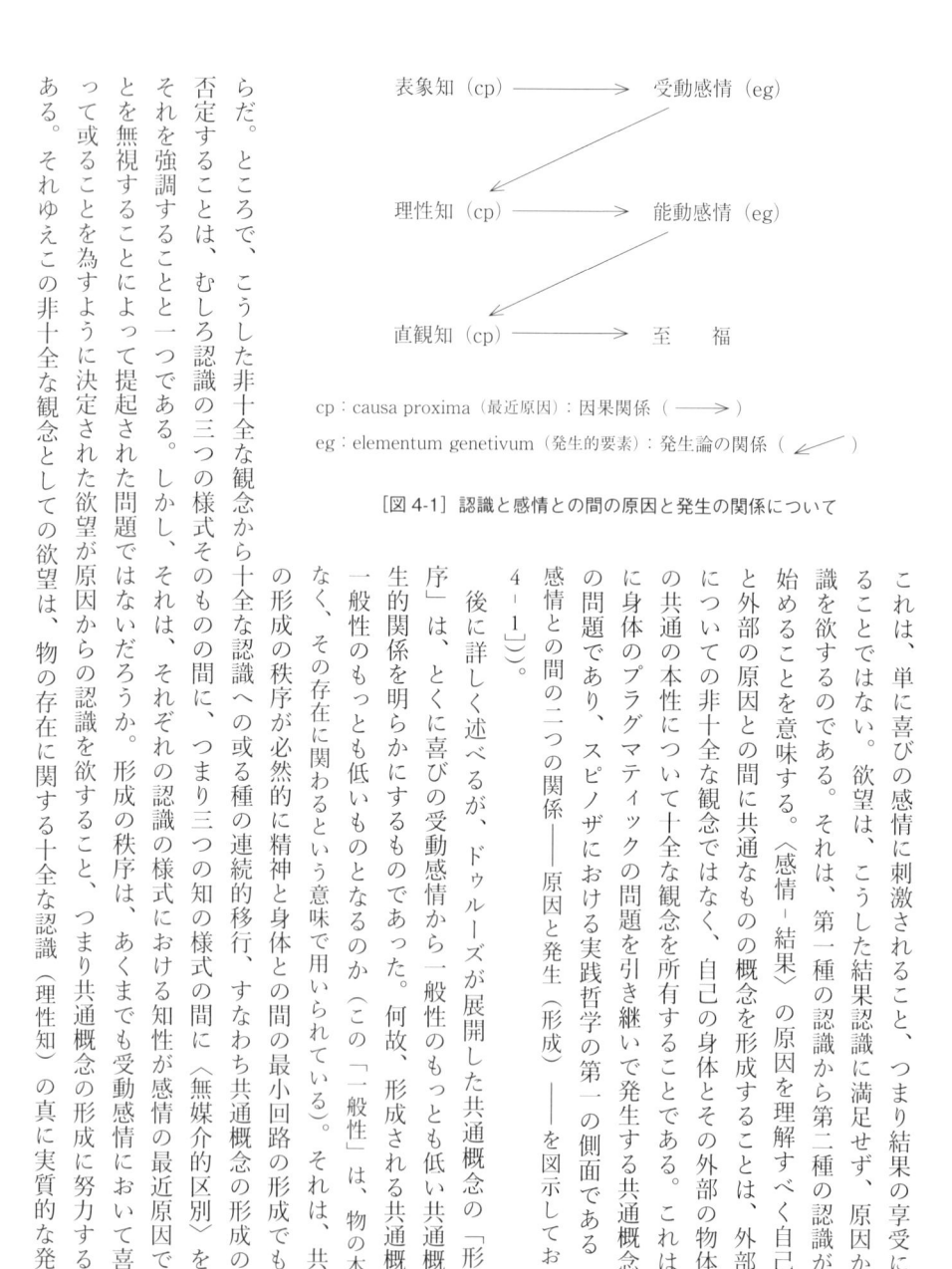

素になりうるのである。同様に理性知は、第二種の認識における感情の最近原因になりうる。この認識の様式を原因とした感情は、今度は能動的であり、それゆえ十全な観念である。この能動感情は、第三種の認識の様式（直観知）の発生的要素になりうる。スピノザの『エチカ』の第三部から第五部までを言い換えるならば、それらは、身体のプラグマティック（第三部）、精神の実践哲学（第四部）、最後に並行論的戦略論（第五部）としてとくに規定されうるだろう。

プラグマティックと実践哲学との差異について

スピノザにおけるプラグマティックの思想は、自己の身体の存在上の変様に基づいた物の認識とその価値評価とに依拠している。それは、基本的には、人間身体の活動力能の増大あるいは減少という内包的な度合の変化に基づいている。同時にそれは、精神のうちでその思考力能の増大（＝喜び）あるいは減少（＝悲しみ）として表現される。そして、この喜びと悲しみに意識がともなうことによって、〈善《よい》／悪《わるい》〉という価値評価の内在的様式が成立するのである。そこで、スピノザは、われわれの身体の存在を触発する対象の数と同じだけの種類の感情があると言う。

喜び、悲しみ、および欲望には、したがってまたそれらから合成されたすべての感情（心の動揺のごとき）、あるいはそれらから導き出されたすべての感情（例えば、愛、憎しみ、希望、恐怖、等々）には、われわれを触発する対象の種類だけ多くの種類がある（定理五六）。

人間が相互に本性上異なるのは、実はその人間身体が或る対象からどのような仕方で触発されうるのかの差異に依拠しているからである。ただし、この差異は、単に各人のア・ポステリオリな経験上の違いに還元されるようなものではない。むしろそれは、その都度の触発における自己の特異な本質と自己の個別の存在との間の言わば〈内包的距離〉――それらの間の一致と分離の方向――の現働化である（「第五講義」を参照せよ）。いずれにせよ、人間の諸感情は、その原因となる対象の数だけ異なった種類があるということである。何故なら、感情は、その形相が観念である限り、その対象がもつ個物としての実在性を必然的に含むからである。各個の人間の差異は、単なる身体の個別的な違いにも一般概念から作られた精神の相違にも、けっして還元されえないものである。例えば、喜びの感情は、現実にはその対象の違いによって異なるのだ。ところが、われわれは、一般的に感情について次のように考えている。或る感情は、一人の人間においてもあるいは複数の人間においても、けっして同じものではないが、だからと言って、その原因となった外部の対象の数だけ異なっているとまでは考えない。何故であろうか。感情の形相を構成するのは、まさに観念である。そして、観念は、その対象（＝観念されるもの）の実在性を含むがゆえに、単なる複数の個別的な事物ついての一般概念などではない。この限りで〈観念‐感情〉は、たしかに非十全な仕方ではあるが、それでも原因となった対象の実在性についての認識の仕方であり、また自己の身体を触発するものをそのように価値評価する様式である。感情は、それが身体の変様の観念である限り、外部の物体と自己の身体との間に存立する実在的な諸力の流れを精神のうちで表現するものである。つまり、精神におけるより大きな完全性へのあるいはより小さな完全性への移行は、自己の身体とこれを触発する外部の物体との間に存在する実在的な諸力の流れの表現そのものである。ここには、まさに差異を肯定しようとする思考の様態が溢れている。これをスピノザは、次のように述べている。

各個人の各感情は、他の個人の感情と、ちょうど一方の人間の本質が他方の人間の本質と異なるだけ異なっている（定理五七）。

各人の感情の差異は人間の本質の差異である、とスピノザは言う。どういうことであろうか。外部の物体からの触発によって身体の活動力能は、二つの異なる実在性の方向へと変様することができる。それは、同様に精神において思考力能の増大（＝喜び）と減少（＝悲しみ）という二つの質的な移行として表現される。超越的価値としての〈善／悪〉を破壊する身体の変様に基づく〈よい／わるい〉のプラグマティックは、こうした意味での人間本性の差異の実在性と肯定性とを明らかにするのだ。要するに、身体の変様と精神の感情とは、一つのプラグマティックな並行論を形成する二つの様態である。

さて、われわれは、ここまで人間身体の受動的な諸変様を指導的モデルとしたプラグマティックな心身並行論を考えてきた。ここからさらに、精神における受動性から能動性への転換を可能にするための新たな実践哲学が考えられなければならない。それこそが、まさに『エチカ』の第四部のもっとも本質的な問題である。それは、意見や記号から批判的に区別された〈精神‐感情〉の肯定性のうちに、いかにして十全な認識としての共通概念からなる理性知を形成するのかということである。ここから一つの決定的な問いが成立することになる。それは、どのようにして精神の非十全性のうちに、たとえ部分的であっても、十全な観念を所有することができるのかという問いである。言い換えると、十全な観念は、われわれに単に与えられるようなものではない。何故なら、人間は十全な観念を欲望しなければならないし、自然において欲望することとなしに人間に十全な観念が与えられることはけっしてないからである。言い換えると、これは、或るものがア・プリオリに与えられるのか、あるいはア・ポステリオリに獲得されるのかといった二分法で処理することができない事柄であろう。というのも、こうした問いそれ自体が、実は人間精神の非十全な内部性の形式のもとで構成された問題にすぎないからである。スピノザの心身並行論的な認識論には、こうした反動的な問いに対していわゆる〈外の思考〉あるいは〈外部性の形相〉の諸問題を提起することにその最大の意義があると言ってよい。

発生論の二重性について——幾何学的反転と体制的移行

第一の〈認識から感情へ〉、これは原因と結果との関係であり、この関係は同じ認識の様式において生起する事柄である。第二の〈感情から認識へ〉、これは、前項を発生的要素とした発生論あるいは実在的定義の領域にあり、異なる認識の様式の〈間〉を実質的に形成するものである。

さて、スピノザは、受動と能動、非十全と十全、混乱した観念（第一種の認識）と明晰判明な概念（第二種の認識）、等々の間にけっして相互に媒介しえないような区別、つまり無媒介的区別を設けているように思われる。言い換えると、ここにいくつか列挙した前項と後項との特質をともに備えたような領域は、人間精神においては存在しえないということである。つまり、われわれは、前項と後項との間に、一方から他方への連続的移行が不可能性となるような〈無媒介的区別〉を考えなければならないのだ。たしかに理論的テーゼから言えば、それらの間には無媒介的区別が必然的に存立するように思われる。しかし、経験論の水準あるいは実践的テーゼから考えると、それらの間には、上述したような発生論の関係があり、それはさらに二つの観点からの意義を有している——すなわち、とりわけ〈感情から認識へ〉の発生論は、言わば切断された〈反転〉と結合した〈移行〉という二つの意義を有しているのだ。例えば、ドゥルーズは、共通概念の形成の秩序の観点から『エチカ』における実践哲学の意義を批判的に検討した。それは、身体の変様の力能から精神の概念形成の力能へという遠近法主義を際立たせたまったく新しい経験論である。これをより一般化して言うと、『エチカ』における共通概念の〈形成の秩序〉は倫理学あるいは実践哲学上の問題構成であり、これに対して共通概念の〈適用の秩序〉は自然学あるいは理論哲学における演繹論である（こうした適用と形成は、たしかにカントにおける規定的判断力と反省的判断力との間の差異に通じるものがある）。

受動感情は、身体の変様についての非十全な観念であるが、それ以上に第一次の発生的要素である。つまり、混乱した〈観念 - 感情〉によって精神は、まさに身体との間に最初の強度的な最小回路を形成しうるのである。これに対して共通概念は、身体の変様についての最初の十全な観念である。つまり、この明晰判明な概念によって精神は、身体との間に部分的ではあるが、しかし強度的な、最初の能動性の最小回路を形成しうるのである。これは、身体と精神との間の与えられた最小回路ではなく、まさに実践哲学として形成されるべき最小回路のことである。しかし、こうした所与から形成への移行は、何によって可能になるのであろうか。ドゥルーズは、喜びと欲望の感情がこうした移行の発生的要素となりうることを見事に証明した。喜びの感情は、たしかに自己の人間身体とこの身体を触発した外部の物体とが同じ本性を有することとの一つの記号である。しかし、それは、それ以上にこの二つの物体の間に流れる諸力が合一の関係をなすこととの記号的形相、すなわち図表的表現である。

共通概念の形成は、受動が能動へと単に連続的に変化することではなく、端的に受動の体制から能動の体制へと部分的に反転することである。このように考えると、あらゆる受動性は、能動性に反転しうるのだ。これがスピノザにおける反転の基本的言説である。しかし、この反転は、経験的には部分的にしか可能ではない。これは、無媒介的に区別されるものの間を乗り超えるという意味での「跳躍」などではない[5]。共通概念の形成は、精神における反転の部分的実現であり、そのためには喜びの集積が必要となる。これらの事柄を次のように総合することができる——要するに、感情の幾何学に対応するのは幾何学的反転であり、また感情の体制に対応するのは受動性から能動性への体制的移行である。この後者においてとりわけ考えられるべきは、(1)時間を支配する受動的な〈希望／恐怖〉の体制から理性知によって決定された能動的な〈勇気／寛容〉の体制へと部分的に移行すること、あるいは(2)コード化された諸感情からもっぱら構成される〈習慣の秩序〉ではなく、われわれ自身の人間本性（能動的欲望）を最近原因とした〈生活法〉を強度的に形成することである。

超越論的経験論について

さて、ドゥルーズの超越論的経験論というきわめて重要な批判哲学上の新たな思考法をここで述べたいと思う。というのも、『エチカ』には、実践哲学としてこうした経験論の諸問題が明確に論究されているからである。それは、すでに述べたように、身体の触発の秩序（受動感情）から精神の概念形成の秩序（理性知）へという倫理学的課題を本質的に内含した経験論である。このような諸問題は、後のドゥルーズの超越論的経験論が有する批判と創造の諸条件へとまさに流れ込んでいく。ここではドゥルーズにおける共通感覚（常識）についての批判だけを取り上げることにする。というのも、超越論的経験論という批判哲学は、明確にスピノザ哲学における表象主義批判を継承しているからである。それは、主に次の二つの論点からなるであろう。

(1)超越論的領域は、経験的領野に属するものと類似したものとして、あるいは経験的なものの複写物として表象したり理解したりすることはできない[6]。

(2)人間精神の諸能力は、ア・プリオリに与えられたものではなく、発生したものであり、またそれらは、相互に媒介されることなしにそれぞれの能力を十全に発揮しうる。したがって、可能的経験ではなく、実在的経験を構成するまったくのア・ポステリオリなものは、こうした諸能力の反‐媒介性によってのみ成立するのである[7]。

スピノザには、明らかにこうした意味での批判的な経験論がある。このもっとも本質的な二つの論点に対応するスピノザの実践哲学における問いは、次のように規定されうる。まさにスピノザの実践哲学からこうした超越論的経験論が生じたということが理解されるであろう。

(1)いかなる擬人化もなしに神をどのように定義し表現するのかということ。というのも、神（能産的自然）は、人間を含めて、いかなる物（所産的自然）からも類推してあるいは類比的に複写して理解することができないからである。

(2)人間の諸能力をア・プリオリに前提することなく、それらを経験論の秩序のもとでどのように発生させることができるかということ。何故なら、人間精神における諸能力は、ただ観念という思考力能の唯一の形相に基づいたものだからである。

さて、ドゥルーズのこうした超越論的経験論は、狭い意味ではカントの批判哲学をやり直す意義をもち、また広い意味では、ニーチェが放った矢をさらに加速させるために、あらゆる価値の価値転換を可能にするような、実在的経験とその可塑的な超越論的条件（系譜学的原理）とを探求しようとする哲学である。人間の思考は、どうしても経験の条件となる超越論的領域を当の経験的なものを複写して、つまり似せてあるいは擬人化して理解しようとする。すでに述べたように、神を人間の似姿としてしか理解しないのは、自らが存在する世界や出来事にうまく内在していないということの証しでもある。これが、まさに「超越」がもつ潜在的な意義であろう。すなわち、超越は、言わば内在し損なうことを原因としているのだ。超越的価値への意志、つまりニヒリズムにおける無への意志は、こうした内在性の平面――人間精神とその身体との間に存在する最小回路――をむしろ阻害し破壊しようとする悲しみと憎悪に由来するものである。

われわれは、古代ギリシアの時代から現代に至るまで、人間精神の諸能力をさまざまに数えあげてきた。例えば、アリストテレスにおける学知（エピステーメー）、賢慮＝実践知（フロネーシス）、技術知（テクネー）からはじまって、カントにおける感性、構想力、悟性、理性、意志、等々、あるいはこれらに記憶力も含めて、人間精神の能力は、自由に数え挙げられ、列挙されてきた。しかし、何故このように数え挙げることができるのか。このような人間の能力の数は、かなり恣意的であるように思われる。これに反して、スピノザの人間精神についての理解は、まったく異なっている。それは、アリストテレス的な精神の三区分にも当てはまらないし、存在の形而上学にも主体性の形而上学にも同じように見出される人間の諸能力の位階序列化にも妥当しない。というのも、スピノザは身体とともに精神を考えているので、精神についての理解はより平面的であり、しかもより受動的である。それは、人間における精神と身体の並行論の基盤である。精神は、観念のみから構成される。精神の本性は、思考する力能である。しかし、思考するためには形相が必要であり、それが観念と言われる思考の様態である。したがって、知覚すること、想像すること、思い出すこと、理解すること、意志すること、等々、これらは、すべて〈観念‐形相〉の異なった思考内容にすぎないのだ。その内容に対して人々は、異なった名前を与えるという命名行為を繰り返しつつ、まさにそれらを相互に異なる能力として実質化してきたのである。

精神は、思考する力能である。これは、自然の力能の一つの側面である。そして、この力能は、様態において観念という唯一の形相をア・プリオリに有する。こうした〈観念‐形相〉は、その思考内容として表象像、感情、概念、直観を有するのである。ドゥルーズが提起する「観念」（idée）は、プラトン的なイデアでも、カント的な理念でもない。それは、思考の形相というスピノザ的な意味で言われる〈観念〉である。しかし、人々は、単にさまざまな能力を考えるだけでなく、ここからそれらの間の関係を役割分担的に理解することになる。これは、二つの関係——優劣と媒介——を想定することで可能になる。つまり、(1)人間の諸能力の間に優劣関係を定立すること、(2)さらにそれらの諸能力を相互媒介の関係性——例えば、悟性的感性、感性的悟性、感性的記憶、意志的記憶、悟性的想像力、等々——に浸すこと。人間精神は、このように道徳的に構成されるのである。言い換えると、諸能力の有機的な関係性を徹底的に追及することは、道徳的に人間精神を構成し理解することと一つだと言わなければならない。

スピノザの経験論は、プラグマティックと実践の哲学からなる。つまり、非十全性という存在の仕方で開かれる〈善《よい》／悪《わるい》〉の実在的経験が身体の変様を通して肯定され、次にこれを十全性の観点から批判的に取り上げるだけでなく、非十全性が十全性へと反転しうる地点に至るまでの、つまり十全な観念の形成過程での精神の発生が問題化される（これについては、次の第Ⅱ部でより詳しく考察する）。その際にスピノザは、記憶と習慣の表象的な秩序を批判して、知性の秩序を表現的に構成しようとする。これは、例えば、超越論的経験論が共通感覚（常識）のもとで機能している諸能力（感性、想像力、記憶、思考、……）の相互媒介的な表象的使用を徹底的に批判して、各能力のそれぞれの発生的要素を自然のうちに見出そうとする思考の仕方と同じである。スピノザの哲学は、まさに神と人間についてまったく別の仕方で思考し、それを一冊の書物に仕上げた。『エチカ』が数百年も理解されなかったのは、ラテン語で書かれた『エチカ』のすべてが、実はミシェル・フーコー（一九二六―八四年）が言うような〈言表〉の集積であり、フェリックス・ガタリ（一九三〇―九二年）が言うような〈記号‐微粒子〉群であり、またドゥルーズ＝ガタリ言うような〈言表作用〉の作動配列を有するからである。[8] それがまさにスピノザが言う〈観念〉なのである。ただし、注意されたい――このように理解されうる〈観念〉は、いわゆる観念論とは何の関係もないということを。

第II部

〈特異性−永遠なるもの〉の生成について

第五講義　感情の強度

『エチカ』の「第四部　人間の隷属について、あるいは感情の力について」の地図

概要

第四部においては、人間はいかに受動感情に支配されているのか、またいかにしてこの感情の受動性のうちで理性の能動性を部分的に構成することができるのかといった問いが提起される。一般的には、この部から倫理学が始まると考えられている。第三部では、人間のさまざまな受動感情が、他の個物や図形と同様に自然の一部であると考えられ、それゆえ自然の本性に従って肯定されるべき人間の内在的様態として積極的に把握された。つまり、欲望、喜び、悲しみといった基本感情だけでなく、それらから派生するすべての感情が、同様に肯定されるべき、自然に内在する思考の諸様態なのである。

一般的に考えられうる哲学上の倫理的課題とは、いったい何であろうか。それは、おそらく人間における受動性から能動性への移行の問題ではないだろうか。しかし、スピノザの哲学は、自然学＝倫理学であったことを思い起こされたい。憎しみや妬みであれ、嫉妬や復讐心であれ、どんな感情であっても、それらは、自然の「必然性と力」から生じた様態である。したがって、すべての感情は、感情の幾何学の観点から考察される限り、どこまでも肯定されなければならない。さて、今や倫理学を起点とした自然学を開始する必要がある。しかしながら、その開始の起点となるものが、再び自然の外部から挿入されたような理性や知性であってはならない。つまり、感情を批判する要素は、

それらの感情のなかから発生してこなければならないということである。それが、スピノザの言う〈理性知〉である。それゆえ、この理性は、感情によって決定されたことを単に覆すような、すなわち、身体と感情に対して、あるいは身体の活動力能と精神の思考力能とに対して外在的な力であってはならない。

　こうした理性知の発生的要素となる受動感情を肯定することは、同時に人間相互の不一致（＝受動）から一致（＝能動）への形成過程と一つの事柄である。これは、言わば強い意味での〈内包的一致〉とでも称すべきものである。しかし、この内包的一致は、つねに部分的である。しかも、それは、量的でも質的でもない、強度的な諸部分である。言い換えると、それは、精神と身体の並行論の最小回路において生起する十全な観念である。ここでの最大の論点は、第五部の「直観知」につながるような、つまりこの直観を欲望する理性の在り方である。スピノザにおける理性とは、受動感情によって或ることを為すよう決定されたあらゆる事柄について、そうした感情なしに同じ活動へと赴くことができる欲望のことである。

　こうした十全な認識（＝理性知）は〈善《よい》〉の認識としての喜びの感情を絶対的な契機とするが、これに対して〈悪《わるい》〉の認識としての悲しみの感情は、われわれをつねに受動という非十全な観念のうちにとどめ、それゆえこの一致の障害となるような感情である。しかしながら、人間相互の本性上の一致を実現しようとする理性知の観点から言うと、この二つの領域に対して、悲しみを出自とするいくつかの感情の効用は、肯定的に評価される場合がある。これは、悲しみの派生感情としては、つまりそれ自体としては悪であるが、社会的な間 - 人間的諸関係を形成するうえでは有益ないくつかの感情（謙遜や後悔、等）を肯定することである。その限りでこうした感情がもつ有益性は、言わば記憶や習慣の秩序をともなった精神と身体との間の巨大回路を徐々に減算するという理性上の効果でもある。

構図

(1)序言／八つの定義／一つの公理
(2)定理一から定理一八まで——諸感情がもつ力とそれらの間の力の関係
(3)定理一九から定理二八まで——徳＝力能について
(4)定理二九から定理三七まで——間 - 人間的な諸関係について

(5)定理三八から定理五八まで——諸感情と理性との関係について
(6)定理五九から定理六六まで——人間の欲望の理性化、あるいは人間の理性の欲望化
(7)定理六七から定理七三まで——自由な人間の生存の様式について
(8)附録——三二項目からなる生活法について

言表集

(1)「善とは、われわれがわれわれの形成する人間本性の典型にますます近づく手段になることをわれわれが確知するものであると解するであろう。これに反して、悪とは、われわれがその典型を取り返すことの妨げとなることをわれわれが確知するものであると解するであろう」(序言)。——〈善《よい》／悪《わるい》〉についての第二の倫理的定義。〈善《よい》〉とは、人間の本質とその存在とがより多く一致するような方向へと向かうことである。これに反して、〈悪《わるい》〉とは、人間の本質と存在とがより多く分離していくような不一致の方向へと向かうことである。

(2)「善とは、それがわれわれに有益であるとわれわれが確知するものと解する」(定義一)。——このように定義される〈善〉とは、まさにニーチェが言うような、自己にとっての〈よい〉(有益性)という意味をもつことになる。

(3)「悪とは、われわれが或る善を所有するのに妨げとなることをわれわれが確知するものと解する」(定義二)。——このように定義される〈悪〉とは、自己にとっての〈わるい〉(有害性)という意味をもつことになる。

(4)「個物が、したがってまた人間が自己の有を維持する力能は、神あるいは自然の力能そのものであるが、しかし、それは、無限である限りにおける神あるいは自然の力能そのものではなく、人間の現働的本質によって説明されうる限りにおける神あるいは自然の力能そのものである。ゆえに、人間の力能は、それが人間自身の現働的本質によって説明される限り、神あるいは自然の無限なる力能の、言い換えると、神あるいは自然の無限なる本質の一部分である」(定理四、証明)。——自己の存在はたしかに自然の存在の外延的な一部分であるが、これに対して自己の力能(＝現働的本質)は自然の本質の内包的な一部分、あるいは自然の無限な力能の強度的部分である。

(5)「〈善《よい》〉と〈悪《わるい》〉の認識は、われわれに意識された限りにおける喜びあるいは悲しみの感情にほかならない」(定理八)。——〈善《よい》／悪《わるい》〉についての認識は、意識をともなった喜びあるいは悲しみという基本感情にそれぞれ裏

打ちされている。
(6)「いかなる徳も、これ(すなわち、自己保存の努力)より先に考えられることはできない」(定理二二)。——自己保存の努力こそが、自然におけるすべての個物のもっとも基本的な力能であり、ここから徳も生起することになる。
(7)「われわれが理性に基づいて為すすべての努力は、理解することにのみ向けられている。そして、精神は、理性を用いる限り、理解することに役立つものしか自己に有益であると判断しない」(定理二六)。——人間精神の本性は、単に〈認識すること〉以上に〈理解すること〉にある。しかし、その理解は、無際限に多くの物、つまり自己にとって単なる中立的な諸物についてではなく、理解に役立つもの、すなわち自己にとって善であり有益であると考えられるものについてのみ向けられるのである。
(8)「人間身体を多くの仕方で刺激されうるような状態にさせるもの、あるいは人間身体をして外部の物体を多くの仕方で刺激するのに適するようにさせるものは、人間にとって有益である。そして、それは、身体が多くの仕方で刺激されることに、また他の物体を刺激することにより適するようにさせるに従って、それだけ有益である。これに反して、身体のそうした適性を減少させるものは有害である」(定理三八)。——人間身体を多様な仕方で触発するものは、その人間身体を他の物体に対してより多様な仕方で触発を与えられるようにするものである。それはわれわれにとって有益なものであり、その反対のものはわれわれにとって有害となる(〈努力《コナトゥス》〉の定義)。
(9)「人間身体の諸部分における運動と静止の相互の割合が維持されるようにさせるものは〈善《よいもの》〉である。これに反して、人間身体の諸部分が相互に運動と静止の異なった割合をとるようにさせるものは〈悪《わるいもの》〉である」(定理三九)。——人間身体は無限に多くの運動と静止の割合あるいは比=関係によって表現される物質的要素から構成されているが、この構成関係を維持するものが〈善《よいもの》〉であり、その反対のものが〈悪《わるいもの》〉である(〈努力《コナトゥス》〉の定義)。
(10)「希望と恐怖の感情は、それ自体では〈善《よいもの》〉ではありえない」(定理四七)。——〈希望/恐怖〉による感情の体制は、その全体としては悲しみの感情のうちにある。言い換えると、希望と恐怖にはつねに悲しみがともなっている。
(11)「たしかに人間の諸感情は、人間の力能を表示するものではないが、少なくとも自然の力能と技巧を表示するものであって、その点は、われわれが驚嘆し、またその観想を楽しむ多くのものと何ら異なるところがない」(定理五

七、備考）。――人間の感情は、自然物と同様、自然の共通の秩序の一部である。

⑿「われわれは、受動という感情によって決定されるすべての活動へ、その感情なしにも理性によって決定されることができる」〔強調、引用者〕（定理五九）。――受動から能動へのもっとも根本的な幾何学的反転。これは、受動感情から理性知への、つまり受動から能動への反転である。言い換えると、ここには、たしかに人間の活動としては同一であるが、しかし受動から能動への反転という非身体的変形がある。この定理は、まさに自由意志を完全に無能力化するものである。

⒀「精神は、理性の指図に従って物を考える限り、観念が未来あるいは過去の物に関していようとも現在の物に関していようとも、同様の刺激を受ける」（定理六二）。――理性は、物の認識から時間の様態（過去、現在、未来）を排除し、また諸感情にともなういくつかの様相をも減算する力能をもつ。

⒁「前者〔感情や意見のみに導かれる人間〕は、欲しようと欲しまいと、自己の為すことをまったくの無知から行なっているが、これに反して後者〔理性に従う人間〕は、自己以外の何びとにも従わず、また人生においてもっとも重要であると認識する事柄、そしてそのために自己のもっとも欲する事柄のみを為すのである。それゆえ、私は、前者を奴隷、後者を自由人と名付ける」（定理六六、備考）。――前者と後者の間には、無媒介的区別の問題が反映している。奴隷はもっとも深刻な他者の問題であるが、理性において自己以外の何ものにも従わないことは、自身の奴隷状態ではなく、真の自由の構成を意味する。

⒂「自由な人間は、何よりも死について考えることがない。そして、彼の知恵は、死についての省察ではなく、生についての省察である」（定理六七）。――生のうちにある原因は、ただ作用原因だけである。しかし、死をつねに意識した生は、絶えず死を目的とした否定的な過程を生きるだけになる。

⒃「もし人間が自由なものとして生まれついていたら、彼らは、自由である間は、善と悪の概念を形成しなかったであろう」（定理六八）。――理性に従う人間は、絶対的な〈自由‐善《よい》〉しか有していない。したがって、こうした〈善／悪〉の二元論は、それ自体では善ではなく、むしろ悪との相関関係のなかで成立した悲しみのうちにある。

受動感情の〈幾何学的分類学〉から理性知の〈倫理学的批判〉へ

いかなる感情であれ、すべての感情は、自然のうちに生起する以上、自然法則に従った自然の内在的様態（観念）である。この言説は、それゆえいかなる否定的な感情――憎しみ、妬み、嫉妬、等々――も、自然のなかの一定の実在性を有している、つまり身体の実在的変様を表現しているということを意味している。悲しみは喜びを、憎しみは愛を、妬みは同情を、恐怖は希望を、それぞれに欠いているわけではない。たとえどれほど否定的な感情であっても、それらには固有の実在性が、すなわち精神に生起する諸々の度合が含まれている。以下のように、喜びや悲しみの感情を表象したり位置づけたりしないようくれぐれも注意されたい――とりわけ悲しみを喜びの欠如態として、つまり或る種のマイナス状態あるいは非実在性として（［図5-1］）。すべての感情は、自己の人間身体の変様についての実在性の表現である限り、むしろ生成の度合をもった多様性として表象され理解されるべきではないか。何故なら、相反する諸感情は、一方が他方を欠いていることによって区別されるのではなく、思考力能の移行方向の差異――より大きな完全性への移行あるいはより小さな完全性への移行――として区別されるからである。

『エチカ』の第三部では、いかなる受動感情であれ、それらは、けっして否定されることなく、自然法則に従って自然に内在する思考の様態として幾何学的に扱われ論証された。それは、言わば感情に関する〈幾何学的分類学〉であると言えるだろう。しかし、この第四部では、改めて諸感情の再分類がおこなわれる。それは、感情の幾何学ではなく、むしろ感情の体制を意識の対象としうるような（これは受動感情では不可能である）、理性知による〈倫理学的批判〉である。この批判は、単に肯定的な分類学とはまったく異なるが、こうした分類学なしにはけっして存立しえない形成、秩序、移行、反転、等々を明らかにするものである。

さて、スピノザが言う〈善／悪〉（bonum / malum）は、これまで何度か強調したように、超越的な諸価値の側面をまったく有していない。それゆえ、それらは、内容的には〈善／悪〉の彼岸としての〈よい／わるい〉という価値をむしろ意味するであろう。ただし、これは、身体を評価せず無視する精神にとっての彼岸であり、身体との並行論を形成する精神にとってはむしろ自己のもっとも此岸にある価値あるいは概念である。いずれにしても、このことは、第一に身体の変様の諸価値から明らかになるものであった。スピノザが用いる〈善《よい》／悪《わるい》〉は、まさに自己の身体の現働的存在の変様に対応したプラグマティックな諸価値である。人々が自然物を完全だとか不完全だとか言うのは、スピノザによれば、「偏見」以外の何ものでもない。何故、こうした偏見が生じてしまうのか。それは、われわれ人間がつねに目的を定立し、それを原因と考えてしまうことにある(1)。言い換えると、これは、われわれがすべての自然物を自分たち人間のために存在していると思い込むことからくるのである。

ところで、人間は、何よりも物を相互に比較する動物である。人間は、或る物を評価する際に、それを他の諸物と比較することでしかその物を理解したり評価したりすることができないのではないか。この意味で人間は、きわめて比較することに長けた動物である。たしかに物を相互に比較することは、われわれが物を理解したり評価したりする際のもっとも重要な方法の一つである。しかしながら、比較は、本質的には、ほぼ否定性あるいは非実在性に基づいた物の理解あるいは評価にしかつながらないこともたしかであろう。比較という行為あるいは方法は、まさにニヒリズムの動物（＝人間）が生きるために考え出した物の理解（＝評価）の仕方なのかもしれない。何故なら、比較は、何よりも比較された諸対象の間に否定性や無能力性を見出すことにもっぱら役立つからである。これをさらに一般化して言うと、比較は、人間の存在も含めて、まさに存在する諸々の個物の間に否定性――その物ができないこと――を最初に見出す技法なのである。ところが、われわれは、残念ながら、そのような比較行為なしにはもはや諸物を理解したり評価したりすることがほとんどできなくなっている。

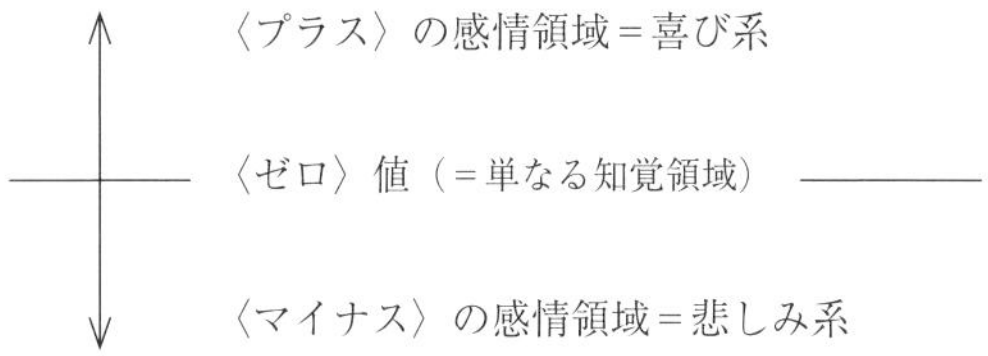

［図 5-1］相反する感情の共通感覚的な位置づけ

スピノザによれば、われわれは、いくつかの個物を相互に比較して、一方の物（a）が他方の物（b）よりも「多くの〈存在者性《エンティタス》〉あるいは〈実在性《レアリタス》〉」を有すると認める限りで、物（a）を物（b）よりも「完全」であると言う。これに対して、われわれは、それらの物に限界や無能力といった否定性を見出す限りで、今度はそれらの物を「不完全」と呼ぶであろう（「序言」の後半）。しかし、これらの物をわれわれが「不完全」と呼ぶことは、実はそれらの物そのものに何か否定的なものが帰属しているとか、自然それ自体が過ちを犯したということをけっして意味しない。その物の存在にこうした否定や欠如が含まれないことは、すぐに理解されるであろう。というのも、例えば、馬の存在は、それが空を飛べないといった否定や欠如によってその実在性が、つまりその力能が規定されているわけではないからである。同様に、或る人が一〇〇メートルを一一秒で走る実在性や力能は、一〇秒で走れないという否定や欠如から構成されるわけではないからである。

要するに、かつての超越的価値としての〈善／悪〉あるいは〈真／偽〉は、こうした例からわかるように、実は対応する対象が存在しないような思考の様態に、つまり人間が勝手に「物を相互に比較することによって形成する概念」——無が実体化されたような概念——にほかならない。言い換えると、こうした〈善／悪〉の概念は、それに対応する物が存在しないだけでなく、それ以上に実はその物に関するいかなる「積極的なもの」も表現することはないのだ。ところが、スピノザは、『エチカ』の第四部においてこの〈善／悪〉という言葉を保存して用いると言う。たしかにこれらの言葉は残るが、しかしその内容はまったく異なるものとなるだろう。この形式上の保存は、超越的価値としての〈善／悪〉を補完し裏打ちする〈完全性／不完全性〉という相関概念をまったく別の仕方で活用するためである。〈善／悪〉についての新たな定義は、次のようになる（以前に述べた第三部の定義では、善は喜びをわれわれに与えるすべてのもの、願望を満足させるもののことであり、これに反して悪は悲しみをわれわれに与えるすべてのもの、願望を妨げるもののことであった）。

善とは、われわれがわれわれの形成する人間本性の典型にますます近づく手段になることをわれわれが確知するものであると解するであろう。これに反して悪とは、われわれがその典型を取り返すことの妨げとなることをわれわれが確知するものであると解するであろう（序言）。

こうした言明には、人間精神の〈感情の幾何学〉のうちにさらに書き込まれるべき事柄、人間に固有の〈ニヒリズムの克服〉が、すなわち超越的価値と自由意志なしに自然に内在し直すことが含まれている。人間の自然への内在は、けっして失われた内在の仕方を再現することなどではなく、むしろかつて一度も意識されたり実現されたりしたことのない事柄である。スピノザがここで述べている人間本性の「典型」（exemplar）は、すべての人間が到達すべき理想的な型でもなければ、そうした型の写しやその一例を生み出すものでもない。これは、人間が個体化することの特異性を示す努力《コナトゥス》の作用、すなわち各々の個物の現働的本質のことである。言い換えると、これは、まさに人間本性において表現されるべき自然法則、すなわち人間の活動力能の増大あるいは減少の法則――言わば特異性の法則――を含む限りでむしろ〈現働的〉と言われるべきものである。

内包的距離の変化――一致と分離について

人間の活動力能の増大あるいは減少は、こうした典型に〈より多く接近すること〉あるいは〈より多く遠ざかること〉として規定された。さらにスピノザは、この二つの方位に関して次のように述べている。

> さらにわれわれは、人間のこの典型により多くあるいはより少なく近づく限りにおいて、その人間をより完全あるいはより不完全と呼ぶであろう（序言）。

第一にここでの「より多くあるいはより少なく近づく」という言説は、或る目的への接近という意味で理解されてはならない。そうではなく、これは、物の本質とその存在との間の力動的な〈一致〉あるいは〈分離〉の方向性を示している（[図5－2]）。スピノザは、ここでは人間がこの典型により多く近づくことを、つまりその活動力能の増大を「より完全」と呼び、また人間がこの典型により少なく近づくことを、つまりその活動力能の減少を「より不完全」と呼んでいる。これまでの言い方で言えば、前者はより小さな完全性からより大きな完全性への移行（＝喜び）であり、後者はより大きな完全性からより小さな完全性への移行（＝悲しみ）である。スピノザは、第三部では、後者の有害な移行についても「不完全」とはけっして言わなかった。しかし、この移行は、ここでは何と「より不完全」であると規定されている。この表現にこそ、受動感情の〈幾何学的分類〉から理性知の〈倫理学的批判〉への移行の意義が内含されていると言えるだろう。つまり、スピノザは、ここに実践哲学上の新たな位階序列《ヒエラルキー》を作り出そうとしているのである。しかし、これは、けっして道徳的な位階序列《ヒエラルキー》などではない。何故なら、道徳的な位階序列《ヒエラルキー》においては、

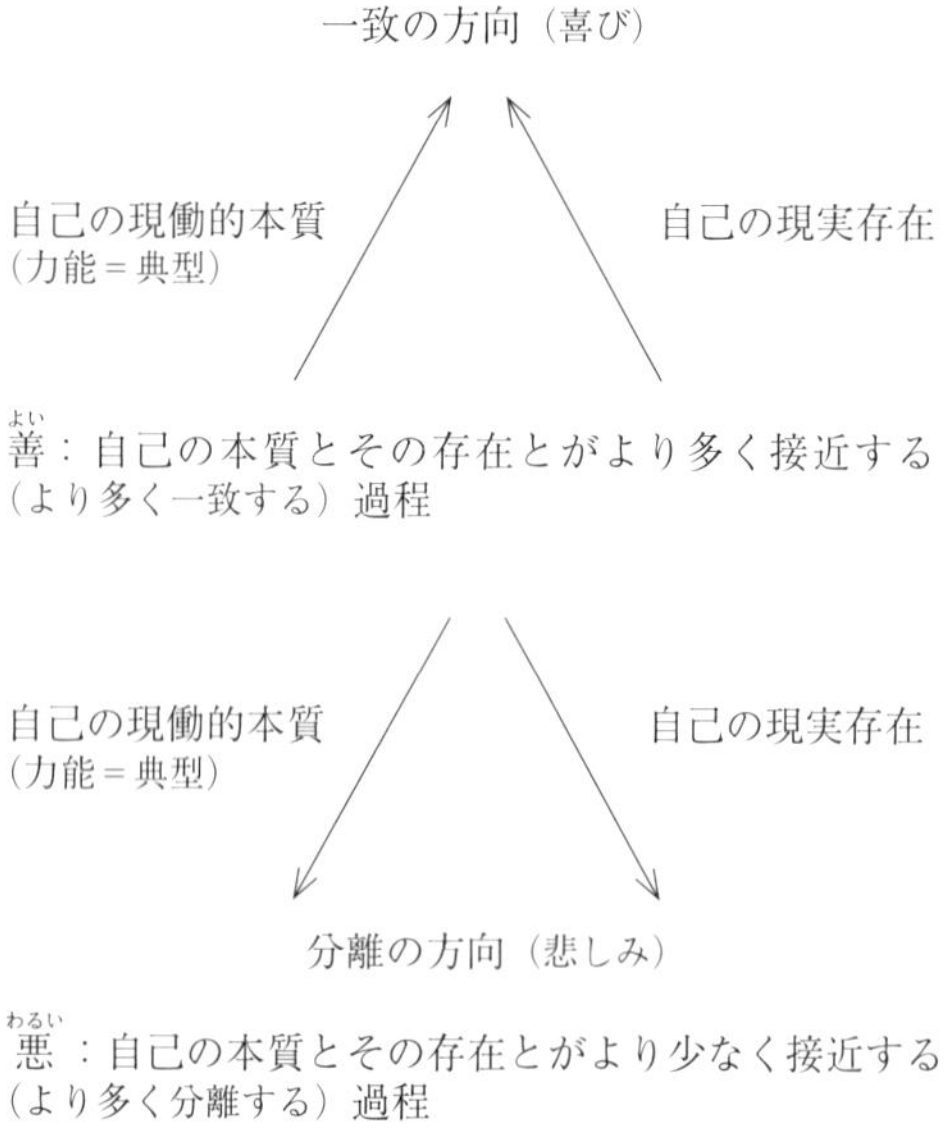

［図 5-2］人間本性の〈完全性／不完全性〉の実質的差異について

例えば、神や真理や目的というその頂点に設定されたものからどれだけ近いか遠いかによって、すべての物が評価——肯定あるいは否定——されるからである。これは、言わば同一性からの差異を否定的に評価することである。これに反して、これから展開されるエチカの位階序列《ヒエラルキー》は、むしろすべての個物をその力能の観点から考察し評価することにある。これは、言わば差異それ自体を肯定的に評価することである。ここにおいて既存の価値評価への積極的な破壊意識が、まさに自己の人間身体の変様をともなって生起することになる。

喜びは単に嬉しいことが自分に起きたときの感情でもなければ、反対に悲しみは単に辛いことが自分に起きたときの感情でもない。そんな諸感情は、言わば単なる内面の気分や情緒のようなものであり、精神におけるまさに末端のごとき表象としての情感であろう。というのも、そうした情緒や情感には、つねに記号や概念が先立って存在しているからである。そうではなく、喜びは、自己の身体の活動力能が増大する仕方でその促進の触発を受けた場合の精神における観念の有り様である。また反対に悲しみは、自己の身体の活動力能が減少する仕方でその阻害の触発を受けた場合の精神における観念の有り様である。これらを言い換えると、喜びとは、自己の本質とその存在とが一致する方向——できることがより多くできる——に移行しつつある場合の精神における表現の様態の一つである。これに対して悲しみとは、自己の本質とその存在とが分離する方向——できることがより少なくできる——に移行しつつある場合の感情である。自己の身体の本質は、つねに自己の身体の現在的存在をよりよい状態に、つまり自己の身体の活動力能が自己の身体の現実存在においてより多く表現されるよう現働的に努力している。身体という変様の多様体は、こうした意味においてまさに精神における無意識に対応するものであり、その限りで人間の意識の発生的要素であるとさえ言える。

しかし、これに対して自己の身体の現実存在は、ほとんど自己の身体の外部に存在する他の諸物から規定されている以上、そう簡単に自己の存在に都合のよい有益な諸物にだけ出会えるとは限らない。日常的な表象から言うと、喜びとは自分のできることが外部の物体によって促進されて、より多く実現されるときの感情であり、悲しみとは自分のできることが外部の物体によって阻害されて、より少なく実現されるときの感情である。しかし、こうした様態的変様が可能になるのは、まさに自己の本質であるその活動力能がつねに自己の存在を肯定しているからである。つまり、個物の活動力能とは、自己の存在をつねによりよい方向で維持しようとする努力《コナトゥス》、すなわち自己の存在に現働的に作用する物の本質のことである。したがって、一つの個物の本質とその存在との間の言わば〈内包的距離〉は、外部の物体からのさまざまな触発による一致や分離で充たされることになる。そして、われわれは、この〈内包的距離〉の諸変化によって或ることを為すよう決定されるのだ。喜びと悲しみの定義だけが、われわれにとっての善《よい》（より完全）と悪《わるい》（より不完全）を規定しうる要素なのである。スピノザのこの定義は、一般化された諸価値の表象からなるのではなく、まさに無意識の力能の意識化（移行過程あるいは方向化）に基づいている。

感情の倫理学――自然のうちに内在すること

人間は、つねに超越を欲し、超越しようとする。では、人間は、何から超越しようとするのか。どうして人間は、超越したがるのか。ニーチェならば、それは、端的に人間の本性がニヒリズムにあるからだと言うだろう。一般的には、〈善／悪〉や〈真／偽〉といった超越的価値を自分たちの実存よりも上位の位置に設定して、それらを意志し欲することで自分たちの生の無能力とその存在意義を見出す仕方、それがニヒリズムである。ところが、あらゆる超越的価値は無そのものであり、したがって、それを欲することは〈無への意志〉以外の何ものでもないということになる。言い換えると、超越とは、何も一致していないのに集団で同一の方向に偏ることである。これは、個々の実存に固有の偏りをむしろ許さないであろう。集団の偏りをまっすぐに受け入れることが、重要だと思われているからである。超越とは、言わば集団化の道徳なのである。しかし、これを単に超越の病だと言って、済ますことはできない。

こうした事柄をむしろ内在の病として示した方がより生産的であるとさえわれわれには思われる。超越は、到達不可能な一つの虚焦点であり、むしろ否定を生み続けるためのニヒリズムの基本形態、言わば〈否定における一致点〉である。ここにあるのは、自然から超越し切れない不満であり、また自然のうちに内在できない苦悩でもある。というのは、こうした意味での超越も内在も、実はどちらもつねに失敗し続ける領域だからである。言い換えると、この失敗は、つねにこのように二重である。失敗するのは、内在することのできない神であり、また超越することのできない人間である。この両者は、鏡のこちら側と向こう側で相互にその否定性を反映し合という共軛関係にある。

さて、スピノザは、単に内在性の思想を全面的に展開しただけではない。スピノザは、それとともに、何故こうした否定性の思考が発生するのかも同時に説明する。すなわち、人間のうちでこうした超越の否定的要素が顕著になるのは、人間の活動力能あるいは思考力能が減少するときに生じると考えられる。それは、人間の活動力能がより多く減少するなかで、つまり悲しみの状態のなかで思考されたもの（否定）であり、さらにそうした悲しみそのものを利用しようとする思想（否定の否定）である。スピノザは、とりわけ第四部の「序言」のなかでこのことをわれわれに突き付けてくる。それは、あらゆる感情が線や面や立体と同様に考察され肯定されるとする〈感情の幾何学〉（『エチカ』の第三部）から〈感情の倫理学的批判〉（その第四部）への移行の問題である。感情の幾何学における身体の触発あるいは変様の基本は、次のような言説にあった。

> 人間身体は、その活動力能を増大するあるいは減少するような多くの仕方で触発されうるし、またその活動力能を増大も減少もしないような仕方で触発されることもできる（第三部、要請一）。

この後者はいわゆる感性的知覚を、つまり外部の原因の観念を形成する触発であるが、これに対して前者は精神においてこの観念にともないうる感情の発生的要素となる触発である。これを言い換えると、前者の人間身体の変様の仕方——活動力能の増大あるいは減少という仕方——を〈受動性〉と考えるならば、後者の人間身体の変様の仕方——増大も減少もしないような仕方——を〈受容性〉と呼ぶことができる。ここからスピノザにおける倫理学の形成に固有の水準を描き出すためには、次のような批判的区別が重要となるであろう。すなわち、(1)身体の活動力能の増大方向（＝喜びの感情）は、受動から能動への部分的な転換を可能にする実践的方位であること、(2)それと同時に、身体の活動力能の減少方向（＝悲しみの感情）は、実は身体を単なる受容性の領域に貶めて、その活動力能をマイナス化し、そこへと人間本性を固定化する能力を有すること。この倫理学は、前者を欲望し、後者を告発する必要がある。この批判的論点を人間の活動力能の観点から図示することができる（［図5-3］）。

スピノザは、人間が自然のうちに内在することの徹底した意義をまず受動感情の観点から規定していく。人間は、自然の一部であり、したがって他の物に依拠し、また他の物から理解されるしかない。人間は、実体ではなく、様態だからである。人間は、それゆえ必然的に受動的であり、自己の外部に存在する圧倒的な諸力に凌駕され、一瞬たりとも自己のうちに留まることができない。このように、人間は、自己の身体が外部の物体によって触発され続けない限り自己の存在をけっして維持できない以上、自然において必然的に受動的である。しかし、この必然性は、十全な認識を形成する際にともなう様相でもある。それは、言い換えると、強制性から必然性への実践上の様相転換でもある（第一部、定義七）。つまり、受動から能動への、あるいは強制から自由への必然性、それがこの［図5-3］である。自己の存在をよりよく維持するには、受動的状態の真只中での、たとえ部分的であっても能動性の実現――共通概念の形成、十全な観念の所有、自己触発の知覚、十全な原因への生成変化、等々――がきわめて有益だからである。

〈身体の活動力能の三つ変様の仕方〉（第三部）

増大（より大きな完全性：喜び）
受容性――中立（変様＝知覚）――受動性
減少（より小さな完全性：悲しみ）

↓

〈これらの諸変様の倫理的価値〉（第四部）

増大――肯定的受動性から絶対的能動性へ（移行ないし反転）：
より完全：典型により多く近づくこと

減少――肯定的受動性から否定的受動性へ（受容化＝中立化）：
より不完全：典型により少なく近づくこと

［図5-3］感情の幾何学から感情の倫理学へ

知覚と感情の知的支配は不可能である

さて、受動から能動への移行は、一般的に見ても倫理学の課題である。しかし、スピノザは、感情の受動性に対して単に理性や知性の能動性を対置するような否定的で反動的な考え方はけっしてしない。言い換えると、スピノザは、或ることを為すようにと決定する感情の存在を知性のための単なる〈認識根拠〉になどしないということである。何故なら、感情は、精神の単なる痛みや病ではないからである。例えば、われわれは、普通はほとんど歯の存在を意識しない。しかし、われわれは、一度歯が痛み始めたら、その痛んでいる歯の存在を強烈に意識することになる。つまり、この痛みそのものが、普段はほとんど意識しない歯の存在を今や認識させる根拠となっている。この場合の歯の痛みは、まさに歯の存在の「認識根拠」である。認識根拠とは、或る対象の存在を認識する際の根拠あるいは理由となるもののことである。ところが、人間は、この例からもわかるように、認識根拠を否定的なもの——痛み、病、苦悩、欠如、等々——のうちに見出すことがほとんどである。しかし、歯は、日常においてそもそも何を為しうるのか。例えば、歯が何かを噛み切ったり砕いたりすることから肯定的に歯の存在を理解すること、それが歯の〈存在根拠〉である。感情は、こうした意味で思考する力能の肯定的な様態なのである。

要するに、感情は、精神の否定的な要素でも、また精神の痛みや苦悩などでもない。むしろ感情の存在を精神の痛みそのものにすることが、これまでの理性や知性の役割の一つでもあった——感情や感性を理性や知性よりも劣った力能として見なすこと。しかし、悲しみの感情が喜びの欠如ではなく、まさに一つの固有な実在性を示していたように、それと同様に感情それ自体は、けっして知性や理性の欠如態ではない。それどころか、知性は、感情を抑え込んだり否定したりすることができないのだ。というのも、感情は、むしろ別の感情によってしか排除されえないからである。

> 感情は、それと反対の、しかもそれよりも強力な感情によらなければ、抑制されることも除去されることもできない（定理七）。

つまり、理性や知性は、感情を排除したり無化したりすることができない。言い換えると、知性や意識によって感情を支配したり管理したりするのは、ほぼ不可能だということである。何故なら、感情は、身体の存在上の触発——身体の活動力能の増大あるいは減少——を精神において直接に表現する様態だからである。感情は、精神における質的生成の観念である——「感情は、精神に関する限り、われわれに起こっている身体の変様とは反対の、しかもそれよりも強力な或る変様の観念によらなければ、抑制されることも除去されることもできない」（定理七、系）。感情は、身体の変様を原因とした結果ではない。それは、身体の変様についての表現的観念である。たしかにこうした受動感情は、非十全な観念である。したがって、それは、誤った観念、偽の観念である。しかし、それは、或る偽なるものの力能を示し、それと同時に非十全の実在性（積極的なもの）を含んでいる。これについてスピノザは、次のように言う。

> 誤った観念が有するいかなる〈積極的なもの〉も、真なるものが真であるというだけでは、真なるものの現在によって除去されない（定理一）。

これは、感情という非十全な観念について言われていることでもある。この定理を説明するためにスピノザが挙げる事例は、次のようなものである。まず、〈表象＝想像《イマギナチオ》〉（表象知）とは何か。それは、「外部の物体の本性よりもより多く人間身体の現在的状態をたしかに判明にではなく、混乱して表示する観念である」（定理一、備考）。ここから精神の誤りが生じる。われわれが太陽を見る場合、われわれは、それを約二〇〇フィートぐらい離れたものとして表象する。われわれがもし太陽との間の真の距離を知らなかった場合、それは完全に誤っている。それゆえわれわれがその後で真の距離を知ったなら、たしかにこの誤謬は取り除かれる。しかし、その知覚あるいは表象は、どうであろうか。必ずしもそれらが除去されないことがわかるだろう。われわれは、その真の距離を知りつつも、依然として太陽をわれわれの近くに存在するものとして知覚し表象し続けるのではないか。何故か。われわれの知覚は、或る程度は知識によって、つまり一般的概念によって規定されるが、それ以上に身体の触発に依拠しているからである。ということは、「太陽は二〇〇フィートほど離れたところに存在する」という誤った観念であっても、そこには或る〈積極的なもの〉（positivum）——対象の本性——が含まれていることになるだろう。この意味で〈観念 - 知覚〉は、身体の触発を本質的に肯定する価値を有しているのだ。スピノザのここでの結論は次のようになる。

われわれが太陽をこれほど近くにあると表象するのは、太陽の真の距離を知らないからではなく、精神は、身体が太陽から刺激される限りにおいて太陽の大きさを考えるからである（定理一、備考）。

この積極的なものとは、観念によって表現されるもの、つまり観念の対象の本性のことであり、したがって外部の対象から触発を受ける自己の人間身体の変様のうちに含まれるもののことである。これは、非十全な観念に対応した身体の変様が含む、その限りで非十全な、しかし積極的な実在性である。身体の変様についての観念（あるいは感情）は、その配分は多様であるが、つねにその対象の本性と自己の身体の本性とを同時に含んでいる（物の本性とは、言わばその物の本質と存在との総合性のことである）。その限りでこうした観念は、必然的に混乱した非十全な観念である。しかしながら、それは、その限りでの実在性の流れを〈積極的なもの〉として必然的に含んでもいる。この非十全な実在性を含むことなしに人間は、何よりも自己の存在を維持することはできないであろう――非十全な観念は、「真なるものに矛盾せず、また真なるものの現在によって消失しない」。こうした意味において、知性による感情や知覚の知的支配は、身体の変様という存在性を考える限り絶対に不可能である。

自然の一部分であることの二つの意味

人間は、自然のうちに二つの仕方で内在している（これは、人間だけに限ったことではなく、自然におけるすべての個物あるいは様態がそのように内在の仕方を有する）。スピノザは、自然におけるこの内在性の二重の意義を〈不可能性〉の観点から、言い換えると〈必然性〉の側面から次のように述べている（不可能性と必然性という様相については「第七講義」を参照せよ）。

人間が自然の一部分でないということは不可能であり、また人間が単に自己の本性のみによって理解されうるような変化、自分がその十全な原因であるような変化だけしか受けないということも不可能である（定理四）。

内在の第一の仕方――人間が自己の存在を維持しようとする力能は、まさに能産的自然の力能そのものを原因としている（第一部、定理二四、系）。言い換えると、それは、人間の活動力能が自己の「現働的本質」として、つまり自己の現働的存在を維持しようとする努力《コナトゥス》として、すなわち具体的本質として展開される限り、まさに自然の無限なる本質の強度的部分である。これは、自然において自己の持続する外在的諸部分をよりよく保存しようとする努力である。

それゆえ、人間の力能は、それが自己の現働的本質によって繰り広げられる限り、神あるいは自然の無限なる力能の、言い換えると、神あるいは自然の無限なる本質の一部分である（定理四、証明）。

人間の力能とは、無限なる実体としての神あるいは自然の力能そのものではなく、「人間の現働的本質によって繰り広げられうる限りにおける神あるいは自然の力能」のことである。この「繰り広げられる」あるいは「説明される」（explicatur）については、とくに注意が必要である。つまり、その重要性は、神あるいは自然の力能が人間の現働的本質によって説明されるという位相が自然のうちに存立するという点にある（これは、「第一四講義」のなかで考察される）。人間の本質によって「繰り広げられうる限りにおける神」とは、その人間の本質を構成する限りにおける神という意味である。その限りで人間の力能は、神あるいは自然の無限な力能の一部分であると言われる。言い換えると、これは、人間の現働的本質がもつ能動性の側面である。神の無限な力能とそこから産出される人間の力能との間には、言わば〈強度＝0〉とここから直接に産出されうる無限に多くの強度的な諸部分との間の絶対的な内包的距離が存立する。

内在の第二の仕方――人間は、有限な様態である。したがって、人間は、必然的に他の諸物から働きを受け、自己の外部に存在する他のより有力な物体の力によって無限に凌駕されうる（定理二、三）。これは、人間が自然の一部分であることの第二の意味である。人間身体の存在上の変様は、その非十全な観念とともにこうした意味において自然のうちに内在していることの実在性を表示している。それゆえ、こうした〈実在性－力〉の流れは、人間の活動力能の増大あるいは減少として、また同時に人間の思考力能のより大きな完全性へあるいはより小さな完全性への移行として表現されるのである。人間は、つねに外部の原因の諸力に従属し、それゆえ強制的に規定される。これは、言い換えると、人間が物を「自然の共通の秩序」に従って知覚することである（第二部、定理二九、備考）。人間が自己の本性のみから理解されうるような変様しか受け入れないとしたら、端的に言うと、人間のうちに自己触発という変様しか生起しないとしたら、それは、必然的に神あるいは自然の無限なる本質あるいは力能から生起しなければならないであろう。しかし、それは不可能である。何故なら、われわれが現実に存在するということは、外延的諸部分を必然的にともなって、したがって他の無数の個物のうちに服従的に存在しなければならないからである。

この帰結として、人間は、必然的につねに受動に隷属し、また自然の共通の秩序に従い、これに服従し、また物の自然が要求するだけ自分をこの秩序に適応させるということになる（定理四、系）。

あらゆる個物を含めて、われわれ人間は、こうした二つの仕方で自然に内在しているのである——自然の共通の秩序における相互外在的な部分として、また自然の無限なる力能の強度的部分として。前者の様相は、隷属的、服従的、従属的であるが、後者の様相は、必然性と自由である。

第六講義　感情と理性との内包的反転

二つの実在的反転について

この自然に内在する二つの仕方は、単に人間を二つの異なった側面から観想するような外的視点から捉えられたものではない。それらは、人間精神の側面から言えば、表象知と理性知との間の、つまり非十全な観念と十全な観念との間の区別によって成立する自然におけるそれ自体の差異、すなわち実在的反転をつくり出す。われわれが或る受動感情に刺激されて、そこから或ることを為すよう決定されること、つまり非十全な観念のもとで活動することは、つねに潜在的な反転可能性のもとに存立している。それは、すでに述べたように、「心の動揺」のもとで生じる、特定の感情につねにともなう可能性である。心の動揺は、感情の幾何学と感情の体制との共通の本性であると言える。つまり、それは、感情の幾何学において相反する諸感情の基本となる〈喜び／悲しみ〉と、感情の体制における相反する諸感情を具体的に規定する〈希望／恐怖〉とに共通の特性である。喜びや愛はつねに悲しみや憎しみに反転しうるし、希望と恐怖はつねに他方がなければ生起しえない感情である。それは、あらゆる受動感情の共通の本性であり、また非十全な認識における実在性の流れの表現でもある。これが第一の実在的反転である。

しかし、認識におけるより本質的な、つまりより有益な反転がある。それは、受動から能動への、非十全な認識から十全な認識への一方向の反転である。したがって、そこにある区別は、思考力能における完全性を異にする――〈より大きな〉あるいは〈より小さな〉という――二方向間の移行過程にあるのではなく、この第一の反転可能性から脱出し逃走する過程のうちにある。これが第二の反転である。言い換えると、これは、相反する感情の自然学的幾何学から非可逆的な理性の自然学的倫理学への移行である。身体の最大の力能、それは、与えられた、つまりその限りで肥大化した人間的な心的装置のうちにいかにして非身体的なものの変形（意味変容、価値転換）を実現できるのかということに存している。スピノザにおける理性は、まさにこのことを為そうとする人間精神の欲望以外の何ものでもない。何故なら、身体の変様は精神における非身体的なものの変形の発生的要素であり、また精神は身体における実在的変様を非身体的なものの変形的要素として並行論的に理解するからである。こうした意味において身体と精神の並行論は、人間の記憶と習慣からなる精神の巨大化した回路を批判して、その結果としてそれらを減算し最小化しうるような強度的回路をなすことができる。

人間が非十全な観念を有することによって或る行動を為すよう決定される限りは、徳から働くとは言われない。そうではなく、その人間が理解することによって行動するよう決定される限り、その人間は徳から働いていると言える（定理二三）。

前者はわれわれの受動を意味し、後者はわれわれの能動を意味する。つまり、前者は非十全な観念のもとで或る行動に決定されることであり、また後者は十全な観念のもとで事柄を「理解すること」によって或る行動に決定されることである。スピノザは、たしかにこの二つを明確に区別する。しかし、これらは、相互に対立した、つまり相互に排除し合うような事柄であろうか、あるいは単純に相互に共立しうるような事柄であろうか。おそらくそうではないだろう。受動は、能動によって全面的に、つまり弁証法的に乗り超えられるために設定されたのでもなければ、一方的に否定されるためだけに定立されたのでもない。すなわち、「区別される両項の一方が否定されることなく、他方が肯定されるのでなければならない」。こうした区別は、言わば〈対立なき区別〉であり、たしかに「無媒介的区別」と言われるべきである[1]。しかし、これは、単に区別されるものの間に共可能性という様相を想定しているだけではないのか。

この無媒介的区別の意義は、受動から能動への或る種の連続的な移行可能性を否定することに、つまり受動と能動との間の何らかの媒介性を排除することにある。しかし、共通概念の形成の秩序における受動から能動への一方向的な〈移行の可能性〉は、実はそれらの間の〈反転の実在性〉を意味すると考えられる。これは、相反する受動的な諸感情の間に起きる第一の反転、非十全なものの間の相互反転の可能性ではなく、非十全なもの（受動あるいは異他触発）から十全なもの（能動あるいは自己触発）への第二の反転の必然性である。

人間が非十全な観念を有することによって行動するよう決定される限り、その限りで彼は、働きを受ける。言い換えると、彼は自己の本質のみによっては知覚されえない或ること、すなわち自己の徳からは生起しない或ることを為すのである。これに反して、彼が理解することによって行動するよう決定される限り、その限りで彼は、働きを為す。言い換えると、彼は、自己の本質のみによって知覚されうる或ること、すなわち自己の徳から十全に生起する或ることを為すのである（定理二三、証明）。

スピノザは、こうした仕方で受動の非十全性と能動の十全性との間に明確に無媒介的区別の境界線を引きつつ、この両者の諸特徴を述べていく。これは、たしかに受動と能動との間には安易な連続的移行など不可能であるかのような言表である。しかし、共通概念の形成の秩序にともなう移行の可能性とは、それらの間の反転そのものの実在性あるいは必然性のことである。能動は、予め準備されているものでも、実践上の目的でもない。それは、受動における欲望からしか形成されることのできない知性の形態であり、十全な観念がもつ特性である。身体のプラグマティックによってのみ展開されうる精神の実践哲学、それがスピノザの認識論をまったく特異で例外的なもの──異例性──にするのである。

人間精神の新たな思考法──プラグマティックから実践哲学へと向かって

スピノザは、それまでの哲学の歴史のなかではじめて身体を思考に不可欠な要素として考えた唯一の哲学者である。例えば、スピノザの哲学を取り扱うときの教科書的な記述は、そのほとんどがイギリス経験論に対する、一七世紀の大陸合理論の文脈のなかにとどまるものである。しかし、こうした理解や位置づけは、実はまったく不毛である。何故なら、スピノザの哲学は、実際には常識的な思考法に根拠や理由や論理を与えるだけの合理論からはほど遠く、むしろその意味では脱合理論的な、常軌を逸脱した哲学的思考を展開し、また同時に精神だけの表象的革命論からはほど遠い脱領土性の心身並行論を肯定していたからである。或る哲学が人類の未来の生成変化あるいは潜在的な実在性を開くとすれば、それは、あらゆる水準でこうした心身並行論を内含した思考以外にはありえないであろう。言い換えると、われわれは、人間身体のプラグマティックを肯定することなしに、今日いかなる思考の端緒にも立つことができないであろう。

現実に存在する或る人間は、第一に自己の人間身体の様態である。つまり、この人やあの人が存在するとは、まずはそれぞれの自己の人間身体を有して存在するという意味以外にはありえない。例えば、生年月日を訊かれたり、書類に生年月日の記入を求められたりする機会がある。それは、あなたの何が生まれた日であるのか。それは、けっしてあなたの意識ではなく、あなたの人間身体が生まれた日のことである。しかし、正確に言うと、それは、或る身体とその無意識が、或る身体とその精神が、つまり或る身体の変様《アフェクティオ》とそれに対応する或る精神の感情《アフェクトゥス》が発生した日、持続し始めたときである。ところで、精神を身体から分離して、人間の精神だけを人間の諸能力として規定しようとすると、人々が必ず陥る人間精神についての代表的な考え方を以下に四つ挙げておく。われわれは、これらをそれぞれ典型化した限りで、カント型、デカルト型、ヘーゲル型、アリストテレス型という名称を与えることができるだろう。これらはまた、相互に不可分な仕方で密接に関係し合っていることにも注意しなければならない。しかし、スピノザの哲学には、われわれが日常的にそのように理解しているような、人間精神に関する以下の四つの考え方がまったくない。それらは、むしろ観念あるいは精神の概念についてのスピノザの理解の様式から必然的に出てくるような単なる結果以外の何ものでもないであろう。

(1)人間精神をいくつかの複数の能力――感性、想像力、記憶力、悟性、理性、等々――から成立すると考えること（カント型）。人々は、人間精神には異なった複数の能力が備わっていると考える。そして、こうした諸能力の間に単なる程度の差異を想定するか、あるいは本性上の差異を定立するかで、各哲学者においてきわめて異なった理説が展開されることになる。しかし、スピノザにおいて精神は、単に観念の集合体でしかない。観念とは、思考する力能の形相的存在のことである。

(2)人間精神のうちには無数の表象像や概念、等々があるが、これらを統一する実体的作用が精神の本質として存在すると考えること（デカルト型）。人々は、人間精神における諸要素を統合化するような作用者――〈私〉、〈統覚〉、〈超越論的主観〉、等々――をつねに精神の本質として定立しようとする。換言すると、精神におけるこうした諸差異を統合する原理は、それらを超越した同一的なものとして、つまり精神の本質としてつねに探求され定立される。しかし、精神と身体の並行論においては、精神のうちにそうした自律した特権的な精神作用を前提する必要などまったくない。

(3)人間精神のうちに複数の能力の存在の認め、またそれらの間に古典的な優劣関係を想定して、価値の低い能力からより価値の高い諸能力へと人間精神を全体的に移行させようと考えること（ヘーゲル型）。これは、人間精神の諸能力の間にとりわけ程度の差異を想定してはじめて可能となるようなあまりに人間的な創作物である。人間精神の全体のこうした上昇過程は、プラトンと同様、身体の存在とその触発を完全に無視する限りでしか成立しえないきわめて肥大化した精神の暴走物語を奏でることになる。

(4)人間精神はいくつかの領域にア・プリオリに区分できると考えること（アリストテレス型）。人々は、人間精神あるいはその魂を、例えば、認識（学知）、実践（顧慮）、制作（技術知）といったような三区分から同時に成立していると考える傾向にある。(1)と同様で、その各領域の発生の過程はまったく忘却され、諸結果だけを類型化することで、精神のこうした分割は可能になる。

このように人間精神を理解すること自体への批判が、スピノザの実践哲学を形成することになる。言い換えると、『エチカ』においては、実践哲学なき理論的テーゼも、また理論哲学なき実践的テーゼもありえないということである。スピノザの実践哲学は、理論的な意味や価値の変形へと向かった哲学的思考の単なる共通感覚内の経験的使用ではなく、まさに脱共通感覚的という意味での一つの超越的行使である。またその理論哲学は、身体の肯定的価値と精神の意義とを自然学のもとで、つまり脱-擬人化された〈神あるいは自然〉論において基礎づけることができる。

ダイアグラム論的観念論の意義

スピノザの観念あるいは感情は、身体の変様とその原因となった外部の物体との双方の本性を精神において表現する限りで、それらの〈実在性 - 力〉の流れを必然的に含んでいる。つまり、観念は、その限りで自己の人間身体を中心とした対象の差異の認識である。観念は、一方で精神における〈形相 - 表現〉であるが、他方では身体が受動する諸変様をその〈対象性〉（あるいは想念性）として、つまりその〈内容 - 表現されるもの〉として必然的に含んでいる。観念は、何よりも第一次的には表象あるいは感情であり、それゆえ身体との間にもっとも緊密な合一性を、つまり最小回路を形成しうる。こうした観念は、例えば、言語の存在の仕方とはまったく異なる存立の様式を有する様態である。すでに述べたように、感情は、われわれの身体を触発する対象の種類だけ多くの種類がある。それだけでなく、一つの対象についての感情も、人間相互に異なっている。というのも、人間における本性（その本質と存在との総合態）が、そもそも相互に異なっているからである。同様に観念も、その対象が異なるだけ多く存在する。何故なら、観念の〈形相 - 表現〉は、対象として〈観念されたもの〉（表現されたもの）の実在性を自らの想念的質料として必然的に含むからである。このことは、非十全な観念の場合でも変わらない。観念は、それゆえ言葉のあるいは言語の存在の仕方から明確に区別されるべき存立の様式を有するのである。観念と言葉との違いについては、次のように言われる。

私は読者に、観念あるいは精神の概念とわれわれが表象する物の像とを正確に区別すべきことを注意する。次に、観念とわれわれが物を意味する言葉とを区別することが必要である。（…）何故なら、言葉と表象像の本質は、思考の概念をまったく含まない単なる身体の運動に基づくものだからである（第二部、定理四九、備考）。

観念は、「われわれが表象する物の像」と「われわれが物を意味する言葉」から、つまり表象像と言語から批判的に区別されなければならない。観念は、「精神の概念」であり、精神の働きを表現するものである（第二部、定義三）。

精神と身体との間には、実在的区別（属性を異にする限りでの区別）がある。それゆえこの限りにおいて、精神の本性には延長属性の概念はまったく含まれず、また身体の運動には思考属性の概念はまったく含まれない。表象像と言葉は、スピノザによれば、人間身体の相対的運動に基づくものである。身体のこの運動は、言葉について言えば、人間のとりわけ〈口唇‐器官〉の運動であり、またその限りで表象の言語を動的に発生させうるものである。またこれは、表象像に関して言えば、身体のさまざまな刺激に残されたその運動の痕跡そのものであり、これが言葉によって反復され、想起される物の表象像になるのだ。いずれにせよ、精神における観念は、物の表象像や物を意味する言葉とけっして混同されてはならない。では、どうして人々は、それらを観念と同一視してしまうのであろうか。それは、人々が観念を「画板の上の無言の絵」のごとく考えることによって、つまりそれ自体では何の作用ももたない表象像に貶めることによってである。ここから、その上位に人間精神の本質としての統一体――認識作用、自由意志、等々――が創建されることになる。さらに言うと、人々は、とりわけ知性を超えた自由意志のうちに人間精神の本質を見出したい、つまり人間の本性には物事を勝手気ままに肯定・否定できる意志作用があると信じたいのだ（同一性への意志）。人々は、人間本性において意志が知性と異なっているだけでなく、知性よりも上位にあると信じ込んでいる。

　これに反して、スピノザにおける観念は、「無言の絵」のような表象像ではない。それだけでなく、観念は、また言葉の口唇的な言語活動にはけっして還元されえない身体の変様についての表現の様態である。観念は、思考属性における何よりも精神の思考活動そのものであり、それ自体において肯定・否定する能力を有している。したがって、観念の多様体である精神には、知性から自律した意志などまったく必要としない。この意味での観念を〈図表《ダイアグラム》〉と称することにしよう。ここで言う〈図表《ダイアグラム》〉とは、端的に或る力の表現のことであり、また力という無形相なものと不可分な形相のことである。それゆえ観念のダイアグラム論においては、知性と意志とが同一であるとしか考えられない。読者は、スピノザの観念論がどれほど唯物論的であるのかを理解し、それを各様態の一つの生の問題として的確に表現する必要がある。ドゥルーズは、観念の形相とその質料について次のように述べている。

> 観念の形相は、心理的な意識の側にではなく、意識を超えた、観念それ自身の論理的力能の側に求められ、観念の質料も、表象内容ではなく、その表現内容のうちに、言い換えると、観念がそれを通して他の諸々の観念や神

の観念に差し向けられる認識論的質料のうちにそれが求められるからであり、最後にもう一つ、観念のもつこうした論理的力能と認識論的内容、その開転と表現、形相因と質料因とは、思考属性の自律性と思考する精神の自動性のうちに一つに結びついているからである。(2)

観念は、〈形相的有〉と〈想念的有〉とからなる。前者は観念の形相であり、後者は言わば観念の質料である。観念も様態としての物である限り、それは、〈原因－結果〉の関係に入りうる形相上の存在（形相的有）をもつ。また、観念は、何かについての観念である限り、その何かを理解し認識する内容の側面、つまり想念上の存在（想念的有）をもつ。では、(1)ここで言われる、観念それ自身の「論理的力能」とは何か。それは、観念のこの形相的有の側面に関わる。神の本質である一方の〈存在する力能〉は、無限に多くの属性によって形相的に表現される。属性は、この力能を表現する形相それ自体であり、またこの無形相の存在力能の形相的原理である。観念は、無限に多くの属性のうちの思考属性の様態である。したがって、観念は、神の存在する力能を表現する属性の形相上の様態である。つまり、〈観念－様態〉は、それ自身において思考属性の形相的本質を様態上の論理的力能として有している。(2)ここで言われる、観念の「認識論的質料」とは何か。それは、観念のこの想念的有の側面に関わる。神の本質のもう一方の〈思考する力能〉は、神の思考属性における〈観念－様態〉の形相的側面ではなく、その想念的側面において表現される。無限に多くの属性のなかで、ただ思考属性の〈観念－様態〉のみが、こうした二重の〈有〉をもつ複雑な存在である（[表6－1]）。ところで、〈神の観念〉は、神の思考する力能の想念的原理である。観念が理解し認識する表現内容を有するのは、すべての観念がこの〈神の観念〉から想念的に生起する、あるいはそこから認識論的質料を与えられるからである（これについては、とくに「第一三講義」で詳しく論じる）。

観念は、言葉でも言語活動でもない。つまり、それは、意味するもの（シニフィアン）と意味されるもの（シニフィエ）からなる恣意的な個別性の記号ではない。観念は、表現形相と表現内容からなる必然的な特異性の様態である。

[表6-1] 神の二つの無限力能に対応する〈観念－様態〉の二つの側面（形相的と質料的）

観念の形相	観念の質料
論理的力能（表現形相）	認識論的質料（表現内容）
心理的意識（×）	表象内容（×）

観念は、同様に表象像ではない。つまり、観念は、自らのうちに総合する原理や力能を欠いた表象像（無言の絵）ではなく、それ自体が一つの多様体である。精神が身体との並行論のもとでしか存在しえない以上、人間身体の変様はわれわれの心理的意識を完全に超えており、したがってこの変様に対応する観念の多様体は、知性と意志とが分離した主体を構成も解体もできるような、人間精神の無意識の力能を示している。このように考えると、スピノザの人間精神についての考え方が、格段に理解しやすくなるだろう。

そこで、先の［表6－1］をさらに発展させてみよう（［表6－2］）。つまり、それは、心理的意識と表象像からなる人間の心を批判するだけでなく、地図上に位置づけようということである。これは、ダイアグラム論がもつもう一つの基本的側面である。すでに述べたダイアグラム論の特質をスピノザの観念論が問題提起していたとすれば、その批判となる起点のすべては、何よりも意志を知性から区別しないことに存するであろう。ということは、知性から意志を自律した能力として分離することは、結果として観念を単なる表象像や言葉の意味にすることになる。あるいはこの分離は、心理的意識と表象内容の発生とほぼ同時であろう。しかし、知性と意志との一致の水準においては、脱－心理化や反－表象化というダイアグラム論的観念論の諸機能がより明確になるであろう。

［表6-2］ダイアグラム論的観念論による一つの地図作成法

	表　現	内　容
知性と意志との一致	論理的力能（観念の形相）	認識論的質料（観念の質料）
意志と知性との分離	心理的意識（流れ）	表象内容（実存的領域）

共通概念の二つの秩序（適用と形成）

こうしたダイアグラム論的観念論は、共通概念の形成という実践哲学のもとで展開されることになる。それだけでなく、スピノザの哲学の異例性は、まさにすべての思考が共通概念のもとで展開されるという点にある。スピノザは、われわれがすでに有している一般概念を徹底的に批判する。詳しくは本書の第Ⅲ部で論究するが、われわれがもつ概念は、ほぼすべて与えられたものであろう。つまり、われわれは、ほぼ与えられた概念のなかで生きているのだ。こうした概念は、自己の人間身体の変様と並行論をなすような観念ではなく、すでに歴史的・社会的に形成されてきた、つまり表象像と言葉に対応した一般概念以外の何ものでもない。概念がもつこうした一般性は、あたかもわれわれの生において絶対的な力を有するように思われる。それにもかかわらず、『エチカ』は、あらゆる一般概念を批判して、すべてが共通概念からなるような並行論の地図を開こうとする。その理由は、ただ一つである——すなわち、共通概念の形成は、人間にとってより有益だからである。では、スピノザの共通概念とは何か。共通概念は、ドゥルーズによれば、〈適用の秩序〉と〈形成の秩序〉という二つの秩序のもとで考えるのが有効である。[3]「適用」(application)とは、より小さなものをより大きなものへと包摂することである。言い換えると、この適用の「論理的秩序」は、一般性のもっとも高い共通概念からより小さなそれへと移行することにある。これに対して「形成」(formation)とは、形式的には、それとは反対の移行方向に、つまりその「実践的機能」に存している。[4]それは、一般性のもっとも低い共通概念から出発しなければならない。その形成の秩序は、言わば心身並行論の最小回路を基盤にすることである。

(1)共通概念の〈適用の秩序〉について——『エチカ』のすべては、共通概念の適用の秩序のもとで書かれていると言える。共通概念とは、存在する諸物に共通なものの概念である。それは、スピノザによれば、十全な概念である。もっとも大きな共通概念は、端的に言うと、〈属性〉概念である。例えば、延長属性の概念、あるいは直接無限様態としての〈運動と静止〉の概念は、一般性のもっとも大きい共通概念である。何故なら、様態としてのすべての延長物には、その部分においても全体においても、共通なものとしての〈延長性〉あるいは〈運動と静止〉が含まれており、したがってそれらは、一般性のもっとも高い共通概念である。またそれらは、同時にすべての人間に共通の観念あるいは概念でもある。いずれにしても、共通概念によって考えられるものは、「けっして個物の本質を構成しない」(第二部、定理三七)。何故なら、スピノザにおいて個物の本質は、直観されることしかできない特異なものだからである。共通概念の適用の秩序とは、要するに存在する諸物へと適用される概念の規定作用からなる。

(2)共通概念の〈形成の秩序〉について——この適用の秩序に反して、『エチカ』のすべては、今度は共通概念の形成の秩序のもとで書かれているとも言えるだろう。何故なら、そのように形成される共通概念は、その適用の秩序へと必然的に流れ込んでいき、つねに神の実在的定義を最初に思考し直すからである。それは、まさに『エチカ』を理解する際に形成されるべき概念あるいは観念そのものである。しかし、この形成の秩序は、きわめて経験論的であり、また身体が活動力能の増大にあるとき、すなわち精神が喜びの感情に刺激されている間に実現されるべき過程である。

それは、人間精神を、単に言語が機能する記号や意見の領域として規定するのではなく、観念による思考活動が形成する非身体的な多様体そのものとして把握することにある。この多様体は、単に表象的観念を要素とした集合体なのではなく、観念それ自体を非身体的変形の機能素として含む限りでそのように言われるべきである。身体の活動力能は、自然においてそれ自体で肯定されている。この肯定を肯定すること、つまり批判することが理性の働きである。これは、感情が表現する身体の肯定とは水準を異にする作用である。何故なら、受動感情による肯定は〈移行〉にかかわるが、理性の肯定はむしろ〈形成〉と〈反転〉に存するからである。いずれにしても、身体のプラグマティックをまさに精神の実践哲学に接合するのは、こうした共通概念の形成の秩序である。

〈否定における一致〉と〈本性における一致〉について

受動のうちに存在する諸々の人間は、相互に一致しないだけでなく、つまり本性において相違しうるだけでなく、それ以上に相互に対立する。スピノザは、人間が受動性のうちに存する限り、人間はけっして本性上一致することはないと言う。受動と能動の間には、まさに〈無媒介的区別〉が成立する。

> 或る物が本性上互いに一致すると言われる場合、それは、それらの物が力能の点で一致するという意味であって、無力能あるいは否定の点で、したがってまた受動の点で一致するという意味ではない（定理三二、証明）。

例えば、白と黒は、どちらも赤ではないという点でまったく一致している。あるいは、猫と人間は、どちらも有限で限界を有している——例えば、どちらも永遠には生きられない——という点で完全に一致している。あるいは、この両者は、ともにその外部に存在する強力な原因によって無限に凌駕される——自己の存在を維持できない——という点で一致している。それらは、たしかに一致しているように思われる。しかし、こうした事柄は、次のように考えられなければならない。

単に否定においてのみ、すなわち自らの有せざるものにおいてのみ一致する物は、実はいかなる点においても一致していない（定理三二、備考）。

こうした〈否定における一致〉の意味と価値は、実は目的論のうちにもっとも明確に現われると言える。ということは、目的論が徹底的に批判されなければならない理由がここにあるということである――或る一つの目的に向かって複数の人間が努力している場合、つまりその目的を原因として多くの人間がそれにより近づこうと結果的に努力している場合を考えてみよう。われわれは、この場合に、自分よりもこの目的から遠くにいる者を容易に否定できるが、それと同時に、自分よりもこの目的に接近している者によって今度は容易に否定されうる。要するに、目的因を導入すると、人々が相互に否定し合う関係は、このように意識のうちで容易に形成されうるのである。ところで、もし誰もこの目的に到達しないとすれば、あるいはそもそも誰も到達できないような目的であったとすれば、事態はどうなるであろうか。いずれの場合であっても、それを目的とするすべての人間が、この〈誰もその目的に達していない〉という意味において相互に同じである、つまり否定においてまったく一致する。言い換えると、すべての者は、自分たちが有していないものにおいて一致しているということである。これがいかなる点においても積極的な一致が存在しないことの裏返しによって成立した〈欠如の一致〉であることでは、ただちに理解可能であろう。〈否定性の優位〉を用いた論理や価値は、すべてこうした〈虚偽の一致〉と〈不要な対立〉とからなる歴史や物語をひたすら紡ぎ出すだけである。しかし、何故こんな事態がつねに人間に生起するのか。こんなことは、人間がもつ受動性の感情と意識のもとでしか、あるいは人間がもつニヒリズムと怨恨《ルサンチマン》のなかでしか生起しようがないであろう。要するに、否定における一致は無の一致であり、したがってそのすべては〈無への意志〉のうちにある。人間は、受動感情において本性上相互に相違しうるが（定理三三）、またそれ以上に相互に対立しうる（定理三四）――すなわち、差異から対立（あるいは矛盾）へ。このように、差異を対立や矛盾にまでもたらそうとすることと反動的意識が生み出されることとは、同時であり、それゆえ完全に一つの事柄である。

これに反して人間が本性上相互に一致する場合、これは、つねに能動のうちに存立する事柄である。受動性においては、人間の活動力能の増大は喜びとして表示され、またその喜びの原因は意識をともなって〈善《よいもの》〉として理解される。われわれは、自己の身体の外部に存在する諸物に依存することなしには自己を維持することができない。それゆえ、われわれは、必然的にそうした外部のうちに自己にとって有益なもの、追及に値するものをつねに見出さなければならない。

われわれの外部には、われわれに有益なもの、それゆえわれわれの追及に値するものがたくさん存するわけである。そのうちでわれわれの本性とまったく一致するものほど価値のあるものは、考えられない。何故なら、例えば、まったく本性を同じくする二つの個体が相互に結合するなら、単独の個体よりも二倍の力能を有する一個体が構成されるからである（定理一八、備考）。

自己の身体は、その現実的存在の維持のためには外部に存在する多様な物体からの触発が不可欠である。しかし、この自己を保存しようとすることとは、単なる現状維持とはまったく異なる。というのも、身体の活動力能は、つねに自己の現実の身体をその増大方向で維持しようとする努力、つまりそのための有益な物体と遭遇したいという欲望そのものだからである。こうしたタイプの物体は、その人間の本性と一致する本性を有するものである。ところで、われわれは、こうした物体を無際限に多く考えることができるだろう。つまり、人間も含めて、多くの個物をそうした有益なものとして考えることができるだろう。要するに、こういうことである。『エチカ』の第三部における受動感情の幾何学的体系においては、身体に変様を与える外部の原因は、人間を含んだ多様な物体あるいは個物であることが想定されていた。しかしながら、この第四部においては、この外部の原因としての個物、あるいは相互に結合しうる物は、人間以外ほぼ想定されないということである。

それゆえ、人間にとっては人間ほど有益なものはない。あえて言うが、人間が自己の有を維持するためには、すべての人間がすべての点において一致すること、すなわちすべての人間の精神と身体が一緒になって、あたかも一つの精神、一つの身体を構成し、すべての人間が同時にできるだけ自己の有の維持に努め、またすべての人間が同時にすべての人間に共通の利益を求めること、そうしたこと以上に価値ある何事も望みえないのである（定理一八、備考）。

人間は、本性を同じくする別の個体と相互にその活動力能が増大する仕方で結合するなら、まさにより大きな活動力能を有する一個体を構成することができる。しかし、人間にとって外部に存在するもっとも有益な個物は、まさに存在する人間以外にはありえない。第三部の感情の幾何学では、人間身体の外部の原因はもっぱら一般的な個物であり、その認識は主に結果として与えられるだけの表象知あるいは感情であった。これに対して、第四部の理性知あるいは欲望の理性化においては、人間にとって外部の原因のうちでもっとも有益なものは、まさに人間という個物なのである（定理三五、系一、系二）。そして、こうした個物の多様体内の知覚は、つまりこうした人間の集合体内の認識は、相互に活動力能の増大の原因性を形成するような十全な観念、すなわち共通概念と言われるものからなる。これが、スピノザの言うまさに「理性知」である。注意すべき点は、こうした理性の能動性は、精神の受動性のうちに形成される一部分でしかないということである。しかし、この一部分とは、外延量の基本単位から計測されるような分割可能な部分ではなく、むしろ無媒介的に区別されるものの一方の側（能動）のすべてについて言われるような分割不可能な部分性である。したがって、それは、能動である限りでのすべての人間における一致であり、またそのすべての点での一致である。

感情を肯定する理性——内包的反転の問題

受動感情は、そのすべてが感情の幾何学においては肯定される。つまり、受動感情は、知性によって単に否定されるような思考の様態ではない。何故なら、感情は、線や面や立体と同様、つまり自然における幾何学的対象と同様、精神におけるまさに対象性（想念的有）として理解されるべきだからである。すでに論究したように、自然の力と活動力能は、自然の至るところで同一、つまり一義的であり、それゆえ自然のうちに存在する物を認識する様式も同一でなければならない。さて、われわれは、今や非十全な観念から十全な観念への部分的であるが、しかし強度的な移行のただなかにいる。すでに述べたように、それは、単なる表象知から理性知への外在的な移行などではなく、まさに表象知が最近原因となった、受動感情から理性知への内在的な変移である。表象知は受動感情の原因であり、理性はまさに概念の能力である。感情と理性は、とりわけ表現内容としては相互にまったく異なっている。しかし、受動感情も理性も、認識の様式上の差異としてはそのまま肯定されるべきである。言い換えると、この〈肯定〉とは、差異を肯定する〈同じもの〉、差異についてのみ言われる〈等しいもの〉のことである。受動感情と理性との差異についての、あるいは非十全な混乱した観念と十全で明晰判明な観念との差異についての、こうした〈同じもの〉を、スピノザは次のように規定している。

> われわれは、受動という感情によって決定されるすべての活動へ、その感情なしにも理性によって決定されることができる（定理五九）。

これは、驚嘆すべき言表である。能動性は、自由意志の力の発揮をまったく意味しない。何故なら、能動性は、受動性とは別の活動や行為へとわれわれを導くことをまったく意味しないからである。喜びであれ悲しみであれ、われわれの本性の必然性から由来する活動力能を減少させるものは、何であれ、〈悪《わるいもの》〉である（定理五九、証明）。ということは、理性に導かれる場合に為しえないような活動へと、こうした喜びや悲しみから決定されることはないであろう。活動力能の減少のなかで決定された活動は、理性の発生をともなうような活動力能の増大によっても為しうる活動であろう。ということは、〈善《よいもの》〉である限りの喜びだけが理性と一致することになる。しかしながら、この一致は、一方では受動性を意味している。何故なら、こうした喜びは、人間が自己あるいは自己の活動力能を十全に認識するようになるまで、その自己の力能を増大しえないとすれば、受動にとどまり続けるからである。しかし、喜びの感情に触発されることは、(1)単に受動のなかでの自己の活動力能の増大を示しているだけでなく、(2)実はその力能の増大が十全な認識を有するという意味での「完全性」にまで至るような仕方（能動への移行、反転）が含まれているのである。この後者において人間は、まさに受動感情によって決定されるのと同一の活動をその感情なしに為すことができるであろう。これが、スピノザにおける理性のもっとも基本的な特徴である。つまり、こうした〈完全性〉こそが、共通概念の形成の一つの特性であり、また受動から能動への移行の意味と価値を示している。

> 最後に、〈善《よいもの》〉である限りにおける喜びは、理性と一致する（何故なら、それは、人間の活動力能が増大されるあるいは促進される点に存するからである）。そして、こうした喜びは、人間が自己や自己の活動を十全に認識するようになるまで、人間の活動力能を増大しえない限りおいてのみ受動である。それゆえ、もし喜びを感じている人間が自己や自己の活動を十全に認識するほどの完全性に至るならば、その者は、いま受動という感情によって決定されるのと同一の活動を為すことができるであろう〔強調、引用者〕（定理五九、証明）。

これは、スピノザにおける人間の認識の様式についての新たな〈一義性〉の思考だと言える。第一種と第二種の認識との間には、たしかにさまざまな特性の観点からの差異が存在していた。しかし、それらの間の差異を単に名目的に提起するだけでなく、またいかなる優劣関係もなしに肯定することがスピノザの認識論の最大の特徴の一つである。それは、まさに〈差異〉とそれについての〈同じもの〉の思考であり、まさに一義性の概念である。これは、実質的には受動感情と理性知との内包的な、つまり非身体的な反転である。共通概念の形成の秩序は、移行の限界においてこうした反転が、つまり非身体的変形が生起するのだ。共通概念に関して移行とか跳躍と呼ばれるものは、まさにこうした反転として理解される必要がある。受動感情による或る活動への決定があるが、こうした感情なしにまったく同じ活動へと決定されること、これこそがまさに理性という思考する力能の存在根拠であると言える。理性は、けっして人間精神における中立性の能力などではない。言い換えると、理性は、身体の活動力能の増大あるいは減少に対して、身体の無変様に対応した無差異で中立的な精神などでは絶対にない。ところが、われわれが「理性」という言葉で日常的に理解しているのは、ほぼ感情に対して中立的な、計算する能力を備えた精神作用のことであろう。感情という表現内容によって或ることを為すよう決定される欲望は、共通概念という表現内容のもとではそうした感情なしにまったく同じ活動を為すことができるようになる——欲望は、まさに「活動する努力そのもの」（ipse agendi conatus）だからである。つまり、基本感情としての欲望は、理性化されうるのである。あるいは反対に、人間においてはまさに理性こそが、欲望化されなければならないのだ。言い換えると、理性とは、感情によってしか表現されえない一つの生の方向性についての最初の概念的把握であり、この意味においてまさに自己において〈差異の概念〉を形成する力能のことである。人間の理性とは、人間の感情が含む対象性の差異そのもの（＝肯定性）をさらに原因の側面から肯定する力能のことである――理性とは、この限りで人間精神における〈肯定の肯定〉の働き、あらゆる差異についての〈同じもの〉がもつ能動的作用そのもののことである。

以上のように、われわれは、スピノザにおける〈感情〉や〈理性〉を日常のなかでつねに用いている「感情的」や「理性的」といった言語使用から理解することなどまったくできない。人間の諸能力を日常の言語使用から、すなわち記憶や習慣から、あるいは歴史や社会から理解してはならないのだ。理性とは、他のものなしに、ただそれだけで観られた人間の本性の必然性に由来する活動力能のことである。スピノザは、受動感情によって決定された或る活動へと、その感情がなくても理性によって決定することができると言う。要するに、受動は、ある条件のもとでただちに能動へと反転しうる。これは、受動感情と理性知との間に道徳的区別を想定することの完全な否定である。

〈善《よいもの》〉である限りの喜びの感情は、理性の十全な観念と一致する。何故なら、それらは、どちらも人間の活動力能を増大させる点に存するからである。しかし、この増大は、すでに述べたような、一方の受動の諸特性を有している。共通概念の形成の秩序は、要するに理性の発生を問題提起することにある。言い換えると、こうした形成（発生）の秩序は、同時に受動の諸特性を減算する秩序あるいは過程でもある。それは、例えば、受動感情にともなう〈可能性〉様相を消尽する〈不可能性〉様相の導入である。この一致は、感情と理性との間の差異についての言わば一義性の実在的過程――形成であれ、反転であれ――を意味する。喜びの感情は、自己の身体の活動力能が増大化の方向（度合）にあることを表現する質の観念である。しかし、この増大化が十全な認識の発生的要素にまで至らなければ、つまり喜びの感情によって或ることを為すように決定する欲望がまさにこの或ることを原因からの認識として欲望しない限り、その喜びはいつまでも理性と一致することはない。受動感情における非十全の実在的領域、あるいは混乱した観念の肯定性は、このように理解されるべきであろう。まったく異なる二つの反転がある――(1)受動感情は、相互に相反する感情へと容易に反転しうる。(2)これに対して、最初の実在的能動性は、こうした受動感情が十全な観念に反転することである。しかし、第一の可換的な相互反転がもつ同じ受動の諸特性のなかでのその容易さに対して、この第二の反転は、受動から能動への反転、あるいは異他触発から自己触発への一方向的な、つまり非‐可換的な反転である。この意味で第二の反転は、適用の秩序の思考にはない実践上の特異な困難さを有している[5]。

共通概念の価値について——習慣と記憶の脱コード化

受動と能動との、非十全な観念と十全な観念との、異他触発と自己触発との差異をわれわれは、どのように具体的に考えたらよいのか。問題は、〈無媒介的区別〉が単にその論理的秩序としての差異のままにとどまるのではなく、まさに実践的機能——形成あるいは反転——を有した生成のもとでいかにして実質的に考えられうるのかということにある。ドゥルーズは、これについて次のように明確に述べている。

> この概念〔共通概念〕は、〔外発的な観念ではなしに〕一致の理由の内発的理解にまで達するからである〔定理二九、備考〕。しかしながら、共通概念は、想像〔表象〕と二重の関係をもって結ばれている。一方では、まず外在的な関係をもって。というのは、想像〔表象〕あるいは身体の変様の観念は、十全な観念ではないが、われわれのうえにわれわれ自身の身体と一致する〔外部の〕或る物体が残す結果を表現している場合には、その一致を内側から十全に理解する共通概念の形成を可能にするからである。他方で、内在的な関係をもって。というのは、この想像〔表象〕は、共通概念が内的な構成的諸関係によって展開するものを、各物体が相互に残す外在的な諸結果として把握するからである。したがって、こうした想像〔表象〕の諸特徴と共通概念の諸特徴との間には、必然的に根拠づけられた一つの調和が成り立っていて、共通概念はそのような想像〔表象〕の諸特質を足掛かりとしている〔強調、引用者〕(6)（第五部、定理五—定理九）。

ここでドゥルーズが述べている共通概念が表象知との間にもつ「二重の関係」とは、言い換えると、表象知のもとでの異他的触発による共通概念の内在的な形成関係と、こうして形成された共通概念のもとでの自己触発の表象知による外在的な適用関係とである。つまり、それは、前者における形成という外在性から内在性への、また後者における適用という内在性から外在性への、相互に反対のベクトルから構成されるものである。前者は形成の可能性の条件（「可能にする」）であり、また後者は適用の必然性の条件（「把握する」）である。こうした二重の関係の成立、すなわち理性による一致（あるいは調和）の内発的理解は、たしかに明晰判明でなければならない。しかし、意識されたい――つねに内在性を考えること、絶えず内在し直すことを。この能動的な特徴は、受動的な特性と不可分であり、互いに度合の生成のうちに存立する。つまり、明晰は混乱と、判明は曖昧と、分離不可能な生成のブロックのもとでのみ存在しうるのである。同様にこうした形成と適用を、例えば、カントにおける反省的判断と規定的判断のように、あるいは内感の形式と外感の形式のごとく捉えてはならない。そのためにも、われわれは、改めて共通概念の能動性の意味を真に考える必要がある。人間の能動性は、受動性における行為とはまったく別のことを為すような活動の特性ではない。何故なら、もしそうであれば、それは、単に人間の自由意志に依拠しただけの能動性の議論になってしまうからである。人々は、例えば、〈もう少し理性的に考えれば、別の結果を得られたのに〉とか、〈感情に流されずに理性的に判断すれば、もう一方を選択したのに〉といった後悔の感情をともなって、絶えず理性に基づいた自由意志の決定を意識することになる[7]。しかし、スピノザは、受動感情を否定することなく、つまり自己の本性と一致する受動感情を肯定することで、受動性の表現としての感情と能動性の力能としての共通概念との間に一つの調和が生まれると考える。しかし、この調和は、いったいどのように理解されるべきであろうか。

　つまり、第一種の認識において身体の活動力能の変様を言わば発生的要素とする〈感情‐受動性〉と、第二種の認識において精神の思考能力に根拠づけられた〈共通概念‐能動性〉との間には、形成の秩序しか存立しえないということである。単に一般性のもっとも高い共通概念から出発するような適用の秩序は、実はスピノザにおいては存在しないのだ。というのも、共通概念を形成する思考力能は、絶えずいくつかの水準での〈脱‐適用の秩序〉と〈実在的反転〉として発揮されるからである。たしかに身体の変様における受動性のプラグマティックから十全な観念のもとでの能動性の実践哲学への移行は、すでに述べたような内在的形成と外在的適用という双方向的な二重性として理解される。またこのことは、たしかに表象知と共通概念との間に成立する調和あるいは一致の問題そのものである。しかし、形成と適用という二重の関係にもとづく安定した調和など、ここにはないのではないか。受動感情から共通概念への移行、「神あるいは自然」という概念、自己原因としての実体、実体における〈属性‐表現〉の問題、等々、すべては特異性の共通概念の形成とその秩序にかかわっている。そして、この形成の問題そのものが、実は未知の論理、すなわち反転の論理を要請しているのではないのか。一致あるいは調和は、或るコード化された関係の成立ではなく、むしろつねに適用の秩序に対してその脱コード化を欲望することのうちに存するのだ。ドゥルーズに反して、今や次のように言わなければならない。形成の秩序は、一般性の低い共通概念から出発する場合だけでなく、一般性のより高い共通概念から出発する場合でも、あるいは至るところで、適用の秩序を脱コード化する作用を有するものである、と(例えば、神の或る属性から直接に産出される無限様態の問題、つまり属性から様態へ、あるいは永遠から持続へ、あるいは無限から有限へ、等々の共通概念の適用の秩序は、つねに形成の思考力能によって必然的に脱コード化され、絶えず問題構成されなければならない)。

改めて問う。理性とは何か。それは、受動と能動との間の反転の必然性のことである。受動感情は、一般的な特性として、それと相反する感情をもち、またその相反する感情との間でつねに反転の可能性を有している。この反転可能性は、実は理性との間での反転が不可能になることと一つなのである。ところで、ドゥルーズが言う共通概念の形成の秩序は受動から能動への移行可能性のもとにあるが、他方でこうした移行を否定してそれらの間の無媒介的区別を肯定することは、それらの間の移行不可能性を意味している。理性の思考力能は、喜びの感情がもつ移行の可能性を用いてそれをそのまま必然化することではなく、それを反転の必然性にすることである。これが理性の実在的経験をつくるのである。これらは、諸様相の問題に深くかかわっている。ここでの可能性や不可能性、必然性は、とりわけ形成と適用あるいは反転と触発にともなう様相である。

第七講義　様相の変革——習慣から生活法へ

諸様相の規定（I）——必然性と不可能性について

様相は、物のいかなる存在も本質も構成しない。というのも、それは、物の単なる特性の一つだからである。この点をけっして忘れてはならない。様相とは、言わば物の存在の理解の仕方の一つであり、また、これによってわれわれにとっての物の存在の仕方が規定されるような特性と称されるものである——「……は可能である」、「……は偶然である」、等々。さらには、それらは、われわれの活動の決定や出来事についての理解の仕方でもある——「……をしなくてはならない」、「……をすることもできる」、「……にたまたま行ってきた」、等々。人間は、可能性、不可能性、必然性、偶然性、現実性、等々といった複数の〈様相〉概念を有している。人間は、おそらく歴史的にこうした〈様相〉の概念を増やし続けてきたと言えるだろう。というのも、現代の人間は、さらに潜在性や現働性といった概念を様相のカテゴリーのもとで明確に獲得しているからである。言い方を変えると、こうした様相の複数化は、実は人間だけが自由意志をもつという道徳性を強化するなかで育まれ、また同時にニヒリズムにおける反動的思考とその生活様式のうちで成立してきた事柄以外の何ものでもないであろう。つまり、それは、人間精神の巨大回路化に不可欠の要素なのである。

さて、スピノザは、自然における様相は〈必然性〉のみであると考える。それ以外の様相は、実はすべて「われわれの認識の欠乏」によるもの、つまり錯覚である。様相の観点から考察する限り、自然の存在の仕方のうちには必然性しかないのである。したがって、自然のなかのすべての物の存在の仕方を認識する様式も、同じ必然性しか有していないことになる（第三部、序言）。それ以外の様相は、われわれが物を十全に認識しないことから生じることになる。人間は、認識の欠乏ゆえに様相概念をいろいろと捏造してきたのだ。何故なら、出来事や物を認識し、それらを理解する際に、それらに様相概念をともなわせることは、われわれにとってきわめて有効だからである。スピノザがどのようにして必然性（あるいは不可能性）と偶然性（あるいは可能性）を区別しているかをまず考えてみよう。

(1) 必然性と不可能性について

——まず〈必然性〉は、次のように規定されている。

或る物が〈必然〉と呼ばれるのは、その物の本質に関してか、それとも原因に関してかである。何故なら、或る物の存在は、その物の本質ないし定義からか、あるいは与えられた作用原因から必然的に生起するからである（第一部、定理三三、備考一）。

或る物が必然的であると言われるのは、(a)その物の本質ないし定義に関してか、あるいは(b)その物の原因に関してかである。まとめて言うと、物の存在は、その物それ自身の本質（ないし定義）からか、あるいはその物の存在を必然的に結果として生み出す作用原因から生起するかのどちらかである（これについては、本書の第III部における「定義とは何か(I)」と「定義とは何か(II)」でさらに詳しく論じる）。物の存在が必然的と言われるのは、要するに、(a)の物の本質ないし定義に関してか（実体の場合）、あるいは(b)のその物の原因に関してか（様態の場合）の二つだけである。後に詳しく論究することになるが、前者は、〈その物の本質に存在が含まれる〉という仕方（＝自己原因）で存在する物の必然性のことである。また後者は、作用原因によって生起する様態の存在の必然性、言い換えると、〈その物の本質に存在が含まれない仕方で存在する〉物の必然性のことである——「神から産出された物の本質は、存在を含まない」（第一部、定理二四）。

——スピノザは、こうした本質と原因についての必然性を〈不可能性〉という様相から次のように述べている。

或る物が〈不可能〉と呼ばれるのも、やはり同様の理由からである。すなわち、その物の本質ないし定義が矛盾を含むか、それともそうした物を産出するように決定された何の外的原因も存在しないかである[1]（第一部、定理三三、備考一）。

物の不可能性も、必然性と同様に物の本質（ないし定義）あるいは原因の観点から規定されている。(c)その物の本質あるいは定義に矛盾があれば、その物が存在することは絶対に不可能であろう。また、(d)その物の原因となるようないかなる作用原因も存在しないとすれば、その物が存在することは同様にまったく不可能であろう。言い換えると、物の不可能性の理由は、次のようになる。(c)の場合、それはその物の存在がその本性に矛盾することであり、それゆえその物はけっして存在しえない。(d)の場合、それはその物の存在を産出するいかなる外部の原因も存在しないとすれば、その物が存在と作用とに決定されることはけっしてない。ということは、物の必然性の理由を次のように言い換えることができるだろう。第一にそれはその物の非存在がその本性に矛盾することであり、それゆえその物は絶対に存在しうる(a)×(c)。第二にそれはその物の非存在が自然の作用原因を無力能化することであり、したがってその物は絶対に存在しうる(b)×(d)。これに対して偶然性あるいは可能性の様相は、言わば存在を虚構する認識の欠陥として発生することになる。

諸様相の規定(II)——偶然性と可能性について

(2) 偶然性と可能性について

——スピノザは、まず〈偶然性〉と〈可能性〉を同じ様相と考えて、これらを次のように規定している。

或る物が〈偶然〉と呼ばれるのは、われわれの認識の欠陥に関連してのみであって、それ以外のいかなる理由によるものでもない。すなわち、その本質が矛盾を含むことをわれわれが知らないような物、あるいはその物が何の矛盾も含まないことをわれわれがよく知っていても、その原因の秩序がわれわれに分からないためにその物の本質について何事も確実に主張しえないような物、そうした物はわれわれに必然であるとも不可能であるとも思われないので、したがってそうした物をわれわれは、〈偶然〉とか〈可能〉とか呼ぶのである［強調、引用者］（第一部、定理三三、備考一）。

偶然性とは、端的に「認識の欠陥」による様相の一つである。したがって、この様相は、いかなる意味でも積極的に規定されえない。この引用文のなかの傍点で強調した否定的表現——「知らない」、「分からない」「思われない」、等々——が、まさにそのことを表わしている。物の存在について偶然性（あるいは可能性）を用いるのは、われわれがその物について必然性（あるいは不可能性）を見出せない場合、まさに認識が欠如している場合である。言い換えると、われわれがその物の本質に矛盾があることを知らないので、あるいはその物を生起させる作用原因を知らないので、そうした物についてわれわれは、偶然性あるいは可能性という様相を虚構して、その物の存在の仕方を理解しようとするのである。様相の複数化は、まさにこのようにしてわれわれの認識の欠陥に依拠しているのだ。

(3) 偶然性と可能性の違いについて

——スピノザは、第四部の定義において、第一部では同一視していた〈偶然性〉と〈可能性〉を次のように区別する。

われわれが単に個物の本質のみに注意する場合に、その存在を必然的に定立したり、それを排除したりする何ものをも見出さない限り、私はその個物を〈偶然〉と呼ぶ［強調、引用者］（定義三）。

その個物が産出されなければならない原因にわれわれが注目する場合に、その原因がそれを産出するように決定されているか否かをわれわれが知らない限り、私はその個物を〈可能〉と呼ぶ［強調、引用者］（定義四）。

まず偶然性であるが、この場合の認識の欠陥は、自然の因果性についての潜在的な無視あるいは無関心として現われる。例えば、われわれがその個物の本質についての定義を知っているが、その本質に対応する存在が必然的に定立されるのか、あるいはされないのか、つまり不可能であるのかを知らない場合、われわれは、その物の存在を偶然性のもとで理解しようとする。その物が実際に存在するにしても存在しないにしても、そのような仕方で理解しようとすること、それが偶然性という様相によって与えられる言わば夢の機能である。次に可能性であるが、この場合の認識の欠陥は、自然の因果性についての現働的な無知に存して現われる。言い換えると、可能性の定義の方が、われわれにとってより一般的な、その意味でより容易な認識の欠如を示していると言えるだろう。というのも、これは、単に原因の連結の秩序についての無知に由来するからである。したがって、この認識あるいは知性は、自らの上位に自由意志という能力を準備するような理解の仕方であると言える。すなわち、認識の欠陥は、まさに自由意志の存立の条件である。

可能性は、要するに不可能性に対立する様相ではないということである。偶然性は、その物の存在が必然的であるか、あるいは不可能的であるかについての知性に関わっている。しかし、可能性は、むしろ必然性についての無知の様相概念であると言える。それゆえ、可能性という様相を中心にもつ知性は、自由意志による決定と完全に調和して、むしろ深くわれわれの習慣に関わることになる。しかしながら、逆に言うと、偶然性という様相は、生活法の観点からより根源的な問いを含んでいるようにも思われる。人間にとってあるいはわれわれの生活法にとって、より本質的な悪であるような区別、すなわち知性と意志との区別につねにともなう様相が可能性であるとすれば、偶然性は、それがたとえ認識の欠如にともなう様相だとしても、必然性と不可能性との間で発生した様相だからである。可能性は、実は最初から不可能性を排除し、肯定と否定に対して中立的な意識に、つまり物のこうした作用の必然性に無知な知性に固有の様相である。そして、可能性こそが、肥大化した人間精神における意識と知性をもっとも支配している〈様相〉概念なのである（［図7－1］）。

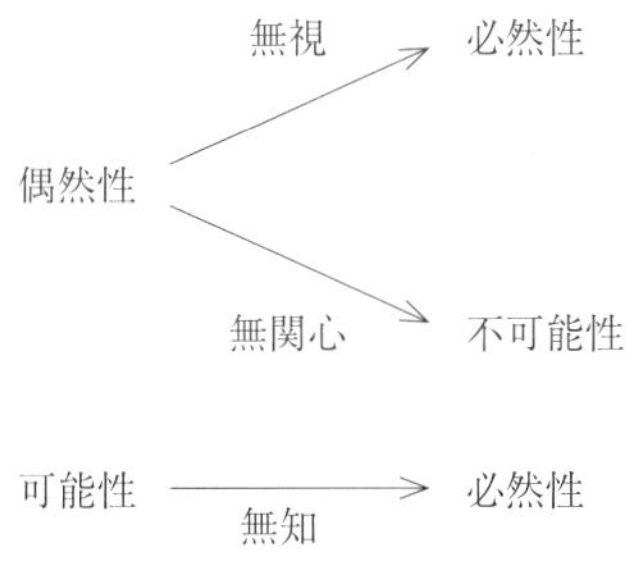

［図 7-1］認識の欠陥による諸様相の関係

持続と時間の区別

これまでは、持続と時間をとくに区別することなく用いてきたが、受動感情を時間と様相の観点から考察する前に、持続と時間をまず区別しておかなければならない。スピノザは、実は「持続」（duratio）と「時間」（tempus）を明確に、かつ批判的に区別している。結論を先取して言うと、時間は、持続の単なる表象の様式にすぎない。それは、言わば持続の抽象化であり、等質的部分あるいは単位からなる分割可能なものとして表象される単なる思考の様態にほかならない。[2]これに反して持続は、無限定な時間、すなわち分割不可能な時間である。これは、まさに自己の有を維持しようとする〈努力《コナトゥス》〉に、すなわち現働的本質に含まれる限りで、無限定な、しかし〈より以前〉と〈より以後〉を表示する実在的な時間である。われわれは、物だけでなく、同様の仕方で時間をも表象する。

また誰も、われわれが時間をも表象することを疑わない。すなわち、われわれは、或る物体〔身体〕が他の物体〔身体〕と比べてより遅くあるいはより速く、あるいは等しい速度で運動すると表象することから、時間を表象するのである（第二部、定理四四、備考）。

われわれは、いくつかの物体〔身体〕の運動を比較することを通して時間を、つまり過去あるいは未来を表象する。しかし、比較による物の認識は、スピノザにとって〈完全性／不完全性〉という相関概念による物の評価に見られたように、「物の真の認識」よりもむしろ「偏見」に基づいたものである（序言）。ということは、時間は、単なる表象上の様態にすぎないのだ——「持続を決定するためにわれわれは、その持続を、一定の確実な運動を有する他の物の持続と比較する。この比較が時間と呼ばれる。だから、時間は、物の変様ではなく、思考の様態である」[3]。要するに、時間は、持続の抽象化であり、単なる思考上の様態なのである。つまり、ここで言われている「持続を決定する」とは、その具体的持続を等質な単位によって抽象化して測定することであり、持続のうちに時間の諸様態を導入することである。

したがって、ここから帰結するのは、持続はけっして瞬間の集合ではないということである――「持続が瞬間からなるというのは、単なる零の寄せ集めから一定数を得ようとするのと同じです(4)」。例えば、過去の或る感情と現在の或る感情とを比較することは不可能である。何故なら、それらの感情は、相互に固有の実在性の運動と肯定性の速度とを有した無限定な持続を含んだものだからである。本書の「第三講義」で述べたように、過去の身体の状態(あるいはそれを表現した或る感情)と現在の身体の状態(あるいはそれを表現している或る感情)とは、無限定な持続――増大あるいは減少、より大きな完全性へあるいはより小さな完全性へ――を含む限り、相互に比較不可能である。もし比較が成立するとすれば、それは、それらの状態を単なる瞬間に還元して、つまり各状態の実在的移行を無視して、まったくの非実在的な否定性のうちで比較可能となった事柄にほかならない。要するに、時間は「抽象的有」あるいはむしろ「表象の有」であるが、これに反して持続はまさに「実在的有」である。あるいは、時間は外延的であるが、持続は内包的である。持続は、内包的な運動に関する無限定な時間であり、それゆえ精神における或る特定の感情の無限定な移行の〈間〉、すなわち具体的持続でもある。スピノザにおける持続と時間とのこうした批判的区別は、後のベルクソンの持続と空間(空間化した時間を含む)との間に定立された差異の問題を先取りしているようにも思われる。持続は、つねに時間の諸様態の表象のもとで比較され測定される。過去の表象像であれ未来の表象像であれ、あるいは物の表象像が思い起こされるのであれ想像されるのであれ、あるいは現在の知覚であれ、それらの差異はすべて具体的持続に関しては同一であり、一義的である。スピノザには、永遠の相のもとでの第三種の認識の前に、理性知における非-持続の相のもとでの第二種の認識があるが、それは、こうした意味においてまさに持続における積極的な現在主義あるいは現前主義である。

感情の諸分析

さて、ここでは感情をとくに時間の諸様態(過去、現在、未来)と様相の観点から考察することにする。これによって受動感情の特性がさらに明確になるであろう。

――時間の様態に関して(定理九から定理一〇)

受動感情は、無限定な持続における身体の変様を精神において表現する非十全な観念である。これに対して等質な単位からなる時間は、たしかに場所あるいは空間と同様に延長性のもとで表象されうるであろう――「場所的距離」に比せられる「時間的距離」あるいは「時間的間隔」（定義六、定理一〇、備考）。したがって、感情は、無時間的な幾何学的対象であると同時に、持続上の身体の変様に対応した無限定な持続を含んでいるが、しかしさらに時間の諸様態に対して差異的な、つまりそれらに対応した観念でもある。感情の持続性は、たしかに本質的には現在のより大きな完全性への、あるいはより小さな完全性への移行のうちに必然的に含まれる。しかし、この移行は、また表象知によって思考のとくに時間の別の様態――過去あるいは未来――にも依拠したものでもある。そして、そこに感情のいくつかの様相の関係が生起することになる。

人間は、過去あるいは未来の物の表象像によって、現在の物の表象像によるのと同様の喜びや悲しみに刺激される（第三部、定理一八）。

人間は、或る物の表象像に刺激されている間は、その物が実際に存在しているか否かに関わらず、現前するものとして観想し続けることができる。(5) しかし、われわれは、「その物の表象像が過去あるいは未来の時間の表象像と結合していなければ、それを過去あるいは未来のものとして表象しない。それゆえ、物の表象像は、それ自体においてい観れば、それが未来や過去の時間に関係したものであろうと、現在に関係したものであろうと同じである」［強調、引用者］（第三部、定理一八、証明）。物の表象像が時間の様態の表象をともなっていないとすれば、われわれは、それを過去や未来のものとして表象しないであろう。つまり、物の表象像は、それ自体としては時間の諸様態に対して無差異である。つまり、身体の状態あるいはこれに並行論的に対応する感情は、現にそのような変様であり、その変様の観念である以上、いかなる時間の様態に関係づけられようが、それ自体としては同じものである。

さて、スピノザは、第四部において次のような定理を付け加えることになる。

感情は、その原因が現在のわれわれの前にあると表象される場合には、それがわれわれの前にないと表象される場合よりも強力である（定理九）。

表象知は、それらが観念である限り、外部の或る物の現在の存在を排除するような何ものもわれわれが表象しない間は、それをより活発に表象する。それゆえ、それについての感情も、その外部の原因がわれわれに現前していない場合よりも、われわれに現前している方がより活発であり、またより強力である。スピノザは、第三部ではこの点で時間の諸様態を物の表象像の強弱に対して無差異なもののように考えていたが、ここでは時間の様態を二つ――現在と非‐現在（過去あるいは未来）――に区別して、表象像と感情の強弱について考察している。つまり、過去あるいは未来の物の表象像は、その他の条件が同じであれば、現在の物の表象像よりも弱いということになる。したがって、これによって感情は、時間の諸様態の観念と結びつくことによって同様の強弱の差異を有することになる（定理九、系）。ここで言われているのは、表象像が時間の様態と結びつくことによって生起する〈活発／不活発〉の違いである。例えば、未来の或る物の存在を排除する他の物の現実的存在を表象しうる場合、われわれがもつ未来のその物の表象像は当然弱く、つまり不活発になるであろう。スピノザは、こうした強さと弱さが生じるのは、まさに「感情の諸力」（affectuum vires）によってだと述べている。つまり、表象としての観念がもつのは単に〈活発／不活発〉の差異であるが、これによってその感情はそこにそれ自身に固有の〈強さ／弱さ〉を付け加えるということである。

さて、われわれは、直ちに出現するであろう未来の物についての表象像や、すぐには過ぎ去らないような過去の物についての表象像の方が、現在から遠く隔たった未来の物としてあるいは現在から遠く過ぎ去った過去の物として表象する場合よりも強く刺激される（定理一〇）。これは、いわゆる現象学的な「生ける現在」と類似した時間の様態である。生ける現在とは、けっして瞬間的な現在のことではなく、過去から未来へという時間上の不可逆的進行の基盤となる時間のことである。それは、直前の過去を保持し、直後の未来を予持する現在を中心とした時間の一つの総合である。生ける現在におけるこうした表象の活発さは、実は記憶と習慣の秩序に対する知性の秩序の最初の批判的なモデルになりうる。というのも、それは、非十全な並行論の最小回路に属する時間表象であり、記憶と習慣の秩序からなる同じ並行論の巨大回路に対する、つまりとりわけ過去と未来に関する一般概念の適用の秩序に抗して、無限定な持続における現在を用いた、共通概念の形成の秩序に帰属するものだからである。

――様相の観点から（定理一一から定理一三）

自然においては、受動感情も、他の個物と同様、自然の必然性と力から生じる。つまり、それらも、自然法則に従って必然的に生起する所産的自然の諸様態だということである。スピノザにおける自然法則は、〈個別的〉という意味での個物が従うような、言い換えると各個物に無差異な〈一般的〉法則などではなく、感情さえも含んだ、つまり人間の活動力能の増大・減少をも含む限りでの〈普遍性〉の法則であると言える。言い換えると、それは、精神と身体からなる諸個物の〈特異性〉の法則を意味する。[6] つまり、普遍的法則とは、個物のその特異性にけっして無差異ではないということ、つまり個物の本性に差異的な法則であるということを意味する。

ところで、こうした特異性の法則は、偶然によって或る物がその受動感情の外部の原因となることを含んでいる――すでに「第三講義」で論じたが、「各々の物は、偶然によって、喜び、悲しみ、あるいは欲望の原因となりうる」（第三部、定理一五）。外部の或る物体がわれわれの身体の触発を通して基本感情の原因となるのは、受動性においてはほぼ偶然である（受動感情の諸特性を思い起こされたい）。ここから、われわれは、時間の様態と結びついた感情の強弱の特性を様相のもとで分析することができる。

> われわれが〈必然的〉として表象する物に対する感情は、その他の事情が等しければ、〈可能的〉あるいは〈偶然的〉なもの、すなわち必然的ではないものに対する感情よりも強い（定理一一）。

これに関する一般的な規定は、次のようになるだろう。すなわち、感情により強い表象を与えるのは、可能的あるいは偶然的なものに対する表象よりも、むしろ必然性をともなった表象である、と。というのも、必然性はその物の存在の完全な肯定であり、それ以外の様相はその物の存在について何らかの否定（動揺、疑念、等々）が、つまり認識の欠如が含まれているからである。したがって、ここでは次のような関係がまず成立する――①偶然性・可能性∧必然性（ただし、数学記号の∧は、ここでは大小ではなく、強弱の記号として用いている。しかし、より正確に言えば、これは、むしろ音楽記号のクレッシェンド（だんだん強く）のように、つまり⋀の如く解されたい）。

次に可能性と偶然性とを強弱のもとで区別すると、次のようになる。

現に存在しないことが知られているが、しかも可能的として表象されるものに対する感情は、その他の事情が等しければ、偶然的なものに対する感情よりも強い（定理一二）。

或る物を偶然として表象することは、実はその物の存在を肯定し定立するような別の物の表象像にほぼ刺激されることがないということに裏打ちされている。この場合は、「現に存在しないことが知られている」という仮定により、むしろその物の現在的存在を排除するような或る物が表象されている。ところが、或る物を未来における可能的なものとして表象することは、その物を肯定し定立するような別の物を表象することでもある。それは、その物の存在を定立する或る物を、言い換えると、「希望と恐怖を煽る或る物」（定理一二、証明）を積極的に表象することである。これを端的に理解するには、偶然性が不可能性――「その現在的存在を排除する或る物を表象する」――を潜在的に含んでいるが、可能性は、むしろ必然性に関係する様相概念であることを思い起こせば十分であろう。可能性は、具体的には、希望と恐怖の体制のもとで、未来の結果について安堵し歓喜するための物をより強く定立しようとする感情にともなう様相だからである。したがって、ここでは次のような関係が成立する――②偶然性＜可能性。

最後に、現に存在しないことが知られている物について、たとえ偶然に存在する物として表象するにしても、その感情は、われわれに現前する物の表象像あるいは過去の物の表象像よりもはるかに弱いものである（定理一二、系）。同様に、現に存在しないことが知られている偶然的な物に対する感情は、過去の物に対する感情よりも弱い（定理一三）。したがって、ここでは次のような関係が成立する――③偶然性＜（現在と過去の）現実性。受動感情の強さと弱さを様相の観点からまとめると次のようになる――すなわち、偶然性＜可能性＜必然性。偶然性の様相をともなってわれわれが肯定しようとする物は、実はもっともはかない弱い表象像としてしか存立しえない。それゆえ、同様にその感情は、他の様相をともなったもののなかでもっとも希薄なものとなる。しかし、偶然性の様相のもとでわれわれは、実は不可能性に対して差異的な諸表象を、つまり単にその弱さに全面的に還元されえないような或る必然的なものの諸感情を有するのではないだろうか[7]。スピノザの実践的な秩序を考えると、理性とは、偶然性をともなった受動感情を肯定し、これに原因からの認識を与えることでそれをけっして否定することなく、必然的に肯定する力能ではないのか——すなわち〈肯定の肯定〉。十全な観念は、基本的に非十全な観念を肯定する作用を有している。理性知は、まさに受動感情の肯定それ自体を肯定する働きである。

欲望の理性化——脱-時間化の相のもとで

感情は、複数の時間の様態と結びついて、またいくつかの様相という特性を帯びて、非十全な観念のもとで現働的な実在を表現するものである。これに対して、非十全な同じ外延域をまったく内包的に把握するのが理性であると言える。しかし、そこでは、時間の様態も様相も、まったく減算されることになるであろう。というのも、それが、理性という精神の本質的な努力だからである。われわれは、スピノザにおける十全な観念としての理性を、人間精神に単にア・プリオリに与えられた一つの能力として考えることはできない。何故なら、理性は、むしろ受動感情から部分的に発生するものだからである。それは、人間の本質である欲望の理性化としてのみ存在するのだ。言い換えると、理性とは、受動感情としての欲望が外部の物体による自己の人間身体の触発についての原因からの内在的理解を欲する際に生じる観念の作用のことである。理性化する欲望は、次のような触発の仕方で時間の様態の違いを無化するであろう。

> 精神は、理性の指図に従って物を考える限り、観念が未来あるいは過去の物に関していようとも現在の物に関していようとも、同様の刺激を受ける（定理六二）。

ここからわれわれは、理性を構成する十全な観念が実践上いかなる作用を有しているのかを規定することができる。〈精神-理性〉は、第一に現在、過去、未来といった時間の様態がもつ諸特性を減算して、諸観念を〈現前〉という或る種の永遠の相もとでの触発として、つまり時間の無様態のもとでの認識として形成する。何故なら、物を偶然としてではなく、必然として知覚することは、理性の本性に属しているからである（第二部、定理四四）。物を必然として認識することは、言い換えると、物を或る永遠の相のもとに知覚することである（第二部、定理四四、系二）。さらに言い換えると、これは、一般性のより高い共通概念から観られた永遠の相のことである。理性は、物を時間の表象化をともなって認識するのではなく、或る種の永遠の相のもとに認識する。というのは、偶然性も可能性も、とくに表象知がもつ様相上の肥大化であり、理性の本性にはそもそも必然性という様相しかないからである。精神は、理性のもとでは、すべての物を同じ必然性の相のもとに考え、またそれらについて同じ「確実性」（certitudo）を有している。

人間精神は、ここでは二つの特性を〈観念‐表象〉から排除することになる。それは、時間の諸様態といくつかの様相である。ここには、あえて言うなら、時間に関しては永遠の〈現在中心主義〉があり、また様相に関しては脱‐様相化の〈必然中心主義〉がある。ただし注意しなければならない。私がここで言う現在中心主義とは、過去と未来に対してつねに現に存在するこの現在を中心に考えるという意味ではまったくない。時間の様態の表象的な差異のもとで物を知覚し評価するのではなく、物を唯一同一の〈現在性〉あるいは〈現前性〉のもとで認識し評価するという意味での現前主義であり、その限りでの永遠性である。

> もしわれわれが物の持続について十全な認識を有し、物の存在の時間を理性によって決定しうるとしたら、われわれは未来の物を現在の物と同一の感情で観想したであろう。そして、精神は、未来のものとして考える〈善《よいもの》〉を現在の〈善《よいもの》〉と同様に欲求したであろう（定理六二、備考）。

これは、単に形式的に言うと、〈現在においての未来を想起すること〉だと言える。つまり、未来を不確定に想像することではなく、過去の物を必然性のもとで想起するのと同様の仕方で、未来を確実に想起すること。何故なら、物の持続についての十全な認識は、形成の秩序に存する限り、とりわけ未来の現前を必然的なものと考えるからである。理性は、時間の各様態――過去、現在、未来――に関する諸感情がもつ強さと弱さに対して、〈善《よい》／悪《わるい》〉の観点から価値評価する精神として、あるいは計算する知性として同じ触発を受ける。この計算する理性は、いかにして十全な観念を形成し、より大きな〈善《よさ》〉に従うことができるのかを価値評価する作用を有する。それは、言わば未来のうちにより大きな〈善《よさ》〉を追及することであろう（定理六六とその系）。

理性の基礎は共通概念であり、それは十全な観念である。理性は、物の認識から時間の様態の表象化を排除し、また諸感情から否定的様相を減算する力能をもつ。言い換えると、理性とは、身体と精神の間に最小の回路を形成しようとする努力あるいは欲望のことである。これが、習慣と記憶の秩序に抗して形成されるべき、精神と身体の実質的並行論である。すでに述べたように、スピノザは、第一に記憶と習慣の秩序を、第二に人間本性に相反する受動感情と人間身体の変様を含まずに形成された抽象的な一般概念を批判する。人間は、受動においては、精神における結果の表象像あるいは身体の触発の痕跡しか意識しない。そして、これらは、いくつかの様相をともなって表象される。記憶あるいは習慣は、たしかに「物の本性を含む観念の連結」ではあるが、しかし知性の秩序のように、「物の本性を説明する観念の連結」ではない［強調、引用者］（第二部、定理一八、備考）。ここでベルクソンの有名な図を用いて、より明確にスピノザのとりわけ実践哲学の意義を示すことができるであろう。それは、言わば記憶の巨体回路と知性

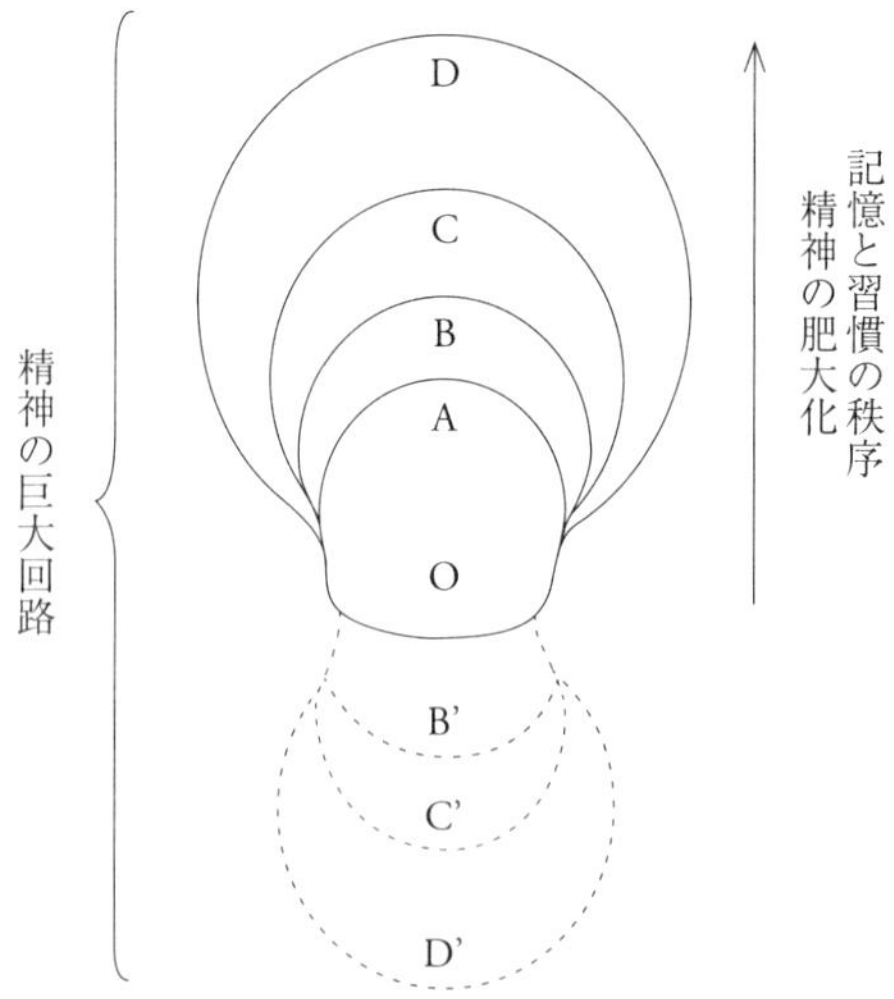

潜在的なものが現働化する巨大回路

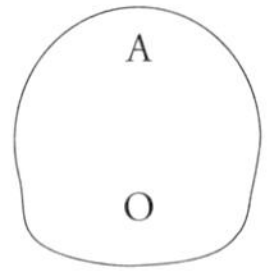

潜在的なものと現働的なものとの最小回路（結晶化）

［図 7-2］巨大回路と最小回路について（アンリ・ベルクソン『物質と記憶』から）

の最小回路との違いに帰着する[8]（［図7－2］）。つまり、精神の巨大回路とは、一般概念とそれに対応した記号と意見――さらにそれらを含んだ〈希望／恐怖〉の体制――から作られた精神のもとに、自己の身体を取り巻く諸物や環境のすべてが包摂されるような網状組織のことである。たしかにそれは、一方で記憶の秩序において時間の諸様態を有し、また認識の欠陥を示す諸様相によって内装された精神と、他方でこれによって予め身体を触発する諸対象が規定された外部世界との間に張られた並行論でもある。しかし、これは、たとえ並行論的であるにしても、確実に肥大化した人間精神をモデルとした回路である。これに対して、精神と身体の並行論の基盤となるような、それらの間の最小回路を見出し、それを批判的に説明し展開すること、それがスピノザの認識論の意義である（［図7－2］を用いてこの点を説明すると、まずこの巨大回路の図を左に九〇度回転させる。次にその最小回路の中心に実在的区別の線を引き、その左側に精神（観念あるいは思考力能）を、右側に身体（変様あるいは活動力能）を配する。これが心身並行論の基盤であり、かつこの並行論は、記憶と習慣の巨大回路の諸特性を減算する力能を有するものである。例えば、［図1－5］や［図2－1］は、こうした意義をもった図であると考えられたい）。

理性の欲望化――脱－特性化の力能について

スピノザの『エチカ』は、プラグマティズムと実践哲学に関して本質的な思考を提示している。理性は、人間精神において能動的欲望を現働化することができる。では、こうした理性から生じる欲望は、実際にどのような働きをするのか、つまり自然においていかなる潜在的力を説明し展開するのか。理性とは、十全な観念の連結からなる精神の能動的部分――自己の本性がその十全な原因となって、その結果が自己の内部あるいは外部に生起する際の精神の強度的部分――のことである。言い換えると、理性とは、意識された内在性の欲望のことである。それは、端的に言うと、受動感情の諸特性（反転可能性、模倣性、過剰性、動揺性、等々）を減算する実践的力能のことである（受動感情の特性については、「第三講義」を見よ）。理性とは、まさにこうした〈脱－特性化〉の力能をもった欲望のことである。

理性から生じる欲望は、過度になることができない（定理六一）。

非十全な観念としての感情は、つねに過度になりうるという特性を有している。つまり、受動感情から決定された欲望は、自己の身体の変様を超えた喜びやその増大をいくらでも望みうる。これこそが、実は人間の感情において、その超越願望を支える最大の特徴の一つである。超越に関するあらゆる理説は、人間の受動感情に固有の特性であるこの無際限な欲求を、つまり「過度になる」ことを基礎にしているのだ。こうした意味でスピノザにおいては、自然を超出したようないかなる形而上学的な意味や価値も、またそれと共可能的な存在や本質についての理説も批判の対象とならざるをえない。

さて、人間精神は、理性に従う限り時間の異なる様態に関わる諸観念について同じ刺激を受けることができる。その基本は理性の現前主義にあり、理性は、それゆえ時間の各様態に関係づけられた諸表象の差異に対して、むしろそれらを時間様態上は無差異に表象し、その刺激を一義的に受けることができる。理性は、これによって或る意味で無様相の認識の様式を獲得するのである。というのも、理性の力能は、原因による必然性のみから物を認識することを欲望するからである。理性の指図あるいは命令は、何よりも理性の欲望として理解されなければならない。

> 理性の導きに従ってわれわれは、未来のより大きな〈善《よいもの》〉の原因となるような現在のより小さな〈悪《わるいもの》〉を欲望し、また未来のより大きな〈悪《わるいもの》〉の原因となるような現在のより小さな〈善《よいもの》〉を顧みないであろう(定理六六、系)。

理性は、時間の様態の諸特性を無化し、また因果的必然性に関して価値評価の観点から計算する知性である。理性とは、共通概念の形成の秩序のもとで考えられる限り、言わば〈数えられた数〉――抽象的で一般化された量――を単に計算するような知性ではなく、まさに〈数える数〉という言わば固有数を形成するような欲望の具体的な作動配列(諸観念の連結)を実現する能力のことである。要するに、欲望は、一方でそれが他の受動感情と結びついて、より不完全な方向へと移行する限りで、より多くの〈悪《わるいこと》〉から或ること――つまり、自己の本性から知覚されえないこと――を為すよう決定されることになる。この方向は、時間の表象化と複数の様相をともなった隷属化のもとにある。

しかし、欲望は、他方でそれが原因からの認識を欲望することで、より完全な方向へと移行する限りで、より多くの〈善《よいこと》〉から或ることを——自己の本性から知覚されうること——を為すよう決定されることになる。この方向は、時間の様態に左右されない現前化とそれにともなう脱‐様相化を含んだ自由活動の線を引くことにある（定理六六―定理七三）。人間の本質である欲望のこの二つの存在の様式は、すでに述べた無媒介的に区別されるものである。しかし、こうした意味での無媒介的区別とは、具体的には、第一の共通概念の形成の秩序と、第二の受動感情と理性知との間の実在的反転とからなるまさに差異の概念なのである。

さて、ここに言う実在的反転とは何か。それは、第一に二つのものの間の差異とそれについての一義性とからなる。能動と受動との間の反転についてはすでに述べたが、これを別の言葉で規定することができるだろう。それは、〈認識すること〉（cognoscere）から〈理解すること〉（intelligere）への転換である。第一種の認識における観念は、自己の身体の外部に存在する物体の本性を含んでいる。身体の変様についての非十全な諸観念からなる人間精神は、外部の物体の本性、つまりその諸力の流れを捉える身体に強度の地図を描き出すことができる。こうした地図についての改編は、スピノザにおいてはいかなる意味でも必要ない。必要なのは、この地図を原因から肯定することであり、それによってあぶり出されるより有効な線をこの地図上に見出すことである。この見出すこと、それは、理解することであり、形成することあるいは表現することである。つまり、受動感情からなる人間精神は、たしかに結果的に身体の触発による遠近法的な実在的地図そのものとなる。しかし、これに対して理性は、こうした地図をむしろ作成する方向から理解したいと欲望することにある。理性は、特定の受動感情によって或ることを為すよう決定された事柄を否定することにあるのではない。要するに、理性は、人間精神の感情と人間身体の変様とに対する過度な〈審級＝決定機関〉（instance）——コギト、超越論的統覚、超越論的主観性、等々——などでは絶対にないということである。端的に言うと、理性は、非十全な観念が表示する諸結果による活動の決定をそのまま十全な原因から支持すること以外に何もしない。それは、まさに強制と必然との間の反転、つまり隷属行為から自由活動への移行である。

人間の自由活動について

ここで言う〈自由活動〉は、自由意志とは何の関係もない。スピノザが言う「自由」とは、意志に結びつけられるような不自由なものではない。人間は、自然のうちで意志によって自由に何かを為せるよう決定されていたり、好き勝手に活動できるよう定立されていたりするわけではない。受動性のうちに存在する人間は、単に自由意志によってのみ自分の自由を実感しているだけである。これこそが、実は人間の最大の愚鈍さ──眼を開けながら見ている夢──である[9]。自由意志は、スピノザによれば、人間を自由にするのではなく、むしろ不自由にするのだ。人間だけが自由意志を有すると考えることは、人間が自然のうちに内在することをむしろ妨げるような考え方である。つまり、それは、人間の不幸の最大の原因であり、人間の恒久的な隷属状態を意味するニヒリズムの継続である。隷属者と自由人との間の区別は、次のようになる。

隷属者：感情あるいは意見にのみ導かれる人間、それは、欲しようと欲しまいと自己の為すところをまったく知らずにいる者のことである。

自由人：理性に導かれる人間、それは、自己以外の何ものにも従わず、また人生においてもっとも重要であると認識する事柄、そしてそのために自己の最大限に欲する事柄のみを為す者のことである（定理六六、備考）。

世界のうちに腐るほど存在する啓蒙書や自己啓発書、その他のあらゆる新書の類いは、すべて個人の弱点の克服や慰めを、あるいはひたすら意見や記号を欲する者たちに向けられたものである。ということは、それらは、言わば「隷属者」のための書であり、また逆に隷属状態をより多く生み出そうとする書法で書かれている。記号や意見や情緒により多く支配される人間は、結果についての表面的な認識だけで大いに満足するので、その原因の十全な認識への欲望をほとんど欠いたままである。こうした者の欲望は、実際には他者の欲望やその模倣的決定であり、単に欠如を埋めるようとするような欲求でしかない。ここでの欲望は、つねに超越的に使用されているのだ。つまり、欲望は、人間身体なしに考えられている以上、そこから完全に抽象化されている。これに対して、人間の本性（＝欲望）を内在的に使用する者、それが自由活動の〈人間‐個物〉である。したがって、こうした自由人は、自己以外の何ものにも従わず、自己が生のうちで「もっとも重要であると認識する事柄」と「自己の最大限に欲する事柄」とを一致させて、そのことのみを為そうと欲望する。この一致は、まさに認識と欲望との構成である。つまり、理性は、欲望であり、能動的な欲望にならなければならない。言い換えると、理性は欲望あるいは意志の働きを含んでいる、すなわち観念はそれ自体において肯定あるいは否定の意志作用を本質的に含んでいるということである。あるいは逆に、欲望は、観念として理性化しうるということになる。

表象あるいは感情は、特性の側面から言えば、まさに加算する認識の様式であると言える。これに反して理性は、むしろ減算する思考力能である。このことは、さまざまな特性を超えてとりわけ〈生／死〉と〈善／悪〉についてさえも言われうる。

自由人は、何についてよりも〈死〉について思考することがもっとも少ない。そして、その人の知恵は、〈死〉についての省察ではなく、〈生〉についての省察である（定理六七）。

自由活動の精神は〈死〉（mors）について考えることが少なく、したがってその積極的な思考はほぼ〈生〉（vita）に向けられる。この人間精神は、それゆえ死を怖れず、したがって死が有害であるとは考えない（これについては、とくに「第九講義」で考察する）。何故なら、その者は、死によって失うものがほとんどないほどまでに自己の一つの生を最小回路で充たそうと欲しているからである。そのことが、自己の生にとってより有益だからである。また、〈善／悪〉については次のように言われる。

もし人間が自由なものとして生まれたとしたら、彼らは、自由である間は、善悪の概念を形成しなかったであろう（定理六八）。

この有名な定理についてのスピノザの論証は、以下のようになる。人間において理性のみに導かれる部分は、十全な観念しか有せず、したがって自由である。それは、自己の活動が自由であることの理由を有するということである。言い換えると、そこには、いかなる悪の概念も存在しない。何故なら、悪の認識は、意識された悲しみの感情であり、またより小さな完全性への移行であり、それゆえ人間の本性のみからはけっして理解されえないからである。したがって、人間精神のそうした部分は、まさに善の概念さえも必要としないのだ（というのも、善と悪は、単に相関的に形成された概念だからである）。さて、スピノザは、人間の自然における内在の二つの仕方——一方では絶対的自由の存在として、また他方では必然的な自然の一部分として——に照らして、〈失われた自由〉と〈形成すべき自由〉の間での人間の存在の様式をまさにキリスト教の精神との関係で描き出そうとしている（定理六八、備考）。要するに、それは、自然に内在し直す仕方についての言わば異端的な考察である。或る人間は、絶対的自由を与えられたにもかかわらず、自分たちに善悪の認識を与える木の実を食べて、自由を失った。つまり、人間は、生よりもむしろより多く死を意識し、それを恐れるようになった。それゆえ、その後の人間は、その自由を再び獲得するために神の観念を改めて形成しなければならなくなった。さて、これは、言い換えると、共通概念の適用の秩序はモーゼから始まる物語においては自由の喪失として語られるが、しかし、新たなキリストの精神はそうした概念を形成する力能——つまり、自由の創造——をまさに生活法、自由活動、自己保存の努力のうちに見出さなければならないということである。というのも、最高の共通概念は〈神の概念〉であるが、人間はこれによってのみ〈神の観念〉に至ることができるからである。

正しい生活法——〈特性なき習慣〉を生きること

ここまで述べてきたように、受動感情から理性知への移行は、主に受動感情がもつ諸特性を減算する認識論的過程そのものである。スピノザが記憶と習慣の秩序をとりわけ批判するのは、それが記号と意見から成立したものだからである。これに対してスピノザは、〈生活法〉という思想で自然に内在する仕方を提起する。これが、まさに、『エチカ』の第四部の最大の意義であると言える。では、「正しい生活法」（recta vivendi ratio）とは何か。スピノザは、この

[表 7-1] 欲望の無媒介的に区別される二つの存在の様式

欲望が人間本性の必然性から生ずる場合	十全な観念	能動性	力　能	善
欲望が外部の物体の力によって規定される場合	非十全な観念	受動性	無力能	善あるいは悪

第四部の最後のところで、この部で述べてきた事柄をまとめて見渡せるようそれらを三二項目に分けて改めて記述している。これは、とくにこの部の定理一九から定理七三までの事柄をもう一度まとめ直したものである。ここで注意しなければならない点は、この生活法が、けっして別の習慣を意味しているのでも、また別の習慣を身につけることを提起しているのでもないということにある。もしそれが単に別の習慣を意味するだけなら、それは、例えば、それまでとは別の色眼鏡を掛けることしかもっぱら意味しないであろう。

スピノザが言う「正しい生活法」は、すでに述べたように、自然に内在し直すため唯一の仕方である。それは、まさに欲望の内在的使用からなる。ここでは、この三二項目をとくにピエール・マシュレーに従って（ただし、(4)と(5)の区分だけ異なるが）一一に区分して、以下のように問題提起する。(10)

(1)第一項―第三項：人間の力能は、一方では自然の無限な力能の強度的部分であり、その限りで最近原因としての自己の本性のみによって物を理解することができる。しかし、他方で人間は必然的に自然の共通の秩序の一部分であり、その限りで人間の欲望は外部の物体の働きによって規定される（[表7－1]）。

(2)第四項―第五項：人間の究極の目的、あるいは人間の最高の欲望は、物を十全に認識するようその人間を駆り立てる欲望である。このように物を十全に理解しようとする欲望こそが、理性的生活というものを形成することになる。

(3)第六項―第七項：人間が自然の一部でないということは不可能であり、また人間が自己自身の本性と一致しないような諸々の個体の間で生活することは必然的である以上、人間にとって悪は、ただ外部の原因からのみ生起する。人間が外部の物から影響を受けないということは不可能である。しかしながら、それでも自己の本性と一致する個体の間で生活することは、たしかに人間の活動力能を促進する。

(4)第八項―第九項：われわれの有の維持に有害であり、それゆえ悪であると判断されるものは、確実に遠ざける必要がある。これに反して、われわれの有の維持に有益であり、それゆえ善であると判断されるものは、自分たちの利益のために使用してよい。最高の自然権とは、こうした事柄を実行することにある。また人間にとって、自然においてもっとも有益なものは、理性に導かれる仕方で生成変化する人間である。

(5)第一〇項―第一六項：人間は、受動感情に支配されており、一般的に嫉妬深く、同情よりもむしろ復讐に傾いている。しかし、人間にとってもっとも有益な存在が他の人間である以上、こうした意味での間‐人間的な社会――正義、公平、品位からなる共同社会――からは、損害よりもむしろ利益の方がはるかに多く生じるであろう。これに関するもっとも本質的な感情は、〈勇気〉と〈寛容〉である。[11]

(6)第一七項―第一八項：各個の人間の能力は限られているから、貧者に対する配慮は社会全体の義務であり、公共の利益の問題である。しかし、人の親切を受け入れ、また感謝を表わすにはまったく別の配慮が必要となる。

(7)第一九項―第二〇項：精神の自由に基づく愛からなる男と女の結びつきは、確実に相互に調和して有益な生活を送る。しかし、それ以外の原因（外観からの生殖欲、感覚的愛、等々）をもつすべての愛は、容易に憎しみに転じて不調和に陥るだろう。

(8)第二一項―第二五項：一見すると調和に寄与するように思われる感情――阿諛《あゆ》（へつらうこと）、自卑、恥辱、憤慨、従順、等々――は、不和や対立の危険なしにはけっして調和の状態をもたらしえない。

(9)第二六項―第二七項：われわれ人間にとっては、自然のなかで人間以上に有益で、またその精神を楽しむことができるいかなる個物も存在しない。したがって、われわれは、人間以外の自然物については、それらを自分たちの有益性のために保存したり変形したりすることが必要となる。

(10)第二八項―第二九項：物はすべて貨幣で代表されうるが、貨幣のそうした象徴的力はわれわれの表象像に依拠している。そして、人々の喜びは、すべてこうした金銭を原因としたものとなってしまった。これに反して、自己の富の程度を必要によって量る者、つまり自己の有益のために表象知を減算できる者は、必然的に僅かなもので満足して生活できるようになる。

(11)第三〇項―第三二項：表象知と感情がもつ諸特性――とりわけ時間の表象化と感情の無際限化――に支配されな

い認識と欲望を有するならば、われわれのそうしたよりよい部分は、必然的なものだけを欲し、そのように自然との間に精神と身体との強度的な最小回路を形成しようと努力する。

さて、われわれは、スピノザのとりわけ倫理学を、まず身体のプラグマティックとして表現し、次にこれを肯定する立場を精神の実践哲学として論究してきた。ここからさらに、この二つを総合しうる思考を知覚の戦略論として問題構成したいと思う。

第八講義　感情から概念へ

『エチカ』の「第五部　知性の力能について、あるいは人間の自由について」の地図

概要

第五部では、非十全な観念にあるいは受動性の相のもとでの認識に対して、人間は、いかにして十全な観念を有することができるのか、あるいはどのようにして能動的部分を獲得することができるのかがさらに追究されることになる。というのは、能動においてのみ人間の自由が確実になるからである。スピノザにおける人間の自由は、可能性のもとで言われる道徳的な特性の一つではなく、必然性と一つになった自然法則の一部である。受動とは、非十全な観念としての表象あるいは感情によって支配された状態である。これに反して能動とは、十全な観念としての理性によって或ることをなすよう決定される状態である。しかしながら、この両者の関係には、人間精神の受動感情から能動的な理性知への全面的な移行も、また理性による感情の完全な否定や克服もまったく含まれない。

それらの間には、或る〈度合の生成〉の関係が存立すると言えるだろう――より多く受動すれば、それだけより少なく能動し、逆により少なく受動すれば、それだけより多く能動するという関係。この第五部においても、やはり能動と受動との間の無媒介的区別のもとでの強い言説が成立する。しかし、それと同時に、『エチカ』を通して潜在的に蓄積された経験主義的な戦略が一気に書き加えられるのも、この第五部においてである。それは、いかにして共通概念（第二種の認識）から直観知（第三種への認識）への欲望が発生しうるかという問いによって表現されるであろう。

さらに言うと、これは、いかにして或る身体を別の身体に変化させるのかという新たな経験主義（「別の身体へ」）の問題を含んでいる。というのも、経験主義とは、能産的自然の産出の位相においてア・プリオリに内含されていたものを単に発見することではないからである。いずれにしても、精神と身体の並行論は、ここでも完全に貫徹される。それは、人間の一つの生においてはじめて十全に規定される永遠の相のもとでの心身並行論である。つまり、スピノザの並行論は、つねに精神と身体との絶対的な脱‐領土性並行論なのである。ここで言う経験主義とは、一般的に言うと、現行の価値評価の転換と既存の意味理解の変形とを必然的にともなった理説のことである。

『エチカ』の最後は、単に澄み渡った崇高な永遠の三角形――〈神〉と〈自己〉と〈物〉とからなる――のもとでの物の本質の認識で終わるのではない。それは、むしろ真の中継点であり、肥大化した巨大な内部性の三角回路――〈擬人化された神〉と〈自由意志をもつ人間〉と〈人間的な意味と価値で完全に地層化した世界〉からなる――を減算する過程、つまりそこから解放されるべく見出された過程の始まりである。感情と概念と直観は、単なる弁証法的な否定の過程ではない。それらは、われわれが肯定の生活法を意識する過程である。それらは、巨大回路化した内部性の諸形式に対する、批判と創造をともなったまさに外部性の諸形相として見出されるべきものである。言い換えると、感情と概念と直観は、いかなる主体性――肥大化した人間精神――も想定されえないような、〈被情動態《アフェクト》〉、〈被概念態《コンセプト》〉、〈被知覚態《ペルセプト》〉としてそれぞれに理解されるべきものである。これらは、人間のうちで最小の三角回路を形成する減算過程そのものである。スピノザの三つの認識の様式は、単に第三種の認識（直観知）を段階論のもとで目的化したり、あるいは相互に媒介し合ったりすることもない。それは、むしろまったくの無媒介的な倫理的欲望を経験論のもとで問題構成することにある。言い換えると、〈神あるいは自然〉、〈物あるいは世界〉、〈自己あるいは人間〉について認識し理解することは、いかに破壊的で創造的であるか、あるいはどれほど批判的で臨床的であるかということである。

構　図

(1)序言／二つの公理

(2)定理一から定理一三まで――いかにして十全な観念を所有することができるか

(3)定理一四から定理二〇まで――神の観念と人間精神の永遠の強度的部分
(4)定理二一から定理三〇まで――永遠の相のもとでの心身並行論
(5)定理三一から定理四二まで――人間の自由について（直観知と別の身体へ）

言表集

(1)「受動である感情は、われわれがそれについて明晰判明な観念を形成するや否や、受動であることをやめる」（定理三）。――受動感情という混乱した観念と理性という十全な観念との間には、単に観点の相違しか存在しない。このことはたしかに無媒介的区別のもとでの位相の違いと言えばそれまでだが、しかし受動感情をよりよく認識しなければ、この反転は実質的に生じることはない。

(2)「われわれが何らかの明晰判明な概念を形成しえないようないかなる身体の変様も存在しない」（定理四）。――この定理も同様に、無媒介的区別を用いた受動から能動への反転を表現している。いかなる身体の変様についても、われわれは、たしかに十全な概念、共通概念を形成することができる。しかし、これは、次の系も含めて、共通概念の形成ついての単なる名目的な規定にすぎない。

(3)「この帰結として、われわれが何らかの明晰判明な概念を形成しえないようないかなる感情も存在しない」（定理四、系）。――これは、定理四と並行論の関係にある。感情は、身体の変様の観念である。したがって、われわれは、いかなる感情についても共通概念を形成することができる。要するに、スピノザが言う能動と受動との間の無媒介的区別には、実は観念における非身体的な移行、変形、反転が存立しうるということである。

(4)「われわれは、われわれの本性と相反する感情に揺り動かされない間は、身体の諸変様を知性に適った秩序に従って秩序づけ連結する能力を有する」（定理一〇）。――これは、スピノザの実践哲学においてもっとも重要な言表の一つである。われわれは、自らの本性と相反する悲しみの感情に刺激されない間は、身体の諸変様を表象化することなく、共通概念のもとで理解する能力を発揮できるのだ。この定理は、まさに喜びの感情から共通概念が形成されうることを示している。

(5)「精神は、身体のすべての変様あるいは物の表象像を〈神の観念〉に関係させることができる」（定理一四）。

——精神は、身体のあらゆる変様あるいは物の表象像について明晰判明な概念を形成することができ、したがってそれらの変様あるいは表象像をさらに〈神の観念〉に関係づけることができる。

⑹「神は、いかなる受動にも関与せず、またいかなる喜びや悲しみの感情にも動かされない」（定理一七）。——神は、何ものによっても触発されず、したがってその完全性が変化することはない。それゆえ、神は、何ものも愛さず、また憎まない。

⑺「神を愛する者は、神が自分を愛し返すよう努めることができない」（定理一九）。——神は、何ものも愛さない。それゆえ、神から愛し返されたいと思う者は、自分の愛する神が実は神でないことを欲していることになる。

⑻「しかし、神のなかには、このあるいはあの人間身体の本質を永遠の相のもとで表現する観念が必然的に存在する」（定理二二）。——神は人間身体の存在の原因であるだけでなく、その本質の原因でもある以上、それらについての観念も必然的に神のうちに存しなければならない。

⑼「人間精神は、身体とともに完全には破壊されずに、そのなかの永遠なる或るものが残存する」（定理二三）。——神のうちには、人間身体の本質を表現する観念が存する。しかし、人間精神は、自己の身体の現働的存在が持続する間しか存在しない。それにもかかわらず、人間精神にとってこの永遠の相のもとでの観念は、まさに自己の精神の本質に属する「或るもの」（aliquid）、すなわち〈被表現態〉である。

⑽「身体の本質を永遠の相のもとに表現する観念は、精神の本質に属する必然的に永遠なる一定の思考の様態である。しかし、われわれは、われわれが身体以前にすでに存在していたことを想起することはできない。というのも、身体のなかにそれについての痕跡は何も存在しえないし、また永遠性は時間によって規定されえず、時間とは何の関係も有しえないからである。しかし、それにもかかわらず、われわれは、われわれの永遠であることを感じ、また経験する。何故なら、精神は、知性によって理解する事柄を想起する事柄と同様に感じるからである。つまり、物を見たり観察したりする精神の眼がその証明そのものなのである」（定理二三、備考）。——理性は、物の認識について脱-時間化した十全な観念を所有する。つまり、精神は、理性においては、物の観念がいかなる時間の様態（未来、過去、現在）に関係しようとも同一の刺激を受ける（第四部、定理六二）。したがって、この知性によって永遠性を理解することは、時間の様態のうちで想起することや想像することと同様にわれわれに感じられ、また経験されるのであ

る。言い換えると、永遠性とは、持続性との間の〈度合の生成〉のもとで考えられる限り、まさに〈生成の未来〉のことである。

⑾「物を第三種の認識において認識しようとする努力あるいは欲望は、第一種の認識から生じることはできないが、第二種の認識から生じることはできる」（定理二八）。——共通概念という十全な観念を所有することは、物を第三種の認識において認識しようと欲望することになる。すなわち、これは、神のいくつかの属性の十全な観念から物の本質の十全な認識へと進むことである。言い換えると、人間精神におけるこの特異な展開こそが、まさに人間精神の最高の欲望なのである。認識とは、まさに人間精神における欲望の形相上の表現以外の何ものでもない。

⑿「精神は、永遠の相のもとに理解するすべてのものを、身体の現在の現働的存在を考えることによって理解するのではなく、身体の本質を永遠の相のもとに考えることによって理解する」（定理二九）。——持続の相において精神と身体の受動的並行論が考えられたが、それと同様に永遠の相のもとでの精神と身体の能動的並行論も存立しなければならない。この定理は、このことの見事な表現である。

⒀「私は、直観的認識あるいは第三種の認識と名づけた〈個物の認識〉がいかに多くのことをなしうるか、またそれが第二種の認識と名づけた〈普遍的認識〉よりどれだけ有力であるかを明らかにしようとしたのである」（定理三六、備考）。——第三種の認識は、「個物の認識」であり、正確に言うと、その個物の本質の直観的認識である。これに対して第二種の認識は、「普遍的認識」であり、諸々の個物の存在に関する共通概念による認識である。

⒁「精神は、より多くの物を第二種の認識および第三種の認識において認識するに従って、それだけ悪い感情から働きを受けることが少なく、またそれだけ死を恐れることが少ない」（定理三八）。——精神がより多くの十全な観念を有するならば、われわれのうちに受動感情が生起することはそれだけ少なくなり、またそれによって或ることを為すよう決定されることもより少なくなる。死を恐れないということは、死によって失うものが少ない生き方に関わるからである。要するに、それは、まさに十全な認識における減算過程の最大の効果の一つである。

⒂「きわめて多くのことに有能な身体を有する者は、その最大部分が永遠であるような精神を有する」（定理三九）。——これは、定理三八を心身並行論としてより肯定的に表現したものである。こうした身体の変様を有する者は、自己の本性と一致した感情により多く触発される。また人間精神は、こうした変様についての観念を神の観念に関係さ

せることができる。したがって、この精神の強度的部分は、まさに永遠である。

⒃「人間身体は、きわめて多くのことに有能である。それゆえ人間身体は、自己と神について大いなる認識を有し、その最大部分あるいは主要部分が永遠であり、したがって死をほとんど恐れない、そうした精神に関係するような本性を有することは疑いえない」（定理三九、備考）。――人間は、たしかに死を意識する動物である。人間が死を恐れる理由の一つは、自己の無能力を観想し、結局は他の諸物を欠如から規定する習慣が身についているからである。しかし、身体の変様は、つねに必然的に自己の現実存在を肯定しようとする存在の仕方である。したがって、こうした人間身体に対応する人間精神は、生を否定する意味での死の意識に囚われることなく、つねに自己の実在する一つの生についての省察で充たされている。

⒄「きわめて多くのことに有能な身体を有する者は、その精神もまた、それ自身だけで見て、〈自己〉と〈神〉と〈物〉とについて多くを意識している。それゆえ人生において、われわれはとくに、幼児期の身体をその本性が許す限り、またその本性に役立つ限り別の身体へと変化させようと努める。すなわち、きわめて多くのことに有能な身体、そして〈自己〉と〈神〉と〈物〉とについてもっとも多くを意識するような精神に関係する身体に変化させようと努める」［強調、引用者］（定理三九、備考）。――われわれは、現実に存在する持続上の身体を多くのことに有能な身体へと、つまりの〈別の身体へ〉と変化させようと努力する。より多くのことを考えられるような精神への変化は、同時にそうした精神の価値として自己の人間身体のより有益な生成変化が必然的にともなっていなければならない。言い換えると、創造的で脱‐領土的な並行論は、精神の〈批判の問題〉と身体の〈臨床の問題〉とを本質的に含んでいなければならない。

⒅「無知者は、外部の諸原因からさまざまな仕方で揺り動かされてけっして精神の真の満足を享有しないばかりか、そのうえ〈自己〉と〈神〉と〈物〉とをほとんど意識せずに生活し、そして働きを受けることをやめるや否や、同時にまた存在することをやめる。これに反して賢者は、賢者として見られる限り、ほとんど心を乱されることなく、〈自己〉と〈神〉と〈物〉とを或る永遠の必然性によって意識し、けっして存在することをやめず、つねに精神の真の満足を享有している」（定理四二、備考）。――無知者は、結果のみに満足するような、受動し続ける精神からなる。それは、〈私〉と〈神〉と〈世界〉という擬人化され肥大化したこの三角形のなかで――正確に言うと、これを構成

する内部性の諸形式のうちで――ほとんどの人生を送る者のことである。これに対して賢者は、可滅的な受動性のうちに永遠の能動的部分を形成する者のことである。それは、こうした擬人化された精神の巨大回路を、つまりわれわれの内部性の諸形式からなる三角回路を解体して、身体との間により強度的な最小の三角回路（その三つの特異点としての〈自己〉と〈神あるいは自然〉と〈物〉）を起動させる者たちのことである。

反－意志論――心身並行論の最大の意義について

この第五部の「序言」でスピノザは、精神の本質あるいは力能が意志作用にあると考えるデカルトのいわゆる心身の相互作用論を批判する。というのも、これは、言い換えると、感情に対する意志の絶対的な支配権を認めることにつながるからである。デカルトは、人間の脳のなかには、精神と身体の両者を媒介する「松果腺」というものがあると考える。また同様に、デカルトは、「動物精気」というものも考えた。これは、微細な空気あるいは活発な焰のようなものであって、絶えず心臓から脳へと上昇し、さらにそこから身体のすべての諸部分に運動を与えるものである。デカルトによれば、脳の中央に実質的に存在すると考えられた松果腺は、こうした微細な動物精気によって動かされるものである(1)。デカルトは、ここから次のように考えていく。すなわち、精神における意志作用は、こうした松果腺の一定の運動にあるいは動物精気の各運動に結合することができる、と。要するに、これは、人間精神は自由意志の決定によってこの松果腺をさまざまに動かしうるし、またこれによって人間身体をそれが可能なすべての運動へともたらすことができる、という思想である。いずれにせよ、人間は、このようにして、つまり自分の意志の決定のもとで身体の活動をおこなっていると考えるであろう。

しかし、スピノザにとってこの説は、「あらゆる隠れた性質よりもいっそう隠微な仮説」以外の何ものでもない。というのも、ここにおいて人々は、思考と延長物としての松果腺との間にいかなる十全な概念も形成することができないからである。スピノザの観点から言うと、デカルトは、第一次的に精神を身体から優越的に区別していたので、結局はそれらの間の合一も、精神それ自身についても、また精神がもつ最近原因についても何も示すことができなかったのである――「実に私は、彼〔デカルト〕にこの結合を最近原因から説明して欲しかったのである」（序言）。デ

［表 8-1］精神の本質をどのように考えるのか

	デカルト的	スピノザ的
精神の力能（本質）	意志作用	認識作用

カルトは、何故これを説明できなかったのか。ここには、人間それ自体を擬人化して理解しようとするもっとも典型的な思考があるからである。それは、第一に人間精神の人間身体に対する優越性と、第二にこうした人間精神の力能あるいは本質を何よりも自由意志にあるとみなす考え方にある。これは、言い換えると、典型的なニヒリズムの思想でもある。しかし、精神の本質、つまりその力能は、けっして自由気ままな意志作用ではなく、必然的な認識作用以外にはありえないであろう（［表8-1］）。これは、近現代において人間そのものを理解する際のもっとも本質的な差異の一つである。われわれは、スピノザの問いをこのように再表現することができる――われわれは、人間自身をいかなる擬人化もなしに理解することができるであろうか、と（これは、スピノザのおよそ二〇〇年後に、ニーチェが改めて別の仕方で意識した哲学上もっとも本質的な問題の一つである）。

感情は、意志や知性によってけっして支配されたり決定されたりしない。並行論の側面から言い換えると、身体の力能は、けっして精神の力能によって決定されることができない――この逆も成立する。感情は、知性によって自由に扱われうるような材料ではなく、まさにそれよりも強い感情によってしか抑制されたり排除されたりしないであろう。人間は、たしかに知性的動物として定義されうるが、しかしそれ以上に破格に感情的な動物である。したがって、理性が感情に対して問題になるのは、理性が単に知的だからではなく、理性知から生じる能動感情の方が表象知から生起する受動感情よりも強力だからである。では、こうした場合の強力とは、いったいどのような意味で言われるのか。それは、単に受動感情――同じ認識の様式――のうちで言われるような、一方の物に対する欲望よりも、他方の物に対する欲望の方が強いといったような意味で言われているわけではない。それは、認識の様式を異にするものの間で言われる強さである。すなわち、それは、精神における非十全な観念と十全な観念との間の〈強度の差異〉である。これは、まさに精神と身体の並行論によってしか考えられないような事柄である。スピノザは、およそ次のように述べている。われわれは、感情に対するあらゆる療法――これについて人々は、経験的に知っているが、しかしけっしてこれを正確に観察したり判明に理解したりしていない――を、ただ精神の力能としての「理解すること」、「精神の認識」、「精神の至福」のみから導出するであろう、と。

十全な観念の形成(Ⅰ)——分離あるいは切断

意志による身体的運動の支配あるいは感情に対する権力の行使、われわれは、こうした意味での支配と行使の意志作用を実在的経験の過程から析出することができるであろうか。意志を知性から特権的に区別して、精神の本質を自由意志に見るとするならば、その作用は、あたかも現在の因果関係とはまったく別の因果系列を開始することのできる第一原因の如く思われるであろう。しかし、スピノザから言うと、自由意志の存在を人間精神のうちに想定することは、むしろ人間にとってまさに不幸の始まりである(これについては、「第一五講義」で論じることになる)。さて、重要なことは、受動性であろうが能動性であろうが、第一に精神における観念の秩序・連結と身体の変様の秩序・連結は、完全に対応しているということである(定理一)。つまり、身体の諸変様の秩序と連結は、精神においては諸観念として秩序づけられ連結されることになる。とくにわれわれの習慣や記憶は、身体の外部の諸原因から強制された「偶然的接触」を秩序づけ連結させることに基づいている(第二部、定理二九、備考)。どれほど物の観念がいくつかの様相をともなって時間の諸様態と関係したとしても、精神における観念の秩序・連結は、身体の諸変様の秩序・連結を有機的に表現するものである。しかし、こうした秩序と連結は、ほぼ偶然的接触の表象上の連関であり、またこの意味で諸結果の組織化にほかならない。

たしかにわれわれの日常の活動は、ほぼ非十全な観念あるいは受動性のもとでの諸感情や諸表象像によって決定されている。しかし、すでに述べたように、われわれは、十全な観念あるいは能動性のもとでは、受動感情なしに同一の活動を為すことができる(これは、人間から自由意志を完全に排除する考え方である)。それは、非十全な観念から十全な観念への移行、あるいは〈異他触発〉から〈自己触発〉への反転である。さて、スピノザは、外部の原因の観念から〈感情 - 結果〉だけを切り離して、この結果それ自体を別の思考と結合させるならば、受動感情から生起する精神の動揺は破壊されるであろうと言う(定理二)。しかし、そんなことは果たして可能なのであろうか。例えば、愛は、愛の対象の観念と、つまり外部の原因の観念と不可分ではないのか。要するに、この定理二は、感情を外部の原因の観念から分離するならば、観念の表象的使用も解体され破壊されるであろうということを意味している。そして、われわれは、或る受動感情について明晰判明な観念を、すなわち共通概念を形成するならば、直ちに受動的であることをやめる（定理三）――観念の表現的使用。

　われわれには、外部の物体を原因とする身体の〈変様‐結果〉があり、また同時にこの結果を精神において表現する〈感情‐結果〉がある。したがって、定理二は、こうした自己の身体の変様の原因となった外部の原因の〈観念‐表象〉から〈感情‐結果〉を分離して（端的に言うと、「対象との関係を離れて」）、精神における別の観念と結合することを肯定している（〈観念の観念〉の系列へ）[2]――観念を〈変様‐結果〉の表象に用いることからその観念自身の形相上の原因となった別の観念を表現することへ、すなわち、結果の表象から原因の表現への観念の使用法の転換。そうすれば、まずはわれわれの精神の動揺は徐々に破壊され、われわれの受動性の部分はより少なくなり、われわれは受動的であることを次第にやめる。われわれが十全な観念を形成しうるのは、外部の物体の存在がもつ諸特性を表象するだけの精神から或る混乱した観念を分離して、しかし同時に精神において表現されるその感情を原因から認識することによって、精神の受動の働きをより多く静止させることと一つである[3]（定理三、系）。つまり、或る〈感情‐効果〉についての十全な原因を認識するには、その非十全性を完全に保存したままで、しかしそれをまさに観念として産出した別の観念を知覚することである。一般化して言うと、スピノザにおける並行論は、結果としての観念と結果としての身体の変様との間の単なる表象上の対応関係ではなく、身体における物の原因から結果への連結と精神における〈観念‐原因〉から〈観念‐結果〉との間の表現の関係に等しいことを意味している。ここでの対象の観念からの分離あるいは切断は、観念の〈想念的有〉の表象から表現への転換の問題である。

　観念の〈形相的有〉（esse formale）と〈想念的有〉（esse objectum）について――ここで、様態としての観念における二つの〈有〉について述べておきたい。いかなる属性の様態であろうと、様態は、すべて必然的に形相的有として存在する。こうした形相上の存在をもつ限りで様態は、相互に原因と結果の関係に入ることができる。したがって、観念も、思考属性の様態である限り、第一に形相的有として存在する。しかし、観念は、必ず何かについての観念であり、物を認識する様態でもある。したがって、精神は、物の存在に関する〈形相的有〉だけでなく、対象を認識する力能を観念のうちに有することになる。これが、観念の〈想念的有〉と呼ばれるものである。例えば、延長属性の或る様態として物体〈a〉が存在するとする。言い換えると、この物体は、様態としての形相上の存在〈a〉そのものである。同様に思考属性の或る様態として観念〈α〉も形相的有として並行論的に存在する。さて、この物体〈a〉についての観念とは何か。それは、この物体の形相的有〈a〉を対象とした観念のことである。そして、この場合の観念は、この〈a〉を認識内容として含む様態の側面から言われている。これが、形相的有〈a〉を対象とした認識する観念の側面、すなわち観念の想念的有〈α（a）〉である。つまり、或る物体の形相的有は、これに対応する観念の認識内容として、つまり想念的有として必然的に理解される（一般的に言うと、物体的対象とその認識内容との関係）。ということは、観念も様態である限りその形相的有をもつ以上、或る観念の形相的有は、別の観念の対象となり、この観念の想念的有として把握される（対象となった観念とその観念を知覚する観念）。要するに、(1)延長属性の〈物体-様態〉（形相的有）と思考属性の〈観念-様態〉（想念的有）との間には、属性を異にする認識論的関係が成立する。同様に、(2)観念も様態として自らの形相的有をもつ以上、一方の観念（形相的有）は、他方の観念（想念的有）の認識論的対象となりうる。思考属性という一つの属性においても観念相互の間で同様の認識論的関係が必然的に成立する。

(1)物体（形相的有）⟷観念（想念的有）：異なる二つの属性の間での認識論的関係
(2)観念（形相的有）⟷観念（想念的有）：同じ思考属性における認識論的関係

表象的な認識論的関係を考えてみよう。思考属性における或る観念〈β〉は、延長属性の或る有限様態としての物体〈b〉に形相上対応する様態であると同時に、物体〈b〉についての想念的有としての観念（b）である（これについては、「第一三講義」で再び論究する）。さて、観念は、形相的有と想念的有の二つの側面から構成される。ということは、この観念〈β〉は、まさに観念〈β（b）〉として存立する。言い換えると、この観念の想念的有、つまりその認識内容は、この様態〈b〉についての表象像で充たされている。それが、実際のこの観念〈β（b）〉である。こうした表象知は、一般的にはイメージであり、また概念の一般性のもとで把握された、つまり最初から概念化された個別性の認識以外の何ものでもない。スピノザにおいては、こうした表象知は、つねに〈痕跡-結果〉としての対象に関する認識でしかない。観念とその対象との対応関係（↑……↓）のもとでの観念の使用は、対象のその都度の

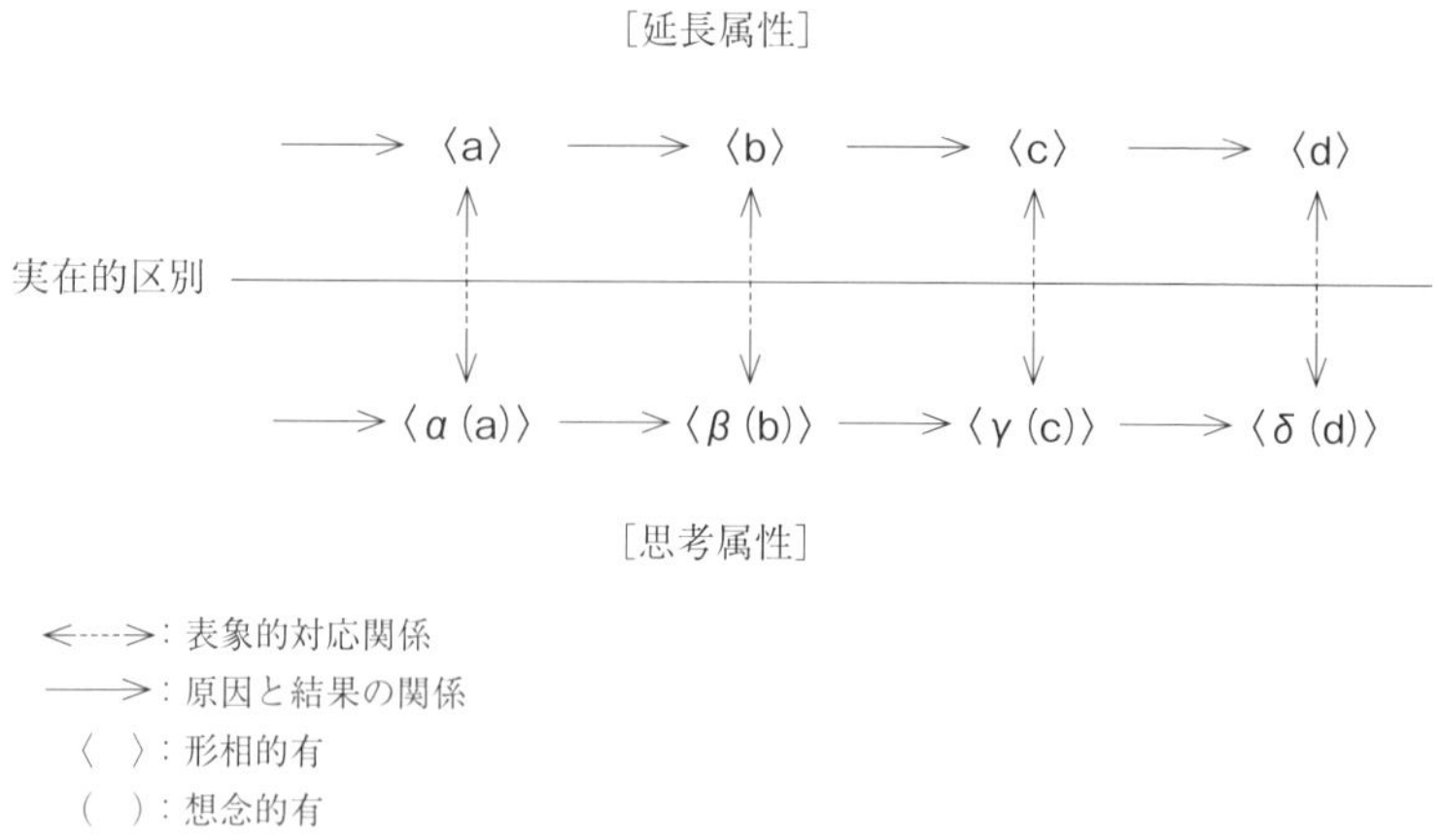

［図8-1］観念とその対象との間の表象関係

〈結果-様態〉の認識に限定されたものである。要するに、観念〈α〉は対象〈a〉についての観念〈α（a）〉、観念〈β〉は対象〈b〉についての観念〈β（b）〉、観念〈γ〉は対象〈c〉について観念〈γ（c）〉であり、こうした観念は、それぞれに結果としての対象をその認識内容としているにすぎないのだ。このことは、非十全な観念であっても、実は真の観念であっても同じである（［図8-1］）。〈観念の観念〉について——こうした物の単なる〈結果-表象〉の認識に対して、まさに原因からの認識は、延長属性における或る有限様態が原因となって別の有限様態を結果として産出することについての観念をもつことである。つまり、これは、観念の想念的有を単なる結果の表象像にするのではなく、原因の表現で充たすことである。それは、例えば、「〈a〉→〈b〉」のこの因果性を示す矢印（→）のもとで、この有限様態〈a〉を第一に原因の働きを有する〈a→〉そのものとして認識することにある（これについては、「第一二講義」でさらに詳しく論じる）。認識とは、結果としての単なる〈a〉を表象することではなく、作用原因としてのまさに〈a→〉を理解し表現することにある。では、われわれは、いかにしてこの認識の様式を獲得することができるのか。あらゆる属性において、その原因と結果の秩序あるいは連結は、すべて同一である（第二部、定理七、系）。つまり、物を原因から認識することは、まさに精神においてその観念の原因となった別の観念を知覚することと完全に同じである。スピノザは、これを十全な観念であると述べて、それゆえこれを延長属性における「対象との関係を離れて」、思考属性のうちでそれ自体で考察された観念であると言う。何故なら、それは、観念の想念的有を、つまりその認識内容を対象の〈結果-表象〉で充たすのではなく、まさにその観念の形相的有の原因となった別の観念の形相的有の認識で、つまりこの別の観念の〈原因‐表現〉で充たすことだからである。先の観念〈β（b）〉の形相的有〈β〉そのものは、観念〈α（a）〉の形相〈α〉を原因とした結果にほかならない。ということは、観念〈β（b）〉が原因からの認識を内容とした想念的有を所有するには、対象を結果として表象することを止めて、まさに自らの形相の原因としての別の観念〈α〉の形相を表現内容にすべきだということになる――対象からの分離あるいは切断の必然性。そうすれば、観念〈β〉は、自らの形相的原因を想念的に表現する認識論的質料を有する観念〈β（α↓）〉として存立することになるであろう。言い換えると、このことは、精神において〈観念の観念〉という仕方で成立する観念そのものの自動性を示している（第二部、定理二一、備考）。〈観念の観念〉は、一般的には「反省的認識」と称されるものであるが、要するに、とりわけ別の観念の形相的有を表現内容としたその観念の形相上の存在の仕方を示す言い方である。人間における思考の力能は、論理的形相（観念の形相的有）と認識論的質料（観念の想念的有）からなる自然における思考の観念そのものである。要するに、それは、自然の内在的理解の仕方そのもののことである。理性とは、非十全な観念の肯定性を十全に原因から肯定する思考の様態のことである（[図8‐2]）。

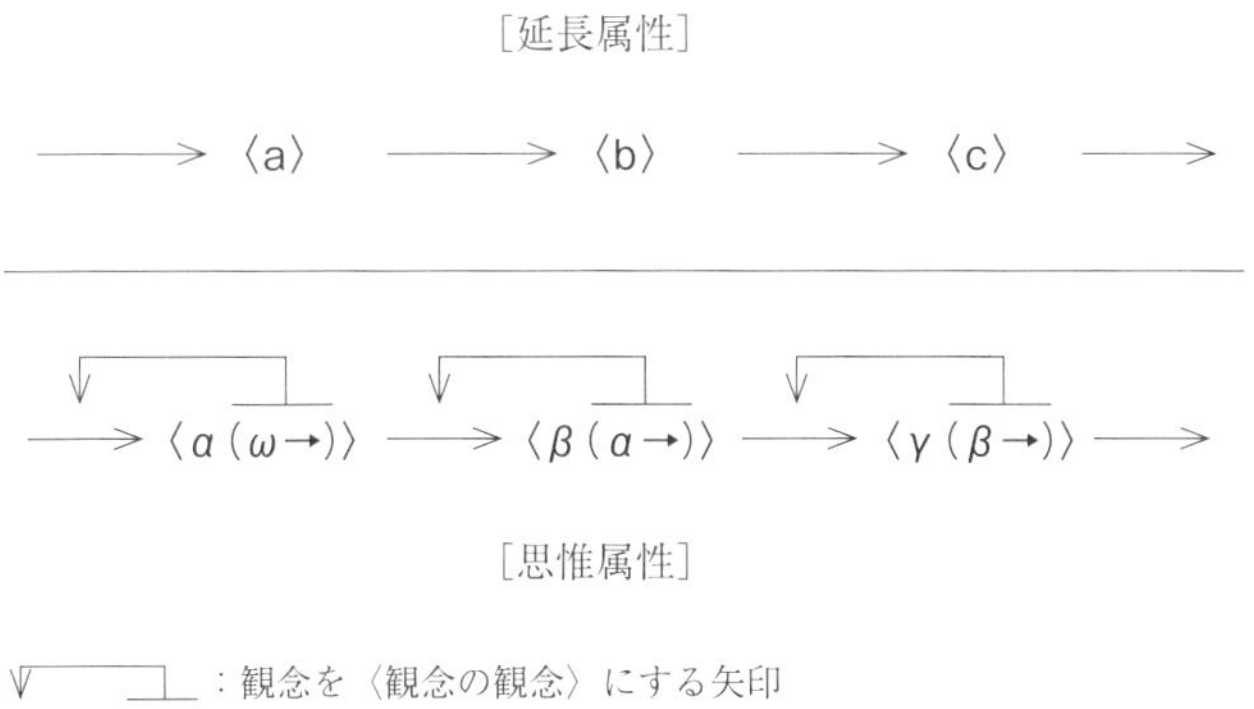

[図8-2] 原因からの認識における観念相互の表現関係

十全な観念の形成（Ⅱ）――精神の強度的部分

自己の人間身体とともに開かれる変様の実在的領域は、精神においては何よりも感情の地図として刻印され経験化される。この地図は、感情における相互に比較不可能な諸々の移行や度合からなる。精神と身体の並行論は、経験論的に考えられる限り、思考属性と延長属性との間の実在的区別とは異なる無媒介的区別のもとでの唯一の実践哲学――表象から表現へ、受動から能動へ――を含んでいる。これを展開するのが、まさに理性である。つまり、その精神の力能は、精神と身体との間の実在的区別を無媒介的区別のもとで一つの倫理学的作用として実現するのである。これは、実在的区別をわれわれの所与から形成へと、つまりア・プリオリな所与からア・ポステリオリな形成へと、要するに与えられた抽象的区別から形成されるべき抽象的対象へと非身体的に変形することである。というのも、実在的区別が実体の本性を縦座標として構成する線だとすれば、無媒介的区別は、その縦座標を等しく横切る特性の線として生起するからである（永遠と持続、必然と偶然、無限と有限、等々）。

さて、われわれは、あらゆる身体の変様についてあるいは精神の感情について十全な観念を形成しうる（定理四と系）――われわれが明晰判明な概念（共通概念）を形成しえないような、いかなる身体的変様もあるいは精神の感情も存在しえない。つまり、この定理と系は、共通概念の形成の権利問題に関する言表である。理性が受動感情という諸効果をその対象から分離あるいは切断して別の観念と結合するなら、それは、脱‐表象化のもとで共通概念が形成されうる契機となるであろう。人間身体と、いかなるものであれ、これを触発する外部の物体とは、どちらも延長する物としての共通点を有する。したがって、これらについての共通なものの観念、つまり共通概念は、たしかに人間精神において十全である（第二部、定理三九）。しかし、こうした思考の観念あるいは概念は、つねに精神における非‐全体的な、つまりその意味でむしろ現働的な強度的部分として生起するものである。『エチカ』の第五部では人間精神のこうした部分に関して、「より大きな」、「より小さな」、「より明晰な」、「より活き活きとした」、「より多く」、「より少なく」といったような比較表現が頻出する。こうした〈より〉という表現は、量的な程度の差異ではなく、質的な生成の度合を示すものである。それは、(1)精神における受動に対する能動の部分性を表現するものであり、また、(2)受動と能動との間の或る逆比例的な生成関係を示す場合もある。

そこで、われわれは、受動と能動に関してとりわけ次の二点に注意しなければならない。(1)人間の活動における能動性とは、受動性とは別の行動を為すことをまったく意味しない。両者を区別するのは、ただ認識の差異のみである――「というのは、人間が働きをなす〔能動する〕と言われるのも働きを受ける〔受動する〕と言われるのも、同一の衝動によることを、われわれは何よりも注意しなければならないからである」〔強調、引用者〕（定理四、備考）。(2)人間精神における能動性は、つねに受動性の只中で生起する積極的な意味での或る部分性である。それは、けっして精神の全面的な転換などではない――「精神は、すべての物を必然として認識する限り、感情に対してより大きな力能を有し、あるいは感情から働きを受けることがより少ない」［強調、引用者］（定理六）。ここで言われる「より大きな」と「より小さな」は、必然性という唯一の様相のもとで物を認識することで生起する、精神における能動性と受動性との間の逆比例的な生成関係の表現である。言い換えると、これは、受動性における雑多な感情あるいは意識に対して、必然性をともなう思考がもつ純粋強度あるいは能動作用のことである。この能動的部分は、(1)からもわかるように、非‐身体的変形から、より正確に言うと、観念の特性上の反転からなる。というのも、この変形あるいは反転によってわれわれの身体的な物質的活動は、能動であれ受動であれ、まったく変わらないからである。そこにあるのは、第一にその活動を理解する二つの様式だけであり、第二にそれ以上の一方の様式から他方の様式への移行あるいは反転だけである。言い換えると、これらの事柄は、まさに意識と思考との、あるいは言語と観念との間の接触面にも本質的関わってくる。

こうした事柄は、スピノザにおいては自由意志が否定されていることを思い起こせば、おそらくどちらも理解し易くなるのではないだろうか。スピノザの実践哲学は、まさに〈自由意志なき倫理学〉の一部門である。スピノザにおける能動性（＝理性）は、単に受動性（＝感情）のもとで決定された活動とは異なった活動へとわれわれを導くような道徳的特性の一つではない。一般的に考えられる能動的行為は、受動によって決定された活動とは別のことを為すであろうと信じられている。しかし、何故、人々はそのように考えるのか。もしそうであるとしたら、われわれ人類は、すでにほぼ完全な理性的社会のなかで、つまり多くの受動感情を克服して形成された習慣のなかで能動的に暮らしているのではないだろうか。あるいは、われわれは、一般的に次のように考えたりする――感情によって決定しないで、もう少し理性的に考えていれば、別のものを選択したはずだ、と。これは、一方で感情による決定には誤りがあるという考え、他方で理性に従えばその誤りを回避できるという考えが基盤にある。ところが、実際の社会は、こうした側面からの理性による一方的で全面的な改善からはほど遠い状態ではないのか。何故、そうなるのか。実はそのように考えられた理性的活動も、最初の受動感情による活動と同様、ほぼ受動性のもとで決定されたものだからである。つまり、与えられた一般的な理性は、強制された受動的知性にすぎないのだ。

スピノザは、こうした道徳的な区別を理性と感情との間に想定しない。スピノザは、人間精神という一つの多様体をそうした位階構造のもとでけっして理解しない。すでに指摘したが、人間精神における能動の部分性は、『エチカ』の第五部では何度も強調される。そこでの感情（＝受動）から理性（＝能動）への〈内包的‐部分的〉反転は、すでに述べたように、分離から結合へ、あるいは切断から形成へという移行にある——感情そのものをその外部の原因の観念から分離・切断して、別の観念との結合を創出すること。例えば、人間は自分の愛するものや憎むものを他の人々にも承認させようと努力するが、この感情は「追従」（＝名誉欲）と言われる[4]（第三部、定理三一、備考）。人間は、その本性上、他の人々を自分の意向通りに生活させようと努力する。この衝動は、たしかに受動においては追従（＝名誉欲）であり、一種の傲慢の感情でさえあるが、しかし理性においてはまさに能動あるいは徳であり、敬虔の感情へと移行する（こうした受動としての追従から能動としての敬虔への反転は、第四部の定理三七の「別の証明」でも用いられている）——「われわれを或る行動へと決定するすべての欲望は、十全な観念からも非十全な観念からも生じうる」（定理四、備考）。

いずれにしても、ここでの課題は、われわれはいかにして十全な観念を所有することができるのかという問いにある。言い換えると、われわれは、どのようにして十全な観念あるいは共通概念を形成することができるのか。あるいはこうした形成の秩序は、いかなる機会に生起するのであろうか。次の定理は、こうした問いに対する一つの応答として理解することができる。

> われわれは、われわれの本性と相反する感情に揺り動かされない〈間《あいだ》〉は、身体の諸変様を知性に適った秩序に従って秩序づけ連結する能力を有する[5]（定理一〇）。

スピノザにおける認識の諸様式は、第一に受動と能動との間の無媒介的区別を前提とした強力な非‐実践的理説があるが、第二にそれと同時に人間の各々の生が開くことしかできないような、その意味でむしろ実践的な自然の生態倫理学がある。この定理は、とくに後者に属するものであり、きわめて実践的な言表である——すなわち、身体の活動力能の変様に基づく〈よい／わるい〉のプラグマティックから精神の思考力能に関する実践哲学への移行あるいは転換。この「われわれの本性と相反する感情」とは、悲しみの感情、つまり悪しき感情のことである。それは、われわれの活動力能を減少させ阻害するものについての観念を含んでいる。したがって、われわれがこうした相反する諸感情に捉えられない〈間《あいだ》〉は、同様に物を理解しようとする精神の思考力能も妨げられない。つまり、この〈間《あいだ》〉(quamdiu)は、分割不可能な無限定の時間であり、それゆえ喜びの感情によってのみ表示される持続である。この〈間《あいだ》〉の発生は、知性に適った秩序が、つまり共通概念が形成される機会となりうる。われわれは、この〈間《あいだ》〉においては、身体の諸変様を知性に従って秩序づけ連結する精神の思考力能をより多く行使することができる。何故なら、身体の活動力能の増大は、自己の身体と同じ本性をその外部の原因が有していることの表現だからである。「喜びから生じる欲望は、その他の条件が同じであれば、悲しみから生じる欲望よりも強力である」(第四部、定理一八)。何故なら、喜びから生じる欲望の力(vis)は、人間の力能と同時にその外部の原因の力能からも規定されうるからである。言い換えると、外部の原因の力能の流れが自己の人間身体をよい方向に触発する限り、欲望は、身体の力能の増大とともにより強力になる。ただし、注意されたい。これは、受動的欲望の無際限な増大ではなく、物を認識しようとする精神の思考力能の増大を意味する。

脱‐擬人化した神についての感情

さて、能産的自然、すなわち神との関係で、所産的自然におけるわれわれの人間精神について論究すべきときである。すでに述べたが、われわれがそれについて或る明晰判明な概念を、つまり共通概念を形成しえないようないかなる人間身体の変様もあるいは精神の感情も存在しない(定理四)。ここからさらに、次のように言うことができる。

精神は、身体のすべて変様あるいは物の表象像を〈神の観念〉に関係させることができる(定理一四)。

われわれが十全な観念を形成しえないようないかなる人間身体の変様も存在しない。したがって、われわれは、身体のあらゆる変様を〈神の観念〉に関係させることができる。というのも、すべて在るものは、神のうちに在るからである(第一部、定理一五)。言い換えると、すべての物の観念は、〈神の観念〉のうちに存するからである。ここから神に対するわれわれの感情は、スピノザにおいては、いったいどのように考えられるのかを見ていこう。端的に言うと、それは、擬人化された神――例えば、全知全能で、無限知性と絶対的意志とをその本性にもつような神、等々――に対する人間の感情とは、まったく異なったものである。というのも、擬人化された神は、人間が自分たち自身と類似した、しかし無限なものとして想像した、単なる仮構物以外の何ものでもないからである。要するに、擬人化された神に対する人間の感情は、他の人間や他の個物に対して有するのと同様の感情であり、それゆえ感情の幾何学に存し、また感情の体制にほぼ支配されている。では、その本質が無限に多くの属性から表現的に構成される唯一の実体、様態について無差異ではない神、すなわちあらゆる差異を肯定する一義的存在、あらゆる結果に対する最近原因、このような神についてのわれわれの感情は、いったいどのようなものになるのか。

もしそうした神への愛であれば、われわれは、そのものから愛し返されたいなどとは絶対に思わない。つまり、そんな欲望は、われわれにけっして生起しないのだ。何故なら、神は、実体であって、様態ではないからである。ところが、神を擬人化して表象する人々は、神を様態のように考えている以上、必ず（＝強制的に）神に対して受動感情の刺激――愛や憎しみ、祝福や怒り、等々――をもち込むことになる。次の定理は、これに対する決定的な言表になる。

神を愛する者は、神が自分を愛し返すように努めることができない（定理一九）。

この定理の証明は、当然愛し返されようとする行為を否定するものとなる。「もし人間がこの〔愛し返される〕ことに努めるとしたら、彼は自分の愛する神が神でないことを欲していることになるであろう」。つまり、彼は、積極的に悲しみを欲していることになる（ニヒリズムの無意識化）。これは、まったくの不条理である。神への信仰のもとでの人間のあらゆる行為、あるいはその行為にともなうすべての感情や意味は、もっぱら神に愛し返されたいという欲望から発せられたものではないのか。そうだとすれば、そうした神は、まったく神ではない。何故なら、神は、実体であって様態ではない以上、他の物を愛したり憎んだりすることはないからである（定理一七）。神は、いかなる受動にも動かされず、それゆえ何びとも愛さず、また憎まない（定理一七、系）。ということは、われわれは、神をけっして憎むことができない（定理一八）。もし或る者の神への愛が憎しみに転ずるとすれば、その者にとっての神は実は神とはまったく異なったものであったことの証しとなるであろう。ところで、われわれが悲しみの感情の原因を認識する限り、その悲しみは、受動であることを、つまり悲しみであることをやめる――「われわれが神を悲しみの原因として認識する限り、われわれは喜びを感じるのである」（定理一八、備考）。この論点を、例えば、次のように超越論的哲学の枠組みで考えてみよう。能産的自然は所産的自然の存在と作用の条件であり、それゆえ所産的自然は能産的自然によって条件づけられるものである。カントにおいて〈条件〉は〈条件づけられるもの〉を制限するという点に最大の意義を有するが、しかし、スピノザにおける〈条件〉と〈条件づけられるもの〉との間にはまったく別の肯定的な関係がある。それは、能産的自然が所産的自然に対する制限の条件ではなく、まさにそれに力能を与える条件だということにある。原因からの認識は、能産的自然からの原因の観念を所有することであり、それによってわれわれの精神における受動あるいは悲しみをより多く静止させることができる。われわれが悲しみの感情の原因を認識する限り、つまりそれを神あるいは自然から認識する限り、われわれは、力能の観点からより肯定的な喜びの運動に刺激されるであろう。原因からの認識は、まさに明晰判明な概念のもとでの喜びの認識である。

　スピノザにおいて、神に対するこうした愛は、あらゆる感情のなかでもっとも恒久的なものである。こうした愛は、それが身体と結合する限り、身体とともにでなくては破壊されえないであろう。言い換えると、それは、身体が存続しているにもかかわらず、その愛だけが破壊されうることはないということを意味している（定理二〇、備考）。言い換えると、それは、その身体に唯一帰属しうるような愛のことである（これは、単に精神上の愛の崇高さといったような問題ではなく、むしろ〈身体の本質〉に対応する精神の位相を明確にすることである）。いずれにしても、スピノザは、ここで現在の生活に関する事柄、あるいは日常の感情に対する「治療法」（remedium）を終えた今、最後に身体との関係を離れた「精神の持続」についての問題に移るときであると言う（定理二〇、備考）。その意味は、あくまでも〈身体の存在〉との関係を離れて、端的に第三種の認識についての考察に入るということである。

　ここでは、二つの疑問を上げて、改めて問題を整理しておこう。第一は、第三種の認識という永遠の相のもとでの認識についての定理群が展開されるにもかかわらず、何故ここでも「精神の持続」と言われるのであろうか。それは、むしろ精神における可滅的で有限な、しかし無限定な時間性のことではないのか。おそらくこの表現は、まさに実践哲学に関する意義を有しているのだ。つまり、それは、自然学あるいは倫理学における実践哲学上の表現そのものである。この点がさらに第二の疑問の応答へとつながっている。つまり、第二の疑問は、身体に対する関係を離れると言うが、身体の思考は、この第五部の最後の定理まで貫徹されていると言える。定理二一以降も、並行論的に身体についての考察なしにその思考は、けっして展開されえないであろう。要するに、精神おける第二種の認識（理性知）から第三種の認識（直観知）への移行は、絶対的に、すなわち並行論的に自己の〈身体の存在〉からその〈身体の本質〉への反転をともなっている。そして、この移行あるいは反転は、「別の身体へ」の生成変化なしにはけっして存立しえないという仕方で提起されることになる。ここでの「精神の持続」は、まさに〈自己の実践〉を意味しているのだ。それは、まさに人間の欲望の問題である。そして、こうした生活法の諸実践は、さらに一つの戦略へともたらされる。

第九講義　人間身体の本質の触発——死と永遠

〈無限定な持続〉から〈生成する未来〉へ

永遠とは、未来のことである。それは、十全な原因としての現在から帰結する未来のことである。あるいは、未来を次のように言い換えることができる。この現在を結果としてここから一つ遡ればただちに見出すことのできる十全な原因へと到達すること、これが未来である。こうした未来は、要するに来るべき現在でも、時間の一様態としての将来でもない。それは、例えば、ニーチェに倣って言えば、次のような実践的な問いのなかで考えられる〈生成する未来〉のことであろう——われわれは、超人の父となることが、超人の祖先となることができるであろうか。[1] スピノザも同様に、次のように問うている——われわれは、稀であるとともに困難でもあると言われる高貴なものの部分を形成できるであろうか（定理三九、定理四二の備考）。

さて、ここにおいて人間の存在における精神と身体の並行論は、人間の本質におけるそれらの並行論へと移行することになる（物の本質と存在については、第Ⅲ部で包括的・体系的に論究する）。人間精神は、自己の身体の存在が持続する間しかその変様の観念を有さない。つまり、人間精神は、自己の身体が持続する間しか物を表象したり過去を想起したりすることができない（定理二一）。身体の変様を表現する観念は、第一に表象知あるいは受動感情であり、第二に共通概念あるいはいくつかの能動感情である。これらは、どちらも身体の存在に関する観念である。そうだとすれば、身体の本質を表現する観念は、今度はどのように考えられるべきであろうか。神は、人間身体の存在の原因であるだけでなく、その本質の原因でもある（第一部、定理二五）。したがって、神あるいはその思考属性のうちには、

「このあるいはかの人間身体の本質を永遠の相のもとに表現する観念が必然的に存する」（定理二二）。何故なら、神は、自らが産出する無限に多くの様態についての理解の仕方も、つまり観念も同時に産出するからである。結果の認識が原因の認識から理解されなければならないとすれば、人間身体の本質は、まさに神の本質から考えられなければならない。ということは、人間精神のうちには、自己の身体の存在についての観念だけでなく、自己の身体の本質をも表現する観念が与えられているということになる。『エチカ』第五部のもっとも重要な定理の一つでは、この論点が次のように表現されている。

　人間精神は、身体とともに完全には破壊されずに、そのなかの永遠なる〈或るもの〉が残存する（定理二三）。

これは、人間の身体が滅びても精神は永遠に存続するといった道徳的な〈魂の不滅〉を改めて述べたものなどではない。精神と身体の並行論は、つねに自然の内在性に属するものである。そこでの物は、二つの仕方で現働的なものとして考えられる（定理二九、備考）――(1)物が特定の時間と場所とともに存在する仕方、すなわち物の持続上の存在。(2)こうした現実の持続なしに、神の本性の必然性から生起する物の存在の仕方、すなわち物の本質の存在。物の二つの存在の仕方を身体について考えるなら、一方で身体の持続上の存在が消滅すると、たしかにそれと並行論的に持続していた精神の存在も同時に滅びる。しかし、他方で身体の本質は永遠の存在であり、これに対応する精神の永遠なる〈或るもの〉も残存するであろう。この人間精神における「永遠なる〈或るもの〉」とは、このあるいはかの人間身体の本質を表現する観念のことである。

　これに関しては、とくに二つの点に留意されるべきであろう。この定理は、まずきわめて名目的な定理である。この定理は、明らかに第三種の認識に関係している。永遠なる或るものは、持続する精神のうちに同時に存在する部分的な「人間精神の本質」である（定理二三、証明）。では、この部分だけが、どうして自己の持続上の存在が破壊された後も残存するのか。その原因は、この定理では不明のままである。たしかに産出の秩序においては、神あるいは神の属性の形相的本質の十全な認識から個物の本質の十全な認識が生じる。しかし、ここでの問題は、むしろわれわれの持続における経験とけっして無差異ではないような仕方で残存する永遠なる或るものが何であるのか、あるいはそれは人間にとっていかなる意義を有するのかということである。この定理が名目的な言説である理由は、身体とともには破壊されない精神における残存する強度的部分の、すなわち永遠なる或るものの発生的要素が規定されていないからである(「定義」〔名目的と実在的〕については、「第一〇講義」と「第一一講義」において論究する)。これが第一の点である。

第二の点は、この第一の点に関連しているが、スピノザにおける物の本質は、何よりも物の活動力能である。つまり、物の本質は、同一性として固定化された理念的なものではなく、つねに実在的変様のもとで考えられるべき生成変化の力能である。こうした意味において本質とは、絶対的な「本質の変様」のことである。われわれは、身体の本質についての観念を、物の永遠で不変的な本質についての観念であるとけっして考えてはならない。つまり、人間身体の本質の変様についての観念こそが、まさに人間精神のうちに残存する〈或るもの〉のことである。スピノザは、さらにわれわれがこうした永遠性を実在的な触発として感じ経験することができると述べている。少し長くなるが引用しておこう。

身体の本質を永遠の相のもとで表現するこの観念は、いま言ったように、精神の本質に属する永遠なる一定の思考様態である。しかし、われわれは、われわれが身体以前にすでに存在していたことを想起することはできない。というのは、身体のなかにそれについての痕跡は何も存しえないし、また永遠性は時間によって規定されえず、時間とは何の関係も有しえないからである。しかし、それにもかかわらず、われわれは、われわれが永遠であることを感じ経験する。何故なら、精神は、知性によって理解する事柄を、記憶のなかの事柄と同じように感じるからである。というのは、物を見たり観察したりする精神の眼が、〔われわれが永遠であることの〕証明そのものだからである。このようにして、われわれが身体以前に存在したということをわれわれは想起しないが、それでもわれわれの精神が身体の本質を永遠の相のもとに含む限りでこの精神が永遠であり、そして精神のこの存在が時間によって規定されず、また持続によっても説明されえないことを、われわれは感じる[2](定理二三、備考)。

人間精神は、たしかに身体が持続上の存在を有する間しか、感じたり経験したりすることができない。しかし、スピノザは、ここで時間に規定されない永遠の相のもとでの感覚や経験をわれわれは現実に有すると言う。われわれは、われわれが永遠であることを現働的に感じ経験しているのである。「感じること」（sentire）あるいは「経験すること」（experiri）、これらは、まさに持続のなかでのわれわれの感覚や知覚や触発を意味する言葉以外の何ものでもないであろう。しかし、スピノザは、われわれの永遠の必然性の感覚や経験を肯定しようとする。さて、自己の身体以前に自己の身体は存在しない以上、われわれは、自己の身体以前の何らかの身体の存在上の変様を、すなわちその痕跡を想起することはできない。それにもかかわらず、われわれは、精神の永遠の部分を、すなわち時間や持続によって規定されず、展開されえないものを現働的に感覚することができる。

自己触発——実在的反転の感覚について

スピノザは、その理由を次のように述べていた。そして、それがこの言表のもっとも重要な論点でもある——「何故なら、精神は、知性によって理解する事柄を、記憶のなかの事柄と同じように感じるからである」。精神においては、知性によって把握されるものは、記憶が有するものと同等に感じ経験される。前者は永遠の相のもとでの十全な認識であり、後者は持続の相のもとでの非十全な認識である。言い換えると、われわれは、身体の存在上の触発と同じように身体の本質の触発を感じることができるということである。すでに述べたが、理性知において精神は、物の認識がたとえ時間の諸様態の違いに関係していたとしても、同様の触発を受ける（第四部、定理六二）。理性に導かれる精神は、時間の諸様態の違いにもかかわらず共通概念のもとでその物を認識するからである。こうした理性知が今度は〈物の本質〉についての認識を欲望する限り、精神の本性は、身体の本質の触発を身体の存在上の触発と同等に感じ、また経験することができるのだ。要するに、受動感情と理性との間の反転（第四部、定理五九）と同様の事柄が、今度は精神の存在（記憶）とその本質（直観）との間に生起するということである。

精神の眼は、証明そのものである。何故なら、物の本質は、そうした精神のもとで自ずから展開されるからである。それは、人間のいわゆる主体性に帰属するようなものではない。精神の眼は、身体の眼が持続し存在する物を知覚するのと同様、その物の本質を知覚するのだ。これは、けっして比喩などではない。こうした精神の眼が観る物、観察する物は、必然的に永遠の物である。というのも、身体の触発は、身体の存在上においては持続のうちにあるが、身体の本質においてはまさに永遠の相のもとに存するからである。スピノザは、人間がこれを感じ経験することができると言っているのだ。持続を表象化した時間の諸様態の只中での共通概念の形成を中継点として、われわれは、持続のもとで永遠なる或るものを直観しうる人間精神の本性へと赴くことができるのだ。

ここには、共通概念における自己触発と直観知における自己触発との違いが含まれている。前者は、自己の身体の存在における外部からの触発がまったくの内発的な触発として感じられ、また経験されることにある。何故なら、理性は、その感情なしに同じ活動へと決定されるからである（第四部、定理五九）。これに対して後者は、今度は身体の存在とその本質との間の自己触発の問題である。人間精神は、理性においては、身体の存在における言わば異他触発を感情なき自己触発として感じ経験する。さらに人間精神は、直観知においては、こうした身体の存在における自己触発を身体の本質における触発として感じ経験する。これが意味するのは、言い換えると、人間の身体は、その存在において何らかの異他触発を有するとき、同時にその本質においては永遠の相のもとでの自己触発を所有しているということである。精神は物を永遠の相のもとで考える限り、永遠であり、またわれわれはこのことを確知している[3]。それにもかかわらず、スピノザは次のように述べている。

> われわれは、これまでしてきた通り、精神をあたかも今存在し始めたかのように、またあたかも今物を永遠の相のもとに認識し始めたかのように考察するであろう（定理三一、備考）。

スピノザは、このように仮定して考えた方が永遠の相のもとでの認識についてより容易に理解することができるであろうと言う。われわれは、持続や時間とはまったく別の仕方で永遠の相を考察しなければならない。精神は、今はじめて獲得すると仮定された十全な観念を、永遠の相のもとでの完全性そのものとして所有する。これは、すでに所有していたことをまったく意味しない。というのは、この〈すでに〉は、明らかに時間に規定された理解の仕方だからである。精神における永遠性あるいは必然性は、物の存在に関する時間ではなく、物の本質に関する系譜学にまさに帰属する特性である。ここでの系譜学は、永遠の相のもとでの身体の本質、物の本質、神の観念という秩序をもつ。

これらの要素は、すぐ後で詳しく論じるが、意味変形と価値転換の、その意味でまさに系譜学的な三角形の特異点である。それゆえこの三角形は、単なる幾何学的図形ではなく、まさに自然学的図表そのものとなる。スピノザは、たしかに第五部において永遠の相のもとでの認識論を展開する。しかし、それは、実は永遠性や必然性といったいくつかの特性概念に依拠しすぎているようにも思われる。言い換えると、スピノザは、結局は『エチカ』を共通概念の適用の秩序のもとでの、あるいは無媒介的区別――永遠と持続、十全と非十全、能動と受動、等々――を大前提とした論理に終始しているのではないかとも言える。そこで、以下においてわれわれは、こうした第三種の認識に関して、特性や性質に依拠するのではなく、これを一つの極限の思考として、すなわち構成的で産出的なあるいは批判的で創造的な仕方で論究するつもりである。

心身の最小回路――強度的並行論について

人間精神は、永遠の相のもとにおいても自己の人間身体についての志向性をけっして失ったりはしない。要するに、スピノザにおいては、永遠の相のもとでも精神と身体の並行論が存立しなければならない。したがって、こうした究極の心身並行論は、次のように表現されることになる。

> 精神は、永遠の相のもとに理解するすべてのものを、身体の現在の現働的存在を考えることによって理解するのではなく、身体の本質を永遠の相のもとに考えることによって理解する（定理二九）。

この精神と身体の並行論は、まさにそれらの間の強度的な最小回路として存立する。精神は、身体の現働的存在を考える限り、つまり自己の存在する身体の触発を表象する限り、必然的に物を時間の諸様態と関係させて理解するしかない。しかし、精神の思考力能は、身体の本質を永遠の相のもとで考えることができる。つまり、そうした精神は、同様に物を永遠の相のもとで知覚することができる。要するに、精神は永遠の相のもとに或るものを認識するが、スピノザは、これについても身体との並行論のもとでしかその認識が成立しないことを述べている。「身体の現在の現働的存在」とは、文字通り、持続のうちに現前する自己の身体の存在のことである。これに対して永遠の相のもとで物を認識する精神は、自己の人間身体を現働的存在としてではなく、その身体の本質のもとで理解するであろう。これらは、まさに物の二つの存在の仕方、すなわち物の無媒介的な区別のもとでの二つの現働的な有り様（永遠と持続）に対応している――「物は、われわれによって二つの仕方で現働的なものとして考えられる。すなわち、われわれは、物を一定の時間と場所に関係して存在すると考えるか、それとも物を神のうちに含まれ、神の本性の必然性から生じると考えるかである」（定理二九、備考）。これも同様に、スピノザにおける無媒介的区別を前提とした典型的な表現である（［表9-1］）。

［表9-1］人間の心身並行論における二つの存在の仕方

	延長属性	思考属性
永遠の相のもとで	人間身体の本質	人間精神の本質
持続の相のもとで	人間身体の存在	人間精神の存在

　この表の二つの矢印は、並行関係にある実践哲学の線である。この持続の相のもとでの心身の存在の並行論は、その限りで最小回路を形成する。これと同時に永遠の相のもとでの心身の本質の並行論は、この最小回路においてより大きな部分を占有しようとする欲望あるいは努力のもとに存立する。さて、身体の現在の現働的存在に対応する精神は、二つの方向性を明らかにする――(1)一方は受動感情あるいは混乱した観念によって表示される持続の時間化の意義に終始する方位、(2)他方はその現在の現働的存在をまさに唯一の現前性という仕方で、つまり時間の諸様態からの脱-表象化という仕方で十全な欲望が生成する方位。言い換えると、一方の持続の相には、身体の受動的触発とこれに対応する受動感情あるいは非十全な観念とが人間の存在上の並行論を構成する。他方の「或る永遠の相」には、身体の能動的触発とこれに対応した能動感情あるいは十全な観念とが人間の存在上の並行論を構成する――「物を或る永遠の相のもとに知覚することは、理性の本性に属する」［強調、引用者］（第二部、定理四四、系二）。無際限な持続と或る永遠の相とは共立するが、倫理的な実践哲学として考えると、持続の相のただなかに或る永遠の相のもとでの知覚が共通概念によって存立することになる。つまり、共通概念あるいは理性知は、持続の相を相対化するような脱-持続化（あるいは反-表象化）の力能を有している。この脱-持続化とは、過去、現在、未来といった時間の表象作用に媒介されない物の認識の仕方のことである。

〈或る永遠の相〉のもとでの並行論は精神の理性知と身体の現働的存在とに関わるが、いわゆる

〈永遠の相〉のもとでの並行論は精神の直観知と身体の本質とからなる。前者の〈或る永遠の相〉とは異なり、後者の〈永遠の相〉は、まったくの非‐持続の相を意味する。つまり、〈永遠の相〉のもとで物を理解する精神は、身体の現在の現働的存在における変様の観念をもつのではなく、身体の本質を考えることによって理解する力能を有するのである。身体の存在を考える精神と身体の本質を考える精神との間には、明らかに無媒介的区別が存在する。それにもかかわらず、われわれは、永遠であることを感じ経験する。それは、けっして未知の特別な感覚でも経験でもない。われわれは、それを想起することのように感じるのである。スピノザの無媒介的区別の概念は、『エチカ』の至るところで絶えず作用している。持続の相と永遠の相の区別は、そうした区別のもっとも典型的な事例の一つである。しかし、われわれは、スピノザの倫理学のうちに受動から能動への移行あるいは反転の実践哲学を考える限り、その区別のうちにまったく別の線を見出すことになるだろう。

〈度合の生成〉の問題投射——無媒介的区別の思考を超えて

能動と受動、十全な認識と非十全な認識、永遠と持続、十全な原因と非十全な原因、等々、これらの間には〈無媒介的区別〉がある。そこでは、一方から他方への或る連続性を前提としたような移行などけっしてありえない。こうした移行は、つねに或る媒介領域の存在を前提とするからである。あるいは受動から能動への或る種の飛躍なども、それらの間ではけっしてありえないであろう。ここでは、とりわけこうした無媒介的区別、あるいは連続的移行や類比的飛躍などの思考のうちに潜在的に存在するより本質的な思考の仕方を明らかにしたいと思う。無媒介的区別がスピノザの思考の根本に存する考え方であることは、たしかに間違いない。したがって、これに関する言表は、『エチカ』の哲学を形成するがゆえに、テクストの至るところで見出すことができる。また、それだけでなく、その概念は、スピノザの哲学的思考の至るところで絶えず現働的に機能している。

最初にそのもっとも典型的な表現の一つを挙げておく。一方の人間精神の非十全な観念による活動の決定はけっして徳に従っているとは言えないが（＝受動）、これに反して、他方の十全な観念を有する人間精神の活動はまさに理解することによる活動の決定（＝能動）である（第四部の定理二三、あるいは第三部の定理三）。これを証明するスピノザの言説は、次のようなものである。

> 〔1〕人間が非十全な観念を有することによって活動に決定される限り、彼は働きを受ける。言い換えると、その限りで彼は、自己の本質のみによっては知覚されない或ること、すなわち自己の徳から生起しない或ることを為すのである。〔2〕これに反して、彼が理解することによって活動するよう決定される限り、彼は働きをなす。言い換えると、その限りで彼は、自己の本質のみによって知覚されうる或ること、すなわち自己の徳から十全に生起する或ることを為すのである（第四部、定理二三、証明）。

スピノザは、こうした無媒介的に区別されるものについての思考をつねに有している。ここではあえて数字を付して両者の区別を明確にしたが、しかしながら、無媒介的に区別されるべき観念の二つの様式、あるいはそれを有する人間の活動の差異は、実は単に無関係なものの間の区別ではなく、それ以上に理解されるべき〈度合の生成〉が投射されたものである。自己の本質から知覚されない或る事柄を為すこと、それが人間の受動性の意味であり、これに対して自己の本質のみによって知覚される或る事柄を為すこと、それが人間の能動性の意味である。これらの間に、つまり能動と受動との間の或る中間的な特性は、まったく存在しない。スピノザが言う能動相と受動相は、言語表現のなかで把握されたり、文法的に理解されたりするようなものではない。というのも、観念と言葉は、絶対に異なっているからである（第二部、定理四九、備考）。諸観念は、相互に非‐文法的という意味での〈原因‐結果〉の作動配列のもとに存立する。それゆえ無媒介的区別は、そうした言語上あるいは文法上の諸様態あるいは諸様相を完全に否定する概念でもある。要するに、中動相の発想はあくまでも言語のうちでの様態であるが、それが一度、神の観念のうちに持ち込まれるや否や、直ちに神は擬人化し、また同時に人間は擬神化するであろう。能動あるいは受動は、無限であれ有限であれ、ただ様態にのみ妥当する所産的自然の存在の仕方である。神は、絶対的な能産的自然であり、したがって能動的とも言われえない。何故なら、神の絶対的な活動する力能は、受動との相関性のもとで考えられた能動ではまったくないからである。その本質に存在が含まれるもの、言い換えると、その無形相な活動する力能（本質）にこれを存在として表現的に構成する形相（属性）が必然的に含まれるもの、それが神であり、またそれを神と称するのである。

それに対して、様態に固有の存在、つまりその本質に存在が含まれない物の存在は、その本質も含めて、強度あるいは度合という様式を根本とする。こうした意味において人間精神における感情も理性も直観も、すべて思考の度合である。同様に人間身体のあらゆる変様は、すべて触発の度合を有している。こうした度合の概念は、何よりも〈より多く〉と〈より少なく〉から構成的に表現される(4)。われわれは、次の定理を通して、無媒介的に区別されるものの間にいかなる関係が存立するのかを考えることができるであろう。

各々の物は、より多く完全性を有するに従って働きを為すことがそれだけ多く、働きを受けることがそれだけ少ない。反対に各々の物は、働きを為すことがより多いに従ってそれだけ完全である（定理四〇）。

この定理は、もっとも重要な〈度合の生成〉についての思考を含んでいる。すなわち、それは、無媒介的区別のうちには度合に関する逆比例的な相関関係が存立するというものである。より多くの完全性（＝実在性）を有することはより多くの喜びの感情に刺激されることであり、これはあくまでもわれわれの受動性の有り様を表示するものであった。しかし、ここで言われているのは、受動性においてより多く完全性へと移行するならば、それだけ能動することがより多くなり、それと同時に受動することがより少なくなるということである。これは、言い換えると、度合の生成による無媒介的区別の発生である。換言すると、無媒介的に区別されるものは、相互に度合として同時に発生するのである。つまり、無媒介的に区別される能動と受動との間には、あるいは十全な認識と非十全な認識との間には、度合の生成に関して二つの逆比例の相関関係がある——一方の外延量的な増大あるいは減少を有する逆比例の関係、他方の内包量としての質的生成の増大あるいは減少を有する逆比例の関係。個物の現働的本質は、神あるいは自然の絶対的な力能の強度的部分である。つまり、そこでは、或る力能の度合としての特定の閾値（様態）のうちに引かれた無媒介的区別は、つねに移動している。たとえ外延量的な増大あるいは減少のもとでの逆比例の関係を有するとしても、それは、つねに度合の生成を含み、また表現している。一つの個物がより多く完全であれば、それだけその個物はより多く能動するが、これを言い換えると、より少なく完全であれば、それだけその個物はより多く受動する。

要するに、その個物がより多く能動することは、それがそれだけより少なく受動することを示している。これが第一点である。

たしかに〈より多くの完全性〉を有することは、より多く能動することであり、言い換えると、同時により少なく受動することになる。しかし、能動性とは、より多く能動することであると同時に、より少なく受動することを必然的にかつ不可分なものとして含んでいるのだ。そこには、実は内包量的な増大あるいは減少のもとでの逆比例の相関関係が、つまり度合の生成――度合のブロック、質的生成――が存在する。これは、能動的で十全な観念を有する人間精神を考える限りにおいてのみ理解されうる、非十全な認識との間の度合の生成――強度の差異――である。十全な認識のうちには非十全な認識との直接的な強度の差異が含まれているのだ。これは、言わば一つの個物のうちの完全性の量が単により多いかより少ないかではなく、その個物のうちにより大きな完全性への多様な移行が存在するという意味である。つまり、〈より大きな完全性〉と〈より小さな完全性〉との間には、第一に感情の幾何学における肯定的受動性における二つの度合の生成の関係が、第二に肯定的能動性と否定的受動性――〈より多くの完全性〉あるいは〈より少ない不完全性〉と〈より少ない完全性〉あるいは〈より多くの不完全性〉――との間の逆比例の生成関係が存立する（[図9－1]）。

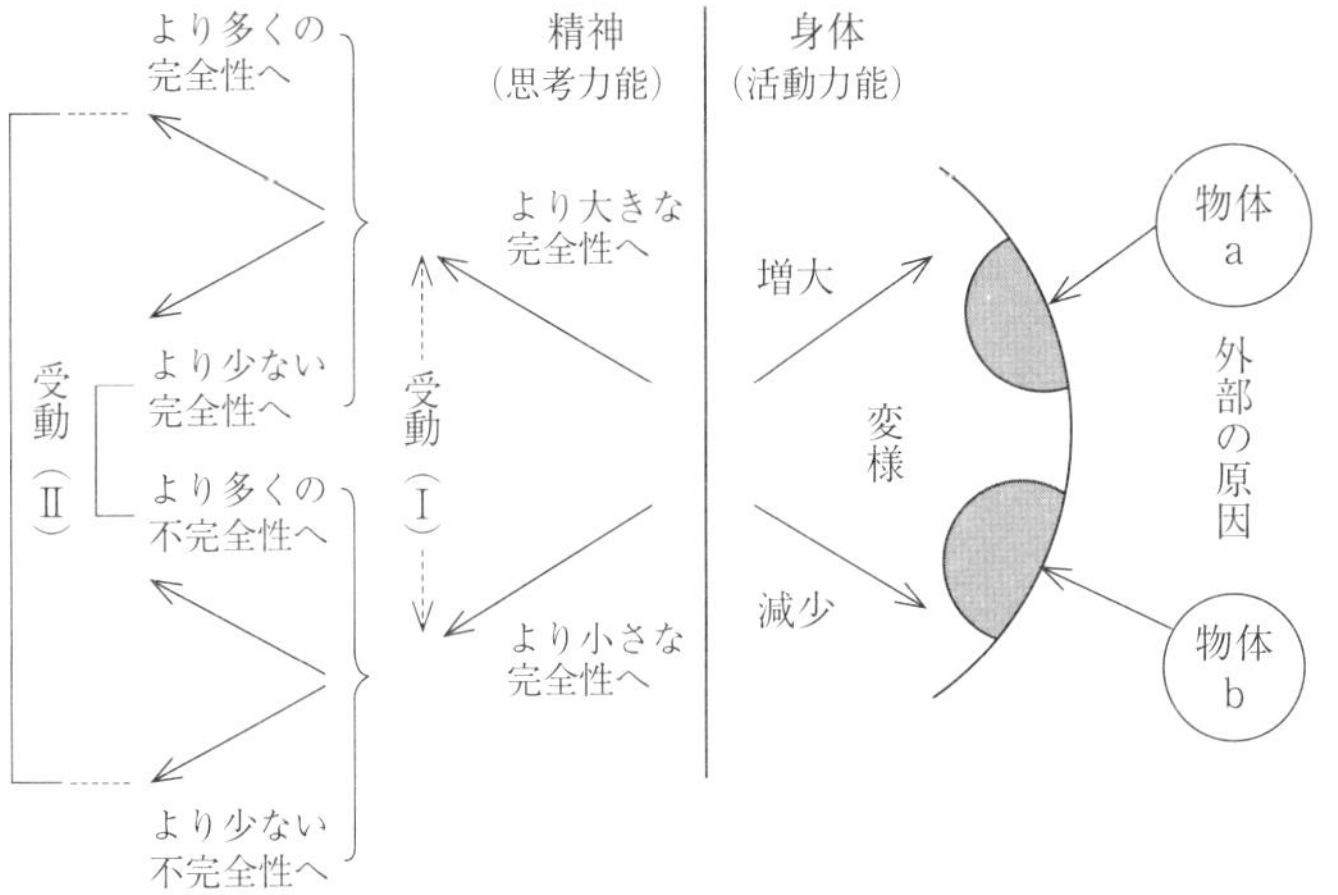

[図9-1] 受動と能動あるいは非十全と十全によって表現される〈度合の生成〉

要するに、無媒介的区別は、所産的自然におけるすべて〈度合の生成〉を含む限りでそのように言われるのである。相互に無媒介的に区別されるものは、逆比例の相関関係をともなって相互に度合として生成するのである。能動と受動、十全と非十全、永遠と持続、等々は、実は強度の諸特性であり、度合性をその本性とするさまざまに両端化されたモデルあるいは典型である。精神の能動あるいは十全な観念は、より多く働きを為し、かつより少なく働きを受けることの表現である。これに対して精神の受動あるいは非十全な観念は、今度はより少なく働きを為し、かつより多く働きを受けるということの表現である。無媒介的区別は、実在的区別ではない。それは、このように考える限りで様態的区別の一つである。というのも、無媒介的に区別されるものは、まさに相互にこうした〈度合の生成〉という様式のもとに存するからである。

さて、こうした度合の生成を「至福」という能動感情に関して考えてみたい。至福は、自然から超越した人間の感情などではない。それは、むしろつねに自然に内在し直すことにともなう感情である――「至福とは、神の直観的認識から生じる精神の満足そのものにほかならない」(第四部、付録、第四項)。至福は、第三種の認識としての直観知を最近原因とする能動感情である。言い換えると、至福は、けっして悲しみに反転しない喜びの感情、つまりその意味で能動的な喜びである。しかしながら、必然的に能動的な至福も、実は度合の生成のうちに存する〈感情 - 様態〉である。

至福(beatitudo)は、徳の報酬ではなく、徳それ自体である。そしてわれわれは、快楽(libido)を抑制するがゆえに至福を享受するのではなく、反対に至福を享受するがゆえに快楽を抑制しうるのである[強調、引用者](定理四二)。

つまり、〈至福〉と〈快楽〉との間には、無媒介的に区別されるものの間での度合の生成がある。言い換えると、至福は、快楽との間に逆比例の相関関係を有する。要するに、至福は、一つの度合であり、したがって超越的感情ではなく、一つの内在性の感情である。至福は、人間精神においてより多くの仕方で多様な度合のもとで享受される能動感情である。また至福と快楽との間には、能動と受動という特性を異にする感情の単なる質的生成があるだけでなく、〈享受 - 抑制〉という人間精神が有する力能の方向性がある。

人間の本質における二つの変形——残酷と至福

われわれは、スピノザが言う「持続」あるいは「時間」を倫理学的な地図上に設定し直す必要があるだろう（持続と時間については、「第七講義」を参照）。持続は、たしかに質的であるが、しかしたとえそれが時間として外延量化されえないとしても、或る種の延長性を有していることに変わりはない。スピノザは、持続を次のように定義している——「持続とは、存在の無際限な継続である」（第二部、定義五）。言い換えると、その物が現実に存在するということは、持続のもとでの無際限な継続を有することである。われわれは、量化された時間に翻弄されてはならない。永遠は、たしかにあらゆる属性が有する特性の一つである。では、持続は、あらゆる属性の有限様態が有する特性であると言えるであろうか。あるいは、そのように理解したとしても、その持続に何の意味があるのか。スピノザにおける神の本性を構成する無限数属性の意義は、このような思考のもとで改めて問われる必要があるだろう。持続は、延長属性の有限様態が有する特性である。したがって、持続の典型あるいは持続上の存在のモデルは、明らかに身体（＝物体）の存在である。それゆえ、人間精神における非十全な観念あるいは受動感情は、外部の物体による身体の触発をモデルにする限りで、持続上の存在の表現となる。

　延長属性における様態は、無限であれ有限であれ、持続あるいは時間という特性を有する。とりわけ有限様態としての人間身体は、精神にとって最初の持続の意識を与えるものであり、その限りでまさに一つの死のモデルともなりうる。したがって、人間精神がもつ死への恐怖は、自己の持続上の存在が無限定な継続にすぎないことを了解しているがゆえに生じる感情でもある。何故なら、死は、自己の身体の外部からしかやってこないからである——「いかなる物も、外部の原因によってでなくては滅ぼされることができない」（第三部、定理四）。生の努力はたしかに外部の物体との出会いを組織化することであるが、これは、言い換えると、無際限な総合だと言えるだろう。こうした組織化あるいは総合は、やはり必然的に〈希望／恐怖〉の体制を意識のうちに生み出すことになる。ということは、誤解を畏れずに言うと、永遠の相のもとでの認識においては、無際限な継続ゆえの〈死への恐怖〉は消滅するのと同時に、〈生への希望〉も失われることになる。何故なら、それは、もはや時間のうちでの〈希望／恐怖〉の体制に依拠しないからである。

精神は、より多くの物を第二種と第三種の認識において認識するに従って、それだけ悪い感情から働きを受けることが少なく、またそれだけ死を恐れることが少ない（定理三八）。

もはや受動感情のうちで悲しみへと反転することのない喜び、つまり受動感情の特性をまったくもたない喜びを考えてみよう。それは、もはや喜びとは言えないだろう。それに特別な言葉を与えなければならないのではないか。それゆえこの能動的喜びは、すでに述べたが、スピノザにおいて「至福」と呼ばれることになる。身体の本質を考えることは、精神が単に身体の本質をキャンバス上の無言の絵画のように観想することではない。それは、身体の本質の触発を認識することである。精神は、身体の本質の触発を身体の存在の触発と同じように感じ、また経験することができるのである。

さて、スピノザは、人間がいかなる受動状態にあっても、つまりいかなる身体的変様に刺激されたとしても、何らかの明晰判明な概念を形成しうると言う（第四部、定理四）。言い換えると、これは、人間はいかなる悲しみに刺激されていても、つまりどれほど小さな完全性の状態にあったとしても、必ず喜びへあるいはより大きな完全性へと移行しうることを意味している。それは、人間がどれほど悲惨で破滅的な状態にあったとしても、たとえ存在において最低の度合に存していたとしても、自然のうちでは絶対的に肯定されるという考え方である。しかし、これに反して次のような公理がある。

物の自然のなかには、それよりももっと有力で強力な他のものが存在しないようないかなる個物も与えられない。どんなものが与えられても、その与えられたものを破壊しうる他のもっと有力なものが与えられる（第四部、公理）。

これは、一定の時間と場所を占有するすべての個物について妥当する破壊の〈可能性の条件〉であり、また自然の共通の秩序である（定理三七、備考）。スピノザは、たしかにいかなる悲しみの状態にあっても、この悲しみから喜びへの移行を可能にするような、外部の物体との遭遇を組織化しうる力能を人間が有することを肯定し続けるであろう。しかし、現実にこの移行の可能性が完全に絶たれたような個物、つまり悲しみから喜びへの反転あるいは移行の可能性がまったく尽きた状態の個物が存在することもたしかであろう。あるいは存在し始めると同時に、自己の存在よりも圧倒的に有力で強大な他のものが自己に現前しているような個物は、そもそも自己の存在に関する一定の時間や場所が配慮される以前に、言わば絶対的な悲しみに触発されているのではないか。言い換えると、このことは、自己の活動力能の無際限な減少に、あるいはむしろその活動力能そのものの破壊に曝されているようなものであろう。これは、まさに他者不在の世界でもある。何故なら、ここには喜びへの可能性が消尽しているだけでなく、それを可能にするものとして他者が存在しないからである。存在上いかなる意味においても、この個物の活動力能が増大することはない。それは、この存在においては完全に尽きている。そうであるとすれば、この個物は、その絶対的悲しみから何を憎み、何を欲望するのか。どれほどの悲しみの状態にあっても、あるいは外部の状態がどれほど自己の存在を否定しようとしても、自己の本質だけは、たしかに自己の存在への尽きることのない愛を有すると考えられる。

　しかし、自己の存在に対するその本質による愛をまさに憎み破壊しようとする感情がある。それが、まさに「残酷」(crudelitas)という或る特異な感情であり、欲望である。

> 残酷あるいは残忍とは、われわれの愛する者あるいは憐れむ者に対して、害悪を加えようとわれわれを駆りたてる欲望である(第三部、感情の定義、三八)。

われわれは、愛したり憐れんだりしているその者に対して、害悪を加えようとする欲望に駆られることがある。この欲望が、残酷と呼ばれる感情である。さて、自分の憎む者から実は自分が愛されていると表象するなら、彼は、その者に対して憎しみと愛という二つの相反する感情に囚われることになる(第三部、定理四一、系)。そして、この場合に、もし憎しみが愛に勝るとすれば、彼は、自分を愛してくれる者に対して害悪を加えようと努めるであろう。これが、まさに残酷の感情である。しかし、この残酷は、まだ怒りや復讐という欲望と混合している[5]。それゆえスピノザは、それ以上に過酷な条件をこれに付け加える――「とくにその愛してくれる者が、憎しみを受けるどんな通常の原因も与えなかったとしたら」、それはなおさら残酷であろう（第三部、定理四一、系、備考）。これは怒りも復讐もなしに害悪を加えるようわれわれを駆る特異な欲望であり、これこそが残酷と言われるものである。この欲望は、怒りと復讐をともなわない言わば純粋残酷である。

個物の本質、人間の現働的本質は、つねに自己の現実的存在と一致するよう努力する力能である。言い換えると、人間の本質は、人間の存在に対する無際限な愛を含んでいる。自己の存在を維持しようとする力能が無限定な持続を含んでいることは、自己の存在への無際限な愛を意味するのだ。自己の人間の本質は、いかなる意味においても自己の人間の存在に憎しみを与えるものではないだろう。しかしながら、そうした人間の本質に対して、害悪あるいは変形を加えようと自己の現働的存在を駆りたてる欲望が有るとすれば、それは、純粋かつ絶対的な残酷であるだろう。われわれは、この意味での残酷を駆動する感情を、まさに〈絶対的喜び〉としての至福に対する〈絶対的悲しみ〉と称したい(6)。それは、たしかに人間の本質の触発であるが、しかしむしろその本質の過酷な変形である。自己の人間の本質を憎む者が、他の人間によってではなく、自己の本質によってしか自分の存在が愛されていないと感じたなら、その者は、自己の本質に対して愛と憎しみの衝動に同時に襲われるであろう。しかし、憎しみ——自己の無力能——が優勢を占めるなら、その者は自己の存在を愛する自己の本質に対して破壊あるいは変形を加えようと努力するであろう。これは、まさに能動的残酷である。

個物の本質を知覚すること——第三種の認識について

スピノザの第三種の認識（直観知）は、神それ自体の直観的認識を述べたり、あるいはすべての物の本質直観を目標にしたりすることに存してはいない。そんな認識は、単なる夢物語であり、また神話以外の何ものでもない。ニーチェならば、それは、ディオニュソス的衝動あるいは「陶酔」から切り離された、単なるアポロン的な衝動あるいは「夢」にすぎないと言うだろう(7)。それ以上に、こうした本質一般の認識は、人間にとっていかなる有効性ももたない。それは、いかなるプラグマティックにも実践にもつながらないからである。スピノザにおける第三種の認識である直観知は、こうした意味での本質一般の直観論と混同されているように思われる。その限りで、この直観知に疑念を抱く人が多く存在するのも事実である。人々は、どうして直観知が必要なのかという疑問を抱く。人間の生においては、表象あるいは感情と理性的認識だけで充分ではないのか、と。しかし、ここでの問題は、第一に理性がどのように個物の本質を理解するのかにある。そこから、直観知への欲望が理性それ自身のうちに生起しなければならないのだ。スピノザは、次のように明確に、第二種と第三種の認識の違いについて述べている。

これ〔われわれの精神の存在も本質も神に依拠しているということ〕によって私は、直観的認識あるいは第三種の認識と名づけた〈個物の認識〉がいかに多くのことを為しうるか、またそれが第二種の認識と名づけた〈普遍的認識〉よりもどれほど有力であるかを明らかにしようとしたのである。というのも、私は、第一部において、すべてのもの（したがって、人間精神もまた）が本質と存在に関して神に依拠することを一般的に示したけれども、その証明は、たとえ正当であって何ら疑念の余地がないとは言え、神に依拠するとわれわれが言った各々の個物の本質そのものからこのことが結論される場合のようには、われわれの精神を感動させないからである（定理三六、備考）。

直観知は、個物の認識であり、正確に言うと、〈個物の本質〉の認識である。すべてのもの（様態）は、その本質と存在に関して神という能産的自然を原因として産出された結果である。ということは、或る個物の本質を認識することは、神の能産的な力能を知覚することになる。物の特異な本質は、概念によって認識されるのではなく、まさに直観によって知覚されることしかできないものである。これに対して共通概念は、すべての物の存在に関する十全な概念であり、その限りで〈普遍的認識〉である。言い換えると、それは、個物の本質を構成するものについての認識をけっして与えない。したがって、スピノザは、もっとも普遍性の高い共通概念の観点から書かれた第一部においては、神を作用原因として産出された様態の本質と存在とについて一般的に示しただけであると言うのだ。言い換えると、理性知から直観知への移行は、〈神の概念〉——共通概念としての神——から〈神の観念〉への移行が必然的にともなうと言ってもよいであろう。

さて、重要なことは、理性化した欲望は、第三種の認識のもとで物の本質を認識することを欲するということである。

物を第三種の認識において認識しようとする努力あるいは欲望は、第一種の認識から生じることはできないが、第二種の認識から生じることはできる（定理二八）。

ここからスピノザにおける実践哲学の秩序あるいは意義を明確に引き出すことができる。それは、非十全な観念からいかにして十全な観念を有することができるのかという問い方から生起する諸問題である。(1)これは、物の存在の領域における非十全な認識と十全な認識との間で生起する問題である。これらは、物の存在についての認識の仕方の違いにほかならない。(2)これに対して、存在における非十全な観念から十全な観念への移行ではなく、十全な認識における物の存在からその本質への転換に関する問いが、つまり実践哲学における第二種の認識が今度は第三種の認識の発生的要素になりうるという論点が成立する。これは、物の存在と物の本質との間で提起される認識の問題である。つまり、これは、十全な認識における物の存在とその本質との間の差異に関わるものである。この点をもう一度注視していただきたい。第三種の認識は、実践哲学の形成の秩序に存するが、しかしそれ以上に、きわめて戦略的な帯域に帰属し、言わば実験哲学とさえ言えるものでもある。何故なら、この帯域は、単に三種類の認識が共立するのでも、第一種から第二種へ、そして第三種へという仕方で段階的に移行するのでもなく、これら諸認識のまったく別の関係を明らかにするからである。

或る身体から別の身体へ

第三種の認識のもとで規定される言わば実験哲学について論じる前に、ここで人間身体についてもう一度考察しておきたい。多くのことに有能な身体を有する者は、それと並行論的にその最大部分が永遠である精神を有する。さて、認識の様式が部分的に多様化するにつれて、つまり受動的精神のうちの或る部分に能動的な概念が形成されるにつれて、またその部分に強度的な直観の観念が発生するにつれて、その者の人間身体も並行論的に三つの水準の触発が生起することになるだろう。⑴精神が物の存在を非十全に認識する場合、人間身体は、もっぱら外部の感覚可能なものの存在によってのみ触発を受ける存在である。⑵精神が物の存在について十全な観念を有する場合、人間身体は、そうした感覚可能なもののうちで感覚されるべきものの存在からより多く触発を受ける存在になる。⑶精神が物の本質について十全な認識を有する場合、人間身体は、もはや自己の身体の存在上の触発ではなく、その身体の本質を触発するような仕方で自らの感覚すべきものの本質を感覚するものとなる。(8) さて、こうした意味での身体の生成変化については、より根本的な問題提起の仕方が考えられる。それは、或る身体から別の身体へという表現のうちにある。スピノザは、まさに「別の身体へ」という言葉を発したはじめての哲学者であろう。すでに述べたが、精神における〈批判の問題〉は、つねに身体におけるこうした意味での〈臨床の問題〉と並行論的に考えられなければならない。

きわめて多くのことに有能な身体を有する者は、その精神もまた、それ自身だけで見て、〈自己〉と〈神〉と〈物〉とについて多くを意識している。それゆえ人生においてわれわれは、とくに幼児期の身体をその本性が許す限り、またその本性に役立つ限り別の身体に変化させようと努める。すなわち、きわめて多くのことに有能な身体、そして〈自己〉と〈神〉と〈物〉とについてもっとも多くを意識するような精神に関係する身体に変化させようと努める［強調、引用者］（定理三九、備考）。

スピノザは、ここでいったい何を言いたいのか。子供の身体から大人の身体への変化はたしかに自然の変化であるが、それと並行論的に形成される精神は、記憶と習慣の秩序を超えた、つまりそれらの表象的な意味と価値にまったく重要性を置くことのない変化を所有する。スピノザがここで言う「有能な身体」とは、いったい何を意味しているのか。それは、単に身体の存在上の適性を指示しているわけではない。何故なら、身体には能動も受動もなく、身体に帰属するものはただ触発あるいは変様そのものだけだからである。言い換えると、そうした身体の触発を受動的か能動的かと判断するのは、まさに精神の側にしかないだろう。というのも、〈能動／受動〉は、自己の身体の変様についていかなる観念を所有しているかの問題だからである。より多くのことに有能な身体とは、身体の存在上の触発と同時に、より多く自己の人間身体の本質が触発されることである。それは、精神においては、より多く自己と神と物につ

いて意識することであり、それらの観念によってその永遠性が表現されるということである。(9)

第九講義　附録——戦略哲学としての『エチカ』の折れ目

ここまで、われわれは、第一種の認識（第三部）、第二種の認識（第四部）、第三種の認識（第五部）を順次考察し論究してきた。本書の冒頭で述べたように、『エチカ』は五部からなり、それゆえ『エチカ』全体を順番に取り扱おうとすれば、通常その考察は、この第五部の第三種の認識で終わることになる。しかし、本書は、それとは異なる秩序と連結のもとで『エチカ』を論じている。その意義は、ここで明確になるように思われる。ここまでの言わば経験論的秩序は、身体のプラグマティック、精神の実践哲学のもとに展開された。したがって、本書の内在的思考は、次のように考える。『エチカ』の第一部から第二部に至る神についての考察は、同様に共通概念の形成の秩序のもとにあり、これと同時に戦略哲学として提起されるべきである、と。それゆえ、第一部の考察に入る前に、これまで考察してきた三つの認識の様式、あるいは感情と三つの認識とを総合的に、つまり改めて実験あるいは戦略哲学として論究し直す必要がある。ここにあるのは、経験論的な形成の秩序と理論的な適用の秩序との間の折れ目でもある。これから述べるが、要するに、第五部から析出されうる戦略哲学の観点から言うと、『エチカ』の折れ目は、第二部と第三部の間にあるのでも、あるいは第三部と第四部の間にあるのでもなく、まさに第五部と第一部との間に存するのである。

〈外部性の形相〉としての認識の諸様式

改めてスピノザにおける認識の諸様式（表象知あるいは受動感情、共通概念あるいは能動感情、直観知あるいは至福）がいかなる哲学上の意義を有しているのかを考えてみよう。(1)感情は、まず情感や気分ではない。それは、たしかに非十全な観念であるが、しかし身体の存在上の〈異他‐触発〉に対応した一つの実在性の認識である。あるいは感情は、その限りで外部に存在する多様な物の対象性を直接に含んでいる。それは、非十全な混乱した認識であり、したがって非十全な実在性を含むものであるが、しかし物の或る対象性を確実に有している。(2)また共通概念は、単なる〈一般性‐個別性〉に関する物の理解の様式、すなわち一般概念でもなければ、あるいは同一性に関する認識の仕方、つまり抽象概念でもない。それは、自己の人間身体の存在なしには存立しえない最初の十全な観念であり、その限りで人間の能動性を表現する特異性そのもの——人間身体の存在上の〈自己‐触発〉——の理解の仕方である。〈自己‐触発〉とは、その受動感情あるいは〈異他‐触発〉なしにも同じ活動へ決定されることである。(3)最後に直観は、単なる主体性に帰属するような知覚などではない。それは、それを知覚する存在者から自律した本質的対象性そのもの——身体の本質の変様についての思考——のことである。人間の精神と身体の最小回路のもっとも強度的な部分が、この直観知のもとに存立する。スピノザにおけるこうした受動感情、共通概念、直観知は、この限りですべて記憶や習慣に基づく認識（言わば内部性の形式）に対する或る種の外部性の諸形相であると言える。というのも、こうした観念は、記憶や習慣といった認識の内部性の諸形式に対するまさに〈外〉の諸力を含む形式、つまりダイアグラム的形相だからである。ここで言う〈外〉とは、自己の身体が存在する領域、つまり延長属性のうちに存在する延長様態の存在の流れ、その力能が渦巻く領域のことである。〈外〉とは、自己の身体とともに必然的に発生するものである。こうした身体の触発領域を精神において表現するもの、すなわち観念の諸形相は、例えば、言語における言葉の信号的形式とはまったく異なるものとなる（これについては、「第六講義」を参照せよ）。

　スピノザは、記憶と習慣からなる内部性の諸形式を解体するという意味で、それらに対する外部性の諸形相として三つの認識を形成しえたのである。こうした諸形相は、内部性の形式をなす三つの認識の様式——情感、一般概念、知覚——を明確に規定し、それらを批判することができる。つまり、外部性の諸形相は、認識における内部性の諸様式をより少なく意識させるという仕方で、それらを実質的に減算して、精神と身体の最小の並行論回路をより多く認識させることができる。それこそがまさに〈外の思考〉あるいは〈身体の思考〉である。われわれはここで、記憶と習慣に基づく内部性の諸形式が作り出す三角形と、それを破壊するスピノザにおける外部性の諸形相——身体の思考——としての三つの認識の様式とをそれぞれ図示することができる（［図9‐2］、［図9‐3］）。

さて、われわれは、いかなる理由から外部性の形相が内部性の形式に対して並行論の最小回路をなすと言えるのかを説明しなければならない。認識における内部性の諸形式は、「第一講義」で述べたように、精神の肥大化あるいは巨大化を生み出す。というのも、これは、互いに排除し合う、あるいは矛盾し合うものさえも包摂するような、人間精神の認識と論理の回路をつくり上げるからである。言い換えると、それは、〈無〉や〈否定〉や〈不在〉の観念からむしろ積極的に人間精神を規定しようとすることである。人間精神は、こうして自己の身体の変様を無視して、地下室や洞窟に置き去りにすることになる。精神は、とりわけ一般概念の有効性のもとで、つまり一般概念の波長のもとに人間身体の外部に存在するすべての物を包摂し、その結果として身体と精神との最小回路を無差異なものにして

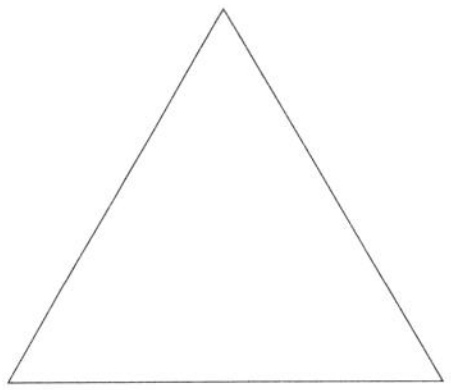

［図 9-2］ 認識における内部性の諸形式あるいは巨大な三角回路

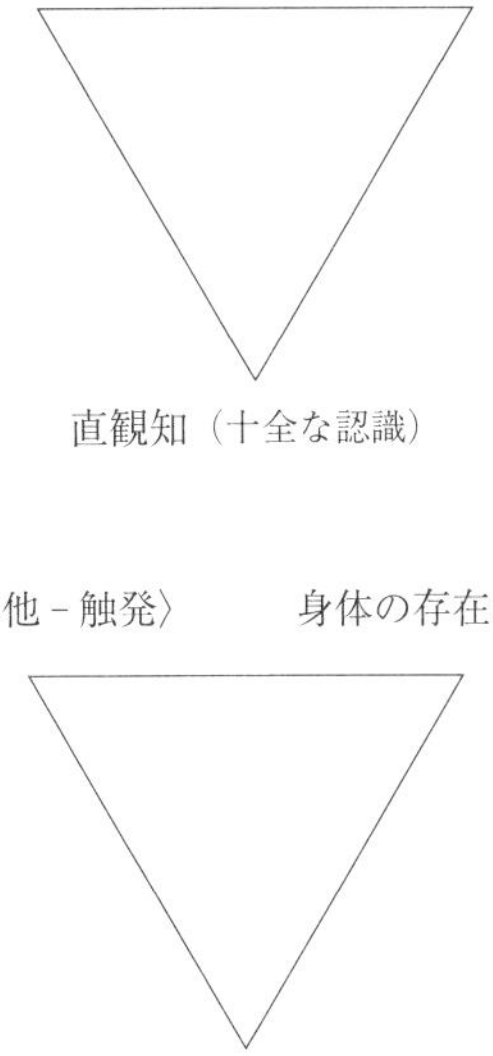

［図 9-3］ 心身並行論における外部性の諸形相あるいは最小の三角回路

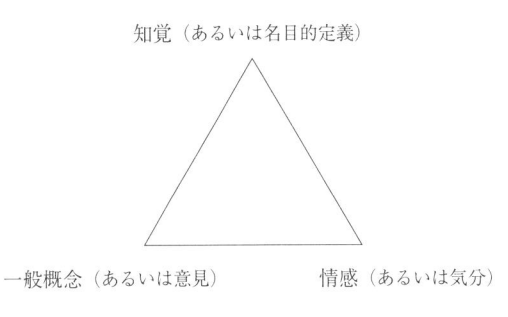

しまうのだ。それと同時に精神は、人間の進歩や発展、展開や進化といった事柄がもっぱら自分たちだけに帰せられると考えるようになる。これこそが、まさに精神の暴走化の基盤となるようなニヒリズムの始まりである。人間身体なしに、あるいはその価値を徹底的に低下させて〈考えること〉それ自体への価値評価が、まさに精神のこうした性質と不可分であることがわかるであろう。

しかしながら、巨大な三角回路と最小の三角回路は、人間精神において相互外在的に存立しているわけではない(［図9‐2］と［図9‐3］)。しかし、この最小の三角回路の方は、まさに一つの実験の回路である。それは、或る特定の領域――認識、実践、制作――に特化されることなく、そのすべてに部分的に関わる。それゆえ、この実験回路は、まさに外部性の諸形相と呼ばれるのに相応しい。この最小の実験回路は、記憶あるいは習慣の巨大回路を批判して、例えば、ドゥルーズが言う適用の秩序と形成の秩序との双方を促進する機能を有するであろう。その限りにおいてこの回路は、適用の秩序にも形成の秩序にもけっして還元されえない仕方で、記憶と習慣の内部性の諸形式に対する破壊の先端ともなりうるのである。それは、むしろ実験ゆえの無秩序さの度合によって人間精神において形成されるべきものである。しかし、最小の三角回路は、それでも巨大回路に先立つだけでなく、またその存在根拠、その基盤となるものである。巨大な三角回路は、人間身体の存在上の変様を表現する強度の地図(人間身体における諸々の〈実在性‐力〉の流れの地図)なしに、あるいはそれを無視する限りで形成される以上、つねに精神のうちで肥大化する傾向にある。これは、スピノザが言う記憶あるいは習慣の秩序そのものである。この三角回路は、よく観ていくと、三つの特異点――知覚、概念、情感――からなる図形であるだけでなく、三つの内部性の形式からなる一つの図表であることがわかる。つまり、［図9‐2］は［図9‐4］のように描かれうる。

さらにこの図に最小の三角回路を形成しうる外部性の諸形相(感情、観念、直観)を加えると［図9‐5］のような図表ができあがる。巨大な三角回路においては、(1)知覚と一般概念が協働して、まさに認識における外延的な個別性(知覚)と内包的な一般性(概念)との間で内部性の形式を形成する(a)。ここでは、人間身体の存在の触発は完全に無視され、それゆえ感情も同様に知性に対して劣ったものとしてこうした内部性の論理から排除されることになる。あるいは逆に、感情がこの内部性の形式(知覚‐一般概念)に還元されるや否や、それは、今度は主観的な気分や内面の情緒として理解されて、この形式を情感の側面から支持するものとなる。しかし、感情は、むしろそうした

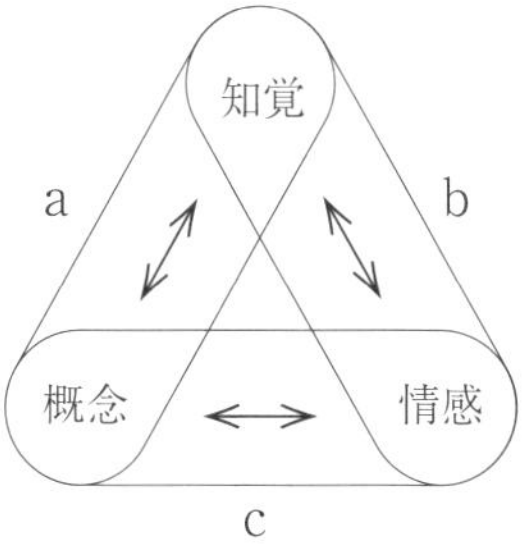

a、b、c：内部性の形式
概念：一般概念
知覚：受容的知覚

［図 9-4］巨大な三角回路の内部構造

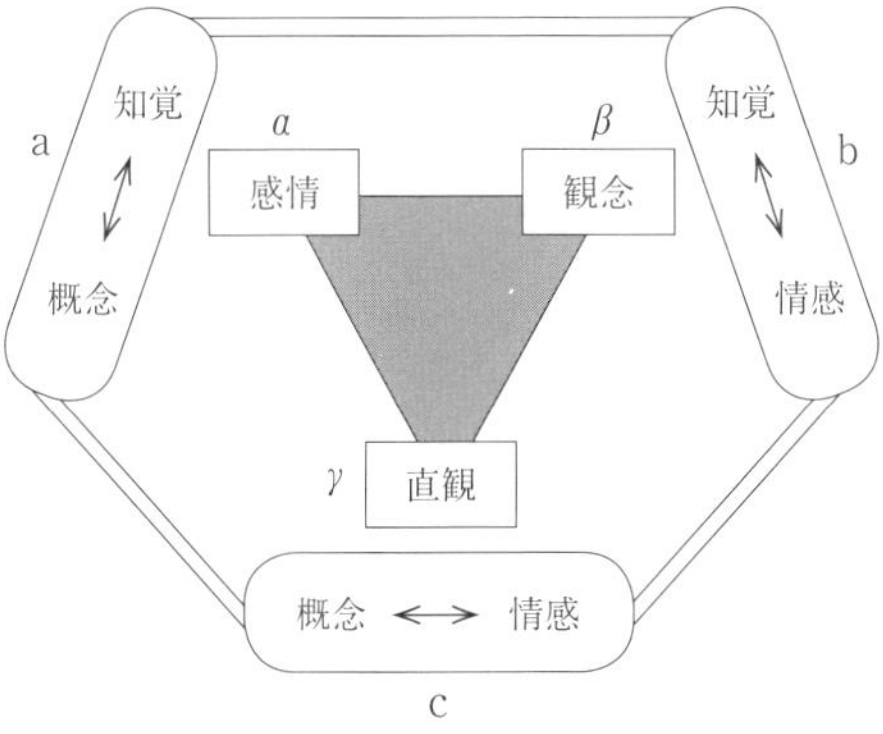

α、β、γ：外部性の形相
観念：共通概念

［図 9-5］二つの三角回路からなる一つの図表

内部性の論理的支配にけっして帰属することのない或る外部性の度合を有する。感情において人間精神は、まさに自己の身体とともに一つの外部性の形相として存在すること——別の感じ方——ができるのである。第一種の認識は感情に基づく非十全な認識であるが、スピノザにおける感情は、人間の内面に気まぐれに現われては消え去るような単なる気分や情感などに還元不可能な、身体にもっとも近接した〈感情‐変様〉の回路を形成するものである。感情は、要するに、人間の主観性を覆うような混乱した被膜などではない。〈感情《アフェクトゥス》〉は、身体の存在の〈変様《アフェクティオ》〉を肯定する表現である。

ここに、第一種の認識における外部性の形相（感情）が、第一の内部性の形式——〈知覚↔一般概念〉——に対して存立し始めることになる。しかし、こうした感情は、二つの完全性の方向を有していた。それらは、自己の人間身体の単なる変様ではなく、身体の活動力能の増大あるいは減少を表現する場合に対応する。前者は精神において喜びとして、後者は悲しみとして表示される。身体における活動力能の度合の変化としての変様は、精神における思考力能における質的生成としての感情に並行論的に対応している。こうした感情は、われわれの知覚と一般概念、あるいは記号と意見との間に出来上がった内部性の形式に抗して、それらを批判し破壊する外の諸力を有している（α）。記号と意見を媒介にして多くのものを知覚するならば、それは、一般概念を前提とした認識を形成することにしかならないであろう。これに反して身体のプラグマティックとして述べてきた領域においては、記号と意見に基づく判断は、欲望の決定に対してつねに事後的に為されるしかない（第三部、定理九、備考）。ここでは、身体の活動力能の増大あるいは減少によってのみ、われわれにとっての〈善《よい》〉あるいは〈悪《わるい》〉が規定されるのである。

第二にわれわれは、或る感情から出発して身体の触発を含んだ共通概念を形成することができる。言い換えると、巨大な三角回路においては、(2)情感と知覚が協働して、まさに複数の様相のもとで体験化され習慣化された第二の内部性の形式――〈情感↔知覚〉――をつくり上げる（b）。ここでは、身体の触発は、無視されるというよりも、むしろ秩序づけのためにより多く配慮されるとさえ言える。こうした記憶あるいは習慣の形式は、その限りで差異についての反復を意識させるものである。それと同時に一般概念は、この形式を無差異の観点から支持する機能を担うことになる。というのも、一般概念は、身体の触発をまったく含まないからである（しかし、そうした概念でさえ、実は身体をその発生的要素としているのだ。これについては、「第一四講義」を参照せよ）。ところが、思考力能が身体の諸々の触発について無差異でないなら、そこには身体の変様あるいは精神の感情についての差異の（共通）概念――別の思考の仕方――が形成されうるであろう（β）。つまり、人間身体の活動力能の増大方向は、喜びを媒介として異なった認識の様式へとわれわれを移行させる機会となる、あるいは受動から能動へと反転する地点までわれわれをもたらすものとなるであろう。それは、十全で、それゆえ能動的な観念を所有しうる方向である。ここには、たしかに一般概念を批判して、共通概念を形成する思考の力能が存在する。ここに言う共通概念とは、自己の人間身体とこれを触発する外部の諸々の物体あるいは身体との間でのみ形成される概念であり、その限りでの諸々の〈実在性‐力〉の流れの概念である。これが精神の実践哲学の領野である。

これらに対して、さらに第三の帯域が、つまり戦略哲学の領域が存在する。巨大な三角回路においては、(3)一般概念と情感が協働して、第三の内部性の形式――〈概念↔情感〉――をなしている（c）。それは、一般概念における対象の個別的な表象化と、これにともなう諸情感のコード化からなる。しかし、こうした概念と情感とを結びつける知覚が、この内部性の形式に還元されえないような形相を有するとしたらどうなるであろうか。それが、この表象化とコード化に対する外部性の形相としての直観知（γ）――別の知覚の仕方――である。一般概念は、図式化された特定の表象像を有し、それと同時にそれに対応した情感がともないうる。しかし、一般概念と知覚を媒介する情感よりも有効な、身体の変様の観念としての感情（α）が存在し、また知覚と情感に一般性を与えていた概念よりも有効な、自己の人間身体を起点とした共通概念（β）が形成されるなら、これらの問題的な諸形相のもとで知覚は、ただちに物の本質の知覚である直観知（γ）へと生成するであろう。そして、これらを特異点とした認識の最小の三角回路が成立する。これは、まさに戦略哲学あるいは実験哲学である。何故なら、それは、実践哲学の形成の秩序がなしうることを、その秩序なしに決定されることができるからである。これが第三種の認識の隠された力能である。言い換えると、それは、運動（身体の存在）から速度（身体の本質）への転換である。というのも、戦略哲学においては、第三種の認識は、人間身体の触発のもとで、感情と観念と直観とを同時により多く思考する仕方だからである。

三つの対象性について——被情動態《アフェクト》、被概念態《コンセプト》、被知覚態《ペルセプト》

さて、こうした戦略化されたスピノザにおける三つの認識の様式は、整理すると、二つの倫理学的意義を本質的に有するであろう——一つは実践哲学として、もう一つは外部性の形相として。⑴実践哲学としては、第一種の認識から第二種へ、さらに第二種から第三種へといったように、言わば経験論的な移行論的秩序がそこには成立する。しかし、これは、或る意味で道徳的な上昇的段階論のような、反動的な地層化の論理に陥る危険性がつねにある。例えば、共通概念の形成の秩序は、実践哲学としては第三種の認識を目標にしているのはたしかである。これに対してまさに倫理学的意義の第二の側面が、つまり外部性の諸形相という思考法が重要となる。⑵それは、段階的あるいは移行的ではなく、言わばこうした精神との並行論的関係をなす身体を含んだ絶対的速度のなかで人間身体の触発を問題にすることにある。言い換えると、外部の諸形相から構成される最小の三角回路は、身体の触発においてはじめて理解される〈光〉と〈影〉と〈色彩〉の流れである。例えば、三つの認識の様式をつねに外部性の諸形相として考える限り、われわれは、非十全な観念としての〈感情 - 影〉に触発されると同時に、その原因を知覚するなら、直ちにその原因としての物を一般概念のもとで認識することをやめて、自己の身体の触発のもとで共通概念を所有することになる——一般化された〈影／光〉の内部性の形式を破壊して、共通概念を外部性の形相として分離し形成すること（共通概念という〈色彩 - 被概念態《コンセプト》〉）。同様に、感情は、正確に言うと、〈光／色彩〉の内部構造に還元不可能な、外部の変調の諸力を表現する〈影 - 被情動態《アフェクト》〉である。最後に、直観は、〈色彩／影〉の内側に捕獲されない力能の速度を表

示する〈光‐被知覚態《ペルセプト》〉である(1)。

スピノザのこうした戦略哲学を反復する思考が存在する。ドゥルーズ＝ガタリは、スピノザにおける感情、概念、直観に対応した、外部性の諸形相を提起している。しかも、われわれはここで、ドゥルーズ＝ガタリが提起した戦争機械論という一つの新たな思考の仕方、すなわち実験論を、実践哲学をまさに無媒介化するものとして提起したい(2)。ドゥルーズ＝ガタリの感情、概念、直観についての考え方を簡単に示しておく。芸術作品を事例として取り上げたい。芸術作品は、必ず特定の物質を基盤として存在する。つまり、芸術作品は、事実上はそれが依拠している特定の物質を超えて持続することはありえないが、権利上はそれを知覚する者を超えて、その作品それ自体において保存されるものである(3)。そして、この「保存されるもの、つまり物あるいは芸術作品は、感覚の或るブロック、すなわち被知覚態と被情動態との或る合成態である(4)」。つまり、芸術作品は、物としては物質的に規定された境界を必ず有するが（事実問題）、しかし作品としてはその境界から分離した自己の被知覚態と被情動態のもとで保存される（権利問題）。さて、直観、すなわちこの〈被知覚態《ペルセプト》〉（percept）は、〈知覚《ペルセプション》〉ではないし、これを体験する者の状態から独立している。また情動、すなわち〈被情動態《アフェクト》〉（affect）は、〈情感《エモーション》〉や〈変様《アフェクション》〉ではないし、これを経験する者を超え出ていると言われる。同様に概念、すなわち〈被概念態《コンセプト》〉（concept）は、〈意見《オピニオン》〉や〈命題《プロポジション》〉ではないし、一般性の理解の仕方（一般概念あるいは抽象概念）でもない。この三つの〈被‐様態〉は、人間の知覚や変様や意見から自立した或る対象性を示している。つまり、それらは、人間の主体性に完全には帰属しえないものである。それらは、その限りでそれを知覚し感覚した人間が存在しなくなっても存続するものである。被知覚態と被情動態は、単に芸術作品についての諸感覚のブロックとして存立するだけでなく、人間身体のあらゆる持続上の触発と同時に人間身体の本質の触発に属するものであり、したがって「或る永遠性」を有している(5)。つまり、こうした永遠性をともなった三つの対象性は、われわれが持続のうちで知覚し、感じ、思考する意識主体――内部性の諸形式――からの〈脱‐化〉の有限な運動とその無際限な速度とを有する。スピノザは、身体を導入することによって、最初から意識中心主義を批判することができ、また無意識の思考を、つまり身体と無意識との並行論を展開することができた。スピノザは、現代的な言い方をすると、〈人間精神は無意識である〉と言っていたのである。いずれにしても、ここで再‐表現されうるのは、知覚と変様と意見からなる内部性の諸形式、つまり認識の巨大な三角回路を解体しようとする限りで、そ

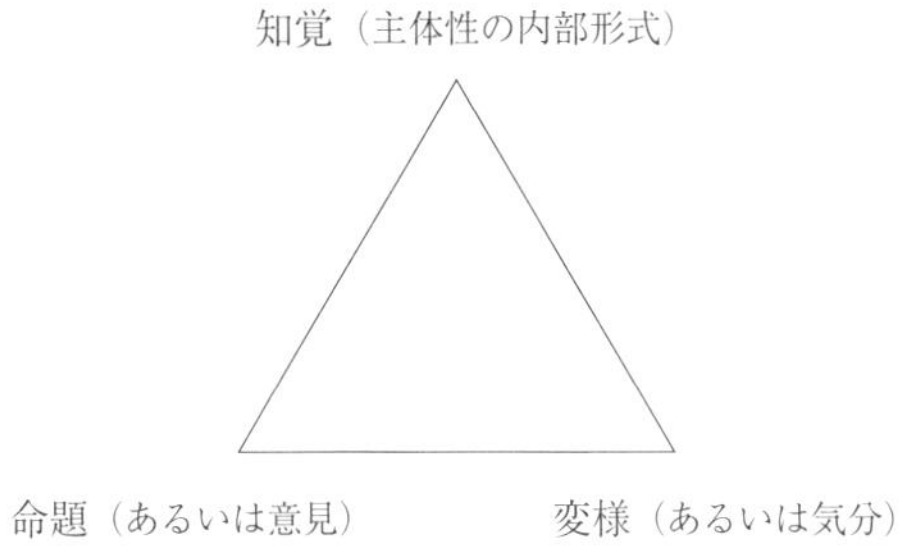

[図9-6] 人間の主体化とともに形成される巨大な三角回路

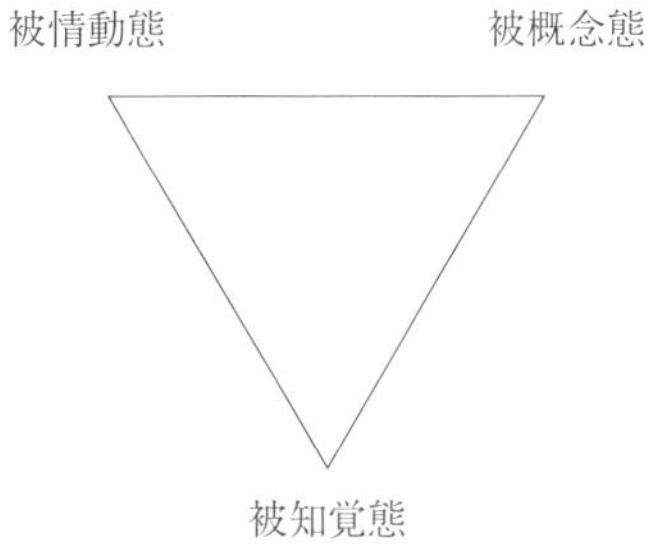

[図9-7] 外部性の諸形相からなる最小の三角回路

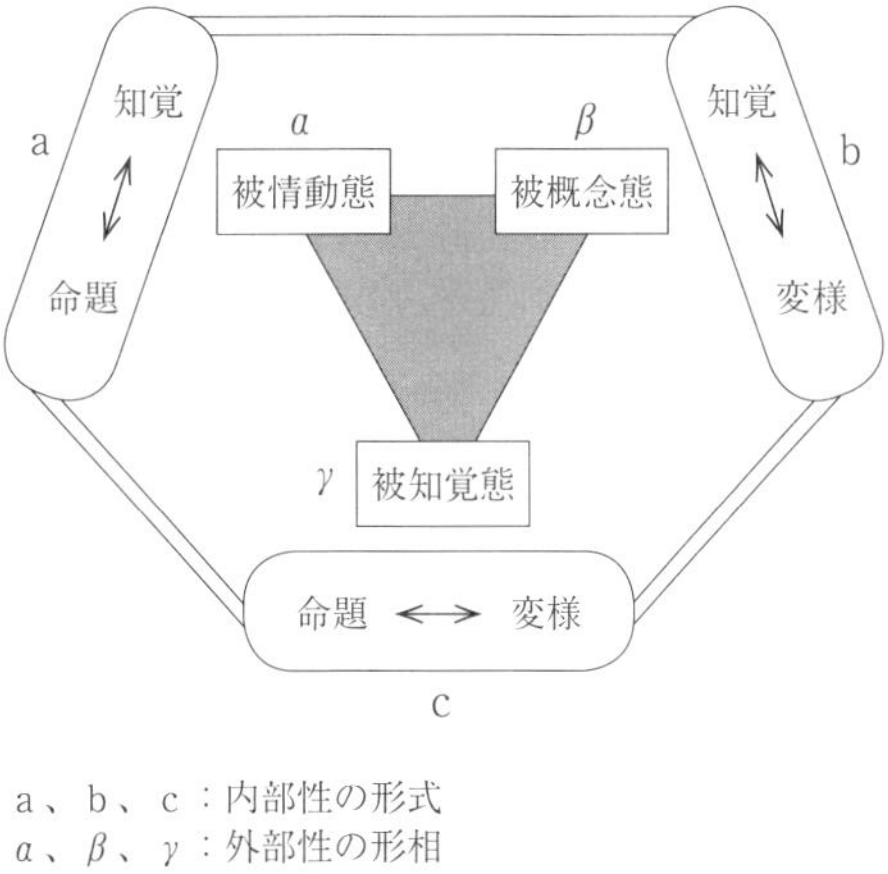

a、b、c：内部性の形式
α、β、γ：外部性の形相

[図9-8] 二つの三角回路からなる一つの図表

の反対の意義を有する最小の三角回路である。これは、反道徳主義的な〈エチカ〉が内部性の形式に対して見出し形成すべき外部性の諸形相あるいは外の思考そのものである（[図9-6]、[図9-7]）。ドゥルーズ＝ガタリは、これに対して言わば最小の三角回路の運動と速度を捉えて、それらについての問題を投射している。それは、[図9-8]のように示すことができる。ここから、戦略哲学におけるスピノザの三つの認識の様式の関係が、より理解可能になるだろう。

最小の実験回路について——実践哲学から戦略哲学へ

さて、『エチカ』の第五部の最後に位置する重要な備考に戻ろう。こうした三種の認識が強度的な最小の三角回路として存立するが、これは、別の表現に本質的に関係する。それは、究極の三角回路、すなわち〈自己〉と〈神〉と〈物〉とからなる最小回路の問題投射である[6]。

無知者は、外部の諸原因からさまざまな仕方で揺り動かされて、けっして精神の真の満足を享有しないばかりでなく、そのうえ〈自己〉と〈神〉と〈物〉とをほとんど意識せずに生活し、そして彼は働きを受けることをやめるや否や、同時に存在することもやめてしまう。これに反して賢者は、賢者として見られる限り、ほとんど心を乱されることがなく、〈自己〉と〈神〉と〈物〉とを或る永遠の必然性によって意識し、けっして存在することをやめず、つねに精神の真の満足を享有している（定理四二、備考）。

『エチカ』の最後の定理に付されたこの備考は、実践哲学の一つのまとめである。ここでは、三つの特異点――擬人化した神、人間的な意味と価値によって地層化した世界、ニヒリズムの動物としての人間――からなる古い巨大な三角形は、完全に死滅している。スピノザが言う〈神〉と〈物〉と〈自己〉は、これらとはまったく異なる生成変化を遂げたものである。肥大化した人間精神の三角形は、すでに述べたように、さらに三つの内部性の形式が分離不可能な仕方で結合している状態である。この三角形の全体に依拠した人間を概念的に人物化したのが、スピノザがここで言う「無知者」である。無知者とは、具体的にはどんな人間のことであろうか。それは、何よりも受動し続ける人間のことである。それは、言い換えると、ニヒリズムを生きる人間である。すなわち、それは、擬人化され超越化した〈神〉、人間によって位階序列化し地層化した〈世界〉、そしてニヒリズムの様態としての〈人間〉からなる巨大な三角回路を生の諸条件として呼吸している者たち、あるいはそれらから働きを受ける者たちのことである。それは、言わばこの内部性の諸形式のなかに囚われた者たちのことである。しかしながら、こうした三角形をわれわれは、いったい何と称したらよいのだろうか。これは、かつてのオイディプス三角形（パパ、ママ、ボクからなる）以上にわれわれを囲い込む強大な三角回路ではないのか。いずれにしても、それは、人間がまさに人間になるような、〈対 - 自然〉と〈世界 - 内〉と〈間 - 人間〉をつくり上げる根本的枠組そのものである（［図9 - 9］）。

さらに、この巨大化した三角回路を構成する三つの内部性の諸形式を、すでに論究したように規定することができる――〈神↔世界〉（a）、〈人間↔神〉（b）、〈世界↔人間〉（c）。スピノザは、まさに『エチカ』において、こうした精神の暴走化によって、つまり身体よりも精神を優越化することによって肥大化した三角回路に抗して、丁寧に外部性の諸形相――〈自己〉（α）、〈物〉（β）、〈自然〉（γ）――からなる強度的な最小回路を人間精神のうちで直接に作動させようとしたのである。スピノザのこの倫理的思考は脱-擬人化の三角回路そのものであり、巨大な三角回路に対してそのすべての特異性はまさに外部性の諸形相として存立する。それらは、脱-擬人化する内在性の〈神あるいは自然〉、非-人間化する〈自己〉、反-地層化する強度的な諸〈物〉である。無知者に抗して、スピノザが言う「賢者」とは、肥大化した巨大な三角回路のなかに強度的部分としての最小の三角回路を形成しつつ生きる者のことである。それは、言わば減算する民衆である。では、内部性の形式とは何か。それは、一方では相互に相反するが、しかし他方では相互に補完し合うような二つのものが協働し、その限りで自らの力が及ぶ範囲を拡張していくような形式のことである。これに反して外部性の形相は、この内部性の形式に完全に反対のものであり、その内部性の諸要素のどちらにも還元されず、またこの形式のうちに突然現れて一方のものを加速したり減速したりしながら、他方のものには別の線を引くよう促したりするような諸機能を有するものである。こうした外部性の諸形相は、その総体としては一つの多様体を合成するが、それ自体としてはその内容とともにまさに変形、変身、転換の力能そのものである。

[図 9-9] 存在論化（＝擬人化）された最大級の三角回路

　擬人化の三角形は、三つの特異点と三つの内部性の形式からなる。(1)〈神↔世界〉においては、神という超越的価値――とりわけ〈善／悪〉、〈真／偽〉――の実体化と、これとともに世界の位階序列化とが、一つの内部性の配分空間（a）を整える。しかし、これらをけっして補完しないような人間の或る強度的部分、つまり人間身体と最小回路を形成する〈自己〉、すなわちロゴスと神話を無化するような身体の触発と精神の情動とを有する〈自己〉が、それらの外に一

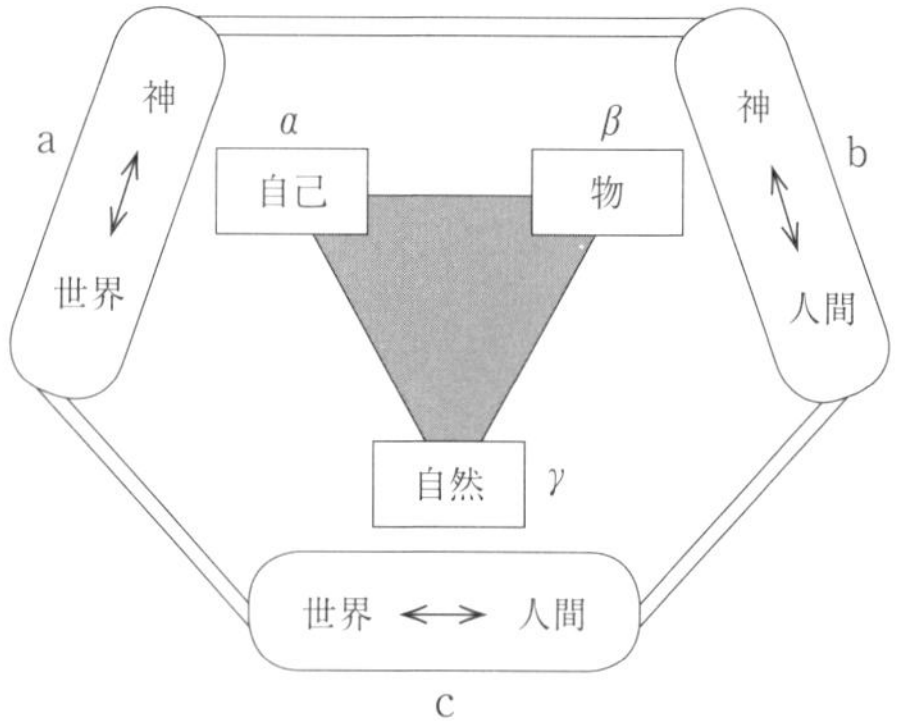

[図9-10]『エチカ』の戦略哲学における二つの三角回路について

つの形相として形成されうる（α）。⑵同様に〈人間⟷神〉においては、まさにこの肥大化した三角回路の原因と目的が含まれているだけでなく、ニヒリズムを本性とする或る種の動物の発生がここに登録される。しかし、この内部性の発生形式（b）のうちにけっして内部化されえない物の存在の仕方が、つまり〈人間‐神〉の知性や意志の対象とならないような物の外部性の様態が、世界ではなく、自然のうちには内在するのだ。それらは、〈量／質〉といった概念形式によって構成されえない物の力能の度合、すなわち強度（β）である。⑶また同様に〈世界⟷人間〉においては、自ら擬人化した人間の意識とそれによって地層化され、悲しくも目的論化された世界とが、主体とその客体という仕方で一つの有機的環境（c）を作り上げる。しかし、これらにけっして吸収されない絶対に無限な存在としての〈自然〉が、その本質と存在が、その内容と表現が、その力能と属性が、実在的に反転し合う外の本性（γ）が、人格神に完全にとって代わる（一神教よりも強力な無神論、すなわち絶対的無神論）（[図9‐10]）。

〈最小〉とは、自己の身体とそれに対応する精神とが並行論をなしている限りで言われる戦略あるいは実験の単位のことである。それは、大地に沈殿し、その大地を地層化してしまう古い三角形を別の新たな大地へと移すことではない。この最小の三角回路は、むしろ巨大で有機的な三角回路の減算の過程そのものである。それゆえこれは、ニヒリズムそれ自体を破壊するような〈エチカ〉に内在する中継路である。賢者は、来るべき民衆との間を生きる者である。これこそが賢者としての大地の意義である。実践哲学は、まさに『エチカ』の第五部において戦略哲学としての完全性を見出すのだ。『エチカ』は、しばしば個人の倫理について書かれた書物であると言われる。しかし、これは、ほとんど間違った見解である。この強度の三角回路はこの限りで絶対的孤独のうちに存在する者たちの間を経巡るが、しかしこうした孤独は〈非‐存在〉としての来るべき民衆なしにはありえないような孤独である。『エチカ』は、個人の倫理ではなく、むしろこうした来るべき民衆なしには存在しえない絶対的孤独の群れの証言そのものである。この民衆は、公理系ではなく、来るべき備考群を形成する者たちである。言い換えると、『エチカ』は、その限りで自由意志なき精神とともにある孤独者たちの書であり、来るべき民衆とのむしろ充実のうちに存在する一つの多様体の書である。それは、まさに来るべき民衆の〈自然 - 倫理〉である。

第 III 部

〈神－自然〉とは何か

第一〇講義　神あるいは自然について——人格神でも創造神でもなく

『エチカ』の「第一部　神について」の地図

概要

第一部は、「神について」である。スピノザが定義する神は、まさに自然と一つである。したがって、こうした神は、けっして人格神——擬人化された神——などではない。同様にこうした自然は、産出された自然——所産的自然（結果）——ではなく、第一に産出する自然——能産的自然（原因）——である。しかしながら、この前者も後者も、同じ一つの自然を構成し、また唯一同一の自然をなしている。すなわち、神は、こうした意味で自然そのものである。換言すると、スピノザの神は、われわれ自身が存在するこの所産的自然から超越した神ではなく、これと完全に等しい、その意味でまったくの内在的な神である。例えば、このように考えられたい。ぴったりと重なって絶対に分離不可能な、しかしまったく異なる——というのも、この場合の一方は能産的、他方は所産的という最大の差異を有するのだから——二枚の皿からなる一枚の皿を想像されたい。

神（実体）は、すべてのもの（様態）を結果として産出する原因、つまり〈作用原因〉である。しかし、この原因としての神は、すでに述べたように、この結果としての自然（所産的自然）に対して超越するものではなく、それと一つになって内在性をなすものである。つまり、神は、自然におけるすべてのものの〈内在的原因〉である。ところで、神は、別の物から産出されるような結果ではない（もし別の物から産出されたものだと考えるならば、神は、ただちに所産的自然（様態）になってしまう）。それゆえ、神は、それ自体において存在するもの、つまり自己のうちに存在するものである。これを「原因」の言葉を用いて言うと、このような存在の仕方を有するものは、〈自己原因〉であるということになる。この意味で神のみが、唯一の実体である。実体は、けっして他のものの結果となることもなければ、他のものから規定されて産出されることもない。したがって、実体は、自己のうちに在ると言われるのである。これに対して、実体から生起する様態は、他のもののうちに、つまり実体のうちに在るということになる。

さて、この実体の本質は、絶対的な存在する力能である。この「絶対的」とは、その力能が受動性の働きをまったくもたないという意味である。ところで、力能が力である限り、それは、いかなる形相も有さない。力能をそれ自体で考察すれば、そこにはいかなる形相も見出すことはできない。しかしながら、実体の本質としての力能は、これとア・プリオリに不可分な表現する形相を有する。この形相こそが、まさにスピノザにおいて「属性」と言われるものである。属性は、実体の本質あるいは力能を表現的に構成するア・プリオリな形相である。要するに、属性は実体の本質を構成的に表現する形相的原理であり、これによって表現されるものは神の本質としての力能、すなわち〈存在する力能〉である。つまり、実体の本質は、属性という表現形相によって〈表現されるもの〉、つまり表現内容である。属性は、したがって、原因、永遠、必然、無限といった「特性」からこのようにして区別されることになる。何故なら、属性は実体の本性を構成するものであるが、特性はこのように構成された実体を形容するものだからである。すなわち、特性とは、属性によってその本性が構成された実体の性質のことである。このように属性と特性――つまり、実体の本性の構成と実体の存在の性質――を区別すること、これは、スピノザの〈神‐自然〉を理解する際のもっとも重要な事柄の一つである。

「存在」が言われるもの、つまり〈存在する〉と言われるものは、実体と様態だけである。属性は、こうした存在者ではなく、あくまでも実体の形相である。さて、実体は、この形相のもとで様態的に変様する。能産的自然は、所産的自然に変化するのである。実体は、様態的変様という唯一の変化しか、つまり様態化しかもたない。この理由は、後に明らかになるだろう。この様態的変様が、実体による様態の産出である。この産出の様相は、可能性や偶然性ではなく、まさに必然性である。というのも、神は、〈自己原因〉として必然的に存在するが、この同じ必然性のもとで、〈作用原因〉として様態を産出するからである。要するに、属性によって構成される神の存在の必然性と、神の作用原因によって産出される様態の存在の必然性とは、唯一同一の様相として考えられなければならない。言い換えると、構成の必然性と産出の必然性は、分離不可能だということである（これは、われわれが神を完全に脱‐擬人化した仕方で思考する際のもっとも重要な条件の一つである。この理解のためにも、先に挙げた皿の事例は有効であり、もう一度思い起こされたい）。こうした神の本性には、知性も意志も含まれない。スピノザにおける神あるいは自然を認識し理解することは、〈脱‐擬人化〉の思考を徹底的に身につけることと不可分である。したがって、われわれは、同様に神をまったくの〈反‐目的論〉のもとで考えなければならない。

構　図

(1)八つの定義／七つの公理
(2)定理一から定理八まで――実体と属性：数的区別は実在的区別ではない
(3)定理九から定理一五まで――神を構成する特異な差異の概念（属性）：実在的区別は数的区別ではない
(4)定理一六から定理二〇まで――神の能産的自然性：構成から産出へ
(5)定理二一から定理三六まで――能産的自然としての神から産出される所産的自然
(6)附録――目的論批判

言表集

(1)「自己原因とは、その本質が存在を含むもの、あるいはその本性が存在するとしか考えられえないもの、と私は解する」（定義一）。――「自己原因」の概念は、「本質」（essentia）と「存在」（existentia）という概念を、これらの間の区別あるいは同一という観点から考えることによってより明確になる。

(2)「神とは、絶対に無限な実有（ens）、言い換えると、各々が永遠で無限の本質を表現する無限に多くの属性からなる実体である、と私は解する」（定義六）。――これは、神についての「実在的定義」である。というのも、ここでは、〈定義されるもの〉（＝神）の発生的要素がまさに「属性」として明確に規定されているからである。神の本質は、これを表現する〈属性‐形相〉のもとで認識され理解されうるということである。

(3)「結果の認識は、原因の認識に依存し、かつこれを含む」(公理四)。——認識とは、単に結果の認識ではなく、つねに原因からの認識でなければならない。結果の知覚は単なる表象化された認識様式であり、これに反して原因からの物の認識は表現の知覚様式を確立するであろう。

(4)「各々の物がより多くの実在性あるいは有(esse)をもつに従って、それだけより多くの属性がその物に帰せられる」(定理九)。——物の実在性あるいは有が属性に帰せられるなら、無限に多くの属性からなる物(=実体)は、絶対的な完全性あるいは実在性を有することになる。

(5)「神、あるいは各々が永遠で無限な本質を表現する無限に多くの属性からなる実体は、必然的に存在する」(定理一一)。——神の構成に関する第一の水準(属性による実体の構成)。つまり、無限に多くの属性によってその本性が構成された神は、必然的に存在する。

(6)「神の本性の必然性から無限に多くのものが無限に多くの仕方で(言い換えると、無限知性によって把握されうるすべてのものが)生じなければならない」(定理一六)。——神の構成に関する第二の水準(構成された実体による産出の秩序)。つまり、属性によってその本性が構成された神は、必然的に存在するだけでなく、同じ必然性のもとで無限に多くのものを産出する。

(7)「神は、あらゆる物の内在的原因であって、超越的原因ではない」(定理一八)。——所産的自然から能産的自然を分離すれば、直ちに神は超越化してしまう。言い換えると、内在性の神とは、人間の超越願望を破壊するような、自然それ自体がわれわれのうちに投射した最高の無仮説の原理である。

(8)「神の存在とその本質とは、同一である」(定理二〇)。——神の本質を構成する属性は、これと同時に神の存在をも構成する。言い換えると、実体である神の本質にはその存在が必然的に含まれる(したがって、様態の存在とその本質とは、同一ではないということが帰結する)。

(9)「必然的にかつ無限に存在するすべての様態は、必然的に神の或る属性の絶対的本性から生起するか、あるいは神の必然的にかつ無限に存在する様態的変様に様態化した或る属性から生起しなければならない」(定理二三)。——これは、実体と様態との間の産出の秩序を規定した定理である。これは、実体による無限様態の二つ(いわゆる前者の直接無限様態と後者の間接無限様態)の産出の仕方である。

⑽「神から産出された物の本質は、存在を含まない」(定理二四)。――実体としての神のみがその本質に存在が含まれるものである以上、神から産出された様態は、それが無限であれ有限であれ、その本質に存在は絶対に含まれない(定理二〇、参照)。

⑾「神は、物の存在の作用原因であるだけでなく、物の本質の作用原因でもある」(定理二五)。――神から産出された様態はその本質に存在が含まれない仕方で存在するものであるから、神は、自らが産出する物の存在と本質との作用原因であることになる。

⑿「一言で言えば、神が自己原因であると言われるその意味において、神はまたすべてのものの原因である、と言われなければならない」(定理二五、備考)。――自己原因は、作用原因と同一である。すなわち、その本質が存在を含むもの(=自己原因)は、その本質が存在を含まないものを必然的に産出する(=作用原因)ということである(原因の一義性)。この一義性にともなう様相は、必然性だけである。

⒀「個物は、神の属性の変様、あるいは神の属性を一定の仕方で表現する様態にほかならない」(定理二五、系)。――神は、ただ一つの変様、様態的変様だけを有する。個物は、神のこの様態的変様を各属性のもとで無限に多様に表現するという意味で「様態」なのである。

⒁「どんな個物も、あるいは有限で決定された存在を有する物は何であれ、同様に有限で決定された存在を有する別の原因によって存在し作用することに決定されるのでなければ、存在することも作用することに決定されることもできない。さらに、この原因もまた、有限で決定された存在を有する別の原因によって存在し作用することに決定されるのでなければ、存在することも作用することに決定されることもできず、このようにして無限に進む」(定理二八)。――これは、自然の共通の秩序の定理である。つまり、いかなる属性の様態であろうとも、それが有限様態である限り、この〈原因 - 結果〉の形式に従う(これは、有限な個物におけるもっとも基本的な〈原因 - 結果〉の産出の秩序である)。

⒂「意志は、自由な原因ではなく、ただ必然的原因とだけ呼ばれうる」(定理三二)。――スピノザは、知性と意志とを同じものとみなす。したがって、意志は、観念(知性)それ自体がもつ一つの作用であり、それゆえ思考の様態にほかならない。つまり、いかなる意志も、別の意志によって存在と作用に決定されるしかない思考属性の様態(観

念〉である。

⒃「ここからの第一の帰結。神は、意志の自由によって作用するのではない」（定理三二、系一）。――神の本性には、無限知性も絶対的意志もけっして属さない。というのも、いかなる意志であれ、それが観念の一つの作用である限り、思考属性の様態にほかならないからである。

⒄「神の力能は、神の本質そのものである」（定理三四）。――何故なら、神の本性には、自己原因としての絶対的存在と作用原因としての絶対的産出とが必然的に含まれているからである。神の本質を表現するのは属性であり、また属性によって〈表現されるもの〉は神の本質としての存在し活動する力能である。この無形相の力能は、そのア・プリオリで形相的な〈属性 - 条件〉によって存在する力能として構成的に表現され、かつ無限に多くの〈様態 - 度合〉によって活動する力能として必然的に表現されるのである。

⒅「それゆえ、それによって神自身が、またすべてのものが存在し活動する神の力能は、神の本質そのものである」（定理三四、証明）。――属性が形相的に表現する神の本質は、神の存在する力能である。同様に、実体の様態あるいはその属性の様態的変様である物が存在し活動しうるのは、この同じ力能を分有する限りにおいてである。

神についての地図作成法

『エチカ』には重要な一つの折れ目がある。それは、第五部と第一部との間にある。われわれは、本書においてたしかに奇妙な論述の順序を採用した。しかし、これよって明確になったのは、プラグマティックから実践哲学へ、そしてこれの完成としての戦略哲学である。この系列――第三部から第五部まで――は、言わば外部性の形相としての〈自己〉の形成の秩序である。これに対して、『エチカ』の第五部と第一部との間に折り目をつける戦略哲学においては、この第一部から始まるのは、まさに〈神〉と〈物〉とをさらなる外部性の諸形相として実質的に発生させることであり、また不可能とさえ思えるような外の思考を具体的に形成することである。要するに、一般的に言われているような自然学と倫理学との間の折り目――つまり第三部と第四部との間――でもなく、また適用の秩序と形成の秩序との間の折り目でもない、第三の折り目が、まさに『エチカ』全体を現代と未来における実験哲学として、つまり外部性の諸形相の思考として存立させることになるであろう――仮説ではなく、実験として。

いよいよ、『エチカ』の第一部「神について」を論究することになる。ここでは、この部をまず二つの部分にわけて論じていきたい。すなわち、それは、(1)神の本質が構成される水準――言わば神の論理学的構成――と、(2)このように構成された神が様態を産出する水準――言わば神の自然学的構成――とである。[1] 言い換えると、前者は神それ自身の〈本質の系譜〉であり、後者は神における〈産出の秩序〉に関わる。この二つの水準からスピノザにおける「神あるいは自然」が明確に規定されることになる。この二つの根本的な〈水準〉を総合して論じるには、さらに次のような三つの〈位相〉とそれらの間の二つの〈移行〉についての理解が不可欠となるであろう。すなわち、三つの位相とは、〈特性〉と〈構成〉と〈産出〉である。そして、それらの間の二つの移行とは、〈特性から構成へ〉と〈構成から産出へ〉である。こうした水準と位相と移行のもとで、われわれは、第一部のテクストについての単なる表層的な「地図」――これは、一般的にはよく「見取り図」と呼ばれるものである――ではなく、潜在的な地図作成法――概念の形成や知覚の変調なしに存立しえないような強度の地図――をつくり上げることができるであろう。スピノザの哲学において神を考えることは、言語の単なる表象的で習慣的な使用ではなく、まさに思考を行使すること、思考のうちに〈思考する〉という動詞が真に発生することである。これらをまとめると、次のようになる。

――第一部における神の潜在的な地図作成法の諸要素

(1)二つの水準：属性によって神の本性を構成する実体の系譜学（論理学的構成）／この構成された神における様態の産出の秩序（自然学的構成）
(2)三つの位相：特性／構成／産出
(3)二つの移行：特性から構成へ／構成から産出へ

脱‐擬人化された〈神〉について――表象と表現を批判的に区別すること

『エチカ』は、私たちが一般的に思い描いているような既存の有神論のように、最初から「神」を前提にしない。

そうではなく、『エチカ』は、むしろ「神」を発生させるのである。つまり、『エチカ』における「神」は、〈信仰の対象〉ではなく、〈発生の対象〉として考えられる。言い換えると、スピノザは、神を大前提とした思想を単に展開するのではなく、神を発生的に、つまり実在的に定義することを第一の思考にする（この〈発生〉の意味は、徐々に明確になるであろう）。それは、歴史的・社会的に規定され対象とされてきた〈神〉の理解をいっさい前提とすることなく、つねに無前提の、つまり真に無仮説の原理として〈神〉の概念を形成しようとすることにある。ここで言う〈無前提的〉とは、非歴史的であるが、しかし系譜学的という意味をもつ。

　したがって、スピノザは、神を単に無限的、永遠的、全能的、全知的、最高善的、最高美的、一者的、等々（＝特性）のような形容詞的な仕方で、つまり歴史的・社会的に通念化された一般的な仕方で、要するに表象可能な仕方で理解することを徹底的に批判することになる。これに対してスピノザが提起するのは、神の本性を構成する諸要素（＝属性）についての概念を、非歴史的にあるいはむしろ反時代的に、つまり表現的に獲得することである。というのは、神の本性を構成するものは、名詞化された事物との類似や形容詞化された表象からの類推によって把握されることができないからである。それは、むしろ或る動詞性としてのみ理解されうるものであろう。これは、その物に帰属する諸動詞を、まさにその物の本性を構成するものとして把握することである。さらに言うと、知性は、そのような動詞をその物の本性の形相的な表現として認識あるいは知覚しなければならない。そのためのわれわれの思考は、〈名詞－形容詞〉的な表象によってではなく、まさに〈副詞－動詞〉の表現によって獲得されうるような自然学を形成することにある。

神の名詞的・形容詞的な表象（特性）——批判的・創造的移行——→ 神の動詞的な表現（属性）

第一にこうした〈表現〉と〈表象〉の差異は、スピノザの哲学を理解する場合、もっとも批判的に区別されなければならない問題の一つである。もしこの区別を理解しないとすれば、スピノザの哲学は、おそらく人々にとって完全に理解不可能なものにとどまるであろう[2]。さて、神についての表象とは何か。それは、例えば、「神は、無限である」、

「神は、全知全能である」、「神は、最高善である」、「神は、存在そのものである」、「神は、一者である」、等々の言説を成立させているその形容詞的な特性についてのわれわれの思考のうちにある。しかし、スピノザにとっては、神についてのこうした言説をどれほど積み重ねたとしても、神を理解したことには少しもならない。というのも、そこでは、人間をも含めた、物の表層的な性質が、今度は――無限に完全化されて――神について単に列挙されているだけだからである。そこでは、神の本性も神の動詞も、まったく表現されていない。神の存在は、他の物と同様にもっぱら表象化されるだけである。すなわち、神を表象することは、われわれが日常的に見慣れたものを通して、それと類似したものとして神そのものを理解しようとすることである。これは、端的に言うと、神を擬人化して理解すること以外の何ものでもない。これに対して、神が表現されるということは、〈表現〉そのもの（＝属性）を、〈表現されるもの〉の本性（＝神の力能）を構成するものとして認識し知覚することにある。表象化された神ではなく、表現される神は、第一に当の神の存在そのものあるいはその神の本性を構成する諸要素から認識されなければならない。この要素こそが、まさに神の本性を〈表現されるもの〉として表現する「属性」である。

　さて、神は、唯一の実体である。この実体の本性――その本質と存在とからなる――は、無限に多くの属性から構成される。「属性」は、実体の本質を分有するような単なる特性や性質などではなく、実体の本性を逆に表現的に構成するものである。属性は、この限りで実体に等しいと言うことができる。何故なら、属性なしに実体は、けっして存在しえないからである。言い換えると、こうした〈表現〉（＝属性）の外部に、これによって〈表現されるもの〉（＝実体の本性）はけっして存在しえないということである。これが、まさに表現と表象との本質的な差異である。表象化された神あるいは実体は、その特性や性質をすべて除去したとしても、基体あるいは物自体として存在し続けると容易に理解されるからである（[表10-1]）。

　そして、ここには、アリストテレス的な実体の考え方――これはまた、われわれの日常のなかの考え方に即してもいる――とまったく異なるスピノザの思考の仕方がある。人々の通常の

[表10-1] 実体についてのスピノザの思考とそれ以外の考え方

神あるいは実体についての一般的思考	〈分有〉 実体の本質 ――――> 特性（表象）
神あるいは実体についてのスピノザの思考	〈構成〉 実体の本質（表現されるもの）<―――― 属性（表現）

〈実体〉理解は、たとえ実体がもつすべての性質を除去したとしても、当の実体そのものは絶対に排除されずに、まさにそうした性質の基体として存続するというものである。言い換えると、その物のあらゆる性質や特性を取り去ったとしても、その背後にそれ自体として存在し続けるものをそもそも「実体」と称しているのだから、と。しかし、スピノザが言う「属性」は、こうした意味での実体の性質や特性ではまったくない。何故なら、属性は、実体の本質――無形相の力能――を表現しつつ構成する形相だからである。つまり、属性を実体から排除して、実体そのものを抽出することはできないというである。属性は、実体の本質の表現であり、言い換えると、神の存在力能の動詞である（［図1－1］）。属性は、まさに神の表現そのものである。属性は、神の本性を構成するという意味でまさに〈表現〉なのである。属性は、神の存在力能の形相であり、その表現であり、その動詞である。ということは、神の存在力能は、属性によって〈表現されるもの〉として無限知性のもとで知覚される（定義四、あるいは第二部、定理七、備考）。〈表現〉と〈表象〉との違いは、神についてはまずはこうした動詞性（＝属性）と形容詞性（＝特性）との差異として理解されなければならない。このようにして、属性を神の力能の形相として論究することは、実はダイアグラム論を形成する思考として捉えることができる[3]。というのも、われわれは、ダイアグラム（＝図表）を、実在性あるいはその流れの形式として、すなわち、力あるいは力能の形相として理解するからである（これについては、「結論」で再び論じることになる）。

ここでは、さらに〈様相〉の観点からも考察しておこう。このように理解される神は、世界や自然におけるすべてのものについての〈可能性〉を司る神などではけっしてない。そうではなく、神は、すべてのものについて〈必然性〉という様相のもとでしか関与しない。ところが、神に関する言説のほとんどが、擬人化の精神において成立している以上、ほぼ〈可能性〉様相をつねに前提としたものとなる。つまり、神は全知・全能であるから、この世界とは別の世界を作ることも可能であるとか、つまりこの世界を作っても作らなくてもよかったとか、あるいは自らをも存在しないようにすることができるとか、等々、人々はおよそ神の力についてこのような考え方に支配されている。しかし、注意されたい――こうした考え方は、神の力を、単に自由意志をもった人間のなかの、とりわけ勝手気ままな最高権力者の力とほぼ同じように考えているのに等しいということを。スピノザは、この点に関して次のように述べている。これはきわめて重要な言説であり、神についてこのように言明できるのは、まさにスピノザだけであろう。

存在しないことができるのは無力能であり、これに反して、存在することができるのは力能である（それ自体で明らかなように）（定理一一、二つ目の別の証明）。

神はまったく別の世界を創造することができたし、それ以上に神は自らをも存在しないようにできるのだ、と主張する人々は、神をまさに全知・全能の存在者として理解しているのであろう。しかし、このことは、実は全能の神どころか、実はほとんど無能な神を人々が考えているのに等しいのだ、とスピノザは述べている。というのも、もし神がその最高の知性のうちに把握しているすべての世界、すべてのものを創造したとすれば、神はもはや何ものも創造することができなくなるからである。これは、神の全能と矛盾するのではないだろうか。それゆえ、神は自分の絶対的意志によってのみ創造しようと決意したものだけを創造するのだ、と人々は次に考える。しかしながら、いずれの場合も、こうした神にはつねに〈可能性〉という様相が必要だということがわかる（定理一七、備考）。言い換えると、こうした神は、明らかに人間をモデルにして、その有限な性質を無限に完全化する仕方で捏造されたもの以外の何ものでもない。

神の擬人化は、つねにその二重性を有している。つまり、擬人化された神は、一方で人間が一般的にもっている諸能力と、他方で君主だけがもちうる特権的な権力とのまったくのアナロジー（類推）から形成されたものである。神についてどれほど精緻な議論をしたとしても、それは、神の虚しい擬人化であり、ニヒリズムのなかの〈無への意志〉のうちにしか存在しないような悲しみの神である。人間は、その本性上たしかに或る神的なものを必要としているのかもしれない。しかし、人間が神を擬人化して理解し続ける限り（あるいは逆に人間が自分たちを擬神化し続けて、その超越欲望を失わない限り）、諸宗教の間のあるいは諸民族の間のあらゆる対立は、けっして尽きることはないであろう――徹底化されないニヒリズムの状態。ところが、ここから実は無神論者のもっとも積極的な思考とその価値が帰結する。私は、ここで次のように述べなければならない――神を擬人化して表象する思想から人間が離れるなら、あるいは道徳的思考を批判する能力を人間の思考が有するなら、人々は、これからスピノザとともに述べられていく神に関する事柄をただちに肯定できるようになるだろう。

〈実体／実体の本質／属性〉——神における一つの三重性

すでに述べたように、スピノザの反道徳主義的な〈自然学‐倫理学〉は、現実に歴史的・社会的に与えられた「神」をまったく前提としない——脱‐ニヒリズムの哲学。というのも、こうした神は、例えば、信仰の対象としての神であったり、人間の似姿をした神であったり、あるいは特定の民族の特徴をもった神であったりするからである。一言で言うと、こうした神は、自分たち人間の姿を複写して作り上げた単なる神的なものである。したがって、それは、本質的に否定的で排他的な原理としてしかほぼ機能しないことになる。犬がしゃべれたとしたら、犬はおそらく自分たちに似た神、擬犬化された神を語り、猿がしゃべれたとしたら、猿はきっと自分たちに類似した神、つまり擬猿化の神を語るであろう。たしかに、それでいいのかもしれない。しかし、問題は、そうした似姿あるいは〈擬‐化〉が、つまり特権化された特定の類似性が、すべてのものの価値評価の規準に、優劣関係や否定性に、排除の論理に間違いなくつながっているということにある。歴史的に観ても、こうした擬人化された神は、人間を含めたあらゆる個物に対して何よりも優越的な存在者だと考えられ、次にこうした神以外の物については、今度はもっともこの神に似ている人間が地上の神として特権化された存在者だと考えられるようになる。これらは、ニヒリズムのうちに存在し続ける動物、すなわち人間にしか実現できないような、まさにこの地球上に現われた固有の想念である。

私が信じるところでは、もし三角形が話す能力をもつとしたら、三角形は同様に、神は優越的に三角形であると言うでしょうし、また円は円で、神的本性は優越的な意味において円形であると言うでしょう。そして、各人は、自己の諸属性を神に帰して、自己と神とを類似のものとして、その他のものは彼には醜く思われるでしょう[4]。

これは、まさに道徳的な複写術である。スピノザのこの短いテクストのなかには、道徳的思考を刺激し続ける〈優越性〉と〈多義性〉と〈類似性〉——同一性化の思考——に対する批判が的確に含まれている。歴史的・社会的に規定された個物としての諸々の人間が形成する或る集合体あるいは或る民族は、つねに自分たちの神を自分たちに似せて理解してきた。つまり、神を自分たちの似姿で理解することは、実は自分たちの存在をそれ以外のすべての存在者の存在に対して優越的なものとして評価可能になるからであり、そのような意志が本質的に含まれている。そして、このように定立された神との類似性が徐々に失われより少なくなるに従って、それ以外の物は、醜さの度合――神との差異の大きさ――によって次々と劣位へと押しやられる仕方で序列化される。存在の否定的な位階序列化、あるいは否定を媒介とする順序化は、このようにして容易に形成されることになる。この大地には、こうしたタイプの位階序列が無数に存在するのだ（これこそが、ニーチェの言うところの大地の「皮膚病」である[5]）。

さて、スピノザの哲学は、たしかに一般的には〈有神論〉ということになるだろう。ところが、そこには、われわれ人間のうちに「祈る」という動詞を生み出すような神はけっして存在しない。神しか考えなかったにもかかわらず、スピノザは、「無神論者」と罵られて、ユダヤ社会から完全に排除された。スピノザは、まず〈神〉に関する概念上の明晰判明さを徹底的に追及する。それは、神の存在を大前提にして、それを先入観や臆見のなかで実体化し、その後で形容詞的な様々な特性で装飾することではなく、神の本性を構成する諸要素とともに神を発生させることである。おそらく多くの読者は、この〈神を発生させる〉という言葉の意味をすぐに理解することはできないであろう。

神のこうした発生論を理解するためにも、まずはここで三つの基本概念――実体、実体の本質、属性――を改めて規定する必要がある。端的に述べておくと、この〈実体〉と〈実体の本質〉と〈属性〉との間には一つの表現の関係――表現するもの、表現されるもの、表現そのもの――が成立し、その限りでこれらの間の表現関係そのものが〈神〉と称され、またそこに〈神〉それ自体が発生するということである。ただし、この三つを別々の存在者などとけっして考えないよう注意されたい。この三つは、単に思考上区別されるにすぎないからである。ここに〈様態〉も加えて、まずはこれらの定義を列挙しておく。

実体の定義：実体とは、それ自身のうちに在り、かつそれ自身によって考えられるもの、言い換えると、その概念を形成するのに他のものの概念を必要としないもの、と私は解する（定義三）。

属性の定義：属性とは、知性が実体についてその本質を構成していると知覚するもの、と私は解する（定義四）。

様態の定義：様態とは、実体の変様、すなわち他の物のうちにあり、かつ他のものによって考えられるもの、と私は解する（定義五）。

実体の本質の定理：神の力能は、神の本質そのものである（定理三四）。

すぐ後で詳しく検討するが、「定義」とは、そこで〈定義されるもの〉の本質あるいは本性についての定義以外の何ものでもない。つまり、定義は、〈定義されるもの〉の存在、すなわち実存についての定義では絶対にないということである。そして、定義は、〈定義されるもの〉をまさにそのように規定するだけである。さて、実体は、〈それ自身のうちに在るもの〉、そして〈それ自身によって考えられるもの〉（あるいは〈その概念を形成するのに他のものの概念を必要としないもの〉）であると定義された。ここに挙げた実体の定義は、当然のことながら、〈定義されるもの〉としての実体の本質あるいは本性についての定義である。ということは、この〈それ自身のうちに在るもの〉は、実体の本質あるいは本性を表示していることになる。そして、この実体の本質は、次の属性の定義によれば、属性によってまさに〈構成されるもの〉であると言われている。言い換えると、属性とは、〈実体の本質を構成するもの〉のことである。では、このように構成される実体の本質とは何であるのか。それは、上述した定理三四で言われるように、まさに〈神の力能〉そのもののことである。つまり、次のように端的に言うことができる——実体の本質は神の力能そのものであり、またこの力能は属性によって構成されるものである。要するに、神の〈力能－本質〉は、属性という形相によって表現的に構成されるのである。このように構成される実体こそが、まさに神と称されるものである。その限りで両者は同一であるが、あえて思考上区別して理解するとすれば、まずは［表10－2］のように書けるであろう。

［表 10-2］〈実体あるいは神〉について

実体	実体の本質	実体の本質を構成する〈形相－属性〉
神	神の力能	神の力能の動詞的〈表現－属性〉

この表を三つ組の発生論的移行として表示すると、［図10－1］のようになる。それは、言い換えると、実体の概念から神の共通概念への移行である。こうした意味で、実体と神とは同一である。さて、このように神が実体であることは、属性を介して次のように言われる。これは、スピノザにおいて〈神〉を構成する第一の水準（論理学的構成）に関するもっとも重要な思考の仕方である。これは、次のような定義として表現される。

神とは、絶対に無限な実有（ens）、言い換えると、各々が永遠で無限の本質を表現する無限に多くの属性からなる実体である、と解する（定義六）。

神は、第一に〈絶対に無限な実有〉である（「実有」は、およそ「存在者」という意味に解されたい）。しかし、これだけでは、依然として「神は絶対に無限である」と言っているのと同じである。したがって、スピノザは、神は「各々が永遠で無限の本質を表現する無限に多くの属性からなる実体」である、と直ちに言い換えている。つまり、神は、実体としての存在者である。神は、実体として存在するものである。では、実体とは何か。それは、その永遠で無限な本質が無限に多くの属性によって表現されることで成立する〈実有〉のことである。端的に言うと、実体とは、その本質が属性によって構成される存在者のことである。この定義のなかのもっとも重要な要素は、この「属性」（attributum）である。属性は、すでに述べたように、性質や特性とはまったく異なるものとして把握されている。スピノザは、属性とは実体の本質を構成するものであると定義していた。つまり、属性は、存在的に先行する実体の本質を分有するという意味での単なる形容詞的に表象されるような性質や特性ではなく、まさに存在論的に実体の本質を構成するという意味で表現的な形相である。〈構成すること〉と〈表現すること〉、これらを一つにする動詞的形相がまさに属性なのである——スピノザにおいては、神の本性についてこの同一性が成立する十分な理由は、まさに属性以外にはありえない（表現の思考、すなわち力能とその形相についてのダイアグラム論的な思考）。

スピノザにおける実体は、まさに「神あるいは自然」（Deus sive Natura）と言われるものである。スピノザにおけるこうした〈実体〉の考え方は、それ自体として観れば、実は思弁的でも形而上学的でもない。それは、むしろ徹底的に経験論的な再構成に関

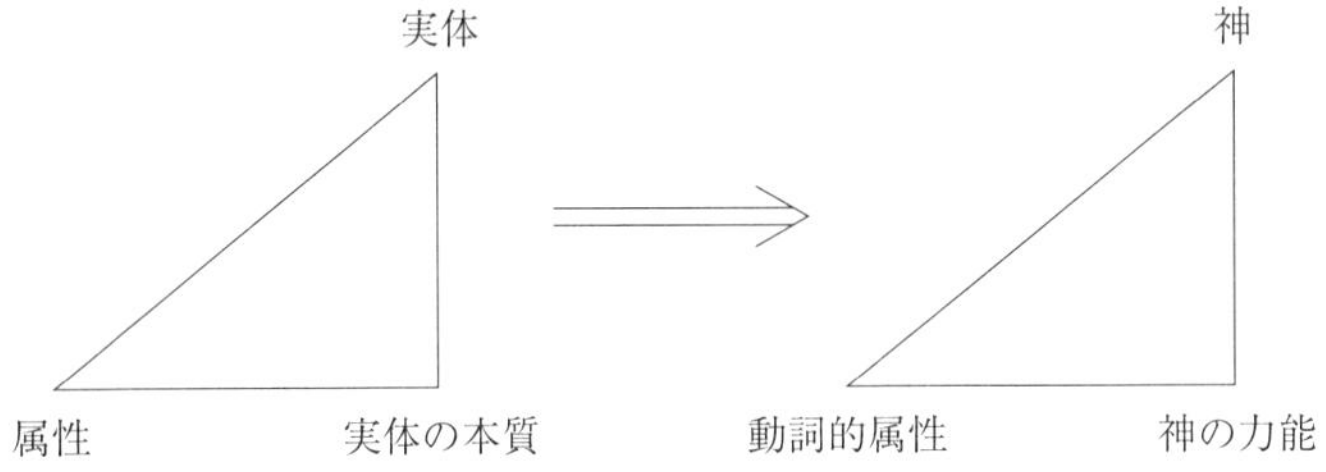

［図 10-1］実体の概念から神の共通概念へ

する批判と創造の契機を含んでいる。その限りでこれは、アリストテレスのような常識的な実体概念や、デカルト的な有限実体という道徳的な考え方を徹底的に批判するものとなる。要するに、批判されるのは、例えば、ソクラテスという実体を考え、次にその実体にいくつかの性質あるいは特性が属している——どれくらいの身長で、どんな性格で、どこに住んでいて、いつ生まれて、等々——とするような思考方法である。あるいは、人間の精神と身体をそれぞれに有限な実体であるとみなすような思考様式である。何故なら、前者での実体について言われる諸性質は、けっしてその実体の本性を構成するものなどではないからである。また後者の実体は、有限性ということで、完全に様態と混同されたものだからである（正確に言うと、これは、後に述べる〈実在的区別〉と〈様態的区別〉の混同に由来する考え方である）。そこで、これらに対するスピノザの「実体」（substantia）についての厳密な考え方を次のように整理する必要がある。

(1)実体は、他のいかなる物からも影響を受けることがない、つまり別の物の結果には絶対になりえない。

(2)実体は、それゆえ複数存在しない。これを正確に言うと、同じ属性をもつ複数の実体は、絶対に存在しないということである。というのも、同じ属性を有する物が複数存在するということは、それらはその属性のもとで相互に関係し合うことができることになるからである。したがって、われわれは、実体が存在する限り、この実体を含むことのできるそれ以上の別の存在者を考えることはけっしてできない（(1)により）。つまり、実体の外部は、絶対に存在しない。

(3)要するに、実体は、他の物との関係のうちに存在したり、あるいは他の物から理解されたりすることが絶対にできない存在者である。実体は、それ自身のうちに在り、またそれ自身によって考えられる〈絶対に無限なもの〉でなければならない。

……

(1)により、実体は、何か別の物を原因とした結果として存在するものではない。それゆえ、実体は、自己の存在の原因を自己のうちに内在する一つの特性として有するとしか考えられない。つまり、実体は、必然的に「自己原因」

（causa sui）という特性を有するものと考えられるだろう。自己原因とは、その本性が存在するとしか考えられないもののことである（定義一）。自己原因については、後でさらに詳しく論じることになる。(2)により、もし実体が複数存在するとしても、そうした諸実体は、けっして数えられることができない。何故なら、諸々の実体が存在すると考えるなら、それらは、相互にけっして数的に区別されないからである（数的区別は、様態的区別の一つである）。物が数えられるには、それら数えられる物に共通の或る属性が絶対に必要となるからである。ということは、複数の物が共通の属性を有することは、その属性を媒介としてそれらの物が相互に作用し合うことができるということを意味する。言い換えると、この限りでの複数の物は、けっして実体ではなく、同一の属性のうちに存在する複数の様態である。あるいは、物を数えることはつねに或る概念の同一性を外延的な差異のうちに刻み込むような行為であり、他方の数えられる物はそれだけですでに数的関係——他の物との関係——を有することになる。これに対して実体は、まさにそれ自身のうちに存在するものである（定義三）。(3)により、或るものが他のものを通して理解できるのは、それらの間に或る共通性が存在するからである。これは、それらの物が相互に関係し合う可能性がそこにあることを同時に意味する。しかし、実体は、いかなる意味においても他の物から影響を受ける——他の物を原因とした結果になる——ことのないものであった。したがって、実体は、同様に絶対にそれ自身よって考えられるものでもなければならない（定義三）。

さて、われわれは、こうした実体をこれまでの経験を用いて、つまり自分たちを触発した事物との類似や類比を用いて理解することができないし、また理解してはならない。何故なら、それ自身によってしか考えることのできないもの、それが実体だからである。言い換えると、実体は、われわれの経験の諸対象の項目に絶対に含まれないからである。われわれは、実体そのものを感覚したり、想像したり、記憶したり、理念化したりすることができない。実体は、言わば思考されることしかできないものだからである。実体についての思考が、こうした論点からはじめて開始されることになるであろう。言い換えると、実体の本質は、この限りでまさに〈一つの問い〉の力能である。この一つの問いの力能を無限に多くの仕方で問題として構成するもの、あるいは問いの力能を含んだ問題提起の形相であるもの、それがまさに属性である。

原因について（Ⅰ）

実体の特性には、〈原因〉、〈無限〉、〈必然〉、〈永遠〉、等々がある。ここでは、とりわけ〈原因〉についてもう一度、整理して考えてみることにする。〈神〉は原因であり、〈神〉以外のすべてのものは結果である。それならば、〈神〉は何を原因としているのか。神は、実体である限り、けっして別の物を原因として生じるような一つの結果ではない。もし、そのように考えるなら、神は、数的な複数性を有しうるだけでなく、受動性という特性をもつことになるだろう。例えば、原因となった神と結果としての神とを考えてみよう。これらの間にはあたかも生物の間の親子関係があるかのようであり、したがってさまざまな共通性や数性が同時に想定されうるであろう。つまり、こうした神についての表象的理解は、単にわれわれが日常的に見慣れているもの（＝様態）を神化（＝実体化）したものでしかない。それは、実は神について何も考えていないのに等しい。

神は、したがって実体である。というのも、実体は、いかなる意味においても、別の物から産出されるような受動性をもたないからである。もしそのように考えるなら、つまり実体も別の或る物を原因として存在するのではないかと考えるなら、それは、実体ではなく、まさに様態について考えているのだ。したがって、実体は、様態とはまったく別の仕方で考えられなければならない。ここにおいて、すでに述べた「自己原因」の概念が、あるいはその理解の仕方が、この問題の意義を規定することになる。

自己原因とは、その本質が存在を含むもの、あるいはその本性が存在するとしか考えられないもの、と解する（定義一）。

実体は、様態ではない以上、他の実体を原因として産出されるものではない。実体は、けっして或る別の物の結果とはならない。誤解を畏れずに言うと、実体は、つねに最初から既に存在している。このことを次のように表現するのである。〈その本質が存在を含むもの〉、それが実体である、と。言い換えると、定義において当の〈定義されるもの〉の本質にその存在が含まれているならば、それは「実体」だということになる。その本質が存在を含むもの、つまり自己のうちに存在するものについて、これを原因の言葉を用いて言うと、それはまさに「自己原因」ということになる。それはまた、その本性が存在するとしか考えられないもののことである。つまり、自己原因とは、その本性の存在を必然性以外の様相のもとで考えることができないものについての〈原因〉概念なのである。これについては、他の原因の概念についての考察を進めるなかで、徐々に理解可能になるであろう。

　われわれは、自分たちがこれまでの人生のなかで見たり感覚したり考えたりしてきたものを基にして、スピノザの「実体」概念を形成することはできない。というのも、われわれは、〈その物の本質に存在が含まれているもの〉をけっして認識したことなどないし、そうしたものから直接に触発を受けたことなどないからである。すなわち、われわれがこれまでに見たり感覚したりし考えたりしたもの、つまり認識し知覚したものは、実体ではなく、すべて様態である。様態は、換言すると、〈その本質に存在が含まれないもの〉ということになる（これについても、すぐ後で詳しく論じる）。これは、実は実体との差異の問題である。つまり、この問題の意義は、様態を実体より劣った存在と考えては絶対にならないということにある。スピノザはとくに明言しないが、〈必然性〉がこうした価値評価に本質的に関わっている。

　さて、さらに注意されたい。実体について言われるこの〈自己原因〉は、自己が自己を結果として産出することを意味しない。自己が自己を産出するといった場合に、この後者の自己は、結果としての、あるいは対象としての産出物になってしまっている。つまり、このように考えると、原因としての〈自己－実体〉は、結果としての〈自己－実体〉を産出するということになってしまう。ところが、自己原因は、実体が自己の原因となって結果としての自己を実体として産出するということをまったく意味しない。それゆえ、スピノザは、自己原因を、因果性につながるようないかなる概念も使用せず、またそれらを想起させることなく、〈その本質が存在を含むもの〉あるいは〈その本性が存在するとしか考えられないもの〉と定義するのである。ところで、実体は、それ以外のすべての物を産出する、あるいはそれ以外のすべての物に変様する。それ以外の物とは、無限であれ有限であれ、ただ様態のみ、要するに、〈その本質が存在を含まないもの〉のことである。要するに、実体における産出とは、実体の〈様態的変様〉のことである。実体は、様態しか産出しない。つまり、無限に多くの属性から構成された実体は、ただ唯一同一の様態的変様のもとで無限に多くの仕方で無限に多くのものを産出するのである。この意味での実体は、今度は結果としての様態を必然的に産出する原因として、まさに「作用原因」（causa efficiens）と言われることになる。すなわち、〈その本質が存在を含むもの〉（＝実体）は、〈その本質が存在を含まないもの〉（＝様態）を必然的に産出するのである。このように実体と様態との関係を表現することができる。これについては、次の「第一一講義」でも論じることになる。

定義とは何か（I）——物の本質と存在とを概念的に区別するために

実体の本質と属性をさらに考察する前に、どうしても「定義」（definitio）について考えておく必要がある。というのも、実体の本質を考察する場合、「本質」（essentia）と「存在」（existentia）は、概念的に明確に区別されていなければならないからである。そして、われわれは、何よりも物の定義に関する考察を通して、物の本質と存在との区別をよりよく理解することができるからである。スピノザは、「定義」について次のように的確に述べている。

> 一、各々の物の真の定義は、定義された物の本性のほかは何ものも含まず、また表現しない。これは、次のことから出てくる。
>
> 二、定義は、定義された物の本性以外は何も表現しないのであるから、いかなる定義も或る一定数の個体を含まず、また表現しない。例えば、三角形の定義は、三角形の単純な本質のみを表現し、けっして或る一定数の三角形を表現しない。
>
> 三、存在する各々の物には、それが存在する或る一定の原因が必然的に存することに注意しなければならない。
>
> 四、最後に注意すべき点は、或る物が存在するその原因は、存在する物の本性あるいは定義自身のうちに含まれているか（これは存在することがその物の本性に属する場合である）〔実体の場合〕、そうでなければ、その物の外部に存していなければならない〔様態の場合〕ということである（定理八、備考二）。

定義は、〈定義されるもの〉の本性あるいは本質以外の何ものをも含まず、また表現しない。つまり、〈定義されるもの〉の存在や性質、あるいはその存在（現実存在）の数量等は、定義のうちには絶対に含まれない。というのも、定義は、一般的には〈定義されるもの〉の本質についての言明であり、その物が実際にどれだけ存在するのか、あるいはどのような存在上の性質を有するのかといった、その現実存在の性質や数量を自らのうちに含むことができないからである（一と二により）。ということは、或るものが現実に存在する場合、それを存在させる一定の原因が必然的に存在しなければならないことになる（三により）。そして、スピノザは、この原因を二つに区別する。一つは、原因がその存在する物の本性あるいは本質のうちに含まれている場合、あるいは定義それ自身のうちに含まれている場合である。もう一つは、その物の本性あるいは本質にその存在が含まれていない場合であり、言い換えると、その物の存在の原因がその物の外部に存在する別の物の場合である（四により）。要するに、前者が実体の存在についての〈原因〉概念、すなわち〈自己原因〉であり、後者が様態の存在についての〈原因〉概念、つまり〈外部の原因〉（causa externa）と呼ばれるものである。この二つの物――実体と様態――がこのように区別されることを理解するには、物の本質とその存在との間の差異とそれらの区別の仕方を明確に理解する必要がある。

スピノザは、定義は物の本性を表現するのみで、その物の存在の性質や数を含まないと述べた際に、三角形の例を挙げていたが、以下では別のもっと簡単な具体例を用いてこの点について考えてみよう。「人間」に関する定義を与えてみよう。「人間とは何か」という問いに対する応答は、およそ人間の本質を定義し言明しようとするものである――「人間は、理性的動物である」、「人間は、社会的動物である」、「人間は、言語を巧みに操る動物である」、「人間の本質とは、社会的諸関係の総体である」、等々。一般的に言うと、「……とは何か」という類いの問いは、すべてその問われたものの本質や本性についての応答を求めるものである。これらは、人間の本質についてのよく知られた哲学的な定義あるいは言明である。ここでは、このうちのどれがもっとも人間の定義に相応しいものであるかといった問題は、まったく重要ではない。ここでのもっとも重要な論点は、人間に関するいかなる定義であれ、その定義のうちには人間の現実存在の数や、その一定数の存在上の諸性質はけっして含まれていないということにある。そして、このことは、およそ定義である限りそのあらゆる定義に共通する基本的な特徴である。言い換えると、定義は、それがいかなる定義であれ、実はその物（定義されるもの）の本質を理解したいという認識論的欲望に裏打ちされたわれわれの言表行為そのものである。

物の本質は、こうした定義への衝動や定義それ自体の作用によってまずはわれわれの意識に対して明らかになる。しかし、定義が表現するのは、〈定義されるもの〉の本質あるいは本性だけであって、その〈定義されるもの〉の一定数の存在をけっして表現しない。さて、人間は、個々の人間として現実に存在する。ということは、こうした現実に存在する個々の人間のその存在それ自体は、その人間本性から直接与えられたものでもなければ、またその本質に含まれていたものでもないということが帰結する。言い換えると、現実に存在する個々の人間は、その本質に存在が含まれない仕方で存在するものである。つまり、どんな仕方で人間を定義したとしても、その存在の性質や数は、その定義や人間本性だけではけっして理解も規定もできないということである。何故なら、人間は、実体ではなく、様態以外の何ものでもないからである。

人間も含めて、われわれが日常のうちで対象として認識しているすべての物は、実はその本質に存在が含まれない仕方で存在する様態であることがわかる。つまり、或る物を〈定義されるもの〉として規定しようとするなら、ひとは、その定義のうちにはその物の存在——例えば、その実存の数——が含まれていないことにただちに気づくであろう。例えば、こういうことである。人間の本質をどのように定義したとしても、地球上の人間の数は、その定義にまったく含まれていない。そうだとすれば、個々の人間が存在する原因、つまり定義に含まれない人間の存在（実存）の数を構成する個々の人間の存在の原因あるいは理由は、個々の人間の本性あるいは本質のうちにではなく、その本性あるいは本質の外部に存在することになる。それが、〈外部の原因〉と呼ばれるものである。人間の本質には、その存在が含まれていない。私は、人間である。ゆえに、私は、その本質に存在が含まれない仕方で存在するものである。私の現実存在は、私の本性には含まれない。言い換えると、私の存在の原因あるいは理由は、私のうちにはなく、つねに私の外部にある。私が現実に存在する第一の原因は、たしかに私の両親以外にありえない。しかし、それだけではない。自分の両親は、たしかに私が現実に存在し始める大きな原因であるが、空気、水、食物、衣服、等々、無数の多くの物が同様に私の現実存在を維持する原因となっている。これは、私の身体上の外部の原因であるが、私の精神上の外部の原因も無数に列挙することができる。私の現在の現実存在がこうした外部の原因に依拠していることは、自明の事柄である。

さて、様態そのものの定義を考えてみよう。様態とは何か。それは、すでに述べてきたように、何よりも〈その本

［表 10-3］実体と様態との間の名目的な諸差異

	存在の仕方	定　義	原　因
実体	その本質が存在を含む仕方で存在するもの	様態に先立って存在するもの、それ自身のうちに在り、かつそれ自身によって考えられるもの	自己原因（＝自己の存在する理由あるいは原因が自己の本性にある）
様態	その本質に存在が含まれない仕方で存在するもの	実体の変様、すなわち他のもののうちに存在し、かつ他のものによって考えられるもの	外部の原因（＝自己の存在する理由あるいは原因がつねに自己の外部にある）

質に存在が含まれないもの〉のことである。われわれの経験上の対象も含めて、自然のうちに存在するすべての物は、こうした意味における様態以外の何ものでもない。というのも、様態の定義のなかには、〈定義されるもの〉の存在の数量もその性質もけっして含まれないからである。では、その本質に存在が含まれないことは、いったいどのようにして理解されうるのだろうか。それは、その物をまず定義することによって、そこにその存在が含まれているかどうかで判断できるであろう。例えば、「人間の本質とは、社会的諸関係の総体のことである」。では、このように定義された人間の実存の数は、……。「人間は、理性的動物である」。では、こうした理性的動物という個体は、この地球上に何匹いるのか……。どれほど定義のなかを考察しても、そこからは絶対に理解できないであろう。何故なら、個々の人間の存在の原因は、けっして定義のうちに含まれないからである。それ以上に、一般的には、定義からでは、そもそもその〈定義されるもの〉が現実に存在するかどうかさえもわからないのだ。

　これに反して実体の定義には、つまり〈定義されるもの〉である当の実体の本質にはその存在が含まれると考えられる。これが重要である。つまり、実体を定義しようとすると、この定義されるもの——表現されるもの——の本性あるいは本質のうちにはその存在が含まれるということである。言い換えると、〈その本質が存在を含むもの〉、これを「実体」と呼ぼう、あるいはそのように考えようということである。さらに言うと、存在するには、何らかの原因が必ず必要である。しかし、このような仕方で存在するもの、つまりその本質が存在を含む仕方で存在するものには、外部の原因はまったく必要ないということがわかる。何故なら、その本質が存在を含むということは、自己のうちにその存在の原因があるということだからである。したがって、こうした特異な存在の仕方を「原因」という言葉を用いて言うと、それは、まさに〈自己原因〉と称するしかないであろう。

それゆえ、自己原因の定義は、〈その本質が存在を含むもの〉、あるいは〈その本性が存在するとしか考えられえないもの〉ということになるのだ。こうした実体と様態との間の差異を名目的にまとめると、［表10－3］のようになる。ただし、ここで〈名目的〉と言うのは、この場合、それらの間の実在的な諸差異を、つまり実体が様態を産出する、あるいは実体が様態に変様するという自然学的合成あるいはその実質的差異を含まないという意味においてである。要するに、この表は、絶対的に異なる二つの存在の仕方を類型化したものである。スピノザにおいて「存在」が言われるもの、つまり「存在する」と言われるものは、実体と様態だけである。しかし、この二つの存在者は、絶対的に異なる存在の仕方で存在するものである――一方は〈その本質が存在を含む仕方で〉、他方は〈その本質に存在が含まれない仕方で〉。属性とは、実はこうした絶対的差異のうちにある二つの存在者――実体と様態――に共通の形相のことである。実体と様態との間には、こうした意味での差異が、つまり、誤解を畏れずに言うと、最大の差異がある。この差異を明確に理解するには、まずは物の本質とその存在との違いを的確に理解する必要がある。すなわち、この絶対的差異を超越性のもとでではなく、つまり様態に対して実体を超越化することではなく、まさに一つの自然の内在性のなかで認識すること、それがスピノザの『エチカ』の自然学である。この認識のためにも、ここで述べてきたような物の「定義」についての考察は、もっとも有効な、かつ最初の手段だと言えるだろう。

第一一講義　神の論理学的構成——特性から構成へ

神についての習慣上の〈言説‐記憶〉

哲学において批判は、肯定につながり、それだけで新たな創造につながるものでなければならない。ただしこうした創造は、つねに部分的なものであり、それゆえ絶えず非‐全体的であるがゆえに必然的に強度的である。もう一度、思い起こしておこう——哲学者や神学者、あるいは多くの人々によって一般的に考えられてきた「神」とは、いったいどのように想像され規定されてきたのか、を。それは、ほぼ次のようなものであろう。神は、全知・全能であり、創造者、一者である。神は、無限知性と無限意志をもち、最高善、最高の完全者、存在そのものであり、最高の自己同一性を有し、無限の慈悲を有する存在である、等々。そして、こうした神は果たして存在するのかどうかの存在論的証明に、彼らのすべての精神力が注がれてきた。

しかし、こうした神は、人間が意識しうる自分たち自身の諸性質をほぼ転用して考えられただけの神、つまり人間の似姿としての神以外の何ものでもない——人間をより完全なものとして複写し再現しただけの〈神‐人間〉。要するに、神とは、人間を無限に完全化しただけのものである。言い換えると、神とは、むしろ人間の欠点と考えられるもの（とりわけその有限性）をモデルにして仮構されたものにほかならないのだ。すなわち、自分たちがよく知っている人間の有限な諸性質を〈無限に完全な〉ものへと引き延ばし拡大して、それを未知の存在者に貼り付けただけのものである——張子の虎ならぬ張子の神、つまり張子の無限人間。こうしたものを人々は、ニヒリズムのなかで「神」と呼んできたのではないか（ニーチェに倣って言えば、「お前が悪い、お前が悪い」と言い続ける神）。言い換えると、これらすべての性質は、「神」について単なる形容詞的な理解しかわれわれに与えない。すでに述べたように、「神」という実体に張り付けられていた諸性質は、ほぼ人間がもつ諸性質の複写物にすぎなかった。こうした思想によっては、スピノザの神の本性（力能）そのものとこれを構成すると考えられる属性（形相）という機能素を理解することは、ほぼ不可能であろう。

何故なら、自己自身によって存在するとか、万物の原因であるとか、最高善であるとか、永遠であるとか、不変であるとか、等々は、神にのみ特有であるが、しかし、われわれはそれらの特性によって、その実有〔神〕が何であるかを、またこれらの特性が帰せられるその実有〔神〕がいかなる属性を有するかを知ることができないからである(1)。

要するに、無限とか、永遠とか、不変とか、最高善とか、万物の原因といった概念は、たしかに〈神〉という実体にしか妥当しないが、しかしこうした諸概念によっていったい〈神〉の何がわかるのかということである（こうした神は、本性上、否定的で復讐の精神に溢れた動物がもつ道徳的衝動の単なる受け皿にしかならないであろう）。こうした性質は、すべて〈特性〉という概念に帰せられるものである。人間は、自分たちが可滅的で有限だからこそ、それとは反対の永遠で無限な存在を想定して、それに憧れているにすぎない。それは、死の恐怖と生への希望のもとで仮構された代替物である。言い換えると、これは、単に神を或る思い出としてそのように想起しているだけである。

また、人間は、つねにふらふらと変化し続ける不安定な存在であるだけなく、たしかに善を為す存在でもある。しかし、そうした善の行為も、悪を為す可能性のなかでしか考えられないがゆえに、それとは反対の、絶対に不変的で、また悪を前提としない絶対に善なる存在に依拠しようとする。人間は、自分たちの諸性質を欠陥——有限で不完全なもの——と見なし、さらにこれを系譜として、まさにそれとは反対のもの、つまり〈無限に完全な〉ものを形成するのである。いずれにしても、こうした人間の諸性質から複写され形成された「特性」概念が、まさに〈神〉の属性としてこれまで考え続けられてきたわけである。スピノザは、こうした〈特性〉から〈属性〉をまったく異なったものとして明確に区別して理解したのである。すなわち、一方の属性は実体の本性の構成について言われるものであるが、他方の特性は属性によってその本性が構成されることで実体が有しうる性質である。

(1)属性＝実体の本質の構成要素
(2)特性＝構成された実体に帰属する性質

〈神の概念〉の論理学的な形成

神の特性とは、実体の性質のことである。それは、神について、無限性、永遠性、全知性、全能性、原因性、等々を肯定することである。しかし、これは、一般的にはあくまでも物の存在を前提とした性質について述べているのと同じである。すでに述べたが、「神は無限である」、「神は永遠である」、等々の言説のすべては、実は「この花は美しい」、「冷蔵庫は役に立つものである」、「人間は可死的である」、等々と述べているのとまったく同じである。つまり、こうした表象的理解では、われわれは、どこまでいっても一般性のなかでの個別性の認識にとどまり、けっして普遍性のもとでの特異性の理解にまで至らないであろう。実体の本性について言われる〈属性 - 構成〉と構成された実体について言われる〈特性 - 性質〉とは、けっして混同されてはならない。

さて、〈神 - 自然〉の構成に関しては、すでに述べたように、論理学的構成と自然学的構成、あるいは構成の秩序と産出の秩序という二つの水準がある。しかし、それらは、思考において単に形式的に区別されるような二つの水準ではない。それらは、われわれの思考そのものを或る実質的な運動へともたらすような観念あるいは共通概念からなる。つまり、論理学的構成において思考は神の発生によって触発され、また自然学的構成において思考は神が自然それ自体であることを理解する。こうした実体の本質の構成と構成された実体による様態の産出という二つの秩序が、しかし実在的には分離不可能なこの二つの水準が、まさにわれわれの思考上、つねに先行し続けてきた諸特性の意味を根本的な変形へともたらすことになる。つまり、この二つの水準を形成する思考は、その運動のうちにこうした変形のための無限速度を有するのである。

より正確に言うと、『エチカ』の第一部においては、(1)無限性、必然性、原因性、永遠性といった〈特性〉と、(2)

属性による実体の本質の〈構成〉と、(3)属性によってその本性が構成される実体による様態の〈産出〉という三つの位相を思考上区別して論じることがきわめて本質的であり、また有効である（「第一〇講義」を参照）。ここから、第一部のもっとも基本的な二つの水準（論理学的構成と自然学的構成）を、この三つの位相の移行過程とともに区別することができる。すなわち、第一の水準は、〈特性〉から〈構成〉への移行過程――属性を特性から批判的に区別する過程――のなかで発生する〈神‐実体〉の本性の構成である。これは、あくまでも実体と属性の概念のうちで神の本性が構成されるという意味で言わば神の〈論理学的構成〉の水準である。第二の水準は、このように構成された実体としての神が能産的自然となって所産的自然を産出するという〈自然学的構成〉の秩序にかかわる。これは、今度は〈構成〉から〈産出〉へのまさに自然学的総合あるいは合成の問題である――〈神‐実体〉から〈自然‐神〉へ。

『エチカ』は、神を前提とすることなく、実体の本質を属性によって構成することでむしろ〈神〉を発生の対象にする。言い換えると、『エチカ』は、神についてわれわれがこれまで歴史的あるいは社会的に獲得し理解してきた事柄をいっさい前提としないのだ。つまり、このことは、何よりも〈神〉をさまざまな特性によって形容しないということを意味する。そうではなく、『エチカ』は、〈神〉の発生の記述であり、〈神〉の本性を動詞的にあるいは表現的に構成することにある。もっとも重要なことは、属性が、〈神〉の存在を形容する性質＝特性ではなく、〈神〉の本質と存在とを構成する形相的要素であり、その意味で〈神〉の発生的要素だという点にある。すべては、こうした〈属性〉概念の理解に関わっている。属性は、〈神〉の特性あるいは性質ではない。したがって、第一に〈神〉の属性とその特性を批判的に区別したことが、スピノザの「神あるいは自然」を可能にしたと言ってよいだろう。以下に挙げる神の「実在的定義」は、神の発生的要素（＝属性）からその本質が表現的に構成されることを明確に言明している（実在的定義あるいは発生的要素については、後に述べる）。属性は、第一に実体の無限で永遠の本質を表現する。この〈属性‐表現〉は、単に実体の性質を分有的に表出するあるいは表象するのではなく、まさに実体の本質を構成するのである。第二に、特性（必然性、原因性、永遠性、無限性、等々）とは、この実体の本質を構成するもの（＝属性）の性質、あるいはこの構成によって実体に帰属する性質のことである。第三に、実体の本質は、無限に多くの属性から構成される。要するに、神の本質、すなわちその力能は、属性によって無限に多くの仕方で形質化される。

多数多様な〈一実体／一属性〉について

さて、無限に多くの属性からその本質が構成される一つの実体を、ここで〈一実体／無限数属性〉と記すことにする。スピノザは、こうした実体を構成する前に、実は複数の実体が存在する場面を徹底的に考える。『エチカ』の第一部の冒頭の八つの定理では、単に数的に区別されるような複数の疑似的実体ではなく、実在的に区別される諸実体、つまり相互に絶対に相互作用しない多数多様な実体が存在する場合の思考が、まさに厳密に規定されていく。

実体は、第一に本性上の自己変様（＝様態的変様）に先行する存在である（定理一）。つまり、実体は、存在論的に様態に先立つ。こうした実体、つまり自己変様に先立つと言われるまさに実体なるものは、実は複数存在していてもかまわないのだ。しかし、実体は、それ自身のうちに存在するものである以上、他の実体が存在するとしても、その実体との間にいかなる関係も有することができない。この条件のもとでのみ実体は、複数存在することができるのである。ところで、実体は、必ず何らかの属性を有する。仮にもっとも単純な実体を考えてみよう。すなわち、それは、実体（S）が或る一つの属性（a）のみから構成される場合であり、これを〈一実体／一属性〉〈S／a〉と記すことにしよう。仮にこの実体とは絶対に無関係な、つまり実在的に区別される別の実体が、すなわち別の属性（b）からなる実体（〈S／b〉）が存在すると考えてみよう。ここで述べた二つの実体の間の絶対的な無関係性は、実はこれら二つの実体が相互に異なった属性から構成されているがゆえの結果である。というのも、「異なる属性を有する二つの実体は、相互に共通点をもたない」（定理二）からである。言い換えると、「相互に共通点をもたないものは、その一方が他方の原因となることができない」（定理三）。さらに言い換えると、或る実体が別の実体から産出されることは、まったくありえないということである（定理六）。いかなる共通点もなければ、つまり同じ属性を有することがなければ、物は相互にけっして関係しえないのである。例えば、「私の手は、目の前の本を移動させることができる」、「私の身体は、この数日間、微細なウィルスの影響で発熱している」、等々、こうした事態が起こりうるのは、手も本も、身体もウィルスも、すべて延長物として共通の延長属性を含んでいるからである。

ここで、多数多様な〈一実体／一属性〉という考え方の論点を整理しておこう。要するに、複数の実体が存在すると考えるなら、それらは相互にまったく異なった——つまり、実在的に区別される——属性を有していなければならない。何故なら、もし同じ属性をもった二つの実体が存在するとすれば、それらの実体は、その属性を介して相互に作用し合う——要するに、相互に様態的にあるいは数的に区別される——ことが可能になるからである。したがって、次のことが帰結する。すなわち、同じ属性を有する二つあるいは複数の実体は、けっして実体ではなく、その同じ属性における様態、その属性を共通のものとして存在する諸様態である。次の定理は、その意味で画期的な思考のもとにある。

物の自然のうちには、同じ本性あるいは同じ属性をもつ二つあるいは多くの実体は、存在することができない（定理五）。

数的に区別される複数の実体は、絶対に存在しない。というのも、数的区別は、実在的区別ではないからである。例えば、あの人間、あそこの樹木、目の前の犬、等々、これらは、けっして実体ではない。というのも、それらは、あらゆる点から数的区別を有しているからである。これらは、間違いなく物体であり、延長物である。言い換えると、これらは、同じ延長属性のもとに存在する様態である。これらは、けっして実体ではなく、この同じ延長属性における延長する諸様態である。自然のうちに現実に存在する、例えば、延長する個々の人間身体は、けっして実体ではなく、まさに自然の多様な様態以外の何ものでもない。したがって、もし存在する諸実体を考えるならば、それら諸実体は、相互にまったく無関係に存在する、つまり相互に絶対に異なった——つまり、実在的に区別される——属性によって構成されるものでなければならないのだ。ここで、ようやく実体と様態とを混同することなく、いかなる仕方で区別すべきかの総合的な理解あるいは内在的な諸規準が得られたと思われる。

(1)同じ属性を有する複数の物は、実体ではなく、様態である。つまり、それらは、様態的に、とりわけ数的に区別され、また因果関係のもとに存在しうるからである。

(2)実体がもし複数存在するとすれば、それらの実体は、何よりも属性を相互にまったく異にする物でなければならない。つまり、それらは、相互にいかなる因果関係も存立しえない仕方で、つまり相互に実在的に区別されなければならない。

(3)また、こうした諸実体の変様である諸様態であっても、相互に属性を異にする場合、同様に実在的に区別されることになる。

ここでは、まだ多数多様な〈一実体／一属性〉における思考上の論理的展開のもとにある。或る実体の唯一の自己変様である様態化は、必ず或る特定の一属性のもとでの様態的変様である。言い換えると、実体は、その属性を通して自己変様を表現することになる。その限りで様態は、まさに実体あるいは属性の変様である。この同一の属性に属する様態は、相互に関係し合うことができる——身体が身体に、観念が観念に、意志が意志に、力が力に関係しうるように。しかし、属性を異にする諸様態は、相互にけっして因果的に関係することができない。というのも、異なる属性から構成された二つの実体のそれぞれの様態は、相互に何の共通点ももたず、それゆえ実在的に区別されるからである。

異なる二つあるいは多数の物は、実体の属性の相違によってか、それともその変様の相違によって相互に区別される（定理四）。

つまり、実在的区別は、けっして数的区別ではない。異なる二つあるいは多数のものが相互に実在的に区別されるのは、属性を異にする諸実体であるか、あるいは相互に異なった属性のもとでの実体の様態的変様としての諸様態だけである。実在的区別とは、相互にいかなる関係も、とりわけいかなる実在的な因果性も成立しえない物の間で考えられるべき区別である。スピノザは、この論点に関して立体的な、つまり幾何学的な〈差異の概念〉形成を提起している。つまり、実在的区別は、第一に属性を異にする諸実体の間に想定され、また第二にそうした属性を異にする諸実体の様態的変様としての諸様態の間にも成立する差異の概念である。

もう一度ここで、〈一実体／一属性〉が複数存在するような場合を考えてみよう。例えば、第一の場合の、延長属性によって形質化された実体〈S／e〉と思考属性によって形質化された実体〈S／c〉との間には、また第二の場

［表 11-1］諸実体について

複数の実体	相互に同一の属性をもつ二つあるいは複数の実体（実は様態）
多数多様な諸実体	相互に実在的に区別される異なった属性から構成される諸実体

合の、前者の〈S／e〉の有限様態である物体（身体）と後者の〈S／c〉の有限様態である観念（精神）との間には、どちらも実在的区別が成立する。ところで、自己原因の定義からも明らかなように、実体の本性には必然的に存在が含まれる（定理七）。ということは、あらゆる実体は、必然的に無限でなければならない（定理八）。何故なら、実体が有限であるとすれば、それは、同じ本性をもつ他の物（実体）によって限定されることを意味するからである。同じ属性をもつ複数の実体という考え方は、そもそも偽の観念に基づいている。というのも、そうした複数の物とは、同一属性のなかの複数の様態のことだからである。複数の実体が存在する事態を考えうるとすれば、それは、実体が相互に異なる、つまり実在的に区別される属性から構成される場合だけである（［表11－1］）。

唯一の〈一実体／無限数属性〉について

相互に異なった属性から構成される〈一実体／一属性〉が多数多様に、つまり相互に実在的に区別される仕方で存在するとすれば、次のような問いが生まれる。それらは、一つの実体の本性が無限に多くの属性から構成される〈一実体／無限数属性〉と同じではないのか。神の本質あるいは力能は永遠で無限であり、またその形相も同様に永遠で無限である。属性は、この神の力能の絶対的実在性を表現する形相である(2)。

およそ物がより多くの実在性あるいは有（esse）をもつに従って、それだけ多くの属性がその物に帰せられる（定理九）。

属性は、相互に実在的に区別される。実在的に区別されるものの間には、いかなる関係も、つまりいかなる因果関係も成立しえない。「実在的区別」（distinctio realis）は、言わば絶対的な無関係性を示している。つまり、物がより多くの〈実在性〉あるいは〈有〉をもつとは、言い換えると、より多くの属性がその物に帰属するということである。ここには、スピノザにおける言わば〈存在者の存在〉についての特異な考え方があると言えるだろう。神は、一つの〈存在者《エンス》〉である。神は、「絶対に無限な〈実有《エンス》〉」であると定義されていた（定義六）。そして、神の存在（＝有《エッセ》）は、属性による神の本質の〈構成‐表現〉そのものである。つまり、〈存在者の存在〉――同じことであるが、〈実有の有〉――は、神について言うと、まさに〈神の属性〉ということになる。ここでのもっとも重要な論点は、この存在（有）がその存在者（実有）の本質あるいは本性を構成するものであるという点にある。それは、人間の存在、神の存在、靴の存在、蜘蛛の存在、等々と言われる際の、一般的で中立的な〈存在〉（有）概念などではない。何故なら、このように一般的な、つまり最高類概念としての〈存在〉（有）概念は、その存在者の本質や本性を構成するものとして考えられることなどほとんどないからである。こうした存在（有）は、つねに当の存在者（実有）に対して外在的にあるいは中立的に関係づけられるだけである。これに反してスピノザは、属性（＝有）の理解によって次のような定理が成立する思考を獲得している。

神の存在《エクシステンティア》とその本質《エッセンティア》とは、同一である（定理二〇）。

属性によって神の本質とその存在とは、同一のものとなる。何故なら、属性が永遠である限り、それは、存在そのものを表現するからである。「神の本質を構成するものそれ自体が、同時に神の存在を構成している」（定理二〇、証明）。その本質に存在が含まれる実体、すなわち神は、その本質が属性によって表現的に構成される。神という絶対に無限な〈実有〉は、その存在と本質とを同一のものにする属性という〈有〉によって構成されるものである。したがって、その表現においては、まさに神の本質と存在との同一の本性が、つまり神の有そのものが表現されている。このように実在的に定義された、つまり属性をその発生的要素として知覚される神の必然的存在についての定理が次のものである。

神、あるいは各々が永遠で無限の本質を表現する無限に多くの属性からなる実体は、必然的に存在する（定理一一)。

或る物がより多くの実在的に区別される属性から構成されることは、その物の本質がより多くの仕方で、つまりより多くの形相的本質のもとで表現されることである。無数の〈一実体／一属性〉の存在を考えることは、一つの実体の本質を実在的に区別される無限に多くの属性が表現あるいは構成することと同じである。各実体が相互に異なった属性によって形質化されて存在することと、一つの実体の永遠で無限の本質が無限に多くの属性——実在的に区別され、それ自身によって考えられる属性——によって形質化されることは、完全に同一の事柄である。このようにして、「一実体に多数の属性を帰することは、少しも不条理ではない」(定理一〇、備考)。というのも、実体の本質あるいは神の存在力能は、一つの属性よりも、より多くのあるいは無限に多くの属性を有することで、〈表現 - 形相〉の絶対的完全性に至るからである。言い換えると、神の存在力能が無限に多くの〈属性 - 形相〉によって表現されるに従って、それだけ神に絶対的実在性が帰せられることになるからである。

力と形式との間に、あるいは力能と形相との間に存するのは、ただ思考上の区別だけである。しかし、この思考上の区別は、存在的にはそれらの間の分離不可能性を理解させてくれるだけだが、より肯定的に存在論的にはそれらの間の表現関係——ア・プリオリなダイアグラム的関係——についての触発そのもの、つまり思考することとそれ自体となる。次のような事例を考えてみよう(ただし、これはあくまでも様態に適用した類比的事例でしかない)。「彼は、すごい走力をもっている」、と誰かが言ったとする。この言説のなかの「走力」は、彼の身体の活動力能に属する或る種の力を示している。さて、こうした走力は、その力の度合がどんなものであっても、その人間のその都度の特定の走り方(a、b、c、等々)に依存し、したがってその形式のもとで実現されることしかできない。というのも、走力は、それ自体として考えられる限り、一つの無形式な力であり、それゆえその力が発揮されるには、つねに現働的な走り方、つまりその形式《フォルム》を必要とするからである。〈走力〉という無形相の力能は、つねに特定の〈走り方〉という形相によって表現されるしかない。さて、その走力がより多くの走り方によって表現されるとすれば、その走力にはより多くの形式が帰属しうることになり、それだけより強力であることになる。たしかに多様な走り方は、相互に質的にあるいは形相的に区別される。しかしながら、それらの間に実在的区別はない。何故なら、或る走り方から別の走り方への変化が一つの身体に帰属しうるからであり、それらは、相互に様態的に区別されるものだからである。さて、神の存在力能は、絶対に無限である。神の絶対的な存在力能の諸形相を考えると、それらは、まさにこの存在力能を表現する無限に多くの存在の仕方そのもの——神の属性——でなければならない。神とは、その本質を無限に多くの存在の仕方として表現する〈属性‐形相〉からなる実体のことである。〈一実体／一属性〉から〈一実体／無限数属性〉への転換において考えられるべきは、第一に絶対に無限な実有の本性、すなわち神の存在力能である。それと同時にこの実有の本性は、必然的に実在的に区別される諸属性によって形質化される。一つの実体は、無限に多くの属性から構成されるまさに一つの多様体である。

定義とは何か(II)——名目的定義と実在的定義を批判的に区別するために

歴史的・社会的に与えられた神についての考え方やそれに対する感情の一切を批判して、スピノザは、神を発生させる——つまり、今初めて神を考えた——一冊の書物、『エチカ』を書いた。それは、思考のなかでまず〈神の概念〉を形成しつつ、そこから次に〈神の観念〉を発生させることである。先に挙げた神の定義は、神の実在的（＝発生的）定義と言われるものであった。神についてのもっとも重要の定義なので、もう一度取り上げておこう。これは、間違いなく真の〈神の概念〉である。

> 神とは絶対に無限な実有（ens）、言い換えると、各々が永遠で無限の本質を表現する無限に多くの属性からなる実体である、と解する［強調、引用者］（定義六）。

これが神の「実在的定義」であると言われるのは、すでに述べたように、ここでの〈定義されるべきもの〉（＝神）の発生的要素が明確に示されているからである。スピノザにおける「属性」は、まさに神の発生的要素である。それゆえ、属性は、単に神の諸性質を表象させる特性などではなく、まさに神の本性を構成する〈表現‐形相〉であり、その限りで神の発生的要素と考えられるわけである。

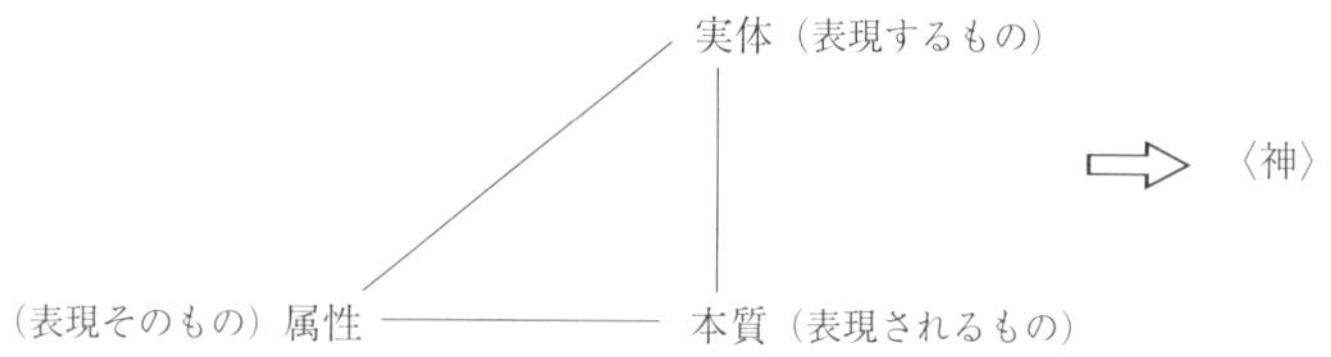

[図11-1]実体における表現の諸関係──►神の発生

さて、この定義のなかに「表現する」(exprimere)という言葉が用いられていることに注意されたい。何故なら、ここには、神を表象することに対する表現の理論が提起されているからである。各々の属性は、実体における一つの永遠で無限な本質を無限に多様な仕方で、すなわち実在的に区別される仕方で表現する一つの形相上の多様体を形成する。そして、この多様体こそが、まさに実体なのである。要するに、一つの実体は、その本性が無限に多くの属性から構成される一つの多様体である。〈属性‐表現〉は、それゆえ実体の本質を〈表現されるもの〉にする。そして、実体は、自ら表現するものである──すなわち、(1)属性において自ら表現する実体、(2)属性によって表現される実体の本質、(3)表現そのものとしての属性。要するに、〈表現するもの〉と〈表現されるもの〉と〈表現そのもの〉という表現の内在的関係が〈実体〉と〈実体の本質〉と〈属性〉との関係として成立する場合、そこに〈神〉が発生する。あるいは、実体におけるこの内在性の表現関係こそが、〈神〉そのものである。[図11‐1]にこの点を図示するが、これらは、けっして相互外在的に存在する三つの自存する項などではない。それらは、むしろ思考的にしか区別されないもの、つまり理性上区別されるものである。これが、まさに「表象」から区別される「表現」と言われるもののもっとも本質的な特徴である。

ここでは、〈定義すること〉という動詞についてまったく異なる二つの仕方があることを指摘しておかなければならない。それは、「名目的定義」(definitio nominalis)と「実在的定義」(definitio realis)である。スピノザにおいては、つねに前者から後者を明確にかつ批判的に区別して理解する必要がある。スピノザは、「定義」の完全性をまず次のように述べている。

> 定義が完全であると言われるためには、物の内的な本質を明らかにしなければならない。そして、本質の代わりに或る固有性を以ってすることのないように用心しなければならない[3]。

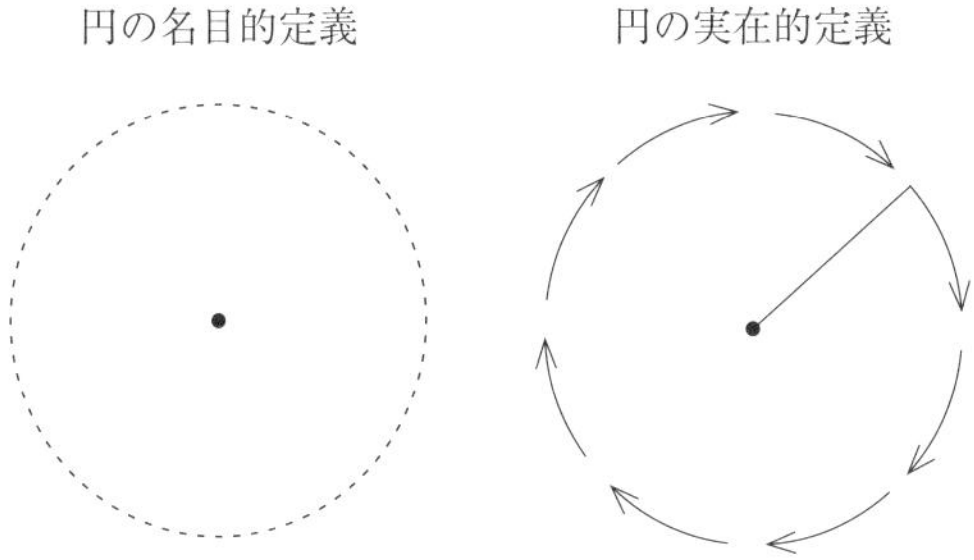

［図 11-2］円に関する二つの定義

すでに述べたように、定義は、つねに物の本質についての定義であって、けっして物の存在（実存）についての定義ではない。言い換えると、人々は、その定義される物を、その物の存在（実存）上の性質や特徴、つまり「固有性」（propria）で以って定義してはならないということである。これこそが、まさに定義の意義である。しかし、物をその固有性や性質によって実際に定義するとすれば、それは、言わば〈名目的定義〉と称されるものとなる。スピノザは、「円」の例を挙げて、この点を述べている。(4)「円」の名目的定義――「円とは、中心から円周に引かれた諸線に相等しい図形である」。すなわち、「円とは、一つの点から等距離にある点の集合である」。ところが、スピノザによると、「こうした定義は少しも円の本質を明らかにせず、ただその或る特性を明らかにしているにすぎない」。

　これに反して物の本質を明らかにする定義は、今度は〈実在的〉であると言われる。「円」の実在的定義――「円とは、一方の端が固定し、他方の端が運動する任意の線によって描かれた図形である」［強調、引用者］。何故、この定義が実在的と言われるのか。それは、この定義には、この場合の〈定義されるもの〉、すなわち「円」の発生的要素あるいは最近原因が含まれているからである。(5) つまり、そこで〈定義されるもの〉が自らの発生的要素あるいは最近原因によって発生的にあるいは実在的に定義される場合、その定義は「発生的定義」あるいは「実在的定義」であると言われるわけである。では、「円」についてのこの実在的定義において、定義されるもの（＝円）の発生的要素あるいは最近原因はいったい何になるのか。それは、まさに「運動する任意の線」である。円は、この運動する一つの線によって発生する、あるいはこの運動をもっとも近い原因とすることで作図される（［図11‐2］）。要するに、様態の実在的定義においては、発生的要素は最近原因と同一であり、発生は原因と一致するということになるであろう。

　では、スピノザにおいて〈神〉の実在的定義における発生的要素とは、あるいは発生的要素を含んだ定義とは、いったい何であったのか。ただし、ここで注意しなければならないことがある。神は、様態ではなく、実体である。つまり、神は自己以外の何ものをも原因としない実体である。この場合に実在的定義のうちに見出すべき決定的要素は、その最近原因ではなく、あくまでもその〈発生的要素〉として、すなわち実体の本質の〈系譜学的要素〉として考えられなければならない。そして、〈属性〉こそが、神の実在的定義における発生的要素そのものである。属性は、実体の本質を単に分有する特性などではなく、むしろ逆に神の力動的表現そのもの、すなわち神の動詞的表現である。属性は、神の本質――存在する力能――を表現的に構成する形相である（形相的本質）。

神の動詞――実体を構成する属性

神の動詞は、実体の本質あるいは実体そのものを構成する。すでに述べたように、実体の本性は、無限に多くの属性によって構成される。このように考えられる力動的あるいは能動的形相としての属性は、神の存在力能を表現する動詞であり、その限りでまさに神の〈存在の仕方〉である。言い換えると、これは、神を存在そのものと考えるのではなく、神も〈存在の仕方〉（＝属性）なしには存在しえない存在者（＝実体）として考えることである。神は、こうした無限に多くの〈属性 - 動詞〉によって自らが構成的に表現されるような、言わば絶対的動体（＝能産的自然）である。属性は、こうした意味において実体の単なる性質、実体の本性を分有するものなどではない。もし属性を特性と混同して考えるならば、〈実体／属性〉は、直ちに常識に適った、アリストテレス的な〈実体／付帯性〉のようなものになってしまうだろう。このことをより一般的な考え方として明示すると、次のようになる――「実体」(substantia) は、あらゆる性質、付帯性、遇有性、特性を除去したとしても、「基体」(hypokeimenon) として絶対に存続するものである、と。言い換えると、これは、たとえその実体のすべての存在の仕方を除去したとしても、実体は存在そのものとして最後まで残るという考え方である。何故、こんな奇妙な考え方が常識になってしまったのか。それについては、後の目的論批判の際に述べることにする。

さて、これに対して実体の本性を構成する属性は、その本性を単に分有するものなどではなく、その本質を力動的に構成するものである。さらに諸属性は、単に実体を構成する部分的な要素なのではなく、実体を一つの多様体として表現的に構成する動詞体である。実体の本質の発生的要素、あるいは実体の本性の系譜学的要素が属性であり、こうした存在の仕方によって構成される神は必然的に存在する。もう一度、次の定理を上げておく――これは、論理学的に構成された神の必然的な存在についての定理である〈構成の第一の水準、すなわち論理学的構成〉。

神、あるいは各々が永遠・無限の本質を表現する無限に多くの属性からなる実体は、必然的に存在する〈定理一一〉。

こうした神は、実体として必然的に存在する。それは、第一に〈自己原因〉として存在するということである。しかし、神についての原因の理解に関して、スピノザの画期的で独創的な思考は、第一に自己原因の定義にあるが、それ以上に、第二にこの自己原因が作用原因と同じ意味で言われるという〈原因の一義性〉にある。この原因の一義性とは、自己原因がすべてのものの原因である作用原因と唯一同一の意味で言われるということにある。つまり、この場合の〈一義性〉とは、自己原因と作用原因は唯一同一の意味で〈原因〉と言われるということを意味する。言い換えると、その本質が存在を含む仕方で存在するものの自己原因性と、その本質が存在を含まない仕方で存在するものを結果として産出する作用原因性とは、神の唯一同一の〈原因〉だということである。さらに言い換えると、その本質が存在を含む実体は必然的に存在し、また同時にこの実体は必然的に別の仕方で存在する様態を産出するということである。したがって、〈実体が必然的に存在すること〉と〈実体が様態を必然的に産出すること〉とは、絶対に分離不可能な一つの出来事である。

しかしながら、この自己原因と作用原因とを分離するなら、すなわち、例えば、実体としての神が必然的に存在するとしても、この神が世界を産出するかどうかはその絶対的意志によると考えるなら、こうした神は世界あるいは様態に対して直ちに超越することになるであろう。つまり、ひとは、神のうちに意志をもち込んで、直ちに神を超越神あるいは人格神として擬人化して理解することになるのだ。また、それとともにすべての物が擬人化され、すべてが〈可能性〉様相のもとで内装化されることになる。さらには、人々は、人間の自殺をモデル化して、神は全能であるから、自己自身さえも存在しないようにできると考えたりするようになる。しかし、原因の一義性のもとに存在する内在性の神においては、次のような産出の秩序は、その神の本性に必然的に含まれている。

神の本性の必然性から無限に多くのものが無限に多くの仕方で（言い換えれば、無限知性によって把握されうるすべてのものが）生じなければならない（定理一六）。

これは、属性によってその本性が構成される神から必然的に様態が産出されるという定理である（構成の第二の水準、すなわち自然学的合成）。〈神あるいは自然〉における自己原因は、必然的に作用原因と一つである。神の本性の必然性からは、無限に多くのものが無限に多くの仕方で形相的に生起する。個物は、神の属性の変様であり、その属性を一定の仕方で表現する様態である（定理二五の系）。つまり、個物あるいは様態は、属性の変様である限り、形相上の存在を有する。したがって、すべての個物は、こうした形相上の存在を有する限りで様態であると言われるのだ。ところで、これとともに、神は、この形相的に産出される様態についての観念をも有する。それは、以下のような意味になる。つまり、神の属性の一つに思考属性があるが、その様態は観念である。観念は、それゆえこの限りで形相上の存在を有するが、しかしながら、観念だけはもう一つの別の側面を、つまり想念上の存在を有する。というのも、観念は、必ず何かについての観念であり、その何かを表象し理解する力能を有するからである。この定理一六のなかの「（言い換えれば、無限知性によって把握されうるすべてのもの）」がこうした観念の二つの側面を述べている。(1)一方の「無限知性」そのものは、思考属性における無限に多くの観念の形相的側面からの表現である。(2)他方のこうした無限知性によって「把握されうるすべてのもの」とは、無限に多くの仕方で生起する無限に多くのものについての観念の側面、つまりそれらを認識する観念の想念的側面のことである。これは後で詳しく論究するが、観念は、思考属性の様態である限り、他の属性の様態と同様、形相上の存在を有する。しかし、観念は、観念の対象についてのあらゆる理解の様式でもある。その限りで、観念は、その形相的側面だけでなく、同様に想念的側面（表象内容、表現内容、認識の質料的内容、思考力能の想念化、等々）をも有するのである。

さて、神は、一般的には最高の自己同一性を有するものと考えられたりする。ところが、この考え方には、必然的に差異を否定的に考えることが、すなわち、神以外の物の間に優劣関係を導入して、それらを価値評価することが根本的に含まれている。しかし、スピノザの神は、実は最高の自己同一性といった特性などまったく有していない。スピノザの神は、むしろ〈差異〉そのものから成り立っていると言える。何故なら、神は、換言すると、第一に無限に多くの属性の間の〈実在的区別〉から構成され、次に各々の属性のもとで、つまり或る同じ属性のもとに存在する無限に多くの様態の間の〈様態的区別〉から合成されるからである。すなわち、神は、こうした実在的区別と様態的区別からなる〈差異〉そのものである。属性と様態による神の表現は、まさに差異の自然であり、それゆえ差異の肯定それ自体である。

〈目的論＝目的因〉を批判する

スピノザが肯定する〈原因〉概念は、一つの武器のごとく、何よりも第一に目的論あるいは目的因を批判するためにそれらに向けられていると言える。というのも、目的論がどのように批判されるのかを通して、スピノザの哲学についての理解がさらに進んでいくことは間違いないからである。目的論は、まったくの道徳的であまりに人間的な原理である。それは、否定性とニヒリズムに溢れたあまりに人間的な精神が分泌した根本的な装置の一つである。この限りで目的論は、人間のうちに不幸を生み出し、報われない人々を生み出す原理である。目的論ほど意味のない人間の存在の仕方を生み出すような原理は、ほぼ存在しないとさえ言えるだろう。人間は、いったいどの段階でこの原理を見出したのであろうか。目的論は、おそらくニヒリズムの最初の段階において見出され、またつねにニヒリズムの進展とともに強化されてきたのであろう。これに対して哲学は、こうした事柄を告発すると同時に、まさに新たな問いの力能を有した武器としての思考様式そのものでなければならないであろう。ニーチェに倣って、次のように言わなければならない――近代以降、科学ほど道徳的知性の育成に寄与したものはない。何故か。科学的知性は、人間の目的論的意識を合理化する意義を本質的に有するからである。

一般的に言えば、目的論がどうして批判されなければならないかの理由は、まったく不明のままであろう。たしかに目的論は、多くの人間をもっともよく組織化できる原理の一つである。というのも、目的論は位階序列と極めて相性がよく、両者は相互に強化し合う関係にあるからである。一つの目的が、あたかも絶対的な真理であるかの如く、すなわちそれに向かって人々が少しでも接近する以外に生きる道や幸福がないかの如く、すべての人間をそれへと駆り立てる原因となりうるからである。人間は、あたかも〈神〉と一緒になって欠如と否定と卓越とを積極的に産出し、それらを所有すべく、目的論的に自分たちの力を使用しているかのようである。

原因化された目的が頂点となって、人間をも含めて、たしかにあらゆる物がそれに近いか遠いかによって秩序づけられることになる――存在の位階序列化から価値の位階序列化へ、あるいは、むしろ前者に最初から潜在的に含まれていた後者の顕在化。ここでは、単に目的因により近いものは肯定され、より遠いものは否定される。しかしながら、ここでは、すべてのものが最終的には否定される運命にある。例えば、その目的因が実は誰も到達できないようなものであるとすれば、事態はどうなるであろうか。或る者（c）は自分よりもその目的因に遠い者（d）を否定するが、しかしその者（c）も今度は自分よりもその目的因により近い者（b）によって否定される。ところが、この後者（b）も自分よりもさらにその目的因に近い者（a）によって否定され、この者（a）もまたそれ以上にその目的因に近い者（z）によって否定され……、以下、無際限に続く。すでに述べたように、こうして、すべての者たちが否定されるシステムが完成する。彼ら自身がニヒリズムのうちでこうしたシステムを望んでいるのだ。目的論は理想論であり、その道徳的遠近法は否定的な価値評価の基準となる。言い換えると、これらは、ニーチェが言うような、禁欲主義的理想主義であり、また遠近法の道徳的な実質化を完全に体現している。ところで、彼らは、実際には相互に何も一致していない。それにもかかわらず目的論は、組織論に役立つ。何故なら、彼らの唯一の一致点は、誰も目的に到達していないという否定あるいは欠如においてまったく一致しているからである（「第六講義」、参照）。そして、これが否定性を介した一つの有機体を組織しうるのである。

こうした目的論、つまり理想論は、まずは他者を否定し、また同様に自分を容易に一人の他者の如く否定できるような感性や知性に関わるものとなる。つまり、これは、否定、欠如、優越を精神のうちに真に内面化するような思考上の装置である。それゆえ目的論は、つねに本質的に〈否定性〉と〈優越性〉と〈多義性〉を不可欠な諸特性として含んでいるのだ。われわれは、無意識のうちにこうしたニヒリズムに加担して、これを支えている。目的論（＝目的因）を特徴づけ、実際に駆動させるこうした三つの特性に対して、スピノザは、まったく別の特性によって、すなわち〈肯定性〉と〈対等性〉と〈一義性〉によって新たな原因の概念を形成しようとする。それが、第一に「自己原因」であり、それ以上に重要となるのが、すでに述べた、〈自己原因＝作用原因〉という原因についての新たな一義的概念である。

さて、目的論は、先の否定的な三つの特性をさまざまに言語化することで、まさに道徳的な言説を生み出し、またその意識を穿ってきた。欠如を埋めるべく（自分たちで創り出して、自分たちで解消すべく）、われわれの行為と考え方をまさに遠隔的に支配することができるのが、こうした目的論あるいは目的因である。それは、作用原因となって結果を産出することから人間を引き離して、つねに結果として表象可能なものしかわれわれに意識させないようにする一つの超越的原理である。われわれは、実は神さえもこうした目的因によって動かされていると容易に考えることができるのだ。

もし神が目的のために働くとすれば、神は必然的に何か欠けるものがあって、それを欲求していることになる（付録）。

われわれ人間は、まさにこうした神の要求に耳を澄まして、それを聴き取るだけでなく、さらにそれに必死に応答しなければならないと考えている。というのは、もし神が或るもの（人間）のためにすべての自然を創造したと考えるなら、神はその或るもの（人間）を欠いていたのでそれを欲求したということになるからである。欠如あるいは否定は、こうした神と人間との間で相互に複写し合うことで発生した、まさにこの大地の皮膚病であろう。人間は神を目的因とし、神は人間を欠けたものとして欲求する。このように神を目的因と考えることは、実は神をむしろ不完全なものと考えることにつながっている。つねに超越としての欠如を必要とする道徳的言説は、こうした目的論の思想、すなわち有機的な超越への欲求から形成されていることになる。

この説〔目的論〕は、実は原因であるものを結果と見て、また反対に〈結果であるものを原因と〉見る。次にこの説は、本性上先になるものを後にする。また最後にこの説は、最高かつ最完全なものをもっとも不完全なものにする（付録）。

目的は、作用原因の結果としての存在、つまり目標であり、したがって本性上後なるものである。作用原因は、欠如があるから作用するのではなく、産出の完全性を有している。しかし、スピノザから考えると、目的論は、作用原因を有する神をむしろ欠如のために活動する無能力な実有として結果的に考えていることになる。目的論は、人間性というつねに転倒する動物性を強化し、またもっともよく表現するものである。それは、とくにこうした論点において完全に転倒した思想的信念をともなっている。もっとも価値のあるものをもっとも価値の低いものと見なすニヒリズムの根本特性あるいは習性は、この説に依拠することで、さらに人間精神を捕獲して、内在的な諸様相を三つの道徳的特性で完全に内装化することになる。

第一二講義　神の自然学的構成――構成から産出へ

原因について(Ⅱ)――〈神の概念〉の自然学的な形成

〈神 - 自然〉は、実体と様態との間の差異から構成される。実体と様態との間には、名目的な差異と実在的な差異とを考えることができる。実体と様態との間の差異を列挙することは、この両者の特質を挙げることで容易に可能になる。それは、いっさいの表現関係なしに、単に存在者としての違いを名目的に提示するだけだからである。しかし、それらの間の実在的差異は、きわめて理解するのに困難な問題を含んでいる。というのも、その差異は、実体による様態の産出から実在的に理解されなければならないからである。両者の間の名目的差異は、すでに「第一〇講義」のなかで述べた。ここでは、原因の観点からこうした実在的な差異を、言い換えると、能産的自然と所産的自然との間の絶対的差異を中心に考えていくことにしよう。

スピノザにおける神は、無限に多くの属性によってその本性が表現的に構成される、あるいは構成的に表現される唯一の実体である。このことは、すでに何度も述べてきた。重要な論点は、この実体の存在だけで自らの表現が完結するわけではないということにある。というのも、この実体は、様態を必然的に産出する、あるいは必然的に様態に様態化することを本性上含むからである。実体は、それが必然的に存在する限り、同じ意味で必然的に産出するのだ。これが、スピノザにおける神である。言い換えると、それは、様態についても〈必然性の神〉であって、世界に対する単なる〈可能性の神〉ではないということである。神はたしかに存在するが、しかしその神が或る世界を創造するかどうかは神の絶対的意志に依存しているなどといった擬人化の思考や発想は、ここにはまったくない。つまり、神の実体としての境界はたしかに属性にあるが、しかし神の自然として境界は産出された様態にあるのだ。

神は、自己原因において必然的に存在し、またそれと同じ必然性のもとで作用原因によって様態を産出する。実体が存在するということには、その本性から様態が必然的に産出されるということが含まれているわけである。実体が存在する必然性とこの実体が様態を産出する必然性とは、完全に同一の様相——様相の一義性——である。スピノザは、まさに〈原因〉概念を新たに形成し直すような仕方で、つまり因果性の概念のうちに含まれている原因と結果との間の〈関係=比《ラポール》〉を非物体的に変形するような仕方で次のように述べている。

一言で言えば、神が自己原因と言われるその意味において、神はまたすべてのものの原因であると言われなければならない（定理二五、備考）。

この「すべてのものの原因」とは、「作用原因」のことである。作用原因とは、つねに結果を生起させる原因のことである。つまり、スピノザは、ここで「自己原因」と「作用原因」とはまさに唯一同一の原因であると言いたいのである。要するに、これによってわれわれが理解すべきは、神の存在と様態の存在とがまさに同じ必然性を有するということである。ドゥルーズは、このことを「原因の一義性」という概念のもとで見事に理解した[1]。一義性は、多義性とはまったく異なる概念である。それは、差異についてしか言われえない〈同じもの〉、あるいはあらゆる差異を肯定する〈等しいもの〉のことである。この〈同じもの〉あるいは〈等しいもの〉を同一性と考えてはならない。何故なら、スピノザにおける実体は、あらゆる〈属性‐差異〉について唯一同一の意味で言われる〈同じもの〉あるいは〈等しいもの〉だからである。あるいは、その本質が存在を含むもの（=実体）は、その本質に存在が含まれないもの（=様態）の本質と存在とを必然的に産出するが、これらについて唯一同一の意味で言われる〈同じもの〉あるいは〈等しいもの〉だからである。言い換えると、原因の一義性とは、実体と様態という存在の仕方がもっとも異なるものについての共通の特性を意味することになる。さて、そうなるとこの原因の一義性は、今度は属性の一義性として理解することができる。属性の一義性は、言い換えると、構成と産出との一義性であると言える。何故なら、属性による実体の本性の構成は、同じ属性のもとでの様態の産出と同じ意味を有するからである。何故なら、属性は、実体と様態というもっとも存在の仕方が異なるものについての唯一同一の形相だからである。したがって、原因の一義性は、属性の一義性に依拠していると言わなければならない。スピノザにおける存在の一義性とは、神の存在（実体）とこの神から産出されるものの存在（様態）とを、たとえその存在の仕方が異なるにしても、そこにいかなる優劣関係も導入することなく、ただその差異性と対等性とについて徹底的に肯定する概念のことである。

原因の一義性のもう一つの意義は、実体と様態との間の〈能産的‐所産的〉関係を、必然性という様相のもとに理解することに、言い換えると、可能性という様相のもとで考える疑似化された神についての思考を解体することにある。神は、この意味において内在的原因である。つまり、この原因の一義性によって神は、超越的原因ではなく、まさに内在的原因である（定理一八）。わかりやすく対比して言うと、超越的原因とは自己の外部に結果を生み出す原因であるのに対して、内在的原因とは自己の内に結果を産出する原因のことである[2]。内在的原因とは、自己原因と作用原因とが唯一同一の意味で、つまり一義的に言われる原因のことである。これに対して超越的原因は、この二つの原因を分離して、原因の多義性のもとで成立した概念である。

(1)自己原因：その本質が存在を含むもの、あるいはその本性が存在するとしか考えられないもの
(2)作用原因：神の本性から無限に多くのものが無限に多くの仕方で生じること

原因の一義性は、言い換えると、三つの必然性が一つであることとして理解できる——すなわち、自己原因のもとで言われる必然性、自己原因と作用原因との必然的一致、作用原因のもとで言われる原因・結果の連結の必然性。要するに、神の存在と様態の存在は、唯一同一の必然性の様相を有するということである。神は自己原因によって必然的に存在するが、しかしその神が様態を産出するかどうかはその絶対的な意志のもとに、つまり可能性の様相のもとにある、とスピノザはけっして考えない。神はこの世界を創造することもしないこともできたし、別の世界を創ることもできたといった多義性の思考は、ここでは徹底的に批判され排除される。スピノザの批判的論戦は、不断に続けられる。神は、存在する限りは必然的に産出する。また、神は、産出する限りはその産出されるものを必然的に認識する。存在は産出であり、産出は認識である。神のこうした存在と活動とを自由意志によって分離することこそが、実

は神を大気中で擬人化し、それゆえ大地のうえで民族化することになるのである。

さて、先に挙げた定理二五の備考は、スピノザによれば、「次の系からいっそう明白になるであろう」。

個物（res particularis）は、神の属性の変様、あるいは神の属性を一定の仕方で表現する様態にほかならない（定理二五、系）。

個物とは、神の或る属性を一定の仕方で表現する様態のことである。或る人間の身体は神の延長属性を一定の仕方で表現する様態であり、またその人間の精神は神の思考属性を一定の仕方で表現する様態である。それらの様態は、各属性のもとで変様する神の言わば再表現である。第一の表現は神の本性を構成する属性であり、これを再表現するのは神の属性のもとでの変様としての様態そのものである。この二つの様態――延長属性における〈身体 - 様態〉と思考属性における〈観念 - 様態〉――が合一したものが、個物としてのその人間である。属性によってその本質が構成される実体、つまり神は、原因という特性を必然的に有する。したがって、神は、原因の一義性のもとで自己の様態的変様、つまり自己変様によって様態を産出する。属性は実体の本質を表現するが、様態はそれを別の仕方で無限に多様に再表現する。つまり、個物は、神の本性を質的に表現する属性のもとで、今度はその属性を一定の度合として表現するのである。

これについては、たとえ類比的であっても、事例を挙げて理解しておくことにしよう。仮に神の属性の一つを「白」と考えてみよう。この「白」という〈質 - 属性〉を通して実体が様態的に変様することは、そこに多様な物の「白さ」――つまり、物における無数の「白さ」の度合――が産出されることである。それらの度合は、壁の白さ、画用紙の白さ、Tシャツの白さ、白熊の白さ、雪の白さ、花の白さ、ペンキの白さ、等々、として様態化される。それらの「白さ」は、「白」属性をそれぞれに多様に再表現する相互に異なった度合であることがわかる。しかし、それにもかかわらず、それらは、まさに等しく「白」だと言わなければならない。言い換えると、「白」属性は、必然的に多数で多様な無限に多くの「白さ」の度合のもとで表現されなければならない。ここから、「白さ」という〈度合 - 様態〉なしの「白」という〈質 - 属性〉など、絶対に存在しえないことが帰結する。ここでは、一方の「白さ」

が他方の「白さ」よりも優れているとか、あるいは真の「白さ」に近いといったような言明はまったく問題にならない（こうした言明こそ、まさに多義性であり、また真理への意志を前提としているからである）。こうした事柄が、無限に多様な「白さ」度合について一つの「白」属性が一義的に対等であることの論証になる。つまり、この「白」属性は、あらゆる「白さ」度合について唯一同一の意味で言われる「白」である。これは、〈白の一義性〉である。これを一般化してあらゆる存在者について言うとすれば、それは直ちに〈存在の一義性〉の概念になるであろう。所産的自然のなかのすべての個物あるいは様態は、神の属性を一定の仕方で表現する言わば多様な強度そのものである。様態は、神の存在の仕方（属性）の無限に多くの強度である。この意味において様態の本質は、属性の表現によって表現されるもの（神の存在力能）から産出される強度（様態化した存在力能、すなわちコナトゥス）そのものである。

古典の最重要問題——本質と存在について

さて、スピノザの哲学を理解するには、「本質」（essentia）と「存在＝実存」（existentia）とを明確に区別して理解することが不可欠となる。そのためには、すでに述べたような「定義」の概念とその二つの類型——名目的と実在的——を理解することが重要となる。すべての定義は、〈定義されるもの〉の本質の定義である。これが第一の点である。したがって、定義には、〈定義されるもの〉の存在は含まれない。これが第二の点である。しかし、定義は、何でもよいというものではなかった。定義とは〈定義されるもの〉の本質の定義である以上、その定義によって〈定義されるもの〉の存在の特質《プロプリエタース》、すなわち実存上の特徴を用いてはならない。これが第三の点である。スピノザは、「愛」の定義の後の「説明」のなかで、デカルトを念頭に置きながら、この点を明確に述べている。

この定義〔愛とは、外部の原因の観念をともなった喜びである〕は、愛の本質を十分明確に説明する。これに反して、著作家たちのあの定義、〈愛とは愛する対象と結合しようとする愛する者の意志である〉という定義は、愛の本質ではなく、その一特質を表現するにすぎない（第三部、諸感情の定義六、説明）。

物が存在するのは、その本質あるいは実在的定義によってか、あるいは与えられた作用原因によって必然的に存在するかのどちらかである。前者が実体の存在であり、後者が様態の存在である。様態とは、その本質に存在が含まれないもののことである。したがって、様態が存在するには、特定の原因が必要となる。様態の場合、たとえその本質が与えられても、それに存在が含まれていない以上、それとは別の特定の外部の原因によって存在へと規定されなければならない。次の定理がこの論点をもっとも的確に表現している。

神から産出された物の本質は、存在を含まない（定理二四）。

『エチカ』には、たった一行で表現された、恐るべき革命的な言表が、つまり本質的な言表作用が複数存在している。この定理も、まさに絶対的真理の一つである。〈その本質が存在を含むもの〉（＝実体）が産出するのは、〈その本質に存在が絶対に含まれないもの〉（＝様態）である（言わば、実体の脱‐本性化）。ここに、神の自然学的構成あるいは合成の本性がある。われわれは、この〈産出〉という実体と様態との間のもっとも充実した絶対的差異あるいはそれらの〈間《あいだ》〉——実体と様態との接合部、実体の脱‐本性化（＝様態化）——をどのように知覚し思考することができるであろうか。われわれは、この〈間《あいだ》〉をけっして深淵や闇にしてはならない。神から産出された物は、その本質が存在を含まない仕方で存在する（様態の唯一の〈存在の仕方〉）。さらに次のように言うべきであろう。そうであるならば、神から産出された物は、逆にその存在が本質を含まない仕方で存在するものだと言えるだろうか。もしそのように言えるなら、これは完全に対称的な事柄だということになる。いずれの場合であっても、様態における本質と存在とは、実体とはまったく異なった仕方で明確に区別される必要があるだろう。しかしながら、われわれは、或る物について、〈これは本質であり、あれは存在である〉といった仕方で、その物の様態としての本質と存在とを十全に区別して理解することが実際にできるのであろうか。ここでの要点は、様態の本質は何よりも産出された本質だということにある。

神は、物の存在の作用原因であるばかりでなく、物の本質の作用原因でもある（定理二五）。

物の本質は、神の能産性から必然的に産出されたものである。そして、神の能産性の特性の一つがここで言われている「作用原因」である。実体の様態的変様（様態の産出）は、すでに述べたように、機能的には脱 - 本性化の表現である。言い換えると、実体の様態的変様あるいは神の属性の変様は、自らの場所を特権化し超越化するためではなく、その脱 - 本性化を内在性の絶対的要素にすることにある。これが、言わば「能産的自然」（Natura naturans）から「所産的自然」（Natura naturata）への産出の問題に対して現われてくるこの両者に共通の〈自然〉の在り様である。この論点をもう一度わかりやすく考察しておこう。

〈本質と存在についての一般的注〉――哲学者たちの間でも、また同様に人々の間でも、もちろん前者は意識的に、後者はほぼ無意識的に、およそ次のように本質と存在について考えてきたのではないだろうか。すなわち、それは、〈本質は存在（実存）に先立つ〉、という考え方である。例えば、「人間は理性的動物である」。これは、個々の人間の現実存在に先立って考えられたすべての人間に共通の本質であり、その定義である。しかし、何故、人々はこれをそのように人間の本質であると考えるのか。いくつかの理由がそこで考えられる。例えば、親は、自分の子供の本質を、つまりその子供の人間としての本質を直接に生むことはできない。何故なら、親が生むことのできるのは、その子供の人間としての一つの実存だけだからである。つまり、その子供の人間としての具体的な実存に「理性的動物」という人間の一般的本質が含まれているかどうかは、親の産出行為や努力とはまったく無関係だからである。あるいは同じことを反対に死の側面から言うこともできる。或る一人の人間が亡くなっても、理性的動物という人間の本質一般はまったく変化しない以上、人間の各個の実存よりもその人間の本質一般の方が存在論上先立つものとして考えざるをえないであろう。要するに、人間の本質あるいは定義は、個々の具体的な人間の生成と消滅についてまったく無差異だということである。言い換えると、たとえ人間がすべて絶滅したとしても、こうした人間の本質あるいは定義は、各個の具体的人間の存在とは無関係である以上、その限りで永遠に存在し、また妥当するであろう、等々。

ジャン゠ポール・サルトル（一九〇三―八〇年）は、周知のように、まさにこうした考え方を徹底的に批判した哲学者である。とりわけサルトルの無神論的実存主義は、人間のこうした本質と存在（実存）との間にまさにコペルニクス的転回を導入しようとした思想である――「実存は本質に先立つ[3]」。これは、やはり画期的な思考の仕方であろう。というのも、実存主義は、まさに人間の自由を自己の本質の作成可能性のうちに見出したからである。人間の自由は、実は自由意志にも、またその前提となる選択肢の複数性にも関係しない。サルトルは、他の物の本性に対して、人間の本質だけは定義不可能であると言う。この〈定義不可能性〉は、きわめて重要である。というのも、この不可能性は、逆に人間の自由をむしろ確実にする様相だからである。あるいはこれは、人間の実存がまさに定義の外部に積極的に存在することの宣言だからである。そもそも本質のない存在者を定義することなど、およそ不可能であろう。定義がその〈定義されるもの〉の存在を含まないだけでなく、そもそも定義されるべき本質をもたない存在者が世界のうちに一つ存在する、とサルトルは述べているのだ。それをこの実存主義者は、まさに「人間」と呼ぶのである。しかしながら、サルトルは、ただ人間についてのみ、その実存が本質に先立つものだと考えた。サルトルの無神論的実存主義は、たしかに人間についてのまさに特異性主義を形成しようとしたと言える。ここでの問題の焦点は、たしかに本質と存在（実存）との間の存在論的な前後関係にある。そして、この前後関係を転換したのがまさにサルトルである。しかし、スピノザにとって重要な事柄は、実は本質と存在との間のこうした前後関係などではまったくない。つまり、本質が存在に先立とうが、あるいはその逆に存在が本質に先立とうが、それらは、単に二次的あるいは三次的な問題にすぎないのである。スピノザにおいてそれ以上に重要な問題は、何よりもこの両者の間の明確な区別であり、また両者の間の包含関係あるいは非包含関係である。さて、このように考えることで、はじめて無限様態の問題がその真の意義を有することになる。

無限様態の問題（I）——原因から産出へ

原因と結果との間の〈関係＝比《ラポール》〉は、実は特性についての概念にとどまっている。[4] しかし、産出は、原因の概念だけではまったく理解できない。というのも、産出は、実体の様態的変様という脱‐本性的な〈存在の仕方〉を有するからである。実体は、自ら自己の本性が変化する物である。しかし、その変化は、ただ一つしかない。それが、様態的変様（modificatio）、つまり様態化である。実体は、どこまでも自己の本性にとどまりつつも様態に変様するのである。それは、様態の産出である。実体は、けっして実体を産出しない。すでに述べたように、実体は、けっして他のものの結果とはならないからである。実体における様態の産出は、実体の絶えざる脱-本性化である。

さて、属性によってその本性が構成される実体、すなわち神は、様態に変様して、様態を産出する。この産出の秩序における第一の様態は、〈無限様態〉と言われる。無限様態は、二つの側面——直接無限様態と間接無限様態——に分けられる。つまり、その本質が存在を含まず、また存在がその本質を含まないものの第一次的な存在の仕方がまさに〈無限様態〉である。これに対して、個物あるいは有限様態は本質に存在が含まれないが、一度存在し始めたならば、それと同時にこの様態の本質はその存在に現働的に作用し始める（自己の持続上の存在を維持しようとする力能、すなわちコナトゥス）。これは、様態の本質が言わば現働化すること——つまり、特定の存在を維持しようとすること——であるとも言える。これは、端的に言うと、まさに形相的本質から現働的本質へという意味での現働化である。要するに、様態の本質そのものの産出とその本質の現働化とは、区別されなければならないのだ。その前に、まずは無限様態の二つの定理を考察することにしよう。

> 神の或る属性の絶対的本性から生起するすべてのものは、つねにかつ無限に存在しなければならない、言い換えると、それはこの属性によって永遠で無限である（定理二一）。

> 神の或る属性がその属性によって必然的にかつ無限に存在するようなそうした一種の様態的変様に様態化する限り、この属性から生起するすべてのものは、同様に必然的にかつ無限に存在しなければならない（定理二二）。

一般的に言うと、最初の定理が直接無限様態について、次の定理が間接無限様態についてのものである。この〈直接無限様態〉についての定理の証明は、ほぼ神の或る属性の絶対的本性から生起するものは、有限な持続をもつような存在ではなく、必然的に無限で永遠でなければならないことに終始している。したがってこれだけでは、無限様態の本質と存在についての理解はまったく得られず、そこでは無限様態の特質についての言及だけが為されているにすぎない。スピノザは、或る書簡のなかでこうした二種類の無限様態についての「例」を求められて、思考属性の直接無限様態を「絶対無限の知性」、延長属性のそれを「運動と静止」、また延長属性の間接無限様態を「無限に多くの変化をしながらもつねに同一にとどまる全宇宙の相」であると答えている(5)。しかし、「例」は、あくまでも或る個別的なものによって一般的なものを代表させる機能しか有していない。つまり、われわれは、無限様態についてその特質といくつかの例しか与えられていないことになる。様態の産出の秩序において考えられるべきは、直接無限様態から間接無限様態へ、そして間接無限様態における無限に多くの有限様態へといった単なる形式的な移行論でも、あるいはそれらの各段階に対応するそれぞれの様態の特質や存在の仕方でもない。われわれにとって重要なことは、テクストの表面上の操作ではなく、まさに事柄そのものを知覚することにある。

神の属性における様態化は、二つの仕方がある。何故、神による様態の産出は、一つの仕方ではないのか。どうして二つの産出の仕方が必要なのか——一つは神の或る属性の絶対的本性からの直接的生起（直接無限様態）、もう一つは神の或る属性の様態的変様からの間接的生起（間接無限様態）。ここでの最大の問題は、第一次的に産出される直接無限様態とこれを媒介として産出される第二次性の間接無限様態という考え方そのものである。われわれは、実体の脱-本性化の運動をその内側から速度をともなって知覚すること、つまり思考においてこの産出の秩序が有する〈被知覚態《ペルセプト》〉と〈被概念態《コンセプト》〉と〈被変様態《アフェクト》〉を総合的に理解する必要があるのだ。

無限様態の問題(II)——様態化とは何か

無限様態に関するいくつかの困難な問題は、そもそも〈様態化とは何か〉という言わば思考されることしかできない一つの問いへとわれわれ自身の思考を穿ち差し向けるであろう。神の唯一の変化、様態化は、すべて必然的で無限で永遠のうちでの活動である。たとえ、有限様態相互の持続上の活動であっても、それは、神の様態化の持続上の過程的表現である。つまり、産出の秩序は、けっして段階的な地層化の順序など有していない。あるいは有限様態を目標とした論理とはまったく異なった、その意味では或る種の非論理を様態化は本質的に有するとさえ言えるであろう。諸定理やそれらの証明相互の形式的で整合的な理解は、実はその内容の実質的理解へとわれわれを必ずしも導いてくれるわけではない。そこで、まずはこの定理二一と二二とを総合した定理の考察から始めることにしよう。

必然的にまた無限に存在するすべての様態は、必然的に神の或る属性の絶対的本性から生起するか、それとも必然的にまた無限に存在する様態的変様に様態化した或る属性から生起するかでなければならない（定理二三）。

前者が直接無限様態に、後者が間接無限様態にそれぞれ対応していることは、疑いえないであろう。ここでも、当然のことながら、様態の存在の無限性と必然性（あるいは永遠性）という特性を起点としてその証明が展開される。様態のそうした特性は、神の或る属性によって結論されるか、あるいは知覚されなければならない（定理二三、証明）。必然的にかつ無限に存在する様態は、神の或る属性の絶対的本性から生起するか、それとも必然的にかつ無限に存在する様態的変様を介して生起するかでなければならない。この〈それとも〉（＝あるいは）は、排他的で選言的な機能のもとで用いられているわけではない。この定理二三は、様態の本質には存在が含まれないことによって必然的に成立する言表である。というのも、無限様態は、神の存在力能による肯定的な総合を示しているからである。様態は、その本質に存在が含まれない仕方で存在する実有である。神は、こうした様態の本質と存在の双方の作用原因である。神は、物の本質を産出するだけでなく、その物が存在し始める原因でもある。それだけでなく、神は、物の本質が現働的本質として自己の存在に固執する力能となる原因でもある。

神は、物が存在し始める原因であるだけでなく、物が存在することに固執する原因でもある（定理二四、系）。

神の或る属性は実体の本質を構成するが、それと同時に神はその同じ属性のもとで様態化する。様態化である限り、それは、絶対に実体化ではない。つまり、その本質が存在を含まないような本質の産出が、まず第一次的な様態化であるだろう。これがまさに〈産出された本質〉の意義である。神の本性は、属性によって形相的に表現される絶対的な存在力能である。属性は、この意味でまさに形相的本質の表現である。属性は神の絶対的本性を構成するが、それと同時に神の或る属性の絶対的本性から永遠で無限なものが生起する。それは、或る属性を通した神の自己変様である。しかしながら、それは、言わば様態的変様なき自己変様である。これが、まさに直接無限様態の「直接」の意味である。それは、神の或る属性の絶対的本性の強度化あるいは度合化であり、またこれらは様態の形相的本質として生起する。これに対して神の或る属性が様態的変様に様態化するのは、物の存在の作用原因としての有り様である。
ここでは、様態化のこうした二つの仕方をともに「直接的」生起と呼ぶことにしよう。というのも、いかなる媒介関係も、この二重の無限様態化の間には存在しないからである（媒介関係は、無限な様態的変様と有限な様態的変様との間に存在する関係である。これについては後で定理二八を取り上げる際に論究する）。産出の秩序は、神の或る属性における構成上の自己変様――言わば力能の形相的度合化――と、或る属性の産出上の自己作用――無限な様態的変様、つまりこの度合化の存在の仕方――との一つの二重性からなる。或る属性の絶対的本性からの生起が構成的な自己変様であり、或る属性の様態的変様の様態化が産出的な自己作用である。この自己変様と自己作用は、あらゆる様態についての一義的な脱‐本性化であると言える。その本質が存在を含まない実体、つまり無限に多くの属性によってその本質が構成される絶対に無限な〈神‐実有〉は、その本質が存在を含まない様態を総合的に産出する（構成的表現と合成的表現）。すなわち、〈神‐自然〉は、自己の本性にとどまりつつも、自己の脱‐本性化という仕方で様態の産出活動をおこなうのである。

直接無限様態における様態とは、属性の度合あるいは強度そのもののことであり、言い換えると、属性という諸問題の無限の度合あるいは無限に多くの度合のことである。直接無限様態は、神の或る属性の様態的変様なき自己変様という形相的本質の無限の度合化、つまり無限に多くの本質の多様化（つまり、存在に固執する無限の活動力能）である。これに対していわゆる間接無限様態は、神の或る属性の永遠で無限な様態的変様であり、様態の無限存在の仕方を与える変様である。またこれらの無限様態における有限様態とは、神の或る属性の無限な様態的変様を介して有限で限定された様態的変様に様態化した持続上の存在の仕方のことである。神の或る属性の様態的変様は、要するにその属性のもとで神が様態の存在上の作用原因として活動する仕方である。

特異性の産出について

神は、超越的原因ではなく、内在的原因である。言い換えると、それは、或る結果に対する遠隔原因ではなく、あらゆる結果についての最近原因でなければならない。すべての様態は、この自然の内在的平面のうちに存在するものとして理解される。すでに述べてきたことであるが、唯一の無限実体は必然的に存在するが、それは産出する限りでの存在である。産出されるのは、実体とは絶対的に異なる仕方で存在するもの、すなわち様態である。さて、様態の産出の秩序における特異性と個別性との差異を、あるいは実在的なものと名目的なものとの差異を、創造論を批判しつつ、もっとも明確に定義したのはスピノザである。〈個物＝個別的なもの〉(res particularis) は、神の属性の変様以外の何ものでもなく、また神の属性を一定の決定された仕方で、つまり特定の度合をもって表現する様態以外の何ものでもない（定理二五、系）。

　われわれ各個の人間も含めて、そもそも〈個物＝個別的なもの〉とは、自然のうちに現在する単なる表象的な結果ではなく、まさにその自然を自己の力能とその形相のもとで表現する現働的な様態のことである。しかしながら、この系は、個物についての名目的な規定にとどまる。いずれにしても、様態についてのこうした名目的な規定に対して、まさに物の本性――あるいは特異化の過程――のすべてが表現されていると言ってもよいのが次の定理である。この定理は、スピノザにおける有限様態としてのまさに〈個物＝特異なもの〉がどのようにして他の〈個物＝特異なもの〉の発生的要素あるいは最近原因となるのか、つまりその産出の基本的な様式であるのかが示されている。

> どんな〈個物＝特異なもの〉(res singularis) も、あるいは有限で決定された存在を有する物は何であれ、同様に有限で決定された存在を有する別の原因によって存在し作用することに決定されるのでなければ、存在することも作用することに決定されることもできない。さらに、この原因もまた、有限で決定された存在を有する別の原因によって存在し作用することに決定されるのでなければ、存在することも作用することに決定されることもできず、このようにして無限に進む[6]（定理二八）。

　すでに述べた定理二五の系では、〈個物＝個別的なもの〉は、神の属性を一定の仕方で表現する様態にほかならないと言われるだけであった。これは、明らかに個物の名目的な言表であると言える。というのも、この系には、個物がどのような仕方で神の属性を具体的に表現するのかについての、つまり表現する個物の最近原因あるいは発生的要素についての明示がないからである。それゆえ、そこでの個物は、単に一般性のもとで言われる〈個別的なもの《レス・パルティクラーリス》〉のことである。これに対してこの定理二八は、個物――〈特異なもの〉《レス・シングラーリス》――の実在的定義として考えることができる。というのは、個物とは、ここでは自らが作用原因となって自己の内部あるいは外部に或る結果を産出するように、つまり一定の存在と作用に決定されることで、神の属性をまさに一定の十全な仕方で表現するものとして規定されているからである。つまり、名目的な個物の個別性は、特定の作用原因となるべく存在と作用に決定されることで、実在的な個物の特異性へと生成することになる。すべての物は、その限りでこうした〈特異なもの〉である。何故なら、物の自然においては、結果となって原因とならないものはけっして存在しないからである。

われわれは、単純に或る結果からその原因へと遡り、またその原因も一つの結果とみなし、さらにこの結果の原因へと遡るという仕方で無際限にこうした因果関係の系列を遡行しうる。

……← z ← a ← b ← c ←……

[図 12-1] 因果系列上の無際限な遡行

……→ z → a → b → c →……

[図 12-2] 因果系列上の無際限な進展

定理二八は、このようにきわめて常識的なことを述べているように思われる。これは、例えば、玉突きのゲームによってよくイメージされるような、一般的な〈原因‐結果〉の連続的な連結関係として表象される事柄である。そして、この因果関係は、水平の直線的な連鎖的イメージのもとで表象されるのがつねである。つまり、物の自然においては、与えられた或る事象(c)があれば、これを結果(c)として規定した原因としての別の事象(b)が必ず存在する。そして、この事象(b)もまた、これを結果(b)として規定した原因としての別の事象(a)が必ず存在する。さらに、この事象(a)もまた、これを結果(a)として規定した原因としての別の事象(z)が必ず存在し、……という仕方で、われわれは無際限にこの系列を遡行し続けることができる([図12‐1])。ということは、この系列を結果から原因へと遡行する仕方(←)ではなく、原因から結果へと進展する仕方(→)は、今度は[図12‐2]のように書くことができるだろう。

さて、この二つを総合して図示すると、およそ[図12‐3]のように書くことができるであろう(ただし、「結」は結果を、「原」は原因を示している)。これは、矢印の方向こそ違っているが、すでに述べたように、どちらも一般的には〈水平的因果関係〉として理解されているような因果系列の一つの典型的なイメージである。或る結果としての事象(a)があるが、この事象(a)は、しかし原因となって事象(b)を結果として生み出す。しかしこの事象

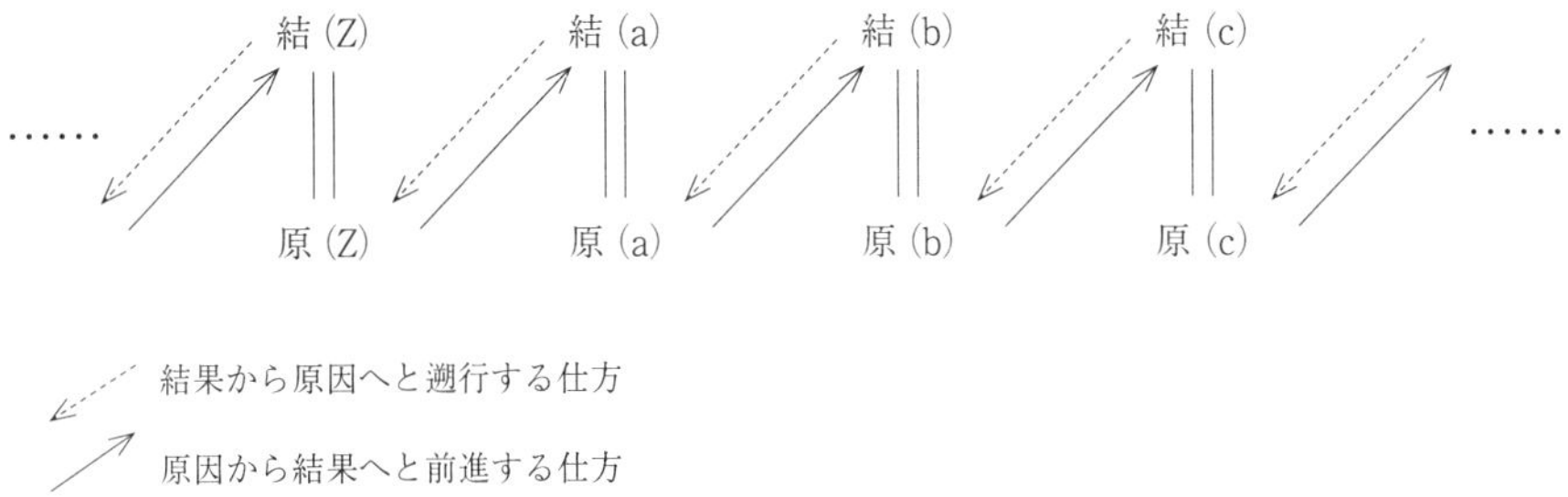

［図12-3］原因と結果の連結を経巡る二つの仕方

（b）も一つの原因となって、次に事象（c）を結果として生み出す。しかし同様に、この事象（c）も原因となって、……、このようにして無限に進む。ここには、きわめて重要な事柄が含まれている。第一に、とりわけスピノザにおける必然性や因果性の概念には、〈結果は原因からけっして分離されえない〉という意味が強く含まれている。以下の公理が、それを明確に示している。

結果の認識は、原因の認識に依存し、かつこれを含む（公理四）。

ここから、スピノザが批判する「表象知《イマギナチオ》」が何を意味していたのかが明確に理解できるであろう。表象は、単なる結果の知覚あるいは認識であり、言い換えると、身体のなかで秩序づけられた変様の痕跡の知覚にほかならない。人間は、結果が原因に依拠していることを忘れて、認識を単なる痕跡の諸知覚にしてしまうのだ。これは、例えば、フェルディナン・ド・ソシュール（一八五七―一九一三年）の言語学における言葉や記号一般がもつ恣意性にも深くかかわっている。「例えば、ローマ人は、ポームム〔果物〕という言葉の思考から、ただちに或る果物の思考へと移るであろう。この果物は、あの発音された音声とは何の類似性もなく、まったく共通点もない」（第二部、定理一八、備考）。日本語を理解する人間であれば、例えば、「みかん」という言葉を聞くと、ただちに或る〈みかん〉の思考に移るであろう。ところが、現実に存在する〈みかん〉とこの「みかん」という言葉との間には、何の類似性も共通点も存在しない。しかしながら、それらの間には、明らかにコード化された恣意的な関係性がある。このコード化は、われわれが実際に〈みかん〉を見ながら、同時に何度も「みかん」という言葉を聞いたことによる以外にないであろう。言葉とその意味との、あるいは言葉とその指示対象との間のコード化は、ま

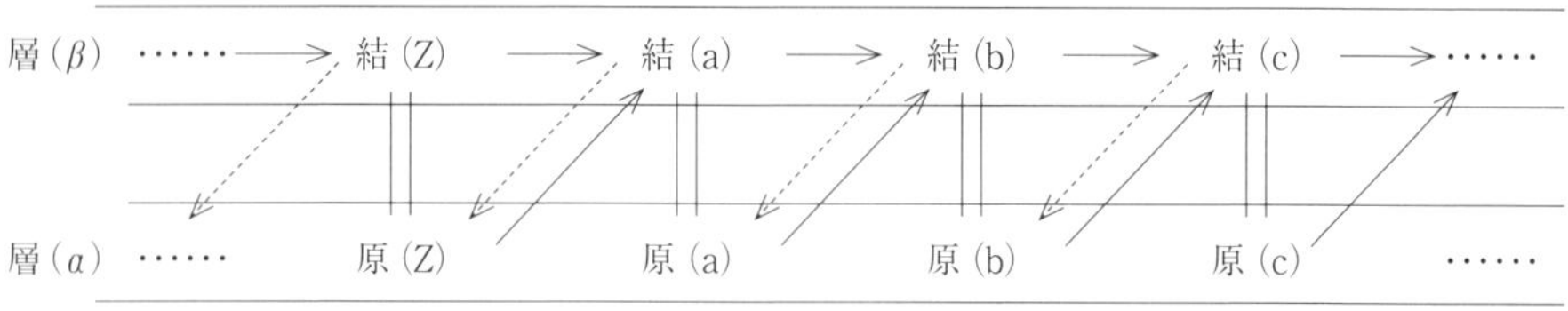

［図 12-4］因果系列に隠された二つの異なる層

さに言語の恣意性を基礎にしているように思われる。しかし、その土台は、むしろ習慣や記憶の秩序にあるのだ。つまり、表象とは、コード化すると同時に、つねに恣意化の再生産を、つまり習慣と記憶を肯定することにある。いずれにしても、原因から切り離された結果の連鎖だけの認識、それが表象である（［図12－4］）。

ここからわかるように、表象的認識とは、〈原因－結果〉の連結を生み出す作用原因からの認識を無視して、作用原因から結果の連結層（β）だけに注目し、その表象系列を抽出すること、あるいはこうした結果の位相を作用原因から分離することにほかならない。ここでは、結果から原因へと遡る場合でもあっても、結局は結果相互の連結しか意識されないことになる。むしろ結果から原因へと遡行する場合に、単に結果の系列だけを辿るという表象知の最大の特徴が容易に現われると言ってもよいであろう。そのとき認識は、すべて痕跡の知覚、すなわち結果の認識にすぎないのである。これに対して、原因からの認識は、遡行であれ進展であれ、つねに作用原因という観点からの認識を促すことになる。しかしながら、それは、作用原因からの認識である限り、つねにこの原因の層（α）から結果の層（β）へという仕方で原因の認識を所有することである。これを思考属性における様態としての観念の系列で考えたらどうなるであろうか。まさに結果の認識は、原因の認識に依存し、かつそれを含む。結果としての観念（b）は、自らの原因としての観念（a）を表現し、その認識を必然的に含むであろう。

作用原因の特異化（＝自然平面の形成）

さて、いずれにしても、これは、一般的には〈水平的因果関係〉として理解されているような〈原因－結果〉の連鎖の一つのイメージである。これに対して、さらに別の因果性のイメージを、つまり〈垂直的因果関係〉を容易に考えることができる。これは、例えば、神が一つ一つの個物を結果として直接に産出するというようなイメージである（この典型は、神が創造神として世界をあるいはすべての自然物を直接に創造するといった、人々に容易にイメージされうるような事柄である。しかし、このイメージは、われわれに何も理解させず、その意味では最悪のものである。何故なら、無限なものが有限なものをどのように創造するのかの接合領域が、つまりこの両者の〈間《あいだ》〉がまったく不明のままだからである）。すでに述べたように、スピノザにおいても、神の或る属性の絶対的本性から直接に生起する様態という或る種の垂直的因果関係が考えられていた。ここでもっとも重要なことは、この〈水平的因果関係〉と〈垂直的因果関係〉とをいかに総合して把握することができるかという問題である。結論を先取して言えば、この総合は、それ自体がまさに様態の本質と存在との総合そのものである。スピノザのこの総合の仕方は、実は見事であり、またきわめて画期的である[7]。それは、先の定理二八の証明に出てくる。少し長くなるが、次のようなものである（ただし、〔1〕等の番号は引用者が付した）。

> 存在あるいは作用に決定されているすべてのものは、神からそのように決定されたのである。〔1〕ところが、有限で定まった存在を有する物は、神の或る属性の絶対的本性から産出されることができない。何故なら、神の或る属性の絶対的本性から生起するすべてのものは、無限で永遠だからである（定理二一〔直接無限様態の定理〕により）。〔2〕したがって、それは、神の或る属性が或る様態に変様したとみられる限りにおいて、神あるいは神の属性から生起しなければならない。何故なら、実体と様態以外には何ものも存在せず、また様態は神の属性の変様にほかならないからである。しかし、それはまた、神の或る属性が永遠で無限な様態的変様に変様した限りにおいては、神あるいは神の属性から生起することができない（定理二二〔間接無限様態の定理〕により）。〔3〕ゆえに、それは、神の或る属性が有限で定まった存在をもつ様態的変様に様態化した限りにおいて神あるいは神の属性から生起し、あるいは存在や作用に決定されなければならない。これが第一の点であった。この原因あるいは様態もまた（われわれがこの定理の最初の部分を証明したのと同じ理由から）、同様に有限で定まった存在を有する他の原因から決定されなければならない。そして、この後者もまた（同じ理由により）他の原因から決定され、このようにしてつねに（同じ理由により）無限に進む［強調、引用者］（定理二八、証明）。

まず、存在あるいは作用に決定されているもの、それは確実に様態のことである。そのすべては、神からそのように決定されたのである（定理二六）。ところが、とくに有限で定まった存在——外延的諸部分、部分の外なる部分、相互外在的な諸部分——を有する物、すなわち有限様態は、〔1〕神の或る属性の絶対的本性から産出されることができないし、また、〔2〕永遠で無限な様態的変様に様態化した神の或る属性から生起することもできない。何故なら、永遠で無限なもの（神）から直接に生起するのは、同様に永遠で無限なもの（ただし、無限様態）だけだからである。この二つの否定——〈産出されることができない〉と〈生起することができない〉——は、まさにこの〈直接性〉の否定を表わしている。〔3〕したがって、神の或る属性が有限で定まった存在をもつ様態的変様に様態化することで、有限様態は、たしかに神の或る属性から生起しうると言われる。これが第一の点である。しかし、例えば、或る有限で定まった存在を有する物（c）は、別の有限で定まった存在を有する物（b）を原因として存在し作用に決定され、またこの物（b）もまた、他の物（a）を原因として存在し作用に決定され、このように無限に進むと言われる。何故なら、或る有限なものは、別の有限なものから生起することしかできないからである。これが第二の点である。これは、前の二つの位相〔1〕と〔2〕を否定しているのではなく、様態の産出の秩序における〔3〕の位相を単に主題化することにある。というのも、二つの位相〔1〕と〔2〕は、単に有限様態が神の属性から直接に生起できないがゆえに否定されているだけであって、むしろ有限様態の存在と作用についてのまさに産出の秩序だからである。問題は、この二つの点をどのように総合的に理解するのかということである。言い換えると、この第一の点は、様態化に折り畳まれた産出の〈位相差〉を明らかにする言説である。また、これを自然の共通の秩序のもとで総合するのが第二の点であり、われわれはこれを産出の〈差延化〉と称することにする。結論を先取して言えば、産出の位相差は、その差延化のもとで実質的に総合されうる。

(1)産出の位相差について——まずは、この第一の論点について考察する。ここで言う位相差とは、比喩を用いるなら、或る特定の人間を想定して、われわれは、例えば、この人を、人間として、男性として、労働者として、親として、等々のさまざまな観点からその存在を考えることができる。ここで言う位相差とは、このように或る人間のうちに折り畳まれた、言わば人間相、性別相、仕事相、役割相、等々のことである。例えば、「ここでは彼を人間としてではなく、また男性としてでもなく、もっぱら親として考える」、といった言い方で成立する事態と実は同じである。

そこで、まずこの第一の点からわかるのは、様態の産出が三つの位相――直接無限様態、間接無限様態、有限様態――を有するということである。さて、実体の存在と様態の存在は、同じ必然性の様相を有する。無限実体が産出するのは、無限様態である。かつこの無限様態は、無限に多くの有限様態からなる。しかしながら、有限様態の具体的な存在と作用は、別の有限様態から生起することしかできない。つまり、われわれは、第一の無限実体からの無限様態の生起と、第二の有限様態からの有限様態の生起を、次のように明確に区別して理解しなければならない。前者の第一の秩序は、〈その本質が存在を含むもの〉（実体）が〈その本質が存在を含まないもの〉（様態）のその本質と存在とを産出することである。これに対して後者の第二の秩序は、或る〈その本質が存在を含まないもの〉の存在が別の〈その本質が存在を含まないもの〉の存在の原因になることである。スピノザにおける唯一同一の自然の平面（「神あるいは自然」）は、こうしたまったく異なる二つの秩序を総合する仕方そのものではないのか。こうした〈平面〉とは、位階序列における多義性と同一性とに抗して、むしろ一義性と差異性とを肯定する内在的な超平面、すなわち〈大地あるいは大気〉のことである。

　そこで、まず産出の秩序を思考上の順序として論じるなら、この第一の秩序をまずは解像度を上げて考察しなければならないであろう。それが第一の論点の意義である。神は、自己の本性の必然性によって脱‐本性化する。この脱‐本性化は、換言するなら、非‐実体化であり、また肯定的に言うなら、まさに神の或る属性の絶対的本性から或るものが生起することである（第一の秩序における第一の位相）――これは、神の本性の様態化、形相的本質の無限の度合化、無限な〈様態の本質〉の産出である。次に、これとともにこの本質に含まれない存在が同様に産出されなければならないであろう。これが、神が或る属性のもとで無限な様態的変様に変様するということの意味である。この第二の位相は、こうした〈非‐実体化〉に存在の仕方を与えるという意味ではまさに様態化そのものである。あるいは神の〈脱‐本性化〉は、積極的な意味での所産的自然の産出そのものになる。様態のこうした二つの産出の仕方――二つの位相〔1〕と〔2〕――は、言わば〈脱‐本性的／様態的変様的〉という一つの二重性として考えられうるであろう。すなわち、この一つの二重性とは、第一に神の或る属性の絶対的本性から生起すること（永遠で無限な〈非‐実体化〉）、第二に神の或る属性の様態的変様に変様することである（永遠で無限な〈様態化〉）。要するに、第一の位相は第二の位相の本質であり、第二の位相は第一の位相の存在である。[8]

有限様態は、まさにこうした二つの位相を必然的に含む。有限様態とは、とりわけ持続という無限定な継続においてその本質と存在とを総合する唯一の存在の仕方である。二つの無限様態は、こうした有限様態という総合態のもとで考察される限りではじめてその脱‐形而上学的な意義を有することになるだろう。この点を意識して、もう一度〈構成〉と〈産出〉について考えてみよう。属性は、実体の本質あるいは神の存在力能の〈形相‐表現〉である。神の或る属性の絶対的本性から、すなわちその構成された形相的本質から生起するのは、それの無限に多くの度合である。これは、言わばすべての様態に共通の〈形相‐属性〉を度合化し、差異化することである。例えば、延長属性の度合とは無限に多くの延長物の形相化であり、それがスピノザによって永遠で無限に多くの〈運動と静止〉として言われることになる。属性の形相的表現は、様態においてその表現の無限に多くの度合として言わば再表現される。このの〈度合‐表現〉は、永遠で無限に多くの〈運動と静止〉の形相上の〈関係＝比〉として生起する。これによって言わば〈表現されるもの〉は、この場合は延長属性のもとでの強度的部分となった神の絶対的な存在力能、とりわけその延長する活動力能である。ここでとくに注意すべきことは、様態の本質は神の存在力能の強度的で部分的な表現であり、この絶対的な無限の力能は今度は形相的に無限に多くの度合のもとで表現され展開されるという点である（第四部、定理四、証明）。つまり、神の活動し存在する力能は、属性によって無限に多くの形相的表現から構成されるが、様態のもとではその形相的表現の一つ一つが無限に多くの形相的度合として再表現されるのだ。しかし、形相の度合の産出に、あるいはこの〈力能‐本質〉の部分的な強度化に、様態的変様としての具体的な〈存在の仕方〉はけっして含まれない。というのも、この形相の度合は、神の或る属性が様態的変様に様態化することでその〈存在の仕方〉あるいは〈有の様式〉が与えられるからである。

この点をもう一度、先に比喩的な事例として取り上げた、属性「白」と様態「白さ」との関係を用いて説明しておこう。そこではとくに区別しなかったが、或る物の白さ――雲の白さ、紙の白さ、等々――という場合に、無限に多くの形相的度合としての〈白さ〉は、まさにその存在の仕方としての〈或る物〉なしには存在しえないであろう。ただし、これは、〈白さ〉を様態の本質の度合として、また〈或る物の白さ〉という場合のこの〈或る物〉をその様態の存在の仕方と考える限りで成立する事柄である。いずれにしても、スピノザが言う〈様態〉とは、自然における物の有限な存在の仕方とその多様性とを肯定する表現態のことである。

［表 12-1］産出の秩序における三つの位相

第一の位相：様態の本質	直接無限様態	神の或る属性の絶対的本性からの生起
第二の位相：様態の存在	間接無限様態	神の或る属性の無限な様態的変様からの生起
第三の位相：様態の存在	有限様態	神の或る属性の有限な様態的変様からの生起

さて、三つの位相を整理して述べておく必要がある。産出された様態の本質は、存在を含まない〈定理二四〉。この〈存在を含まない〉という否定的事柄を肯定的に把握する概念、それが〈無限様態〉である。無限様態は、原因の一義性のもとで絶対的に肯定される。直接無限様態は〈その本質が存在を含まないもの〉の本質を、間接無限様態は〈その本質が存在を含まないもの〉の存在をそれぞれに肯定的に言い換えたものである。それゆえ無限様態は、二つしかないのである。神から産出されたものの本質はその存在を絶対に含まないという点にこそ、様態の産出についての問題の真の特異性があるのだ。では、そもそも物の本質に含まれない存在とは、いったいどのようなものであろうか。それは、①単にその物の有限な現実的存在のことだけでなく、②この産出された様態の永遠で無限な本質に対応する存在、すなわちその本質それ自体の存在でもある。無限様態の本質は、たしかにその存在を含まないが、しかしその存在と分離不可能である。したがって、この〈本質の存在〉（間接無限様態）は、〈存在の本質〉（直接無限様態）と同様に永遠で無限である。要するに、間接無限様態は直接無限様態の存在であり、直接無限様態は間接無限様態の本質である。

このような神の〈様態的変様〉（modificatio）は、無限であれ有限であれ、どちらも様態の存在の仕方の生起である。すなわち、①に対応するのは神の或る属性が有限な様態的変様に様態化するという存在の仕方であり、また②に対応するのは神の或る属性が永遠で無限な様態的変様に変様するという存在の仕方である。逆に言うと、様態的変様は、まさに様態の存在を産出する仕方である。ここでの重要な論点は、この二つの存在の仕方は、〈その本質が存在を含まないもの〉の存在に関わる限り、永遠であれ持続であれ、無限であれ有限であれ、どちらも間接無限様態のもとで規定され区別されるべきものである——間接無限様態において二様に区別される様態の存在の仕方に対応するのが、直接無限様態における様態の形相的本質と現働的本質との区別である（［表12-2］を参照）。様態は、無限であれ有限であれ、必ず差延化の運動とその速度のもとに存する。たとえ思考上の秩序の問題であっても、無限様態のもとではその本質が存在に先行し、またこれに対して有限様態のもとではその存在が本質に先行するのは、われわれがこの差延化の論理に依拠しているからである。いずれにせよ、これらの無限様態はこの限りで様態的に区別されるが、神はこれら二つの様態について絶対的差異を有する。というのも、二つの無限様態は、第一に産出する能産的自然（神）の内在的様相の差異を表現するものであって、産出された所産的自然における差異を最初に示すものではないからである（［表12－1］）。

〈様態の持続化〉あるいは〈実体の差延化〉について

(2)産出の差延化について——様態における産出の総合は、定理二八の自然の共通の秩序のうちに存立すると言える。ところで、スピノザにおいては、永遠と持続は無媒介的に区別される。しかし、持続は、いったいどこから、何から与えられるのか。こんな問題提起をする者は誰もいない。しかし、われわれは、次のような実験的思考を展開したい——すなわち、持続は、実は神の産出の秩序における永遠で無限な差延化から発生するのではないか。差延がなければ、持続はそもそも存在しないのではないか。つまり、様態的変様とは、実体の力能を差延化することである。〈その本質が存在を含まない〉とは産出の秩序が有する差延化（＝様態化）のことであり、それは言わば〈無限逆行〉である。この逆行は、存在における系譜学的遡行であり、かつ本質における作用原因的進展である。それは、無際限な退行ではないが、しかしその効果を有するものでもある。定理二八の意義は、証明とともにこの神の差延化を表わしているのではないか。

さて、有限様態、つまり或る定まった存在と作用を有する個物は、神の或る属性の絶対的本性から産出されない（［1］）。それを産出するのは、神の或る属性が様態に変様したとみられる限りでの神あるいは神の属性だけである。しかし、この様態に変様する仕方が二つに区別される——一方は神の或る属性が「永遠で無限な様態的変様に変様した」場合、他方は神の或る属性が「有限で定まった存在をもつ様態的変様に様態化した」場合。そして、有限様態は、前者の「無限な様態的変様」からは生起しない（［2］）。それは、後者の「有限な様態的変様」からのみ生起して、存在と作用に決定される（［3］）。

そこで、次に問題にすべきことは、スピノザは、無限なものからは無限なものしか生起しないと考える。ということは、〈その本質が存在を含む無限なもの〉からは、〈その本質が存在を含まない無限なもの〉が生起することになる。

前者を無限実体と考えるなら、後者は無限様態である。言い換えると、無限なものから有限なものは、直接にはけっして生起しない。有限なものは、有限なものからしか生起しないのだ。これが重要な事柄となる。すなわち、或る有限様態は、別の有限様態からその存在と作用が決定されなければならない。神から直接に有限様態や有限な個物が産出されると考えたりイメージしたりすることは、単なる神話やおとぎ話の類いのものである。あるいはまた、無限なものが自己を限定的に否定して有限なものになるといった説も同じような考え方である。定理二八では、「有限であり決定された存在を有する物」についての因果関係が言われている以上、有限様態が対象となっている。この定理は、所産的自然のうちには、究極の原因も最終的な結果も存在しないことを意味している。究極の原因とはけっして或るものの結果とならないような原因のことであり、また最終的な結果とはけっして或るものの原因とならないような結果のことである。しかし、われわれは、こうした原因と結果の無限連結を非十全な原因の系列として理解してはならない（［図12－4］、参照）。というのも、この定理二八は、たしかに十全な原因（最近原因）——或る原因の結果がその原因だけで明晰判明に知覚されうる場合——の系列を表現しているからである（第三部、定義一）。しかしながら、この系列を十全な作用原因の系列として理解するか、あるいは非十全な偶然的接触の系列にしてしまうかは、結果から原因へのわれわれの遡り方あるいはその認識の仕方にあると言える（第二部、定理二九、系と備考）。

　われわれは、定理二八のいかなる論点を批判的に検討しようとしているのか、あるいはそれをどのような創造的な論理へと展開しようとしているのか。われわれは、いったい何を思考されることしかできないものとしてそこから抽出すべきなのか。われわれは、絶対に無限な神と持続する有限様態との間に存する産出の実在性についていかにして明晰判明な共通概念を形成することができるのか。有限様態は、神の或る属性が有限な様態的変様に様態化することに存する（［3］）。例えば、この論点をカント的な批判哲学の用語で言い換えると、次のようになるであろう。有限様態は、神の或る属性の有限な様態的変様という〈条件〉によってまさに〈条件づけられるもの〉である、と。ところが、この〈条件〉は、自らの条件づけの作用によって或る〈条件づけられるもの〉（c）を規定する際に、実は別の〈条件づけられたもの〉（b）を原因として生起した結果としての〈条件づけられるもの〉（c）を前提としなければならない。しかしながら、この〈条件づけられたもの〉（b）が作用原因となって〈条件づけられるもの〉（c）を自らの結果として存在と作用に決定できたのは、そもそも〈条件〉の力能によって〈条件づけられるもの〉（b）がそのように規定されていたからである。ところが、この〈条件〉は、自らの条件づけの作用によってこの〈条件づけられるもの〉（ｂ）を規定する際に、同様に別の〈条件づけられたもの〉（ａ）を原因として生起した結果としての〈条件づけられるもの〉（ｂ）を前提としなければならない。しかしながら、この〈条件づけられたもの〉（ａ）が作用原因となって〈条件づけられるもの〉（ｂ）を自らの結果として存在と作用に決定できたのは、そもそも〈条件〉の力能によって〈条件づけられるもの〉（ａ）がそのように規定されていたからである……。このようにして無限に進む。これが、スピノザの奇妙な差延の論理である。つまり、条件は、自らが条件づけるものを、すでに条件づけられた別のものが原因となって産出された或る結果として前提しなければならない。条件は、たしかに最近原因として機能するが、しかし同時に無限に遡行する運動を有する。これが、ここで言う様態の産出の秩序における差延の論理である。言い換えると、こうした差延化の無限運動は、垂直的因果性と水平的因果性とを総合する絶対速度を有するのだ。

それでは、結果としての或る有限様態が既に存在することを前提とする神の有限な様態的変様の様態化とは、いったい何を意味するのであろうか。端的に言うと、この様態化とは、結果のうちに作用原因としての力能を、つまりあらゆる様態のうちに或る能産性を与える機能素のことである。それゆえ、その都度の各個の有限様態は、結果に対する最近原因としての十全な原因性に生成変化するのである。産出の差延化は、それゆえ様態あるいは個物が結果から原因へと生成変化する力能の分配の問題である。因果系列における遡行と進展は、ここにおいて一致している――遡行することは、まさに進展を見出すことである。この一致は、まさに先に述べた総合のことである。これらは、言わば系譜学的逆行の二つの側面であるとさえ言える。様態においては、第一の始点となるようないかなる特権的様態も絶対に存在しない（［図12－3］と［図12－4］、さらに［図13－3］と［図13－4］を参照）。これこそが、神の内在的原因の最大の意義であり、その表現の仕方である。

ここで、例の玉突き状の因果連鎖のイメージを再び思い起こされたい。われわれは、或る結果からその原因へと遡る場合、二つの仕方を考えることができる。一つは、無際限に結果の系列を遡っていく仕方であり、これは遠隔原因に支配された遡行の仕方である（退行）。もう一つは、或る結果からその原因へと遡る際に、一つ遡って見出した原因で十全にその結果が説明できる場合である（逆行）。この場合にその原因は、十全な原因としての最近原因である。

［表 12-2］能産的自然の様態化の二つの側面

	属性（永遠）の相のもとで	属性（永遠）と持続の相のもとで
様態の本質 （＝直接無限様態）	属性の形相的本質の無限に 多くの度合化	現働的本質の作用 （コナトゥス）
様態の存在 （＝間接無限様態）	その存在の仕方 （＝無限な様態的変様）	その現働的な存在の仕方 （＝有限な様態的変様）

すなわち、或る有限様態が自らの結果を生み出す作用のうちには、その様態がもつ所産的側面だけでなく、神の或る属性が有限な様態的変様に様態化した限りでの能産的な力能の表現を含む（進展）――「存在するすべての物は、神の本性あるいは本質を一定の仕方で表現する」（定理三六、証明）。様態の産出の秩序は、主に〈直接無限様態〉、〈間接無限様態〉、そして〈有限様態〉という思考の順序を有している。それは、一般的には、第一に直接無限様態が生起し、第二にこの無限様態を媒介とした、その意味で間接的な無限様態が生起し、最後にこの間接無限様態のうちで相互に限定し合った有限様態が生じるという或る種の流出論的な位階序列のもとで理解される場合が多い。しかし、こうした理解は、単に無規定的なものが徐々に規定されていく過程のイメージそのものに完全に依拠していると言える。これに反して、この過程を特異化として把握するならば、事態はまったく異なって現われるであろう。というのも、有限様態の特異化は、神の産出の秩序の最終目標などではなく、その差延化の完全性あるいは実在性そのものだからである。

能産的自然とここから産出される所産的自然についてのこうした理説の画期的な点は、実体と様態という〈存在の仕方〉がもっとも異なるもの、すなわち一つの絶対的差異を総合することにある。神の様態的変様とは、言わば実体の力能の無限に多様な〈差異‐本質〉を存在として実質的に差延化することである。言い換えると、これは、原因の一義性をまさに最近原因という特性から改めて十全に理解し直すことでもある。ここで言う有限様態のもとでの総合を意味する〈差延化〉は、とりわけ持続とともに多数多様化する様態――すなわち〈脱‐本性化〉――そのものである。神の能産性は、それにとどまりつつも必然的にその脱‐本性的な所産性と一つである。〈その本質が存在を含むもの〉の永遠の内在的差延化、それが様態の産出である。端的に言えば、様態における本質と存在との関係は、まさに差延から持続への移行と同じである。この限りで差延は、持続あるいは無際限な継続の発生的諸要素である。しかし、この問題は、〈実体‐属性〉という形相的な〈神の概念〉にだけ妥当する事柄ではなく、実は想念的な〈神の観念〉においても必然的な差延化の論理として表現されるであろう。スピノザの観念の形相上の論理も、まさにこうしたところにある。観念は、言葉でもなければ、また言葉の言語活動でもない。観念は、言わばわれわれの思考の活動のまさに発生的要素である。この限りで〈神の観念〉は、構成された能産的自然の知覚と、ここから産出される所産的自然の様態化の認識とからなる。したがって、十全な観念は、能産的な原因からの認識を展開し説明することができる思考活動の要素でなければならない。要するに、こうした形相的な存在論的理解は、さらなる想念的な認識論的把握のもとで、すなわち並行論的思考のもとで力能論として論究される必要がある。これが、まさに『エチカ』の第二部のもっとも内在的な問題意識である。単なる名目的な三つの位相ではなく、まずは様態における本質と存在との間の実質的な並行論を［表12－2］で示しておく。それでも、これはほとんど名目的である。図や表は、言語と同様、そのダイアグラム的形相をほとんどもたず、同様に実はスピノザ自身が用いている図形もほぼ同じようなものである。これに対してこれまで述べてきた言表作用のうちにこそ、まさにその実在的な図表的思考が存立するであろう。

第一三講義　神の力能論的構成——形相的原理と想念的原理

『エチカ』の「第二部　精神の本性と起源について」の地図

概要

『エチカ』の第二部は、スピノザの有名ないくつかの並行論が展開される。『エチカ』のなかでも、おそらくもっとも難解な理説が提起されるのがこの第二部である。これらの並行論は、一つの実体とその本質を構成する無限に多くの〈属性‐形相〉との間の関係、つまりこの場合の〈一〉と〈多〉との関係よりも、あるいは一つの実体とこの実体から生起する無限に多くの様態との間の関係、つまりこの場合の〈一〉と〈多〉との関係よりも、より根源的である。しかも、並行論は、単なる二元論あるいは二項対立的体制とはまったく別の思考を促すものである。並行論は、単なる〈一〉と〈多〉の思想にも、あるいは二元論とそれを乗り超えた一元論との関係にも還元されえないであろう。スピノザにおける並行論の思考は、あらゆる論点においてきわめて批判的で創造的である。

さて、ここまでは、神についての論理学的構成（第一の総合）と神としての自然学的構成あるいは合成（第二の総合）を考えてきた。ここでは、これらを踏まえてさらに神の力能論的構成という観点から神の第三の総合について考察しなければならない。『エチカ』の第一部は、何よりも属性によってその本質が構成される「実体」概念を形成することができたならば、ほぼ理解可能であろう。たしかにこうした実体から産出される様態の問題は、ここまで述べてきたように、われわれの思考を最大限に酷使するものであった。しかし、この第二部には、それとはまったく別の難解さがある。それは、端的に言うと、第一部で形成された〈神の概念〉が、この第二部では〈神の観念〉へとさらに展開されなければならないという点に最大の理由があると思われる。それは、〈神－自然〉を二つの力能――存在力能と思考力能――の観点から理解されるべき事柄に関わる。つまり、〈実体－属性〉は、神の存在力能の側面にしか関わらない。言い換えると、『エチカ』の第一部は、神の半身にしか関わらないのだ。いずれにしても、こうした問題は、一見すると、たしかに現働性や現在性を欠いた、要するに非活発な形而上学的事柄だと思われるかもしれない。しかし、こうした問題こそがもっとも普遍的な、つまり一般性を破壊する一つの問いを、言い換えると、自然のうちにつねに内在し直すことのあらゆる問題の諸様態を形成しうるのである（神を考えない人間は、人間にとっての普遍的問題、つまり〈無－神論〉を意識し知覚することなどけっしてできないであろう）。

神は、その本性が無限に多くの属性から構成される実体である。われわれ人間は、それらのうちの二つの属性――延長属性と思考属性――を知覚することができる。何故なら、人間精神は思考属性の一つの様態、すなわち観念の集合体、〈観念－多様体〉であり、また同時に人間身体は延長属性の一つの様態、つまり外延的諸部分からなる総合体、〈物体－多様体〉だからである。人間は、こうした二つの様態の合一からなる個物（＝特異な物《レス・シングラーリス》）である。また、人間における精神と身体の並行論をめぐる第二部における考察は、他の部に比べても、たしかにきわめて難解である。しかし、これは、実際には人間精神が神の無限知性の一部をなしているということから生じる事柄である（定理一一の系）。というのも、それらの原理は、世界や様態に対する超越的原因としての神ではなく、つまり超越的価値や形而上学的存在や宗教上の信仰対象となった神ではなく、有限な様態的変様に様態化する内在的原因としての神だからである。そして、ここでは、所産的自然のうちに存在するすべての個物や様態は、能産的自然の所産化の運動にどのように内在するのかが論究される。それは、最後には、人間が自由意志など有していないことを帰結するに至るであろう。人間精神とその幸福との認識を課題とするこの部においては、知性とは別に自由意志の存在を想定して、人間自身を理解することとは、まさに不幸の原因を自ら招いているようなものであることが明らかになる。

構　図

(1) 七つの定義／五つの公理

(2)定理一から定理七まで――神の無限数属性から人間を構成する二つの属性へ
(3)定理八から定理一三まで――観念の条件とその対象について
(4)a：二つの公理／三つの補助定理／二つの公理――最単純物体について
b：一つの定義／一つの公理／四つの補助定理――複合物体について
c：六つの要請――人間身体について
(5)定理一四から定理三一まで――想像力のメカニズムについて
(6)定理三二から定理四七まで――理性の認識について
(7)定理四八から定理四九まで――自由意志は存在しない

言表集

(1)「或る物の本質には、それが与えられれば、或る物が必然的に定立され、それが除去されれば、その或る物が必然的に滅びるようなものが属する、あるいは、それがなければ或る物が、また逆にその或る物がなければそれが、在ることも考えられることもできないようなものが属する、と私は言う」(定義二)。――本質とは、そもそも或る物の本質である。したがって、本質はこの或る物と、あるいは或る物はその本質と、それぞれ換位的である。つまり、物の本質とその存在は、完全に実質的な換位性あるいは相即性のもとで思考されなければならない。

(2)「十全な観念とは、対象との関係を離れてそれ自体で考察される限り、真の観念のすべての特質、あるいは内的特徴を有する観念のことである、と私は解する」(定義四)。――観念の十全性とは、真の観念のとりわけ内的特徴について言われる特質である。

(3)「実在性と完全性とは同一のものである、と私は解する」(定義六)。――自然における完全性は、けっして不完全性の対概念などではない。

(4)「思考は神の属性である。あるいは神は思考する物である」(定理一)。――思考属性から考えられる神は、思考する物である。

(5)「延長は神の属性である。あるいは神は延長する物である」(定理二)。――延長属性から観られる神は、延長する物である。

(6)「無限に多くのものが無限に多くの仕方で生起する神の観念は、ただ唯一でしかありえない」(定理四)。──神は唯一であり、したがって、神の観念も唯一である。ただし、神の観念から生起する無限に多くのものは、想念的有としての観念である(〈形相的に〉生じることと〈想念的に〉生じることの違いに注意されたい)。

(7)「観念の秩序および連結は、物の秩序および連結と同一である」(定理七)。──これは、観念と物との並行論についてのもっとも基本的な定理である。

(8)「この帰結として、神の思考する力能は、神の活動する現働的力能と等しいことになる。言い換えると、神の無限な本性から形相的に生起するすべてのことは、神の観念から同じ秩序、同じ連結を以って神のうちに想念的に生起するのである」[強調、引用者](定理七、系)。──これは、第三の構成、つまり神の力能論的構成にとってもっとも重要な言表である。この系は、神の本性が神の二つの力能──存在力能(形相的側面)と思考力能(想念的側面)──の非‐対称的であるが、しかし完全な対等性から形成されていることを意味する。

(9)「人間の本質には実体の〈有〉は属さない、あるいは実体は人間の形相を構成しない」(定理一〇)。──実体の〈有〉とは、実体の本性のこと、つまりその本質が存在を含んでいる物それ自体を示している。人間の本質には、その人間の存在は含まれない。それゆえ、人間の本質には、こうした実体の〈有〉の必然的存在は含まれない。人間の本質は、むしろ神の或る属性の様態的変様から表現的に構成されるものである。

(10)「人間精神の現働的な〈有〉を構成する最初のものは、現実に存在する或る個物の観念以外の何ものでもない」(定理一一)。──自己の身体と最小回路を形成する人間精神は、まさに個物──〈特異なもの〉(res singularis)──の観念からしか構成されえない。

(11)「人間精神を構成する観念の対象は、身体である、あるいは現実に存在する延長の様態である、そしてそれ以外の何ものでもない」(定理一三)。──人間精神を構成する観念の対象は、自己の身体であり、また自己の身体の外部に存在する個物である。観念は、一般概念のように自己の身体なしに成立するものではなく、自己の人間身体の変様を対象として存立するもっとも本質的な認識の様式である。

(12)「人間精神は、身体が受ける変様の観念によってのみ人間身体を認識し、またそれが存在することを知る」(定理一九）。——人間精神を構成する観念は、外部の〈特異なもの〉による身体の変様についての認識であり、またその限りで自己の人間身体を知覚し、自己の身体の存在を意識することになる。

⒀「精神は、身体の変様の観念を知覚する限りにおいてのみ自己自身を認識する」（定理二三）。——人間精神が自己自身を認識するのは、身体の或る変様の観念を別の観念の対象にする、つまり変様の観念を認識する限りにおいてである。

⒁「人間身体の各々の変様の観念は、人間身体そのものの十全な認識を含んでいない」［強調、引用者］（定理二七）。——身体の変様は、自己の身体の本性とそれを刺激する外部の物体の本性との混合状態である。したがって、自己の人間身体のこうした変様についての観念は、実際には非十全な認識、つまり受動性のなかでの人間の認識以外の何ものでもない。

⒂「人間身体の各々の変様の観念の観念は、人間精神の十全な認識を含んでいない」［強調、引用者］（定理二九）。——身体の或る変様の観念を対象とする別の観念によるその知覚あるいは認識、すなわち身体の変様の観念の観念は、最初の観念と同様に非十全な認識である。

⒃「すべての物に共通であり、そして等しく部分のなかにも全体のなかにも在るものは、十全にしか考えられることができない」（定理三八）。——これは共通概念（物を十全に認識する仕方）に関する最初の定理であり、共通概念はまさに十全な観念である。

⒄「真の観念を有する者は、同時に自分が真の観念を有することを知り、かつそのことの真理を疑うことができない」（定理四三）。——真の観念を有するということは、真理の内在性のうちでその観念を所有するということである。したがって、それを疑うことはできない。

⒅「精神のうちには、観念が観念である限りにおいて含む以外のいかなる意志作用も、すなわち肯定も否定も与えられない」（定理四九）。——知性から独立自存するような、それよりも上位の精神の働きとしての意志は、精神のうちにけっして存在しない。観念は、それ自体で肯定・否定の作用を有する。

⒆「意志と知性とは、一つの同じものである」（定理四九、系）。——意志の作用を認識や知性を超えたものとして考えることは、意志を超越的に使用することである。しかし、そのように知性から独立自存するような意志は、けっ

して存在しない。観念には肯定し否定する作用が本質的に含まれている（意志の内在的使用）。

非‐二元論としての並行論の思考について

並行論は、二元論ではない。二元論の思考は、つねにニヒリズムのもとで成立する思考法である。この意味において二元論は、つねに超越的価値――自然や生に内在しない諸価値――を定立しようとする人間精神にもっとも相応しい思考様式の一つである。哲学の歴史のなかで考えられた典型的な二元論が形成する諸要素をいくつか列挙してみよう。すなわち、〈英知界／感覚界〉、〈完全性／不完全性〉、〈知性／感性〉、〈精神／身体〉、〈理性／感情〉、〈神／世界〉、〈真／偽〉、等々。例えば、古代ギリシアのピタゴラス派の人々は、これらと同様の二元論を「双欄表《シュストイキアー》」と呼んで、彼らに独自の一〇組の二元論的要素を列挙していた。

〈限定／無限定〉　〈静／動〉
〈奇／偶〉　〈直／曲〉
〈一／多〉　〈明／暗〉
〈右／左〉　〈善／悪〉
〈男／女〉　〈正方形／長方形〉(1)

こうした二元論の思考には、共通の特徴があることがわかる。それは、ここに列挙した各個の二元論の上項がその下項に対してつねに優越した要素だと考えられていることにある。つまり、下項は上項に対してつねにより劣ったものとして、残念ながら現在に至るまでそのように理解されている。一般的に言うと、実は二元論とは、各々の相関項の一方と他方との関係が優劣関係を形成する仕方でつくられた物の認識の様式のことである。二元論は、世界や自然、社会や歴史、出来事や現象一般を理解するときに用いられる、諸概念のもっとも基本的な図式作用を有していると言えるだろう。ところが、二元論〈a／b〉は、実は単なる「図」にすぎないのだ。というのも、これらを「図」とするより本質的な「地」が一つの原理としてその背後に隠されているからである。つまり、二元論〈a／b〉の基底には、これを「図」として成立させている「地」としての〈A〉が存在しているのだ。上項（a）が下項（b）に対して優越的なのは、上項（a）が下項（b）よりもこの〈地‐原理〉としての〈A〉により類似しているという理由からである。上項（a）が下項（b）に優越する第一の理由は、まさにこれである。例えば、二元論〈男／女〉において、男が女に優越する存在であると歴史的に信じられてきたのは、例えば、人間が勝手に設定した〈地‐原理〉としての〈男‐神〉に現実に存在する男が女よりも単に似ているからにすぎない。ここには、たしかに「地」と「図」との間に愚鈍な循環あるいは複写術がある。この循環は、優越性や多義性や否定性がもつ複写という機能から帰結する事柄である（これについては、すでに「第四講義」の超越論的経験論のなかで論じた）。

しかし、こうした二元論的な精神は、徹底的に批判される必要がある。並行論がこうした優劣関係を含んだ二元論とはまったく異なる思考の様式であることは、すでに読者には明確であろう。何故なら、こうした〈形而上学的‐道徳的〉二元論に対する言わば〈自然学的‐倫理学的〉並行論は、その要素の間の差異を肯定する対等性の原理――つまり、一義性の哲学――を必然的に含むからである。したがって、われわれは、スピノザの並行論のうちにまさにこうした意味での非‐二元論の意義を至るところに見出すことができる。スピノザは、神と自然、実体と様態、精神と身体、等々の関係を考察する際に、いかなる意味においてもこの優劣関係という欺瞞や神話に陥ることがなかった。並行論は、すでに「第一講義」の〈身体論的転回〉のところでも述べたように、スピノザの哲学においてもっとも批判的で創造的な思考である。われわれは、スピノザとともに神あるいは自然をこうした並行論のもとで徹底的に考え抜く必要がある。〈神‐実体〉としての能産的自然も、〈個物‐様態〉としての所産的自然も、すべては並行論から構成されている。神とその様態は、〈一〉と〈多〉との関係で理解されるよりも、むしろそうした関係を単なる結果とするような、何よりも並行論の二つの水準――存在論的と認識論的――のもとで理解されなければならない。

観念における二つの〈有〉

さて、すでに述べた人間の精神と身体の並行論は、単に人間だけを考察するための理論ではない。それは、自然そのものについての考察から必然的に帰結する考え方である。つまり、それは、「神あるいは自然」そのものがそもそも並行論から構成されているという哲学的思考から帰結する理説である。『エチカ』のなかのもっとも有名な並行論の定理は、次のようなものである。

観念の秩序および連結は、物の秩序および連結と同一である（定理七）。

これは、きわめて単純な定理のように見える。というのも、この定理は、観念が物であるということを述べているだけだからである。すなわち、観念と物は、原因と結果における秩序と連結が、つまり原因と結果の相互継起が完全に同一だということである。言い換えると、結果としての物がその原因としての物に依存するように、結果の認識は、原因の認識に依存するということである（第一部、公理四）。このことは、まずは人間をモデルにして理解するのがもっとも適切であろう。言い換えると、この定理は、人間精神における思考上の観念の秩序と連結は自己の人間身体の存在が物体として有する因果性の秩序と連結に完全に一致している、ということを述べている。身体が物として自然法則に従っている以上、精神も、つまり精神を構成する諸観念も同様にその法則に従っているとしか考えられないからである。

ところが、この定理は、神についての、世界についての、人間についてのきわめて価値転換的な意義を含む限りで、そう簡単に理解できるようなものではない。まず、秩序や連結を無視して考えるならば、すでに述べたように、この定理は、〈観念は物である〉と言っているに等しい。そうであるなら、観念は、それが物の一つである限り、物がもつ原因と結果の関係から分離して、つまり別の法則のもとで存在することなど絶対にありえないだろう。要するに、諸々の観念の間の秩序あるいは連結は、物の原因と結果の〈関係＝比〉から構成され存立するということである。言い換えると、諸々の物が原因と結果の〈関係＝比〉のうちに存在しうるのは、あるいは同様に諸々の観念が原因と結果の〈関係＝比〉を有するのは、まさに物が形相上の存在を有するからである。それゆえ、この定理の証明は、次のような言表を本質的に内含することになる――「第一部の公理四から明白である。何故なら、結果の認識は、原因の認識に依拠しているからである」。また公理四は、「結果の認識は、結果として生じた各々の観念は、そうした結果を生じた原因の認識に依拠しているからである」。また公理四は、「結果の認識は、原因の認識に依存し、かつこれを含む」である。結果の認識は、その原因の働きをその認識のうちに含んでいる。言い換えると、結果の認識は、その原因の作用を表現する。

観念は、思考属性の様態であり、それゆえ物としての形相的な存在の仕方（形相的有）を有している。ここから観念においても、他の無限に多くの属性の諸様態と同様、原因と結果の関係のもとでの秩序および連結が成立することになる。しかし、観念にはもう一つ別の側面、すなわち想念的な存在の仕方（想念的有）がある。というのも、観念は、必ず何かについての観念であり、その何かについての認識内容を必然的に含む様態だからである。観念におけるこの想念的有は、神の絶対的な思考する力能から神の観念をその原理として生起する、物を把握する能力である。要するに、観念は、形相的有であると同時に、それに対応する想念的有としても存立する様態である。この二つの〈有〉のもとで成立する様態は、思考属性の観念だけである。観念におけるこの想念的有こそが、まさにわれわれの認識における表象や表現に関わることになる。その前にわれわれは、先ず神の想念的原理――神の観念――について考察しなければならない。

内在性について（I）――神の二つの力能

並行論の思考は、内在性の哲学をつねに刷新するよう強制しているように思われる。並行論こそが、自然学と倫理学とを一つにするもっとも本質的なものである。すでに述べたが、並行論は、けっして二元論の一種ではない。というのも、並行論は、その二元論をなす二つの要素の間にいかなる優劣関係も認めず、それらの間の差異を肯定し、またそれらを存在論的に完全な対等性のもとにおくからである。その限りで並行論の哲学は、二元論の思想に対してつねに批判的な〈外部性の形相〉のもとで問題提起するものとなる。また、並行論の思考は、人間の思考にとってもっとも本質的なものである。何故なら、並行論とは、自然と世界に、大地と大気に、自己の環境や特定の出来事に絶えず内在し直すための思想だからである。その限りで並行論は、つねに〈脱－超越論〉の作用を発揮するものとなる。並行論は、まさに能産的自然のもとにどのようにして所産的自然が内在するのかを明らかにする。内在性とは、単により大きいもののうちにより小さいものが内属することではない。それは、諸要素が並行論的な平面を織りなすことである。

　さて、神の本質とは何か。それは、神の「力能」（potentia）のことである（第一部、定理三四）。スピノザは、実体であれ様態であれ、すべての物の本質を「力能」と考える。力能は、言わば〈力〉の概念の一種である。神の絶対的力能は、『エチカ』において二つ、あるいは一つの二重性として考えられる。それらは、構成と産出に関して、まさに並行論を形成する力能である。それらは、力である限り、それ自体としては無‐形相であり、また無‐様相でさえあるだろう。何かを〈力〉という概念から考える限り、そこにはいかなる形式も特性も構成も産出もないような、その限りで或る種の無‐仮説の原理からすべてのものを演繹しようとする思考がある。自然の本性は、神の論理学的構成と自然学的合成に次いで、言わば力能論的構成とでも称すべき第三の構成によって明らかになる。先に上げた並行論を規定する「定理七」の後に現われる「系」では、次のような、まさに神の諸力能についてのもっとも重要な原理的考え方が提起される。

> この帰結として、神の思考する力能は、神の活動する現働的力能と等しいことになる。言い換えると、神の無限な本性から形相的に（formaliter）生起するすべてのものは、神の観念から同じ秩序、同じ連結を以って、神のうちに想念的に（objective）生起するのである［強調、引用者］（定理七、系）。

実体の本質とは何か。それは、神の力能のことである。では、神の力能とは何か。それは、この「系」で言われているように、一方の属性を絶対的な形相的原理とする一つの力能と、他方の神の観念を想念的原理とする別の力能とからなる。つまり、神の本質は、〈存在する力能〉と〈思考する力能〉という二つの側面を有する。この「系」で言われているのは、神のこうした二つの力能は、原理をまったく異にするが、それにもかかわらず、相互に完全に等しいということである。ここで言われる「神の活動する現働的力能」とは、まず神の一方の〈存在する力能〉のことである。神の思考する力能は、神のこの存在する力能に等しいのだ。この対等性は、言わば神の諸力能の絶対的並行論のもとで表現されることになる。言い換えると、唯一の無限実体よりも神の諸力能の並行論からなる内在平面の方が、実はより根源的である。何故なら、実体は、とりわけ神の存在する力能に関する、つまり形相的原理としての属性に関する単なる〈物〉概念にとどまるからである。つまり、実体を属性からのみ理解することは、神の本性に関する一側面にほかならないのである。したがって、『エチカ』の第一部は、主に神の存在する力能からの考察であり、その限りで神の半身にとどまる。[2] これが第一の点である。

神は様態を産出するが、すべての様態は第一に形相的に生起する。属性によってその本性が構成される実体から生起するものは、無限であれ有限であれ、この〈属性‐形相〉の形相上の様態化あるいは度合化である。つまり、様態とは、神の或る〈属性‐形相〉の多様な度合化のことである。まず第一に神のすべての属性の絶対的本性から生起するのは、様態の形相的有である。属性が実体の本質の形相である限り、様態は、同様に形相的であるまた、すべての様態は、神の様態的変様としての形相上の存在の仕方を有する。この限りで思考属性の様態としての観念も、第一にこうした形相上の存在の仕方を有する。しかし、神は、すべての様態を形相的に産出するだけでなく、同時にそれらの様態についての認識も、つまり観念をも有する。観念は、何かについての観念、すなわち観念されるものの認識の様態でもある。これが、〈形相的〉とは区別された〈想念的〉と言われるものである。つまり、思考属性の様態である観念は、形相的有と想念的有とからなるのだ。あらゆる属性の様態のなかで、ただ思考属性の様態のみがこの二つの〈有〉からなるのだ。というのも、思考属性の観点からみると、観念は、神の存在する力能と思考する力能との双方のもとで産出される様態だからである。ところが、神の力能の観点から言うと、神は、すべての属性においては形相的に、つまり存在する力能の形相化のもとで産出するが、思考属性においてはこの形相的側面に加えてさらに想念的に、すなわち存在する力能の形相化に加えて思考する力能の想念化のもとでも産出するのである（これについては、次の節で並行論の問題として詳細に論じる）。

ここまでの考察を簡単にまとめると次のようになる——神の力能は、⑴存在する力能（あるいは活動する現働的力能）と、⑵思考する力能という二つの側面からなる（定理七、系）。神のこの一つの二重の力能は、それぞれにまったく異なるア・プリオリな原理をもつ。すなわち、存在する力能は〈形相的原理〉としての属性を、思考する力能は〈想念的原理〉としての神の観念をそれぞれに有する（［表13‐1］）。こうした力能と原理を混同してはならない。しかしながら、それらは、思考上区別されるものにほかならない。神の力能は、自己触発する非‐形式的な力、言わば脱‐本性化する本性そのものである。これに対して原理は、形相的には〈属性〉として、また想念的には〈神の観念〉として定立されうるものである。様態の産出あるいは生起を考えるなら、それゆえ神の二つの力能に基づいた絶対的な二つの仕方——〈形相的〉と〈想念的〉——が必然的に想定されうる。しかし、これらの力能は、非‐対称性のもとで完全に等しい。この「系」は、すでに第一部の定理一六で言われていたことを二つの力能の対等性として表現し直したものである。この対等性は、神の力能の認識論的並行論を示していると言うことができるが、それ以上に自然における並行論のもっとも普遍的な思考を表現していると言えるだろう。

［表13-1］神の力能と原理について

神の存在する力能	形相的原理（属性）
神の思考する力能	想念的原理（神の観念）

〈神‐差異〉を織り上げる二つの並行論

この定理七の系に続く「備考」は、並行論的対等性に関するきわめて重要な言説からなる。というのも、ここでは二つの並行論——存在論的並行論と認識論的並行論、あるいは自然学的並行論と力能論的並行論——についての言説が現われるからである（この場合の神の二つの力能の差異とその対等性は、具体的には認識論的あるいは力能論的並行論という仕方で自然そのものを織り上げていく）。実体と属性、実体と様態といった〈一〉と〈多〉についての思考よりも、この並行論が有する〈二〉あるいは〈四〉についての思考様式の方が、スピノザの哲学を理解するにはより有効である。これらを端的に［表13‐2］のように整理することができる。

(1)まずは、存在論的あるいは自然学的並行論について考察する。すべての属性は、実体の本質の形相であり、相互に質的に異なっているが、しかし存在論的には相互に完全に対等である。つまり、ここでは、或る属性が他の属性よりも優越的であるとか、あるいはより多く実在的であるとかといった多義性の存在論的思考はまったく成立しない。したがって、属性を異にして産出される諸様態についても同様の対等性が妥当することになる（例えば、人間身体と人間精神は、属性を異にする様態であるが、相互に対等である）。実体は、すべての属性のもとで唯一同一の様態的変様という産出の秩序を有する。実体の一つの様態的変様が、質的に異なる無限に多くの属性において無限に多くの様態を産出するのである。属性によって実体の本質が構成されることは、言い換えると、属性によって実体の本性がその

［表 13-2］〈神－自然〉それ自体における二つの並行論

自然学的並行論（存在論的並行論）	力能論的並行論（認識論的並行論）
神の諸属性の対等性から生じる並行論	神の二つの力能の対等性から生じる並行論
諸属性の間の、あるいは属性を異にする諸様態の間の並行論	思考属性とそれ以外の属性との間の、すなわち観念とその対象との間の並行論

形相のもとで多様に形質化されることである。属性は、相互に質的にまったく異なっている。それは、属性が相互に実在的に区別されるという意味である。属性によってその本質が構成される一つの実体は、まさに本性において一つの質的多様体になるのだ。さらにこの多様体は様態的変様のもとで無限に多くの度合の存在によって表現されるが、われわれはこれと同時に、こうした無限に多くの度合が帰属する自然の内在平面を見出し知覚することができるであろう。

> われわれが自然を延長属性のもとで考えようと、あるいは思考属性のもとで考えようと、あるいは他の属性のもとで考えようと、われわれは、同一の秩序を、すなわち諸原因の同一の連結を、言い換えると同一物の相互的継起を見出すであろう（定理七、備考）。

これは、第一に神に対するすべての属性の対等性を意味している。自然あるいは神は、無限に多くの属性から構成される。ところが、神は、属性によって内包的に構成されるだけでなく、言い換えると、論理学的な諸属性の間の対等性のもとでだけでなく、さらに唯一同一の様態的変様の様態化をあらゆる属性の間の対等性——同一の秩序、諸原因の同一の連結、同一物の相互的継起——として必然的に実現する。この並行論は、神の存在する力能をア・プリオリに表現する諸属性の形相上の対等性に、つまり存在論的な対等性にのみ関わる。〈形相的に〉という言葉はこの〈存在論的に〉という理解の仕方に対応し、さらに端的に言うと、〈存在すること〉は第一に〈形相を有すること〉である。先に挙げた、「系」のなかの神の活動する現働的力能（＝存在する力能）は、あらゆる属性において様態が形相的に産出される仕方に関わっている。すなわち、自然学的な存在論的並行論は、とりわけ神の存在する力能とこれを〈表現－形相〉的に構成する諸属性から存立するものである。それは、あらゆる様態が形相的に生起すること、例えば、思考属性における観念も延長属性における物体も同様に形相的に生起することを示している（［図13－1］）。

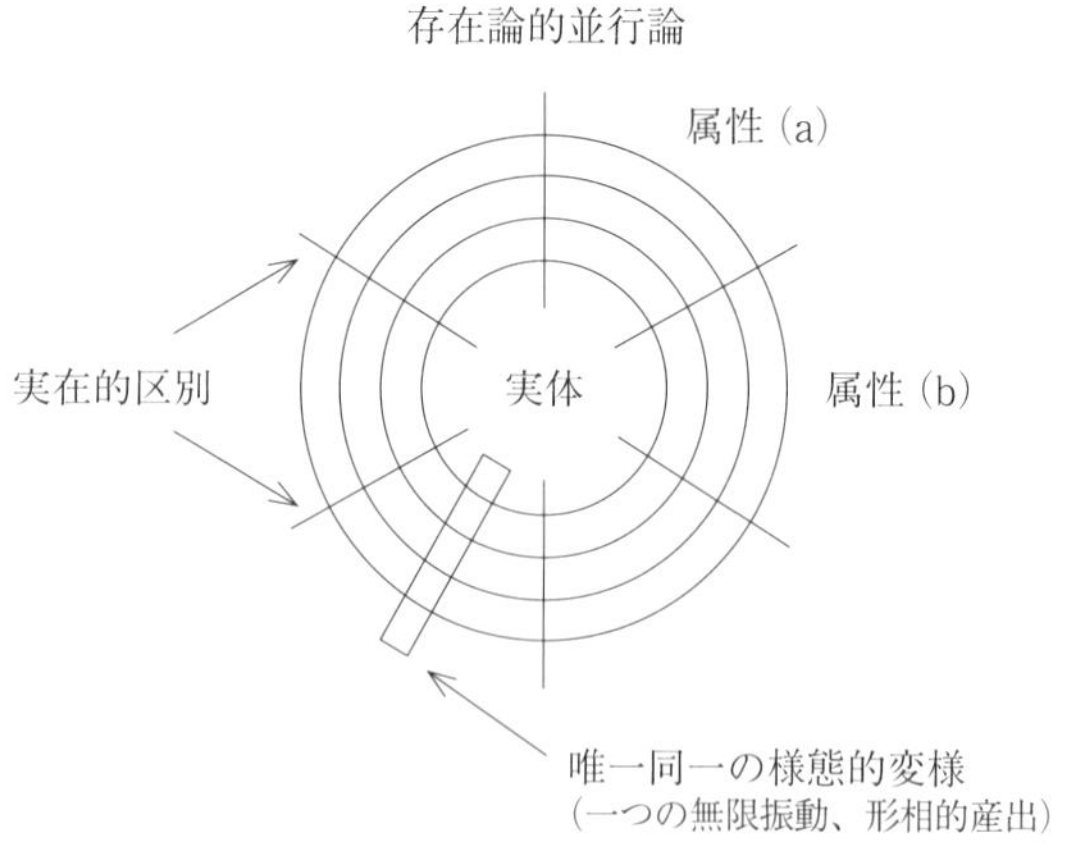

［図 13-1］〈存在論的－自然学的〉並行論について

(2)次に、より複雑な認識論的あるいは力能論的並行論と称されるべきものがある。今度は、神の諸属性の形相上の対等性ではなく、神の諸力能の対等性が問題となる。言い換えると、ここでは、属性あるいはそれらの様態という形相的有（観念の対象）だけでなく、観念だけが有する想念的有（対象の観念、すなわち観念の認識内容）が問題となる。これは、端的に観念とその対象との間の認識論的並行論である。観念は、思考属性の様態である。したがって、それは、神の本性から形相的に生起するものである。観念は、存在する様態として絶対に形相を有する。しかし、思考属性の様態である限り、すべての観念は、この形相的有と同時にその対象を理解する様態でもある。要するに、観念のこの在り方を〈想念的〉と称するわけである。観念はその対象を表象したり記憶したり概念したりするが、その限りで観念はこれらを表象内容、記憶内容、概念内容として有するであろう。観念のこうした質料的な内容の側面が、まさに〈想念的有〉と言われるものである。これは、無限に多くの属性の様態のなかでも、思考属性の様態としての観念しか有しえない在り様である。

> 無限知性によって実体の本質を構成していると知覚されうるすべてのものは、単に唯一の実体に属しているということ、したがってまた、思考する実体と延長する実体は同一であり、それがときにはこの属性のもとで、またときにはあの属性のもとに解されるのである。同様に、延長の様態とその様態の観念とは同一のものであり、ただそれが二つの仕方で表現されているだけである（定理七、備考）。

これは、一読すると単に存在論的並行論を述べている箇所のように思われる。しかし、ここでは、そこに重なるようにして認識論的並行論についての言及がなされている。延長の様態と思考の様態は、唯一同一の様態化を二つの仕方で形相上表現するものである。しかし、例えば、一方が延長属性の様態であり、他方がこの様態の思考属性における観念であるならば、そこには認識論的並行論が必然的に成立することになる。それは、観念とその対象との間の、すなわち延長属性における或る様態とこれを対象とする観念との間の認識論的並行論である。神の絶対的な思考する力能は、ア・プリオリに想念的原理を有している。ここで言う〈ア・プリオリに〉とは、言わば〈能産的自然において〉という意味である。この想念的原理は、能産的自然における〈神の観念〉である。これはたしかに「観念」という様態的な表現が含まれているが、しかしながら、その本性は明らかに能産性にある。何故なら、神の属性から形相的に生起するすべてのものは、神の観念から同じ秩序と連結を以って観念として想念的に生起するからである。しかし、重要なことは、すべての様態の観念は思考属性のうちに存立するという点にある。つまり、一方ですべての属性の様態は形相的に生起するが（ここには、思考属性における形相的有としての観念も含まれる）、それらのすべての様態の観念（想念的有としての観念）は思考属性においてのみ生起する様態だということである。「無限知性」とは、言わばこうした思考属性における直接無限様態のことである。無限知性とは、そもそも何であったか。第一部の定理一六のなかに、まさに無限知性が出てきていた。無限知性は、あらゆる属性のうちに産出される形相的有としての様態を対象とした想念的な思考内容に対応する、思考属性における形相的有のことである。この無限知性の形相的有に対応する想念的有が、思考属性における所産的自然としての〈神の観念〉である（[表13－3]）。

[表13-3]〈思考属性－神の観念〉と〈無限知性－神の観念〉について

	形相的	想念的
能産的自然	思考属性（存在する力能）	神の観念（思考する力能）
所産的自然	無限知性（観念の形相的有）	神の観念（観念の想念的有）

存在論的並行論は、実体を起点とした無限に多くの属性の対等性についての並行論である。これに対して認識論的並行論は、神の諸力能の対等性についての並行論、すなわち思考属性を中心とした無限に多くの属性における様態と、この思考属性におけるそれらの観念との並行論である。この並行論から実はきわめて重要な事柄が帰結する。すなわち、この[図13－2]からもわかるように、属性は無限に多くあるが、しかしその類型は実際には二種類しかないということである。属性は、実は二つの類型に区別されるのである。[3] つまり、思考属性とそれ以外の属性である。しかし、それ

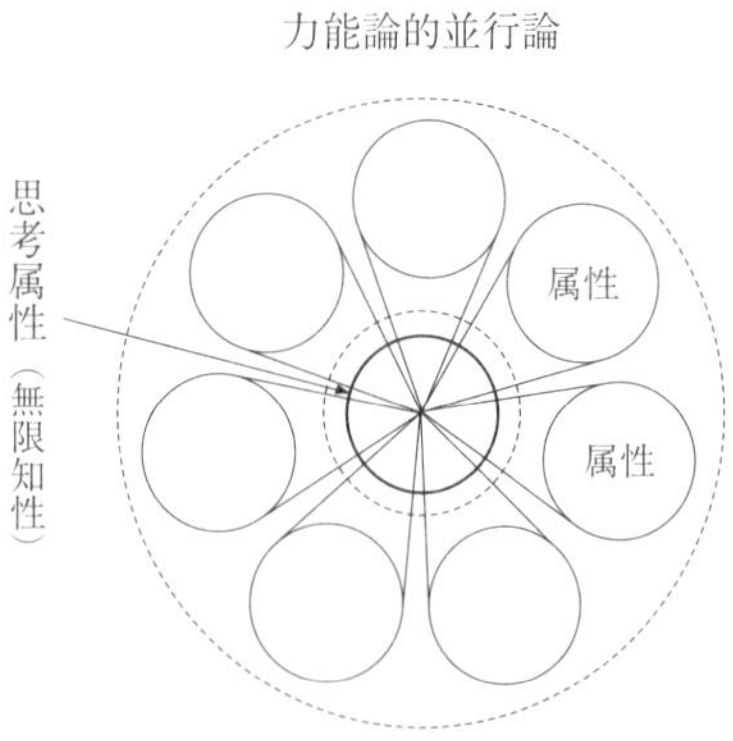

［図 13-2］〈認識論的-力能論的〉並行論について

は、属性のなかで思考属性がもっとも優越した特権的な属性であることをまったく意味しない。何故なら、思考属性は、〈存在論的-自然学的〉並行論の観点から観れば、神の一つの属性にほかならないからである。思考属性のその最大の特徴は、神の力能論的構成のもとで明確になる。思考属性は、それ以外の属性の各々と認識論的関係を、つまり観念とその対象という関係を形成するからである（ただし、思考属性においても、或る観念の形相的有とこれを対象とした別の観念の想念的有という仕方で同じ認識論的関係が成立することに注意されたい）。思考属性における観念だけが、様態としての形相的側面だけでなく、想念的側面を有するのである。例えば、思考属性における様態としての人間精神と延長属性における様態としての人間身体との間の認識論的並行論は、こうした無限に多くの認識論的並行論の一つにほかならない。それは、言わば〈精神的-身体的〉（psycho-physical）な並行論である。思考属性には、すべての属性において形相的に産出される様態についての観念の二つの側面――無限知性と神の観念――がある。

力能論的並行論の二つの位相

この力能論的並行論は、さらに二つの位相を有していると言える。それらは、次の定理八と定理九において言及されている――一方は存在しない個物とその個物の観念について、他方は存在する個物とその観念について。⑴存在しない個物とは、持続上の存在を有していないが、しかし属性のうちに「包容されている」（comprehendere）様態のことである。⑵さらに存在する個物とは、持続上の存在を有する様態のことである。個物あるいは様態が持続上存在するということは、言わば存在の時間上の地層化という方向性が現われることを意味する。スピノザの様態論の困難さの一つは、持続しないが、しかし有限で限定された存在を考えていることにある（これは、有限で限定され、さらに持続する存在とは異なる)。

(1)まずは、存在しない個物あるいは様態の観念についての定理が次のものである。

> 存在しない個物あるいは様態の観念は、個物あるいは様態の形相的本質が神の属性のなかに含まれているのと同じように神の無限な観念のなかに包容されていなければならない（定理八）。

これは、認識論的並行論の第一の位相を表現している。「存在しない個物あるいは様態の観念」は、実は〈存在しない個物あるいは様態〉と〈この個物あるいは様態についての観念〉という並行論からなる。というのも、前者は個物の形相的有であり、後者はその個物の観念、つまりその形相的有を対象とする観念の想念的有のことだからである。この〈存在しない〉は、端的に持続において存在しないという意味である。つまり、時間のうちに存在しない無限に多くの個物あるいは様態が、属性のうちに形相的本質として存在する。これは、言わば完全に規定された〈非‐存在〉の位相を表現する考え方である（定理八、系）。われわれは、時間のうちに現実に、つまり外延的諸部分をともなって存在しないが、しかし非‐持続的な仕方で存在するものについて容易に考えることができる。その典型は、例えば、作図なき幾何学的図形であろう。例として、様態としての三角形についての定義が考えられるが、こうした定義それ自体がここで言われている属性のなかに含まれた三角形の形相的本質である。たとえこの所産的自然のうちに現実に作図された三角形がまったく存在しないとしても、つまり具体的な諸々の線によって描かれた三角形がまったく存在しないとしても、このように定義された〈三角形‐様態〉の形相的本質は、延長属性のうちに存在する。スピノザがこの定理の備考のなかで「矩形」の事例を用いて説明しているのは、まさにこうした事柄である。要するに、存在しない個物あるいは様態の観念ということで第一にスピノザが言いたいのは、存在するのは単に持続上の有限様態だけでなく、産出された様態の本質も同様にその本質それ自体としての存在を有するということである。この位相は、たしかに哲学的に以前から考えられ続けてきた事柄ではあるが、しかしスピノザにおいて初めて十全に考えられた事柄である。様態の本質は産出されたものであり、それゆえわれわれは〈様態の本質は存在する〉と言うことができる。こうした観念の思考は、むしろ思考の限界を起点としてまさに肯定的に展開される。それは、言語の限界をまったく

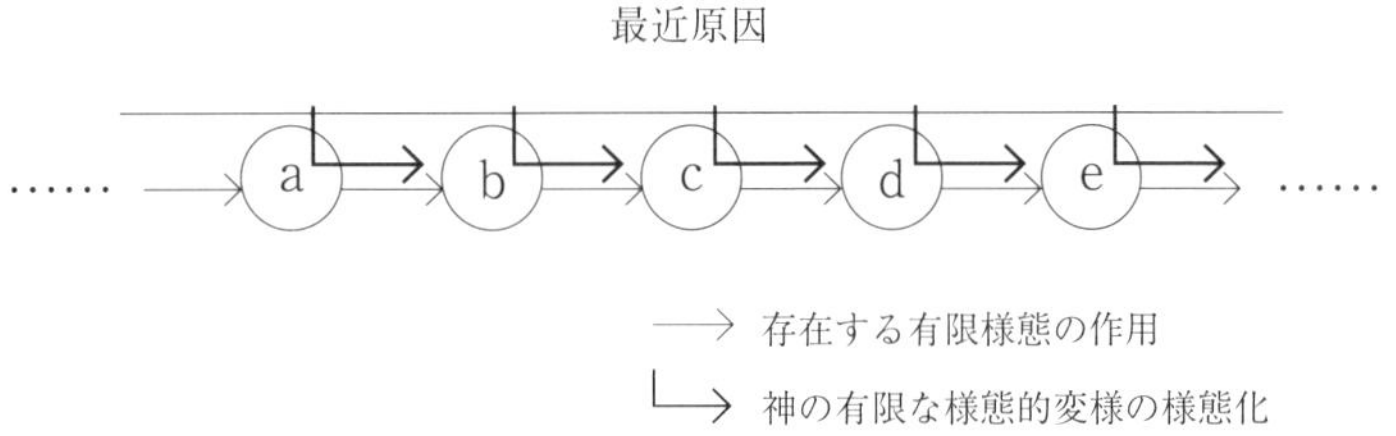

［図13-3］作用原因（あるいは最近原因）を有する有限様態の存在の仕方

異なった水準に転換するものである。われわれは、時間のうちに現働的に存在しないが、しかし非‐持続的な仕方で存在するものについて考えることあるいは知覚することができる。

(2)これに対する第二の位相、つまり持続上の現実存在となったこの並行論は、次のように言われる。

現実に存在する個物の観念は、神が無限である限りにおいてではなく、神が現実に存在する他の個物の観念に変様したと見られる限りにおいて神を原因とし、この観念もまた神が他の観念に変様した限りにおいて神を原因とし、このようにして無限に進む（定理九）。

これは、すでに考察した第一部の定理二八を観念について表現し直した定理である。この定理二八は、いかなる属性の様態であれ、形相的有に関する様態間の同一の因果的秩序あるいは連結が言われている。この定理九は、たしかに定理二八の思考属性の様態のケースであるが、しかし先の定理八と同様に存在する認識論的並行論について言われている。つまり、「現実に存在する個物の観念」は、これだけで並行論を表現しているのだ。というのも、これは、〈現実に存在する個物〉と〈この個物の観念〉とについて言及された認識論的並行論を示しているからである。改めて第一部の定理二八を図で表わすと、［図13‐3］のようになる。これは、すべての属性のもとでの有限様態において表現される諸原因の同一の連結、つまり内在的な自然の共通の秩序である。

次にこの総合された作用原因の［図13‐3］を延長属性と思考属性について同様に図示すると、［図13‐4］のようになる。最近原因は、唯一の実体を構成する無限に多くの属性によってそれぞれ表現される。例えば、延長属性によって表現されるのは延長する実体であり、思考属性によって表現されるのは思考する実体である。神は、それぞれ

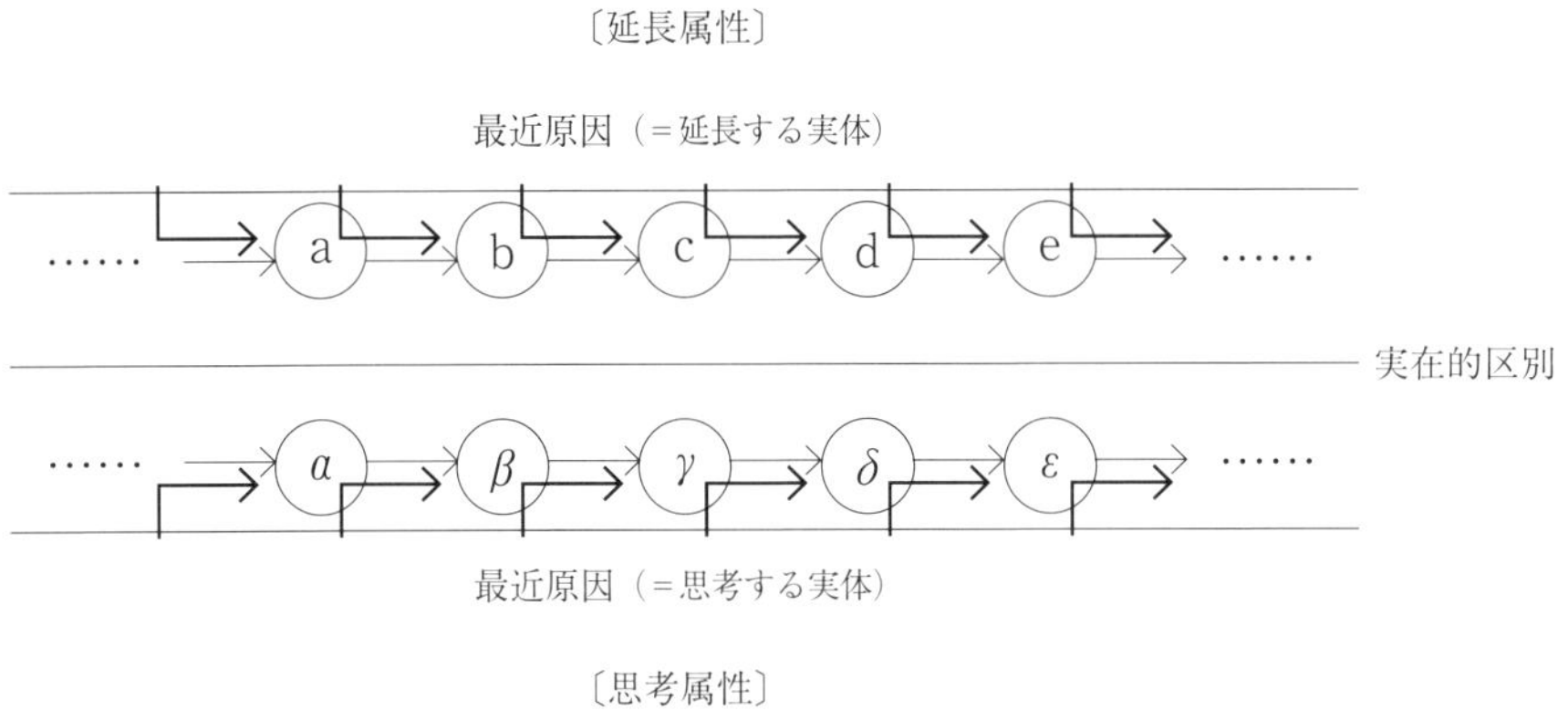

［図 13-4］属性を異にする有限様態における作用原因（あるいは最近原因）の有り様

の属性の有限な様態的変様の様態化によって有限様態を産出する。そこでの本質的な無限速度は、折り込まれた絶対的な位相差を踏破し、また自己の属性の差延化を横断するまさに神の本性である。観念は、たとえそれが他の観念を原因とした結果として形相的に成立する様態であるとしても、それが観念である限り必然的に想念的有としても存立しなければならない。つまり、観念は、その限りで或る個物を表象する観念であると同時に、その原因を表現する観念でもある（［図８－１］と［図８－２］を参照せよ）。それは、神が自ら思考するのと同一の必然性のもとで自ら活動することである。言い換えると、神の自己自身の観念（能産的な神の観念）は、無限に多くのものを無限に多くの仕方で産出することの認識そのもの（所産的な神の観念）である（定理三、備考）。

内在性について(Ⅱ)——〈神の概念〉から〈神の観念〉へ

内在性の哲学、これはきわめて倫理的で普遍的な思考を要請するものである。何故なら、それは、つねに超越性を欲する或る動物の魂、すなわち超越したがる人間本性を変形しようとする努力と一つだからである。つまり、内在性の思考は、こうした意味において倫理学的で自然学的である。超越への意志に完全に内装化された意識、すなわちニヒリズム化した人間精神に対して、内在性がもつ本質的な価値転換は、端的に〈善／悪〉の彼岸であり、また〈真／偽〉の外部にある。〈善／悪〉と〈真／偽〉は、すでに述べたような内部性の諸形式の環境を強化し拡大するための装置以外の何ものでもない。こうした意味での彼岸あるいは外部を端的に〈外〉と呼ぶことにしよう。彼岸には〈よい／わるい〉が、外部には〈十全／非十全〉が、身体によって開かれる実在性の領域としてともに存在する。すでに述べたように、スピノザは、明確に「内在的」という言葉を用いている。

神は、あらゆるものの内在的原因であって、超越的原因ではない（第一部、定理一八）。

〈内在的〉（immanens）という言葉は、いくつかの意味をもつ。原因について言えば、結果を自らのうちに産出するような原因、それが内在的原因である。言い換えると、神は自己原因であるが、それは作用原因と同じ意味で言われるということである（第一部、定理二五、備考）。これが、まさに内在的原因の意味である。つまり、自己原因と作用原因とが原因の一義性として規定されること、これによって神は〈内在的原因〉として定義されることになる。言い換えると、神を超越的原因と考えることは、この自己原因が作用原因から分離されることによって成立する或る形而上学的で道徳的な思考であることがここからわかる。同じ事柄を自然についても言うことができる。能産的自然と所産的自然は、唯一同一の自然における絶対的な差異のもとで観られた二つの側面である。このことは、この二つの自然が属性からなる一つの平面を、すなわち内在性の平面を形成するという意味である。しかし、この能産的自然と所産的自然とを分離すると、前者は直ちに超越者として後者に対して優越性を帯びることになる。

さて、神の概念とは何か。それは、われわれが神についてもつ概念であるのか、あるいは神自身がもつ自己の概念であるのか。いずれにしても、神の概念は、スピノザにおいては第一に「絶対に無限な実有」として成立する。つまり、それは、その本質が無限に多くの属性によって構成される実体についての概念である（第一部、定義四）。言い換えると、それは、神の形相上の存在に関する概念である。正確に言うと、それは、実体の絶対的な存在する力能とこれの無限に多くの無限な形相としての属性とからなる神の概念である。このように属性は実体の本質を構成する形相であり、したがって、属性によって表現される神の本性は「形相的本質」と言われる。そして、そのように神の本性を構成する属性を現実に知覚するもの、それが知性である。知性は、まさにその事柄を知覚しうる想念的な思考する力能を有する。知性が無限であれ有限であれ、その知覚は、観念の形相的有に対応する想念的有からなるのだ。形相的有だけでなく、必然的に想念的有を含む自然は、〈神の概念〉ではなく、まさに〈神の観念〉である。例えば、次のような言説も、同様の意味において理解されなければならない。

内在平面は、〈思考〉と〈自然〉、あるいは〈精神《ヌース》〉と〈自然《ピュシス》〉という二つの面をもっている。それゆえ、一方の回帰が瞬間的に他方を投げ返す限り、一方が他方のうちに取り込まれ、一方が他方のうちに折り畳まれるような多くの無限運動がつねに存在するのであり、その結果、内在平面は絶えず織り上げられる巨大な杼のようである。(4)

これは、一読するときわめて古典的な表現のように思われるが、しかしまさに〈自然学＝倫理学〉のなかで成立する明確な現働的言表である。つまり、これは、未来に向けたスピノザ主義の表現の一つとなっている。われわれは、一方で人間の意識はどうして超越への傾向——積極的な不幸への欲望、他者の否定、等々——をもつのかと問う必要があるが、それと同時にまったく別の問題提起を、すなわちいかにして自然に内在し直すこと——人間精神を主体性とは別のものとして考えること、人間身体を肯定すること、等々——ができるのかと問わなければならない。さて、ここで言われている内在平面は、〈思考〉と〈自然〉という二つの面をもつと言われている。この二つの面は、まさにスピノザにおける内在平面そのものでもある。というのも、スピノザにおいて内在平面を織り上げるのは、まさに神の力能の二つの側面——存在する力能と思考する力能——だからである。ここでの「思考」とは想念的に思考する力能のことであり、「自然」とは形相的に存在する力能のことである。一方の力能が形相的に展開するもの、すなわちその無限運動を、他方の力能はその形相のうちに観念の無限速度を折り畳むのである。要するに、内在的原因は、無限運動のもとで折り拡げる原因であり、かつ無限速度を以って折り込む原因でもある。内在平面は、自然を能産性と所産性として織り上げ、それを思考のもとに包括するのである。

第一四講義　精神と身体の価値転換的並行論

神の認識と活動について――力能論的並行論の諸問題

神は、必然的に存在し、またその同じ必然性のもとで様態の産出活動をし、また同じ必然性のもとでそれらを認識する。逆に言うと、神の自己認識は、自己を対象とした認識ではなく、自己の活動そのものの認識である。それは、諸属性の存在論的並行論そのものについての認識である。この意味での自己認識は、すべて思考属性における無限知性と神の観念のもとで成立する。所産的自然においては、無限知性とは思考属性における無限様態としての形相的有であり、神の観念とは思考属性においてこの無限知性に相関する想念的有のことである。つまり、思考属性における無限様態は、第一に形相的側面から観られるならば、無限知性であるが、第二に想念的側面から観られるならば、まさに神の観念となる。

このようにして、思考属性においては、属性を異にするすべての様態〈形相的有〉を対象的に表現する〈様態－観念〉〈想念的有〉がある。それと同時に、この思考属性のこうした観念の想念的有は、神の作用原因のもとで産出された形相上の存在をも有する。ということは、次のことが帰結する。「諸属性の間の、あるいは属性を異にする諸様態の間の〈実在的－形相的〉区別に等しい諸観念の間の想念的区別があるだろう。さらに、諸観念の間のこの区別は、諸観念それ自身の形相的有にこの区別が関係づけられる限りで、それ自体〈想念的－形相的〉であるだろう」(1)。思考属性における〈様態－観念〉は、第一に存在論的並行論のもとで形相的に産出されるが、この属性における唯一の存在の仕方である。しかしながら、思考属性において属性を異にする諸様態の間の〈実在的－形相的〉区別を知覚する

［表 14-1］二つの並行論と区別の相関関係について

存在論的並行論（諸属性の対等性）	神の絶対的な存在する力能	諸属性の間の、あるいは属性を異にする諸様態の間の〈実在的‐形相的〉区別
認識論的並行論（神の二つの力能の対等性）	神の絶対的な存在する力能と思考する力能	存在論的な〈実在的‐形相的〉区別と、これに相関した認識論的な〈想念的‐形相的〉区別

のは、まさに神の観念から生起する観念の想念的有である。それゆえ、諸観念の間には形相上の区別だけでなく、想念上の区別が成立することになる。この想念的区別は、ただし属性を異にするすべての様態の間の〈実在的‐形相的〉区別を一つの思考属性のもとで対等に表現するものである。思考属性における各々の観念の形相的有には、この想念的区別が必然的に含まれる。力能論的並行論において無限に多くの属性の間の、あるいは属性を異にする諸様態の間の〈実在的‐形相的〉区別に対応するのは、まさに思考属性における観念の諸系列の間の〈想念的‐形相的〉区別である。無限に多くの属性のうちに形相的に生起するものは、思考属性において想念的に知覚されるのである――「現実に有限な知性も、現実に無限な知性も、神の属性と神の変様を把握しなければならない。そして、他の何ものも把握しない」（第一部、定理三〇）。神の二つの力能の対等性は、より正確に知覚するならば、実はこの二つの区別の相互反転性に支えられていると言うことができる。というのも、現実的知性、つまり現働的知性は、無限に多くの属性のもとで形相的に産出される様態についての観念をすべて想念的に有するからである。さて、［表14‐1］のように二つの並行論と二つの区別とを整理することができる。

　ここでの論点は、とりわけ次のようになる――(1)神の思考する力能とその想念的原理によって神の一属性である思考属性にはきわめて特異な区別――〈想念的‐形相的〉――が存立すること、(2)この区別によって思考属性のうちには、一属性のうちに存するにもかかわらず、因果関係にけっして入りえない様態としての観念の無限に多くの系列が共に存在すること。つまり、この限りで神の存在する力能を表現する〈属性‐形相〉、つまり〈実在的‐形相的〉区別は、それと完全な並行論をなす神の思考する力能を表現する〈想念的‐形相的〉区別と対等である。ということは、〈実在的‐形相的〉区別に等しい〈想念的‐形相的〉区別を有する無限に多くの〈観念‐様態〉は、したがって一属性のうちに存在するにもかかわらず、「いかなる結合」も有しえない。というのも、無限知性は、スピノザによれば、一つの精神を構成するものではなく、異なる無限に多くの属性に関係する無限に多くの精神からなるものだからである。[2] これが、スピノザにおける無限知性が、単なる一般的な可能的知性などではなく、まさに現働的な現実的知性であることの理由である。こうした現実的な無限知性は、無限に多くの認識論的並行論の反復によって成立する無限に多くの〈想念的‐形相的〉に区別される観念の集合体である。[3] 例えば、人間は、二つの属性のそれぞれの様態――身体と観念――の合一体、つまり総合態としての個物である。しかし、［図13‐2］からもわかるように、属性の組合せは、神の力能の並行論から考える限り、思考属性とそれ以外の属性との間の認識論的並行論を形成するものだけである。これによって思考属性は、他の無限に多くの属性による神の形相上の多様体と対等の、しかし別の充実した想念上の多様体を形成することになる。

観念とその対象について（I）

神の力能論的並行論は、絶対的な内在平面を自然の無限運動と思考の無限速度として構成する。人間身体における変様、あるいは外部の物体による人間身体の触発は、単に相互外在する諸物の間の原因と結果の関係だけでなく、有限な諸々の形相的有の間を流れる諸力の効果そのものでもある。物の形相的有は、諸力によって変様するその物の〈本質‐力能〉の表現形相、つまり図表《ダイアグラム》である。その限りで人間身体の変様は、自然の無限運動を多様な度合のもとに、つまり有限な形相的有のもとに含み、かつ表現するのである。また同様に、人間精神における観念は、こうした無限運動を含む自らの有限な形相的有とともに有限な想念的有のもとで無限速度を有し、かつ表現するのである。観念とその対象、観念と観念されるもの、あるいは観念と被観念態、要するに人間精神を構成する諸観念は、まさに認識の内在性であり、十全であれ非十全であれ、人間身体の触発を含む限りで普遍的な遠近法を表現する要素である。

さて、本書の「第一講義」のなかですでに述べたが、人間の精神はこうした観念から構成されるが、この観念の対象、すなわち被観念態は、第一に現実に存在する個物である。それは、無限な物ではなく、有限な物である。

人間精神の現働的有を構成する最初のものは、現実に存在する或る個物の観念以外の何ものでもない（定理一一）。

人間精神を構成する最初のものは、抽象概念や一般概念ではない。それは、〈個物《レス・シングラーリス》〉の、すなわち〈特異な物〉の、つまり〈この物〉の観念である（あるいは観念そのものの此性）。言い換えると、人間身体の存在の触発とともに並行論の最小回路を形成するのは、第一に人間精神におけるこうした〈個物《レス・シングラーリス》〉の観念であり、またこの個物による身体の変様の観念である。さて、ここから次のような、『エチカ』のなかでももっとも難解な言表の一つが「系」としてこの定理の後に続くことになる。

この帰結として、人間精神は、神の無限知性の一部であることになる。したがって、〔α〕われわれが、人間精神がこのものあるいはあのものを知覚すると言うとき、それは、神が無限である限りにおいてではなく、神が人間本性によって説明される限りにおいて、あるいは神が人間精神の本質を構成する限りにおいて、神がこのあるいはあの観念をもつと言うことにほかならない。また、〔β〕神が人間精神の本性を構成する限りにおいてだけでなく、神が人間精神と同時に他の物の観念をも有する限りにおいて、神がこのあるいはあの観念をもつと言うとき、それは、われわれが物を部分的にあるいは非十全に知覚すると言う［〔α〕と〔β〕の文字は引用者による挿入］（定理一一、系）。

おそらくほとんどの読者は、この文章をまったく理解できないであろう。それは、或る意味で当然である。というのも、この直後の備考でスピノザ自身が、「ここで読者は、疑いもなく躓くであろう。そして、躊躇を促す多くのことが心に浮かぶであろう」、と述べているからでもある。人間精神は、有限知性であり、それゆえ神の思考属性における無限知性の一部であり、これに属することになる。ということは、人間精神は、どのような仕方で無限知性の一部であるのかが、その後で言われている事柄だと考えてほぼ間違いないであろう。それは、言わば有限な人間精神が無限知性に内在する仕方である。これが、〔α〕と〔β〕と記した二つの仕方に区別されている[4]。これを詳しくみていこう。

〈α〉部分：人間精神が物を知覚する場合――すなわち、ここでは一般的に人間精神が物を知覚する際のその条件が述べられている。その条件は、神が、(1)無限である限りにおいてではなく、(2)人間精神の本性によって説明される限りにおいて、あるいは(3)人間精神の本質を構成する限りにおいて、(4)あれこれの観念をもつということである。これが、この系の第一の部分である。これは、言い換えると、無限知性との関係で人間精神が物を知覚する際の可能性の諸条件を定義したものである。その際に、人間精神におけるその物の知覚が十全であるかあるいは非十全であるかは、とりあえず問題とはならないように思われる。しかしながら、これは、人間精神が物を十全に知覚する際のむしろ必然的な諸条件ではないのだろうか。というのも、人間が十全な認識をもつのは、人間精神の本性からその認識が説明できる場合だけであり、言い換えると、神の絶対的な思考力能を分有する人間精神の或る部分だけだからである。これは、構成された人間精神の或る強度的部分のことである。すなわち、人間精神のこの〈α〉部分に関する言説は、こうした強度的部分を形成する諸条件を規定したものではないのか。さらに換言すると、これは、人間精神が物を知覚することの積極的側面（あるいは十全性の側面）、すなわちこの限りで〈構成の観点〉から規定されたものだと言える。

〈β〉部分：人間精神が物を非十全に知覚する場合――すなわち、ここでは人間精神が物を十全に知覚しない場合の諸条件が言われている。その条件は、神が、(1)無限である限りにおいてではなく、(2)人間精神の本性を構成する限りにおいてだけでなく、(3)人間精神と同時に他の物の観念をも有する限りにおいて、(4)あれこれの観念をもつということである。これは、言い換えると、人間精神が物を非十全に知覚する際の必然性の諸条件を規定したものである。人間が物を非十全に認識するのは、自然における必然的な事柄である。それは、われわれの経験が示していることから明らかである。というのも、人間は、様態である限りつねに受動的変様に触発され続けるしかないからである。つまり、非十全な認識は、こうした人間の実在的経験からいくらでも言及できる。しかし、この〈β〉部分は、単に人間の様態としての必然性から述べてられているのではなく、あくまでも神による人間精神の産出の位相から、あるいはその条件づけの原理から言われている。この〈β〉部分によって、この「系」全体が人間の有限知性の在り方の条件づけの論理であることがよりよくわかるであろう。したがって、〈β〉部分は、人間精神が物を知覚することの言わば消極的側面（あるいは非十全性の側面）、すなわちこの限りで〈変様の観点〉から規定されたものだと言える。

ところで、「非十全な」(inadaequata) という語は、『エチカ』のなかではこの「系」の〈β〉の部分ではじめて現われる。ということは、この〈β〉部分は、人間精神の非十全な認識の最初の規定でもある。これに対して「十全な」(adaequata) という語は、この第二部の冒頭の定義四ですでに出てきている。さて、人間精神の〈α〉部分からわかるように、十全な知覚とは、神が人間精神の本性によって説明される限りにおいて、あるいは人間精神の本質を構成する限りにおいて、神がこのあるいはあの観念を有することから成立する人間精神の認識である。言い換えると、それは、人間が十全な知覚を有して無限知性の一部分として内在することである。この一部分であるとは、その部分が一つの人間精神の全体に単一の状態として帰属することをけっして意味しない。したがって、人間精神は、非十全な知覚の仕方でも無限知性の自然の一部分として内在することができる――「人間自らが十全な原因となるような変化だけしか受けないということは、不可能である(5)」(第四部、定理四、証明)。

観念とその対象について(II)

人間精神〈α〉の部分性は、要するに人間精神が原因となって観念を産出することが、そのまま神の無限知性がその観念を有することを意味する。これに対して、人間精神〈β〉の部分性は、言わば人間精神がつねに結果の観念から構成されるような条件としての自然の共通の秩序に差し向けられる。ゲルーは、この問題「系」を明示された二つの部分(系の前半〈α〉と後半〈β〉)と、さらにそこに含意された二つの部分(定理一九の証明と定理四〇の証明)という四つの項目から理解しようとする(「第一四講義」の注(4)を参照せよ)。しかし、それはきわめて煩雑な理解の仕方であり、そうした理解の最大の原因はおそらく〈α〉部分を知覚の可能性の条件として、つまり十全であれ非十全であれ、人間精神における物の知覚の可能性の条件として把握したところにあると言える。しかしながら、むしろこの「系」そのものと、これを参照して証明が展開する定理とを総合して考えるならば、次のように言えるのではないか。

(A)神が人間精神の本質を構成する限りにおいて(定理一一の系の全体)。

(1)要するに、神が人間本性によって説明される場合──→人間精神は、十全な知覚を有する〔〈α〉部分と定理四〇の証明、すなわちゲルーが分類する(1)と(4)〕。

(2)かつ、神が他の物の観念をも有する場合、あるいは神が他の物の観念に変様する場合──→人間精神は、非十全な知覚を有する〔〈β〉部分、すなわちゲルーが分類する(3)〕。

すでに述べたように、あえて(1)を構成の観点、(2)を変様の観点と呼ぶことにしよう。そうすると、スピノザは、変様の観点のもとで構成の観点を肯定する場合に〈十全な認識〉を規定し、逆の場合に〈非十全な認識〉を定立する（これについては、後で論じる）。ところで、この後者における〈対象を非十全に認識する〉は、言い換えると、〈対象を十全に認識しない〉という転換された表現としてその意味をもつことになる。それが、ゲルーが言う次の位相である。

(B)神が人間精神の本質を構成する限りにおいてではなく、と言われる場合。

(3)かつ、神がきわめて多くの個物の観念に変様した場合──→人間精神は、物も人間身体も認識しない〔定理一三の証明と一九の証明、すなわちゲルーが分類する(2)〕。

まずは、ゲルーの分類をこのように三つに区別し直すことができる。定理一一の系（あるいは(A)）のなかの〈α〉部分においては、神が人間本性によって説明されうるのであるから、神が他の無限に多くの個物の観念に変様する位相は、実は神が本性上無限であるという位相と同様にまったく問題にならない。したがって、この〈α〉部分では、神が他の無限に多くの個物の観念に変様する位相は、人間精神の外部に──つまり、人間精神の本性を構成する〈限りの神〉の外部に──置かれることになる。神が人間本性によって説明されうるとは、人間が或る物についての十全な観念を有するということである。また、人間精神におけるこうした十全な観念から生起する観念は、同様に十全である（定理四〇）。すなわち、このことは、単に人間精神の本質のみを構成する限りでの神を原因とする観念が神の無限知性のうちに存するということと一つだからである（同定理の証明）。

次に定理一一の系（あるいは(A)）のなかの〈β〉部分の場合、つまり神が人間精神の本質を構成するだけでなく、神が無限に多くの他の物の観念をも有する場合、人間精神は、その限りで物を非十全にしか知覚しない。これは、人間精神の〔α〕部分の外部に存立する位相——つまり、無限に多くの他の物の観念をも有する、あるいはそうした他の物の観念に変様する神の位相——を含めることで成立する人間精神の物の認識の仕方である。これは、人間がつねに必然的に受動性のうちに在り、自然の共通の秩序に従って規定されることを意味する。人間精神を構成する観念の対象が自己の身体の変様である限り、われわれは、必然的に受動性のもとに存在し、またそれに対応した認識の様式、つまり非十全な観念を有することになる。ここには、まさにスピノザにおけるもっとも特異な思考の一つがある。それは、非十全な仕方で明らかになる実在性の領域である。それは、われわれの人間身体をともなう仕方でしか開示されえない〈自然‐内在性〉の領域である。この限りで人間精神は、〔β〕部分のうちに〔α〕部分が形成されることになる。というのも、神は、あらゆる個物とその個物の観念に必然的に変様するからである。つまり、神は、人間精神だけでなく、すべての個物の精神の本性を構成するからである。

　最後に(B)の場合、つまり神が人間精神の本質を構成する限りにおいてではなく、きわめて多くの物の観念に変様する限りにおいて、人間精神自身は、けっして人間身体の変様の観念を、つまりこのものあるいはあのものを知覚しない。それにもかかわらず、神は、無限に多くの他の物の精神を構成する限り、つまり人間身体の変様の原因となる多くの個物の観念を有する限り、人間身体の観念を有する。言い換えると、神が人間精神の本質を構成するということは、人間精神を構成する観念の対象が何よりも自己の身体であるということと一つである。したがって、神が人間精神の本質を構成しないということは、人間身体が人間精神の対象ではないということと同じである。しかし、これは、まったく不条理である。言い換えると、人間精神の本性が構成されないということは、人間精神における諸観念の最初の対象が自己の存在する身体でないということになる。すなわち、「(この部の定理一一の系により)身体の変様の観念は、われわれの精神のうちにはないであろう」(定理一三、証明)、あるいは「(この部の定理一一の系により)人間精神は、人間身体を認識しない」[強調、引用者](定理一九、証明)ということになる。人間精神の非十全な認識部分〔β〕と、ここで言われている「精神のうちにはない」あるいは「人間身体を認識しない」とを混同しないよう注意しなければならない。定理一三(人間精神を構成する観念の対象は、人間身体である)も、定理一九(人間精神は、自己の身体の触発によってのみ自己の身体の存在を認識する)も、どちらも証明は、こうした意味での〈人間身体の変様の観念をもたない〉から始まって〈人間身体の変様についての非十全な観念をもつ〉への——つまり、(B)から(A)の〔β〕部分への——移行によってなされている。

次のように神の三つの位相を区別することができる。神あるいは神の或る属性は、(1)本性上無限であり、(2)かつ、無限な様態的変様に様態化し、(3)かつまた、有限な様態的変様に様態化する。すべての位相は、原因の一義性のもとで総合的に構成される。また、どの位相も必然性の様相しかもたない。さらに神の力能論的並行論のもとで考えるなら、最後の(3)の位相は、人間精神における観念とその対象との間に生じる十全性〔α〕と非十全性〔β〕という二つの実在的関係をもつ。それゆえ、人間精神がもつ受動の非十全性と能動の十全性との区別に対応した、無限知性への内在の仕方が存することになる。有限知性としての人間精神、すなわち人間身体の無数の変様の観念から構成される人間精神は、このような仕方で神の思考属性の無限知性の一部となる。この内在的な部分性は、一方のそれ自体で完結した強度的部分（人間精神の十全な部分）と、また他方の無限な因果系列の一部分のみを理解するという意味で未完結な度合的部分（人間精神の非十全な部分）とを本質的に内包している。人々は、これをきわめて抽象的な思考として、あるいは形而上学的思想として理解するであろう。しかし、ここで現われた「神」という言葉を改めて「自然」の言葉に置き換えて、もう一度考えなければならない。『エチカ』は、こうした意味において倫理学あるいは自然学であって、自然学と道徳学（あるいは形而上学）などではない。それは、非‐超越の絶対的思考である。われわれの精神は、その身体と同様の仕方で自然の内在平面に存在する。われわれの精神は、人間を主体化あるいは主観化するために存在するのでない。それは、むしろ自然の自己認識の機能を担った様態以外の何ものでもない。

われわれの人間精神の系譜学的対象は、まさに現実に存在する自己の人間身体である。人間精神が人間身体を第一次的な認識対象として理解しないとすれば、実はいかなる物の認識もそうした精神には帰属しないことになる。この観点から言うと、とくに西洋哲学において人間身体について論究しない哲学は、人間もその精神についても何も表現していないし、何も理解していないことになる。身体なしに言語について成立する哲学は、実際にはそれが当初批判の対象としていた形而上学と同じ水準で単に思考の対象を拡張したものにすぎないのだ。したがって、実践上あるいは戦略上の意味変形や価値転換の諸問題にまったく関与しない言語哲学は、必然的にプラトン哲学を新たな現代的な意匠のもとで道徳的に反復することになるであろう。つまり、それはまた、人間の自由意志を想定するのに、都合のよい思考の傾向にある。つまり、そこでは奇妙な類似性が見事に成立するのだ。ところが、人間身体なしには、言語そのものの存在も、あるいは言語に関するあらゆる行為や作用も、絶対に存在しえない。哲学においては、言語の諸問題はまさに人間身体の存在と触発に送り返される必要があり、これに対して人間精神の観念は言語に還元されえない人間精神の思考力能に関する諸問題を構成することになるであろう。

心身並行論の一般化——ウルトラ・アニミズムを超えて

われわれにとっての認識の対象は、第一に自己の人間身体の変様である。何事も、自己の人間身体を通してしか知りえないことは明白である。しかし、そこには精神という物事を理解する様式あるいは思考の仕方が不可分である。人間は、思考属性の様態である観念（人間精神は、無限に多くの〈様態 - 観念〉からなる無意識的多様体である）と、延長属性の様態である身体（人間身体は、無限に多くの触発からなる一つの多様体であり、延長物の一つである）との総合態である。

この帰結として、人間は精神と身体とから成り、そして人間身体はわれわれがそれを感じるとおりに存在するということになる（定理一三、系）。

ここには、精神を構成する諸観念を改めて統一するような〈私〉や〈統覚〉といった主観的作用は、まったく存在せず、また定立される必要もない。人間精神は、人間身体の多様な触発の総体に対応した一つの多様体以外の何ものでもない。要するに、われわれがそう感じるとおりに自己の人間身体は存在し、またその身体の変様の観念から人間精神は構成される。それは、〈私〉の存在ではなく、〈自己〉の存在である。それは、人称化される以前の、自然学的にはむしろ非 - 人称性と、また倫理学的には脱 - 人称性との並行論的関係からなる。というのも、スピノザにおける精神と身体の並行論は、身体をモデルにした言わば無意識論だからでもある。ここから或る重要な事柄が帰結するであろう。たしかに人間は、精神と身体とからなる。しかし人間の精神と身体における並行論は、実は人間だけに妥当するものではない。すべての個体あるいは個物においてこうした心身並行論は、妥当するのである。まずは、スピノザの言説をみておこう。

> これによってわれわれは、人間精神が身体と合一していることを知るのみならず、精神と身体の合一をいかに理解すべきかをも知る。しかし、予めわれわれの身体の本性を十全に認識していなければ、誰もこの合一を十全にあるいは判明に理解することはできないであろう。何故なら、われわれがこれまで示したこと〔心身並行論〕は、ごく一般的な事柄であって、人間にあてはまると同様、その他の個体にもあてはまるからである。すべての個体は、程度の差こそあれ、精神を有しているのだ〔強調、引用者〕（定理一三、備考）。

ここから、三つの重要な事柄を引き出すことができる。(1)われわれは、人間という個物をただ精神のみから考察しているだけでは、けっして十全な理解に達しえないということ。つまり、哲学は、多少の例外を除いて、人間をほとんど精神上の存在としてのみ考察してきたが、これでは、人間の存在についても、実は人間精神そのものについても、また自然や世界についても、実は明確に理解することなどけっしてできないであろう。というのも、人間は精神と身体とからなり、またとくに人間身体の本性を認識することなしに、人間存在の理解は不可能だからである。人間身体は、むしろ人間精神を認識し理解する際の指導的なモデルになる。スピノザの理説は、こうした意味において人間存在の理解の仕方に関するきわめて本質的な意味変形と価値転換を含んでいる。

(2)次に、精神と身体とからなる個物は、何も人間存在だけに限ったことではない。つまり、物の自然におけるすべての個物が、程度の差異こそあれ、その身体に対応した精神を有するということである。ここから、さらにすべての個物に関する革命的な思考が帰結する——それは、いかなる個物であれ、特定の身体＝物体《コルプス》（corpus）を有する以上、そこにはそれに対応した精神が必然的に存在するという言わば並行論的遠近法である。逆も同様に成立する。つまり、精神が存在するならば、必ずそれに対応する身体がそれとともに並行論的に存在する。(3)さらにこの並行論は、いわゆる〈ウルトラ・アニミズム〉とでも呼ばれるような理説を超えて、例えば、アリストテレス的な〈存在の位階序列《ヒエラルキー》〉を完全に解体することができる。身体（＝物体）の存在するところには必然的に精神があり、また精神の

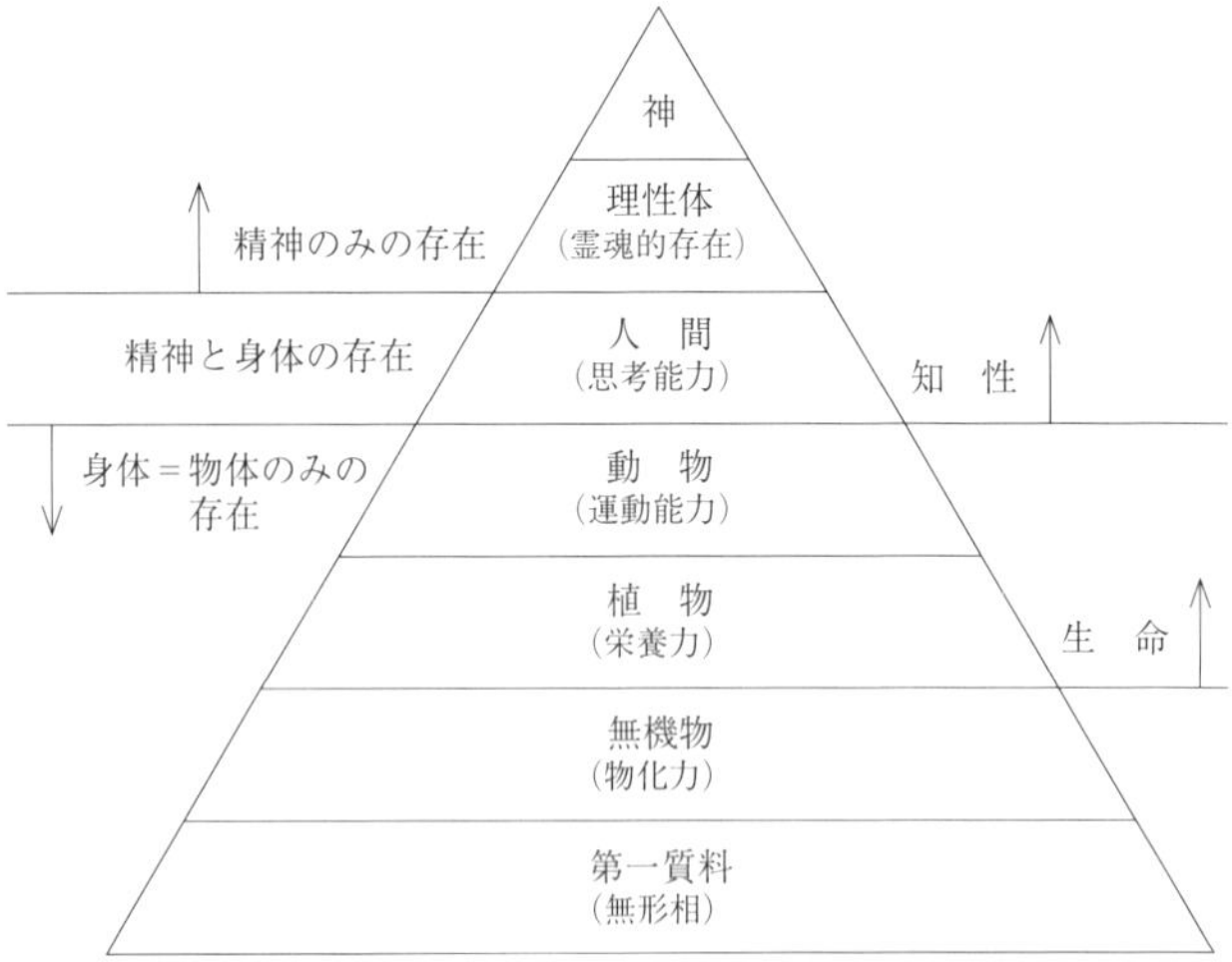

［図 14-1］アリストテレス的な〈存在の位階序列〉について

あるところには必ず身体が存在する。これは、存在するすべての個物に妥当することである。自然のうちに存在するすべての個物は、精神と身体から、あるいは観念と物体から必然的に構成されているのである。

　そこで、スピノザの心身並行論は、いかにしてわれわれの精神を支配し続けている〈存在の位階序列〉の思想を破壊しうるのかを考えてみよう。まずは、われわれのうちで常識となった、アリストテレス的なこの思想上の構造を考えてみよう（［図14-1］）。これが一般的な存在の階層構造であることは、理解しやすいであろう。ここで言う〈一般的な〉とは、ほとんどの人々が意識せずにこうした存在の位階序列のもとで個々の存在者についての価値評価を規定的に判断しているという意味である。こうした位階序列の構造は、実はまったくの不合理で恣意的な、つまり非-並行論的な精神中心主義の暴走のもとでの発想や思想から成り立っている。ここでは、この思考を二つの観点から批判することにしよう。(1)一つは、この存在の位階序列は、否定を介して形成される以外にない、まさにニヒリズムの精神による巨大な建築物である。最後まで肯定されるのは最高位の神だけであり、それ以外のものは、多少の違いはあれ、最後には否定される運命にある。というのも、神以外の存在者は、この神から遠ざかるにつれてより多く否定され、より多く無能力から規定されることになるからである。(2)しかし、ここでとりわけ取り上げたいのは、次の第二の論点である。すなわち、位階序列の上位に行けば行くほど、精神性が強くなるという点である。ということは、逆に下位に行けば行くほど、今度は身体的で物体的な側面しか残らないということがわかるであろう。最下層の第一質料などは、物体とさえも言えない単なる素材のようである。これに対して階層を上れば上るほど、今度は精神性がそれだけ高まり、それゆえそれと同時に身体性は希薄になる。つまり、これは、存在の価値が上昇する方向である。したがって、階層を下れば下るほど、精神性は次第に欠如して、最後は物質性だけの存在になっていく。これは、存在の価値が低下する方向である。古代ギリシア以来、こうした類いの位階序列は、つねに精神が身体あるいは物体に対して優越するものとして価値評価され考えられてきた結果以外の何ものでもない。しかし、こうしたニヒリズムの価値意識に裏打ちされた存在の価値序列は、きわめて恣意的で不合理な構造体である言わなければならない。何故なら、これは、差異あるいは多様性を否定する作用を有しており、それゆえ否定性の増大としてしか多様性の存在とその意義を理解できないからである。しかしながら、むしろこうした優越性や否定性や多義性のもとで人間精神は、その存在を理解し、また価値評価することしかできないような魂の動物性である。

例えば、精神と身体の双方からなる個物は、ここでは人間の階層だけに限られている。しかし、それもかなり怪しいものである。人類の歴史を見ればわかるように、或る人間集団は、別の人間集団に精神をまったく認めない法や制度や習慣を形成することで、特定の人間集団を身体の側面からしか認めようとしなかった。現代においてはこうしたことは皆無である、などと言うことはできないであろう。あるいは、動物の階層についてはどうであろうか。ある特定の動物に精神性を認めるかどうかは、例えば、ペット好きの人間を思い起こすだけでも、各個の人間によって見解がまったく異なるであろう。昆虫や植物に関しても同様である。しかし、スピノザの並行論の思考と価値評価は、きわめて合理的で徹底している。それは、身体が存在すれば、それに対応した精神が必然的に存在する。したがって、すべての個物は、自然物であれ人工物であれ、程度の差こそあれ、精神を有している。この逆も成立する。すなわち、精神があれば、それに対応した身体が必然的に存在する。(6)

並行論の革命的思考

スピノザの並行論の思考をこうした位階序列の思想に適用することによって、われわれは、ここから〈存在の意味〉の変形と〈差異の価値〉の転換を知るであろう。そこで、すでに提示した存在の位階序列の［図14-1］をまず［図14-2］のように書き直してみよう。第一に、この位階序列の系列の最上項と最下項の両端——神と第一質料

――は、並行論が完全に破綻した限りで考えられたものである。つまり、このように考えると、神も第一質料も、実は恐るべき偏った価値論的思考が前提となって成立した概念であることがわかるだろう。われわれは、これをまさに道徳的思考と呼ぶべきである。神は、言わば身体をもたない無限に完全な精神体としてほぼ考えられている。これに対して第一質料は、今度は観念をもたないだけでなく、まったくの無形式な物体あるいは無形相の素材としてのみ存在するものと考えられている。この両端に近接した諸項を含めても、同様の理解が得られることがわかる。つまり、一方では神と理性体という完全な精神性のみの存在が優越した価値をもち、他方では第一質料と無機物というまったくの物質性が最低の価値のもとで存在すると、このように人々は暗黙のうちに理解しているのだ。そして、この系列のほぼ真ん中に位置する〈人間‐動物‐植物〉の三領域においては、各々の身体に対して精神がさまざまな度合で配分されうる可能性がある。要するに、否定性の位階序列のこの中間領域では、精神を有するものとそうでないものとの間の境界線をどこに引くのかは、今度はきわめて恣意的にしか決定されえない。その配分は、具体的には、歴史的・社会的にあるいは伝説や風習によって強い意味で規定されたものであったり、あるいは個人の主観的な見解や傾向や趣味に従って弱い意味で規定されたものであったりする。要するに、この配分は、一般性のもとであれ個別性のもとであれ、まったく恣意的なのである。そこには、精神と身体に関する普遍的理解などまったくないと言わざるをえない。例えば、或る動物にどの程度の精神性を認めるのか、あるいは認めないのかは、われわれにとってほとんど偶然であり、かつ独断的な問題である。植物は、どうであろうか。樹齢何千年の木に、われわれは或る種の霊性を感じることもあるだろう。しかし、他方でわれわれは、同じ木で作られた机にそうした精神性を感じるであろうか。個人であれ集団であれ、自分たちに都合のいいように解釈されるこの問題は、さらに人間の存在領域それ自体のなかに持ち込まれることで、雑多な、しかしほぼ否定的な諸事象――あらゆる差別（差異の否定）の諸形態――を生み出すことになる。それは、先に述べたような、独断的な境界線の設定として、典型的に差別に関する強い意識として現働化するであろう。

精神性 ←――――― 〈並行論が成立可能な三領域〉 ―――――→ 物質性

神 ――― 理性体 ―――〈人間―動物―植物〉――― 無機物 ――― 第一質料

［図14-2］並行論から見た位階序列の偏狭性

さて、こうした否定的な位階序列に抗して、先の［図14‐2］をあえて並行論的に書き直すとすれば、およそ［表

［表 14-2］存在の位階序列の並行論化

	神	理性体	人間	動物	植物	無機物	第一質料
精神	思考する力能	叡智	観念	衝動	印象	刻印	非形式的な機能
自然	存在する力能	微粒子	身体	身体	身体	物体	形式化されない質料

14－2］のようになるだろう。ここでもっとも重要なことは、精神に対しては必然的にその身体あるいは自然――形相的有――を、また身体あるいは自然に対してはつねにその精神――想念的有――を必然的に見出さなければならないという点にある。反‐位階序列性の並行論は、つねにこのように思考するであろう。そこでは、神であれ第一質料であれ、いかなる階層化された物であれ、すべては精神と自然の並行論のもとで認識されるのである。ここからわかるように、並行論は、例えば、神の身体を考えるからと言って、けっして擬人化のもとで人間身体と類似したものとして表象しない。神の身体は、その思考する力能に対応する絶対的な存在する力能としてのみ把握される（［図13－2］、参照）。このように考えると、スピノザにおいては、唯一の無限実体よりも、むしろ神の絶対的な二つの力能の方がより根源的であることがわかる。並行論は、形而上学を排除するという意味で徹底して内在的な自然学的思考を問題として投射しうるのである。また同様に並行論は、まさに〈批判の条件〉と〈創造の条件〉が一つになった思考の仕方であろう。というのも、ここでは、神と第一質料は、実はまったく同じものの異なった表現として理解されうるからである。つまり、神の二つの絶対的力能と第一質料の二つの非‐形式的側面とは、まったく同じものを異なった仕方で存在論化しただけのものである。並行論における精神と身体との間の差異と対等性は、その都度のいかなる歴史的・社会的な評価にかかわらず、その特異性と普遍性のもとで存立するのだ。これは、ピエール＝フランソワ・モローがスピノザの立場を「絶対的合理主義」と呼んでいることにもつながる。つまり、「それが意味するのは、理性が一気に偏在しているということではなく、実在の全体が理解可能であるということである。われわれにとって、自然（そこには人間の自然本性も含まれる）を理解するためには、理性よりも頼りになるものはないのである」(7)。ここで言われる「理性」とは、言わば自然のすべてを並行論のもとで理解する思考の仕方――〈一義性〉の観念に基づく知性――のことである。並行論は、差異を肯定する論理と倫理との総合論である。

非十全性の実在論——精神と身体の受動について

自己の人間身体の変様についての観念を有することなしに、自己の身体や自己の精神を知ることはありえず、また自己自身を認識することもありえない。というのも、人間精神を構成する諸観念は、第一に自己の身体の変様の観念だからである。人間精神を構成するこの非十全な諸観念がこのように外部の物体による身体の変様あるいは触発の観念である限り、人間精神を構成する観念は、まさに人間身体を触発する諸物体の〈力 - 実在性〉の流れの表現そのものと一つである。ここにこそ、観念が言葉や言語とはまったく異なる点がある。しかし、観念がこの限りで本性上もつダイアグラム的機能が、すなわち観念の形相的有が、言葉の表象的形式を裏打ちしたりあるいはズラしたり、告発したりあるいは解体したり、再構成したりあるいは反転させたりすることがある。人間身体の受動的変様をモデルとした非十全性の実在論的位相は、こうした観念における知覚を、すなわち言葉の表象形式に抗して、問題提起的な多様な様態についての意識を穿つことになるだろう(8)。

人間精神は、身体が受ける変様の観念によってのみ人間身体を認識し、またそれの存在を知る(定理一九)。われわれは、自己の人間身体そのものの認識をもたない。われわれは、ただ自己の人間身体の変様についての観念を有するだけである。そして、こうした観念も、またこの観念についての観念あるいは知覚も、十全な認識を形成しない——「人間身体の各々の変様の観念の観念は、人間精神の十全な観念を含んでいない」(定理二九)。しかしながら、スピノザにおいては、この事態は、けっして人間のうちで単に乗り超えられ克服されるべきものでも、また道徳的で否定的な事態として規定されるような事柄でもない。われわれは、受動性と能動性、あるいは非十全性と十全性との間にこうした否定的な関係をもち込むことなどできないし、またそれらの間には無媒介的区別によってその理解が尽くされるような事柄以上のものが存在することを知覚する必要もある。というのも、非十全性の実在論的位相は、人間の過誤や欠如われは、まさに身体の変様とその感情とともに肯定されているのである。

によって成立した否定されるべきものではなく、物の自然に内在するわれわれの〈生成‐変様〉の位相としてまさに肯定されるべきものだからである。スピノザは、自己の人間身体とその外部の物体と自己自身とに関する認識を次のように述べている。

> 精神は、身体の変様の観念を知覚する限りにおいてのみ自己自身を認識し、また精神は身体の変様の観念そのものによってのみ自己の身体を知覚し、さらに同じくこの変様の観念そのものによってのみ外部の物体を知覚する（定理二九、系、証明）。

われわれは、身体の変様とその観念を起点とする限りで、自己の身体も外部の物体も、また自己自身も知覚可能になるのだ。精神は、(1)身体の変様の観念によって自己の身体と、その変様の原因となる外部の物体を知覚する。また精神は、(2)「身体の変様の観念を知覚する限りにおいてのみ」（観念の知覚）、すなわちこうした身体の変様の観念が別の観念の対象となること（観念の観念）によってのみ自己自身を認識するのである。これらは、すべて非十全な知覚あるいは認識である。いずれにしても、人間精神は、無限に多くの観念からなる一つの多様体である。それは、こうした観念を統合するいかなる作用も必要ないという意味において一つの完全な多様体である。つまり、人間精神は、それらの観念を改めて統一化するような或るもの――例えば、私（コギト）、統覚、超越論的主観性、等々――などまったく必要としない。心身並行論は、近・現代のさまざまな主体性についての考え方をまったく必要としない。スピノザの人間精神についての考え方は、近世以降の主体性の形而上学といかなる関係ももちえない。しかし、スピノザは、身体を絶賛しているのでもなく、また身体を精神に対して優越的に考えているのでもない。身体は、むしろその精神の発生的要素、つまり精神の対象の価値なのである。受動的な非十全性の実在論から明らかになったのは、第一にこうした論点である。

精神は、身体の変様の観念を知覚することで自己自身についての意識に穿たれる。すなわち、精神は、これによって自己自身を認識するのである――「精神は、身体の変様の観念を知覚する限りにおいてのみ、自己自身を認識する」（定理二三）。この反省的認識は、身体の変様を含む限りで、つまり自己の身体を中心とした外部の物体の〈力‐

実在性〉の流れを含む限りで、まさに自己の欲望あるいは衝動を意識することと一つである（第三部、定理九）。これこそが非十全な実在性の、しかし自然に内在する人間身体の受動的な多様体の有り様である。では、この実在性の位相は、神（能産的自然）から分離された領域であるのか。もしそのように考えるならば、神は直ちに超越化してしまうのではないか、あるいは神についての存在の多義性の思考が再び作動し始めてしまうのではないか。われわれは、スピノザの次のような言説をどのように理解すべきであろうか。ここでは、まさに非十全な実在性の位相についての理解が問われているのである。

ところで、（この部の定理一九により）人間精神は人間身体そのものを認識しない以上、言い換えると、（この部の定理一一の系により）人間身体の認識は、神が人間精神の本性を構成する限りにおいては神に帰せられない以上、それゆえ精神の認識もまた、神が人間精神の本質を構成する限りにおいては神に帰せられない。それゆえ（同じくこの部の定理一一の系により）人間精神は、その限りにおいて自己自身を認識しない［強調、引用者］（定理二三、証明）。

人間精神は、たしかに人間身体そのものを認識しない。しかし、これもまた、無媒介的区別のもとで成立する言説である。ということは、そこには〈度合の生成〉が必然的に存立することになる。ここで言われている「認識しない」は、非十全に「認識する」との間の無媒介的区別のもとで存立する知覚の〈度合の生成〉を示していると理解しなければならない。

神は、無限に多くの様態に変様する。したがって、人間精神そのものであるような観念と人間身体そのものである様態は、ともに神の様態的変様の結果である。神は、作用原因となって様態を産出するが、それらの観念を単に結果として所有するだけではない。何故なら、個々の観念は、すべてその原因を表現するものだからである。ということは、われわれの人間精神は、自然のうちでそうした人間身体そのものの観念を直接に有してはいない。こうした事柄は、次のように言われる。神は、無限に多くの個物の観念に変様する限りにおいて或る人間身体を認識する。つまり、神は、人間精神の本性を構成する限りにおいてではなく、無限に多くの個物の観念に変様する限りにおいて、人間身体の観念を有するのだ。言い換えると、この場合に人間精神は、自己の人間身体を認識しないのである。ここでのわれわれの認識は、いわゆる前提を欠いた帰結のなかでの、あるいは原因のない結論における認識である。つまり、こうした認識は、そもそもその対象の認識ではないということである。もし人間精神の対象が身体でないとしたら、人間身体の変様の観念は、われわれの精神のうちには存しない。このことを神に関して言えば、身体の変様の観念は、人間精神の本質を構成する限りにおいての神のうちにないであろう。もし神がそれを有するとすれば、他の個物の精神を構成する限りでその観念を有するであろう。

ところが、われわれの精神の受動的で非十全な観念は、人間身体の変様の認識である。言い換えると、これは、神が人間精神の本質を構成するだけでは成立しない。そうではなく、身体の変様の観念は、さらに神が無限に多くの他の個物の観念に変様する限りにおいて存立するのである。人間身体の変様の観念は、神が単に人間精神の本性を構成するだけでは神のうちにはなく、同様にそうした精神の観念〔観念の観念〕も神のうちにはない。何故なら、人間身体の変様の観念は、神が多くの他の個物の観念に変様する限りにおいて神のうちにあるからである。言い換えると、われわれは、自己の人間身体を十全に認識することができない。というよりも、身体の触発はその身体の本性をそれ自体として含んでいるが、その観念は必然的に非十全な認識であり、十全な認識の形相的有でも想念的有でもない（〔β〕部分）。要するに、〔β〕部分の変様において〔α〕部分の排除を肯定するや否や、〔α〕部分はただちにこの〔β〕部分の変様の外部――無媒介的に区別される外――に置かれて、人間精神は人間身体を認識しなくなる。

しかしながら、こうした非十全性は、けっして十全な認識から隔離されているわけでもなければ、また十全な認識を超越として定立させるような否定的な特性でもない。二つの認識は、たしかに無媒介的区別のもとに成立するが、しかし〈度合の生成〉という逆比例的な相関関係のうちに内在する。非十全な観念は、たしかに人間身体の変様についての混乱した観念であるが、しかし一つの身体における諸々の〈力－実在性〉の流れを含んだ変様についての理解の仕方であることに間違いない[9]。こうした観念の非十全性は、例えば、自由意志を想定した思い込み、あるいは言語や表象像においてその活動が可能となる自由意志の虚偽性とはまったく異なるものである。非十全性の問題においてもっとも重要なのは、すべては人間精神の問題だということである。何故なら、人間身体は、人間精神に関して前提を欠いていようがいまいが、つねにその触発のもとに存在するからである。批判されるべきは、人間精神であって、人間身体ではけっしてない。ということは、非十全性の実在論的位相は、この限りでむしろ人間身体の変様の肯定的な展開のうちにあると言わなければならない。十全な観念を単に神から考えるのではなく、それを人間身体の実在的な触発から形成することが、スピノザのまさに経験論あるいは実践哲学であり、さらに言うと戦略哲学であるように思われる。

第一五講義　人間の自由について
――ただ自由意志からの解放にのみ存すること

非十全性の実在論的位相は、自己の人間身体の存在によってあるいはその触発のもとではじめて明らかになるような、外部の諸物の〈力 - 実在性〉の流れの問題であった。人間精神におけるこうした非十全な認識の部分性は、その意味できわめて肯定的で強度的である。非十全性は、実は十全性にもっとも近い観念の特性でもある。[1] 単に諸物を表象化する一般的概念とはまったく異なる仕方で諸物の共通性を把握する概念、それが「共通概念」と言われるものである。

十全性の実在論――共通概念とは何か

すべての物に共通であり（これについては、先の補助定理二を見よ）、そして等しく部分のなかにも全体のなかにもあるものは、けっして個物の本質を構成しない[2]（定理三七）。

すべての物のうちに共通に、つまり一貫して存在するものは、それぞれの個物の本質をけっして構成しない。というのも、個物の本質は、その個物に固有の特異な或るものだからである。言い換えると、共通概念とは、すべての個物の存在において共通のものの概念だということになる。すべての物は、存在上いくつかの点において一致するであろう。要するに、すべての物体は、同じ属性の概念を、すなわち延長属性の概念を含むという点において完全に一致している。より正確に言うと、すべての物体は、様態としてまさに〈運動と静止〉（あるいは〈速さと遅さ〉）――形相上の延長性――を有するという点で完全に一致する。これを言い換えると、こうした共通のものは、けっしてその個物の特異な本質を構成しないということになる。多数の物の本質を一般性として理解し、またその個々の物の存在を個別化する思考に反して、スピノザは、物の本質を特異性として把握し、また物の存在を実質的な共通性のもとで認識しようとする。いずれにしても、われわれは、こうした意味での共通概念をほぼ与えられた経験がない以上、自らの身体とともに経験的あるいは実践的に形成していかなければならないであろう。

さて、すべての物に共通のものは、十全にしか考えられない（定理三八）。つまり、共通概念は、その対象の存在についての十全な観念である。すべての物に共通のものを〈A〉としよう。この〈A〉についての観念は、十全な観念である。スピノザの共通概念の証明は、きわめて抽象的であり、かつ具象的である。この〈A〉の観念は、⑴「神が人間身体の観念を有する限りにおいても」、つまり(1')神が人間精神を構成する限りにおいても、あるいは⑵「神が人間身体の本性や外部の物体の本性を部分的に含むような人間身体の変様の観念を有する限りにおいても」、つまり(2')神が人間精神のなかにある観念を有する限りにおいても、必然的に神のうちで十全である。すなわち、〈A〉の観念は、⑴の人間精神（身体の観念）を構成する神においても、あるいは⑵の精神において知覚されるもの（身体のうちで生起するものの観念）を有する神においても十全である。人間精神は、したがって非十全な観念のうちに未展開のままに含まれていた原因の観念、つまり諸物が有する〈A〉という特質の観念を共通概念として必然的に知覚するのである。この〈A〉の観念は、人間精神が自己自身を知覚する限りにおいても、自己の身体あるいは外部の物体を知覚する限りにおいても、必然的に十全である。身体の変様の観念は、その変様が諸物に共通で特有な或るものについての概念である限り、人間精神においても十全である――まさに「Aは、その他の仕方で考えられることができない」（定理三八、証明）。これは、まさに人間精神が思考属性の無限知性の一部となって内在する一つの様式である。

ここでの重要な論点は、共通概念が人間身体の変様の観念なしには考えられないということにある。したがって、すべての物に共通の或るものの観念、つまり共通概念は、同様に身体の変様のもとでのすべての人間精神においても共通の観念あるいは概念である（定理三八、系）。言い換えると、これは、非十全な特異性の観念から十全な共通概念という普遍性の観念への移行である。たとえそれぞれの人間身体の触発が感覚上、つまり存在上異なっているとしても、そこに共通の特質〈A〉が含まれていないということはない。人間精神は、その或る部分においてすべての人間精神と一致した知覚を有するのである。共通概念は、人間の存在上の変様について言われる限りではたしかに一般性の認識であるが、しかし人間身体の変様を離れては表現も説明も為されえない以上、やはり特異性の概念ではないのか。スピノザの共通概念は、このように〈特異で‐一般的な〉概念である。したがって、例えば、一般性のもっとも高い共通概念とは〈より多く一般的で‐より少なく特異な〉概念の形成であり、また一般性のもっとも低い共通概念とは〈より少なく一般的で‐より多く特異な〉概念の発生となるであろう(3)。この前者から後者への移行を示すのが、次の定理である。

> 人間身体と人間身体が刺激されるのをつねとする外部のいくつかの物体に共通でかつ特有であるもの、そして等しくこれらの各物体の部分のなかにも全体のなかにも在るもの、そうしたものの観念もまた精神において十全であるだろう〔強調、引用者〕（定理三九）。

人間身体は有限であり、その身体を刺激する外部の物体もいくつかの物に限定される。すべての物体に共通の或るものの観念は、十全な観念である。同様にたとえ二、三の物体であっても、自己の身体も含めて、それらの間の合成の相似性の観念は、十全な認識である。というのも、その概念は、自己の身体の変様のもとで把握された、単に相互に外在する諸物体の受動的な状態を示しているような視点ではなく、内部から決定された仕方でその合成を知覚し認識する有益な遠近法そのものだからである（定理二九、備考）。人間身体の変様の観念には、単にそこに含まれただけの諸物体の間の〈力‐実在性〉の流れをまさに一つの形相的な表現として、つまり共通概念として説明しうる思考の力能がある。

一般概念について――肥大化する心身の回路

すべての概念は、人間身体の変様の状態とともに形成されるものである。その際に身体は、概念の形成の原因ではなく、言わばその発生的要素である。というのも、延長属性と思考属性との間には、あるいは属性を異にする諸様態

──この場合は、人間身体と人間精神──の間には実在的区別があり、それゆえこの両者の間に因果関係は成立しないからである。概念は、一般概念と共通概念という二つのタイプに分けられるであろう。前者は非十全な観念、つまり非十全な同一性の概念であり、後者は十全な観念、つまり十全な差異の概念であると言える。さらにこの非十全な観念として、「超越概念」と「一般概念」を考えることができる。この場合の非十全性は、たしかに混乱した観念の特性であるが、とりわけ差異の否定的な捨象に基づく同一化の傾向を強く意味するであろう。スピノザは、まずはこれらの概念がどのように形成されるかを人間身体の変様の側面から説明している。

(1)「存在」(ens)、「もの」(res)、「或るもの」(aliquid) といった「超越的名辞」について (これは、いわゆる「超越概念」あるいは「超範疇」と一般的に称されるものであるが、スピノザにとってはまさに悪しき概念である)。

これらの名辞は、人間身体は限定されたものであるから、自らのうちに一定数の表象像しか同時に判明に形成することができないということから生じる。もしこの数が超過すれば表象像は、混乱し始めるであろう。そして、もし身体が自らのうちに同時に明確に形成しうる表象像のこの数が非常に超過すれば、すべての表象像は、相互にまったく混乱するであろう (定理四〇、備考一)。

人間身体は、一つの有限様態であり、それゆえ身体の触発によって形成される表象像も有限数に限定される。したがって、もし判明な表象像を形成しうる触発以上の触発を人間身体が受けるとすれば、われわれの精神は途端に混乱して、まさに無差異にそれらを表象することになるであろう。言い換えると、物の同一性の概念は、実はこうした無差異の反動的作用から形成されたものである。ということは、これに対応して次のような事態が人間精神のうちに潜在的に生起することになる。

表象像が身体のなかでまったく混乱するような場合には、精神もまたすべての物体を混乱して〈いかなる区別もなしに〉(sine ullâ distinctione) 表象するであろう。そして、それを言わば一つの属性に、すなわち「存在」や「もの」などの属性のもとに包括してしまうであろう (定理四〇、備考一)。

相互にいかなる区別も差異もなしに表象されることによって、それらの物の表象像は、言わば〈つねに等しく活発ではない〉(non simper æque vigeant) ものとなる。それらは、いかなる区別もなしに、つまり相互に無差異に、あるいは一括して表象され、それと同時にまさにそのような理解の仕方としての〈超越概念〉が形成されるのである。超越概念は、われわれの日常のなかの至るところで適用されている。或る部屋に存在する無数の事物は、無差異に一括して「もの」として把握されうるであろう。われわれは、地球も山も猫も携帯電話もフライパンも、すべてを「存在」概念のもとで無差異に一括して表象することができるであろう。これを可能にする思考の様式が、まさに超越概念である。しかしながら、「超越的名辞は、きわめて混乱した観念を表示する」。多くの物の間にほとんど何の一致点も見出すことができないにもかかわらず、それらは、一括して〈存在する〉あるいは〈ものである〉といった仕方で創作された概念、言わばニヒリズムを支持する思考の様式以外の何ものでもない。ここでのスピノザの独自性は、第一に、どんな観念や概念であれ、すべては形成されたものと考え、第二に身体の変様をその形成の発生的要素として規定するという点にある。

(2)「人間」、「馬」、「犬」といった一般概念について。これらは、実は超越概念と同様の混乱した観念として形成される悪しき概念である。

すなわち、それは、人間身体のなかで同時に形成される表象像、例えば、「人間」の表象像の数が表象力を徹底的には超過しないが、或る程度には超過する場合、つまり精神がその個々の人間の〈些細な差異〉(differentiae parvae)(例えば、人間の色、大きさ、等)やそれらの人間の定数をもはや表象することができず、ただそれらの人間全体の一致点——身体がそれらの人間から刺激される限りにおいて生じる一致点——のみを判明に表象しうる。何故なら、その点において身体は、もっとも多くそれら個々の人間から刺激されたからである(定理四〇、備考一)。

経験のなかで獲得されると思われているア・ポステリオリなこうした一般概念も、人間身体の触発を或る程度超過したなかで形成される物の理解の一様式——無差異な同一化——にほかならない。これについては、例えば、その物が何であれ、われわれの〈数える行為〉を考えると、そこで端的に機能していることがわかるであろう。そのときわれわれは、ほぼ〈些細な差異〉を無視して、しかしそれらの一致点、おそらくは典型的な形態のみを意識して数えるのである。

精神は、この一致点を人間なる名前で表現し、これらを無数に多くの個人に賦与するのである（定理四〇、備考一）。

スピノザは、ここでまさに〈概念の一般性〉とそれに対応する〈対象の個別性〉について述べている（一般概念の適用の秩序）。超越概念と同様にこうした一般概念も、やはり人間身体の有限な触発を超えた数の触発に対して形成される一種の混乱した観念である。つまり、超越概念も一般概念も、それらは差異について不活発であるという意味で悪しき抽象概念にほかならない。こうした諸概念が形成されるのは、まさに人間身体が単なる受容器としか考えられていない場合である。ここでの身体は、それぞれの変様に対して無差異であり、したがって区別なしに不活発なものによって触発されるだけの受容的身体でしかない。言い換えると、こうした抽象概念の発生的要素は、まさに〈死せる身体〉である。われわれは、身体の触発という非十全な実在性に代わって、あるいは変様する身体がもつ受動的総合に代わって人間身体を単なる受容体にすることで、自分たちの人間精神をこのように単に名前化された諸概念ですべて充たすことになる。

これは、例えば、後にベルクソンが『時間と自由』のなかで批判的に述べていた事柄とほぼ同じである。人間精神においては、区別なしに、不活発に、無差異に複数の物を表象することは、きわめて一般的な一つの能力となる。それは、すでに形成された数を反復する場面でまさに現実化する。(4) 例えば、一人の羊飼いが羊の数を数える場合、彼は、対象（羊）から個別に与えられる刺激に対して無差異に振舞うことで、つまり対象の個体的差異を区別なしに表象することで、むしろそれらを数えることが可能となるのである。言い換えると、この場合の羊飼いの数える行為とは、彼がもつ或る典型的な一つの〈羊‐表象像〉をその場所に現実に存在する複数の羊のうえで空間上反復することである。われわれがもつ数える行為は、一般的にこのような仕方で存立するであろう。

すべての概念は、身体の変様の表象像から形成されたものである以上、各個の人間において異なっていると言わなければならない。一般的には、概念はすべての人間に共通であるが、その概念の表象像は各人で異なると理解されている。つまり、「猫」という概念は人々に共通であるが、それによって何を実際にイメージするかは人によって様々であろう。言い換えると、カント的な概念の図式化の際の図像は、この場合、各人の経験における触発によって異なるということである。しかし、スピノザは、身体の触発を発生的要素とした概念の形成の秩序を問題にしているのだ。いかなる概念であれ、そのすべてが人間身体の存在上の触発に基づく表象像の差異によって形成されたものである――「これらの概念は、すべての人たちによって同じ仕方で形成されたのではなく、身体がしばしば触発されたもの、したがってまた精神がより容易に表象し想起するものに応じて、各人の間で異なっているということである」(定理四〇、備考一)。

意志から自由を分離すること

神の本性に無限知性や絶対意志を帰する考えは、完全に擬人化のうちにある。スピノザにおいては、第一に知性や意志は観念とその作用であり、したがって様態であり、また産出されたものである。第二に観念は、意志作用としての肯定・否定の働きを本性上含んでいる。したがって、知性から独立自存し、かつその上位に定立されるような意志作用は、単なる虚構物であって、それを神や人間の本性に帰することはできない。さて、『エチカ』の第二部の定理四八と定理四九は、明確に人間の自由意志を否定するテクストの一つである。すでに第一部では、「神の本性には知性も意志も属さない」ことが十分に論究された(とりわけ第一部、定理一七、備考)。神は、知性や意志によってではなく、本性の、つまり諸力能の必然性によって活動し思考する。例えば、ドゥルーズは、次のように明言している。「『エチカ』の全努力は、自由と意志との伝統的な結びつきを断ち切ることにあった」(5)――すなわち、意志作用をすべて知性あるいは観念に還元すること、自由を意志から分離し、その可能性の様相を消尽させること。たしかにその通りである。というのも、人々は、人間にとっての自由とは自由意志以外の何ものも意味しない、と考えているからである。スピノザだけでなく、やはり反‐道徳主義者のニーチェも、同様に人間の自由意志を否定しつつ、次のように述べていた。

> 自由意志の誤謬。――われわれは、今日ではもはや「自由意志」という概念にはいかなる同情ももたない。（…）それは、あらゆるうちでもっともいかがわしい神学者どもの曲芸であり、人類を彼らの意味で「責任あるもの」にさせるための、言い換えれば、人類を彼らに依存させるためのものである。（…）かくかくであるという何らかの現状が、意志へと、意図へと、責任性の所業へと還元されるなら、生成の無垢が剝ぎとられてしまったことになる。（…）人間は、裁かれ罰せられうるために――責めあるものとなりうるために、「自由」であると考えられた。したがって、あらゆる行為は意欲されたものと、あらゆる行為の起源は意識のうちにあると考えられざるをえなかったのである。(6)

自由意志は、ニーチェによれば、まさに生成の無垢を台無しにする神学者たちの発明品である。人々は、ニヒリズムに内装化された精神のなかで次のように考える――人間の行為のすべては意識と意志を起動力にしている、と。何故なら、彼らは、人間の存在を罰せられるべきものとして規定するには、何よりも人間の本質に自由意志が帰属していることが必要だと理解していたからである。こうした自由意志については、さらに次のように考えることができる。すなわち、自由意志は、明らかに〈可能性〉という様相を前提にしている。自由意志は、〈可能性〉様相なしには考えられないのだ。自由意志を重視するのは、実は自分自身を或る事柄を開始する第一原因として単に実感するための意義しか有していない。それは、責任ある第一原因である。またこの実感は、物の自然における必然的な因果関係に介入しうる絶対的自由の作用を自分自身が有しているという感覚である。それは、物の自然において現に存在する因果性の系列とはまったく異なる別の系列を自分から開始できるという愚鈍な精神がもつ錯覚である。何故なら、意志作用を知性から独立した能力であると肯定したいのは、超越への欲望以外の何ものでもないからである。言い換えると、自由意志の肯定は、完全にニヒリズムのうちに存在する人間が生み出した超越への意志の現われ以外の何ものでもない。「人間は、自由意志をもつ」。これこそが、人間を他の動物からもっともよく区別する定義だと考えることである。人間は、つねに自分たち自身の本性をつねに二階建て――知性と意志、自然法則と道徳法則、必然と自由、自然学と形而上学、等々――の特権的な存在として理解したいのである。ところが、この二階建てとしての人間像あるいは自己理解は、あまりに醜い存在者の姿をしていないだろうか――最初から二階を大前提とした一階の形成と予定通りの二階の設置（西洋哲学の基本的立場）、あるいはこうした二階をけっして破壊も価値転換もしないような一階の絶えざるリフォーム（分析哲学、科学哲学、等々）、あるいは一階をつねに大前提とした二階の精緻な改装（形而上学、道徳哲学、政治哲学、等々）。これらはすべて、ニヒリズムにおける人間の本性の分泌物であり、道徳性によって導かれた構造物である。ニーチェは、さらに自由意志を人間精神の最大の病原菌であると言う。

責任が追及されたいたるところで、それを追及していたものは、復讐の本能であった。この復讐の本能は、幾千年のうちに、一切の形而上学、心理学、歴史観、何よりもまず道徳が、この本能によって特徴づけられる程度にまで、人類を支配してしまった。人間の思考が及ぶ限り、人間は、復讐という病原菌を事物のなかに引き入れた。人間は神そのものをも、こうした病気に罹らせたのだ。現存在一般からその無垢を失わせてしまった。つまり、それは、人間があらゆるただかくかくの如くあるだけの現実を、意志に、意図に、責任性の作用へと還元したことによるのである。意志に関する一切の教説、これまでの心理学におけるもっとも呪うべき贋造は、本質的には復讐を目的として案出されたものである。(7)

意志に関する教説は、すべて復讐の精神に存する。さらに言うと、現実や現象、あるいは出来事や言語や心理学は、このようにして復讐や憎悪の病原菌を保存するような諸形態となったのである。これに対して反道徳主義的倫理学、つまり〈エチカ〉は、こうした一階も二階もニヒリズムの知性と意志の建築物として解体し、またその基盤としての大地と大気を奪い去るであろう。こうした倫理学は、まったくの自然学であり、したがって完全な一階建ての、あるいは大地と大気からなる内在的平面と同じ水準に存立するような言わば場の理論である。この場は、自然学あるいは倫理学と称されるべきトポスあるいはノモスからなる。ニーチェの「力能の意志」は、言わば意志の内在的使用である。これは、スピノザにおいて意志作用そのものを観念の働きと考えることと同じである。これに対して、人間の自由意志への信仰は、その超越的使用を実体化したものにすぎない。しかし、物の自然のうちに何事かを開始する絶対的な始点としての自由意志の作用など絶対に存在しない。つまり、知性から独立自存したような、精神のいかなる自律的作用も、当の精神のうちにも、また自然のなかにもけっして存在しないであろう。

精神のなかには絶対的な意志、すなわち自由意志は存しない。むしろ精神は、このこと、あのことを意志するように原因によって決定され、この原因も同様に他の原因によって決定され、さらにその原因もまた他の原因によって決定され、このようにして無限に進む（定理四八）。

この定理は、言わば人間のうちに第一原因となるような意志作用などけっして存在しないことを表わしている。つまり、この定理が示しているのは、意志は観念の作用の一つであり、それゆえ様態の産出の秩序に従うということである。精神における欲望あるいは意志は、第一部の定理二八における有限様態の産出の秩序に従って、それ以前の別の観念を原因とした結果にほかならないのだ。要するに、意志は、物事の最初の原因になるような絶対的な作用などではないということである。この「絶対的」とは、すでに述べたような、自由意志によって或る事柄がまったく新たに開始されるという第一原因としての意味である。人間が神の本性のうちに持ち込んだこの絶対的な意志作用が、再び人間のうちに描き直されたのである（互いを複写し合う姿）。人々は、何かを絶対的に開始する作用因をまさに自由意志の働きとして考え続けてきたのである。しかし、これは、意志をすべての人間精神に共通の本質として、つまり一般性のもとで把握した限りでの能力のことである。スピノザは、知性――諸観念の集合的作動配列――のうちに肯定・否定の作用を認めると同時に、そこに個々の意志作用しか、すなわち何かについての肯定や否定の働きしか認めない。すべての意志作用は、個々の意志作用であり、したがって個々の観念そのものがもつ肯定・否定の作用にほかならない。

いずれにしても、同一の属性における諸様態の間には原因と結果の関係しか存在しない以上、意志も〈観念－様態〉である限りそうした関係のうちにある。すなわち、或る意志は、すでに原因としての別の意志によって規定され、さらにこの意志も原因としての別の意志によって規定され、このようにして無限に進む。これは、すでに述べたように、個物における自然の共通の秩序とまったく同じである。われわれは、たしかに意志によって何かを決定し、かつそこで何かを始めると確信している。しかし、意志もその形相が観念である限り、他の意志によってその存在と作用とに決定されることしかできないのだ。真理の内在性と同様に意志作用も、このような仕方で完全に自然のうちに内在する〈観念 - 様態〉が有する作用の一つである。

観念の思考活動について

神の擬人化批判と自由意志の否定とは、表裏一体の問題系をなしている。スピノザは、デカルトの自由意志に関する理説だけでなく、およそ人々が通常抱いているような意志一般についての考え方を徹底的に批判する。神においても人間においても、意志は、絶対的原理として存在しない。それを導入すれば、すべてはただちに擬人化されてしまうだろう。その場合に、人間も間違いなく擬人化（正確に言うと、擬神化）されるであろう。スピノザは、観念それ自体がそもそも肯定・否定の力能を有しており、したがって物の自然のうちにそれ以外の能力をさらに想定する必要などまったくないことを理解していた。

精神のなかには、観念が観念である限りにおいて含む以外のいかなる意志作用も、すなわちいかなる肯定ないし否定も存しない（定理四九）。

これは、一つの画期的な言説である。では、意志とは何か――それは、何よりも〈肯定／否定〉の能力のことである。言い換えると、これは、感情の側面から言えば、〈喜び／悲しみ〉による欲望であり、価値の観点から言えば、〈善《よい》／悪《わるい》〉にともなう願望である。スピノザが言いたいのは、第一に観念それ自体のうちにこうした肯定あるいは否定の作用が存するということであり、第二に意志一般の作用など存在せず、あるのはただ個々の意志作用だけだということにある。スピノザは、単に人間精神が意志をもたないと言っているのではない。そうではなく、知性や認識（諸観念）から自律した意志の働きは、絶対に存在しないと言っているだけである。もう一度問う。そもそも意志（あるいは衝動）は、何を為しうるのか。それは、物を〈肯定する〉あるいは〈否定する〉力能のことである。要するに、スピノザは、知性や認識がそれ自体ですでに肯定あるいは否定の作用を含んでいるということを述べているだけである。これによって先に述べた人間存在の道徳的で形而上学的な二階建ての自己理解像は、完全に破壊されるであろう。観念は、キャンバスの上の無言の絵などではない。逆に言うと、キャンバス上の多様な線や色彩は、それ自体が実は身体の変様についての肯定・否定を含んだ諸観念の発生的要素だということになる。こうした問題のすべては、次のようなもっとも強度的で有効な表現へと収斂する。

知性と意志とは、一つの同じものである［強調、引用者］（定理四九、系）。

意志と結び付けて人間の自由を理解することは、道徳的思考のもっとも典型的で基本的な表象である。それは、知性（必然性）を超えた作用として意志（自由）を考えていることになる。この限りで意志こそ、まさに諸悪の根源であると言える。何の生産性もない超越の争い、その原因はすべて意志の自律的理解にある（その典型は、何よりも信仰にある）。それを自分たち自身のうちにもち込んで、たしかに疑似問題の解答に明け暮れている人間がほとんどである。つまり、それがあらゆるゲーム性の根源なのである。

さて、能動と受動は、言語をモデルに考察してもまったく不毛である。人間身体のうちには言語的に表象されるような能動態も受動態もけっして存在しないからである。したがって、そこには中動態も存在しない。外部の物体による人間身体の諸々の変様は、その観念において〈能動／受動〉としてではなく、まさに〈十全／非十全〉として表現されるからである。つまり、精神において自己の身体の触発が能動的か受動的かは、その変様の観念が十全であるか非十全であるかによってしか規定されえないのだ。言語の能動形や受動形は、単なる表象の区分でしかないのだ。何故なら、言葉の言語活動は、身体の触発の表現ではなく、表象可能な文法の身体への適用にほかならないからである。要するに、身体の変様力能がこうした言葉とイメージのうちに領土化されると同時に、われわれは、自己の人間身体の活動力能が実は観念の思考活動と完全な並行関係にあることをまったく理解しなくなるのである。言葉の言語活動に対して観念の思考活動を促進するもの、それがむしろ身体の活動力能である。言葉の言語活動は、強大な人間精神の装置を作り上げ、身体の諸変様を無差異化する。しかしながら、これらの基盤は、つねに観念の思考力能と身体の変様力能とからなる並行論的な最小回路にある。

意志中心主義の〈人間‐道徳〉学

われわれは、日常のなかで知性と意志についてとくに深く考えたりはしない。それ以上に、われわれは、知性と意志との間の差異について改めて考えたりすることなどほとんどないであろう。それにもかかわらず、われわれは、実際には知性と意志とを明確に区別して活動しているように思われる。このことは、日常のなかのちょっとした事例から簡単に理解できるであろう。或る家電製品を、例えば、冷蔵庫を買いに行った時のことを思い起こしていただきたい。私は、その店の店員さんに、今売れているa社、b社、c社、d社の、それぞれの冷蔵庫についての説明を受け、そしてそれらを勧められた。つまり、私の目の前には、四つの冷蔵庫があり、さらにそのそれぞれについての詳しい製品説明を受け、それらの間の機能に関する違いを知った。これは、どういう事態を示しているのか。私は、それら四つの製品についてのかなり十分な認識をもったということである。こうした認識あるいは知覚（ここでの情報）は、まさに知性の領域に属する事柄である。しかし、こうした知性に対して意志は、まったく異なる働きを有していると考えられる。知性は、単に事物を知覚し認識するだけであって、それを肯定したり否定したりすることができない。そこで、まさにその事物を肯定・否定する能力こそが、意志であると考えられることになる。すなわち、四つの製品についての認識あるいは知覚をもったが、そのうちのどれか一つを購入する（欲望する）ためには、絶対に意志の力が必要である、と――一つの製品を肯定すること、それゆえ他の三つの製品を否定すること。これは、知性にはない力であり、知性の能力を超えた領域ではないのか。こうして、知性と意志は、人間精神のなかのまったく異なる能力であると考えられるようになった。

さて、スピノザは、このような仕方でどうして知性と意志が区別されるのかについての理由を四つ挙げている。それらの論点を簡単に整理して、以下に列挙しておく。

(1) 意志は知性よりもその及ぶ範囲が広いということ――何故なら、知覚していない無限に多くの事物について同意しようとするとき、現に有している同意能力（＝意志）よりも大きな同意能力を改めて必要としないが、これに反して知覚していない無限に多くの事物を知覚しようとすれば、現に有している認識能力よりも大きな認識能力を必要とするからである。

(2)人間は、実際に知覚している事物について判断を控えることが、つまり同意しないようにすることができるということ——何故なら、人は、或る事物を知覚しただけでは誤っているとは言われず、ただその者がそれに同意（肯定）したり、あるいは反対（否定）したりする限りで誤っていると言われるからである。すなわち、同意能力（意志）は、認識能力がもちえないような、事物について肯定したり否定したりする自由を有することになる。

(3)一方の個々の観念は物の相互に異なった実在性を含むが、これに反して他方の意志による肯定はあらゆる観念に対してつねに同じ能力であるということ——何故なら、観念は必ず何かについての観念であるから、個々の観念はその対象が異なっていればそれだけ異なった物の実在性を含むが、意志の場合には、一方の肯定が他方の肯定よりもより多くの実在性を含むとは考えられないからである。

(4)どれほど決定不可能な状態（どちらか一方を選択できないような状況）に陥ったとしても、人間は、その状況のなかで宙吊りにされることなく、自らの意志の力によって自由にどちらか一方を決断することができるということ——何故なら、人間は、驢馬のような自由意志のない動物ではなく、単なる知覚や認識能力を超えた内発的な意志という能力を有するからである。

この(1)と(2)を主たる理由として、人間は、知性や感性、あるいは知覚や認識の領域を超えて、自らが自由に決断したり意志決定したりしていると考えるようになる。すなわち、知性は有限であるが、意志は無限であり、また認識能力は対象性に囚われているが、同意能力は自由であると考えられる。ここから、知性と意志、あるいは認識と同意は、異なる能力であると理解されることになる。次に、(3)を理由として人間は、精神の本質が知性よりも、むしろ意志に存していると考えるようになる。何故なら、意志は、諸観念に共通のものとして、あるいはさまざまな精神に共通の能力として理解されるからである。言い換えると、意志は、つねに〈意志一般〉としてあるいは〈一般意志〉として了解されることになる。最後に、(4)を理由として人間は、自己における自由意志の存在意義を確信するに至る。「ブリダンの驢馬」の逸話が示しているのは、驢馬は、自由意志がないので、自分から等距離に置かれた二つの食物のどちらかを選択することができず、餓死するであろうということである。しかし、これに対して人間は、自由意志を有するので、こうした一見すると決定不可能な外的状況であっても、内発的な同意能力によってその状況を打開するであろう。

非意志主義の〈自然 - 倫理〉学

主体なしに精神の観念は存立するし、また主体なしに身体の活動も存在する。むしろこうした主体は、諸観念の多様体としてしか存立しえない自己の人間精神を実体的に自存化し、また諸物の間でしか存在しえない自己の人間身体を抽象化して独立自存するものとして表象する限りで考えられる抽象物である。さらに知性と意志を区別する考え方には、意志を人間精神の本質として規定したいという超越への欲望が隠されているであろう。何故なら、すべての動物から人間をもっとも明確に区別する種的差異は、何よりも〈自由意志〉を有するか否かに関わるからである。それゆえ、人間は、ニーチェが言うように、意志による結果としか考えられないような、さまざまな痕跡を至るところに見出そうとする。

さて、スピノザは、上述した知性と意志とを区別する四つの論点に対してそれぞれに以下のような反論を提起している。

(a)意志は知性と同一のものである以上、肯定・否定の意志作用は観念それ自体がもつ作用である。したがって、われわれは、個々の観念（特異性の観念）しかないのと同様に、それらの観念がもつ個々の意志作用しか認めることができない。というのも、認識能力も同意能力も、物を知覚し肯定する場合は、つねに一つずつ順次に認識し肯定する以外の仕方はないからである。現に知覚していない無限に多くの事物を認識する場合も、それらについて同意する場合も、どちらも個々にその作用を行使しなければならない点では同じである。

(b)判断をおこなうのは、意志ではなく、知覚や認識それ自体である。したがって、人間に判断を控える自由な力、すなわち意志の力があると考えることは完全に否定される。というのも、判断を留保する場合に、それは、自由意志によってではなく、その物事を十分に認識していないことによって判断が差し控えられているからである。スピノザは、この点に関して驚嘆すべき決定的な言明をしている――「判断の差し控えは、実は知覚であって、自由意志ではない」（定理四九、備考）。

(c)肯定・否定の意志作用は相互に差異を有しており、それは、(a)によって）知覚や観念相互の差異とまったく同じである。というのも、例えば、一方の事物の観念の肯定と他方の事物の観念の肯定との間には、一方の事物の観念と他方の事物の観念との間の実在性の差異と同様の差異があると考えられるからである。精神の本質を構成するものとして意志を考えるなら、意志は、観念がまさに観念である限りにおいて含む作用以外の何ものでもない。要するに、肯定・否定の作用は、単にあらゆる観念に共通の一般的な特性などではないということである。

(d)もし動物に意志がないのであれば、人間にも意志がなく、したがって驢馬と同様に人間も、飢えと渇きで死ぬであろう。知性と意志が同じであると考える基本的な立場、言い換えると、心身並行論から言うと、人間は精神あるいは知性をもたないことになる。しかし、これは不条理である。というのも、身体があれば、そこには精神が必然的に並行論的に存在するからである(8)。

肯定・否定の作用は、言葉の言語活動ではなく、観念そのものの思考活動である。個々の観念は、個々の物の特異性の観念であり、すなわちその物の実在性（あるいは完全性）の流れを含んでいる。したがって観念における肯定・否定の作用も、そうした〈力‐実在性〉の流れについて差異的である。つまり、意志作用は、個々の精神に共通の本質などではない。自由意志は、むしろ一つの欠如態の実体化であり、知性や感性から独立自存する上位の能力などではない。例えば、政治上の立場を意味する「右派」や「左派」という言葉がある。主張や見解や信念の違いゆえに腑分けされるこうした政治上の諸立場は、各人の自由意志によって選びとられたものだと考えられるだろう。しかし、人間精神の本質に自由意志を定立することとそれ自体が、実際にはニヒリズムにおける反動的精神の在り方なのである。自由意志を振りかざすこととそれ自体が、すでに述べてきたような意味での「右派」なのである。これに反して、スピノザのように自由意志を否定する立場こそが、つまりすべてを知覚（感性）や観念（知性）の問題として理解することが、それ自体で絶えざる「左派」の表明になるのである。何故なら、並行論の反道徳的思考は、まさにあらゆる水準での差異の肯定であり、とりわけ精神を多様体として形成する理説以外の何ものでもないからである。並行論が表現するものは、自由意志なしの、その限りでの人間のむしろ必然的な自由活動である。また、それは、この活動を形成するための批判的で創造的な精神とその身体の臨床上の触発との作動配列からなるであろう。知性とこれから自律した意志とによって形成される〈内部性の形式〉に対して、身体の変様についての諸観念は、物の自然において完全に〈外部性の形相〉として存立する。したがって、この身体の変様の観念、すなわち〈感情＝情動《アフェクト》〉は、人間精神におけるこの内部性の諸形態に対して外部の武器となりうる。何故なら、それは、知性と意志との間の階層性を完全に解体することができるからである。

「結論」に向けて――人間身体における言表作用の力能について

すでに述べたが、観念と言葉は、まったく異なるものである。観念は精神の能動性をともなう概念であるが、言葉は思考の概念をまったく含まない身体の運動である。スピノザが言う観念は、身体の運動を含む言葉の意味をむしろ変形する作用を有する思考の様式である。観念は、画版の上の無言の絵ではなく、まさに変調作用をもった図表《ダイアグラム》である（「第六講義」を参照）。というのも、一方の観念の〈想念的有〉は、言わば言語の非身体的な要素としての意味を肯定的に変容するものだからである（例えば、〈表象されたもの〉から〈表現されるもの〉へ）。人間精神における思考力能のもとでのこの非身体的な諸変容――〈表現の実質〉――は、認識論的並行論においては、まさに人間身体における活動力能の諸変様のもとでつねに生起する事柄――〈内容の実質〉を表現する〈内容の形相〉――である。他方で観念は、精神において物の〈力‐実在性〉を表現的に含む〈形相的有〉そのものである（先の自由意志を否定する理由(c)を見よ）。言い換えると、こうした観念の形相的有は、身体の運動における言葉の信号的形式を外部の力の図表的形相へと変形する存在力能に関わる。要するに、精神における観念の形相的有は言わば〈表現の形相〉であり、また観念の想念的有は言わば〈表現の実質〉である。認識論的並行論における観念の図表的作用は、身体の形相的有を〈内容の形相〉とする限りで、このように一つの二重化した〈有‐表現〉として身体を知覚するのである（「表15‐1」）。

延長属性に限らず、すべての属性のもとで神の無限本性から生起するものは、無限であれ有限であれ。すべて形相的有として産出される様態である（定理七、系）。しかし、力能論的あるいは認識論的並行論が必然的に成立する限り、

［表 15-1］認識論的並行論における〈表現－図表〉論

観念（精神）	身体（物体）
表現の形相（形相的有）	内容の実質（活動力能）を表現する内容の形相（形相的有）
表現の実質（想念的有）	

その形相的有は、観念の想念的有（表現の形相）に対して、内容の実質を表現する〈内容の形相〉となる。いずれにしても、思考の本性は、延長の概念をまったく含まない。観念は、それゆえ物の表象像や言葉に存しない。「何故なら、言葉や表象像の本質は、思考の概念（精神の能動）をまったく含まない単なる身体の運動のみから成り立っているからである」（定理四九、備考）。われわれは、ここではじめてもっとも重要な一つの問題系に遭遇することになる――すなわち、身体は、反対に観念を内容の形相とした、それに対応する表現の形相をもたないのか。言葉や表象像がまさに身体の相対的な諸運動であるとすれば、身体に固有の絶対的な速度に対応した身体の〈表現の形相〉は、考えられないのか。つまり、身体のこの内包的な速度は、言語とは異なる外延的な或る記号論的な図表作用を有するのではないか。そして、われわれは、この作用をまさに〈言表作用〉と呼ぶべきであろう。以下では、この論点を考察していく。

人間身体は何を為すのか。身体は、口から発せられる声（叫びや気息）の流れを一定の音節をもった言葉へと転換し、またそれを特定の物質的痕跡として、つまり主に手を用いて書かれたものとして残存させることができる。発話としての空気振動も痕跡としての物質の変形も、どちらも言葉の言語活動の特権的な二つの側面である。それは、ともに延長性に関わる限り、身体の運動のみが可能とする事柄である。しかし、身体の運動は、単に言葉や表象像に収束する諸形式だけを目標としているわけではない。というのも、身体は、たしかに声と言葉の諸形式を肯定的に変形する活動力能を有するからである。身体は、言葉や表象像の形式的運動に対して質的な変調を加えるような働きを有するのだ。例えば、身体の発する声（叫びや気息）は、単に言葉として形式化される以前の音声の連続的な流れであるだけでなく、ダイアグラム的な〈表現の形相〉を生み出すのではないだろうか。身体を含んだ諸物の間に流れるのは、まさに諸々の〈力－実在性〉である。こうした〈力－実在性〉は、たしかにその形相なしに二つの側面――純粋な機能的側面と純粋な質料的側面――を有する（［表14－2］、参照）。ここには、同一化された関係項に先立つという意味で、関係項なき〈関係＝比《ラポール》〉の場が同時に存在する。しかし、この無形相な諸力の実在性は、語も発話行為もない、無音の〈言表〉という形相として存立しうるものでもある。それは、言語にとって外部に存立する観念の作動配列そのものである。それゆえ、ここでの問いは、次のように再構成されることになる——観念の思考活動に並行論的に対応した、言語の身体的運動とは別の〈運動と静止〉あるいは〈速さと遅さ〉を人間身体に与えることはできるだろうか。精神の概念に対応する身体におけるあるいは身体を用いた言表作用が考えられなければならないのだ。

さて、フーコーが言う「言表《エノンセ》」(énoncé)は、無形相の諸力の実在性に関する特異な存在の様式に差し向けられている。それは、語でも文でも命題でもなければ、文法でも発話行為でもない。言表は、むしろ自らの派生物として主体や対象や概念の諸機能を発生させる要素である。言表が理解しがたいのは、それが様相の表現をほとんどともなわないからである。有名なタイプライターのキーボード上の配列を書き写した文字列——〈AZERT〉——の事例は、まさに或る秩序の言表そのものである。それらの配列は、フランス語の文字の使用頻度と人間の手の指の間隔とからなる諸力の〈関係＝比〉に基づく作動配列である[9]。しかし、文字の使用頻度と身体の部位の間隔は、まったく異なった水準にある。というのも、たしかにフランス語のすべての語を対象とした使用頻度の高い文字から低い文字までの順位を決定することはできるが、しかしわれわれは、或る文字がそこに、別の文字がその右下に配置されているキーボードを眺めているだけでは、それらがそこに位置している理由をけっして見出すことができないからである。そうした文字の配列は、頻度だけでは決定されない、その外部の存在を前提としている。つまり、頻度による文字の相対的な配置を決定するのは、実は人間身体の手の指の機能がもつ、それら無数の文字列に対する絶対的な外部性の諸力だということである。こうした意味において、文字の諸配列は、身体の活動力能によってまさに作動する配列となり、その限りで言表として存立するのである。タイプライターのキーボード上の文字列は、人間身体の活動力能の一つの図表《ダイアグラム》である。こうした考古学的に見出されるべき〈言表〉に対して、具体的な系譜学的変形あるいは変容の機能をもたせること、あるいは記号や言語や表象像の先端で言表の純粋機能を作動させること、これこそが身体の〈言表作用〉(énonciation)である。それは、主体化した人間の自発的な働きによるものでも、あるいはそうした人間を通して発せられる〈他者-構造〉による潜在的作用でもない。それは、観念の思考活動と並行論的な身体の自由活動そのものである。

結論　実践から戦略へ

〈身体‐図表〉的な観念論について

われわれは、改めてスピノザの哲学からその現代的意義を意識に上るまで批判的に引き延ばす必要がある。ここではとりわけ人間身体と人間精神、そしてそれらと言語あるいは記号との関係を、つまり〈身体／観念／言語〉を中心に考えていきたい。

その前にもう一度、スピノザ哲学の基本を振り返っておこう――スピノザにおいては、第一に人間身体を含む限りでの特異性の法則が物の自然のうちに必然的に存在する。こうした法則のもとでの哲学的思考は、明確に意識された反‐道徳主義的な倫理学であると言うことができる。第二に反‐道徳主義的である限りでの倫理学と一つになった自然学は、同様に反‐形而上学的である。さらに言うと、スピノザのこうした〈自然学＝倫理学〉における思考は、何よりもまず身体についての非十全な観念のもとでのプラグマティックと不可分である。それゆえこれは、受動性のうちで、たとえ部分的であったとしても、いかにして精神の能動性へと移行しうるのか、あるいはどのようにして共通概念を形成しうるのかという実践哲学の諸問題以前に存立する領域である。一方で延長属性における身体は、外部の物体による多様な触発からなる様態である。他方で思考属性における精神は、第一次的にはこうした身体の変様についての多様な観念の集合体である。前者の変化は身体の実在性の変様であり、後者のそれはこの変様を表現する観念における完全性の変動である。つまり、このプラグマティックにおいては、延長属性の〈身体‐様態〉の実在性の変様は、思考属性における人間精神の変動する完全性として肯定されるのである。一方では〈より大きな〉あるいは

〈より小さな〉実在性への変様は身体の活動力能の増大あるいは減少という仕方で実現されるが、これと並行論的に〈より大きな〉あるいは〈より小さな〉完全性への移行は精神の思考力能の増大あるいは減少という仕方で表現されるのである（第三部、定理一一）。

さて、すべて問題は、自然のうちに内在し直すことである。哲学の諸問題が言語や論理の考察だけで事足りるなどということは絶対にない。観念は、表象像でも言葉でもない。というのも、観念は、思考属性の様態である限り、延長の概念をまったく含まないからである。表象像と言語の存在は、実は人間精神のうちで自由意志を保護し続ける強力な理由の一つである。しかし、人間身体は、身体の運動に基づく表象像や言葉の最近原因であり、また人間精神における非十全な観念の発生的要素である。言葉の言語活動は、人間精神の本性的な事柄ではなく、むしろ身体の活動力能が有しうる形相の一部である。というのも、精神は第一に観念の思考活動であり、すでに述べたように、こうした思考の本性は「延長の概念をまったく含まない」からである。しかし、人間身体と人間精神は、並行論的に一つの様態的変様をそれぞれに異なる属性の様態として表現する。諸観念の多様体である人間精神は、人間身体の諸変様の図表化である。また諸変様の多様体である人間身体は、人間精神の諸観念の強度的な地図化である。このような身体の地図とは、精神をむしろ内容の形相として存立するダイアグラム的な表現の形相のことである。

身体の存在は、受動性をともなった無数の雑音を発する。スピノザが言葉を身体的運動に基づくものであると言うのは、こうした特定の言葉で実現する〈器官－口〉を有する。しかし、身体は、この雑音から声を発し、またこの声をた事柄のもとで十分に理解されうるであろう。身体は、要するに、言葉の言語活動を可能にする三つの水準――雑音、声、言葉――と、二つの移行――雑音から声へ、声から言葉へ――を有するのだ。これに対して人間精神は、観念における三つの認識の様式――表象知、理性知、直観知――と、それらにそれぞれ対応する諸感情とからなる。さらには、それらの間の移行あるいは反転も必然的に考えられる（「第四講義」、参照）。ところが、身体と精神という人間の二つの様態的側面がそれぞれに有するこうした三つの水準は、まったく対応していない。つまり、身体の雑音と精神の表象知、身体の声と精神の理性知、身体の言葉と精神の直観知、これらは、相互にまったく並行論的な関係にはない。何故なら、むしろスピノザにとって身体のこの雑音から言葉への系列は、その全体が表象知の受動的形相の展開以外の何ものでもないからである。三つの認識の様式に対応する身体の在り様は、その三つの変様の仕方にある

（「第九講義」、参照）。ここでの問題は、人間精神における非十全な認識から十全な認識への移行とともに、それと並行論的にいかにして人間身体において〈雑音‐声‐言葉〉の受動性の系列とは別の仕方で、身体の触発の能動的な表現の諸形相を、つまり言表作用を形成するのかということにある。

観念と図表主義(I)——観念の〈形相‐微粒子〉性について

スピノザにおける観念は、物の個別性に関する一般概念ではなく、物の特異性についての観念である。たとえ非十全な観念であっても、それは特異性の観念である。観念は、十全であれ非十全であれ、特異性の観念であることに変わりない。というのも、観念は、身体の諸変様とつねに並行論的に存立する認識の諸様式そのものだからである。それ以上に、身体の触発それ自体が、外部の物の特異性あるいは此性をその発生的要素として存立する仕方以外の何ものでもないからである。観念とは、要するに特異性という仕方で外部の物の実在性を含むその理解の仕方のことである。さて、(1)スピノザは、すでに述べたように、こうした〈観念の思考活動〉を〈記号の言語活動〉へと接続して、その言語活動の変形を実践上の課題とするという考え方をまったくもたなかった。(2)スピノザは、それよりも思考活動と言語活動を完全に分離して、むしろ観念それ自体の脱‐言語化的な理解を実践哲学の問題として提起していたと言える。いずれにしても、この(1)と(2)は、われわれの問題である身体の言表作用から言うと、表裏一体の関係にある。ところで、現代の記号論上の実験的思考を有する者が、われわれの問題と共通の課題を意識して、まさにこのことを実現しようとしている——フェリックス・ガタリは、新たな記号論を次のように構成しようとする。

しかし、機械状記号論というわれわれの遠近法においては、人は、フェルディナン・ド・ソシュールのように、信号的形式がその指示対象との関係で実質的な無関係性にあるとは考えない。機械状作動配列においては、形式主義《フォルマリスム》が指示の諸々の実在性をともなった直接的な把捉（図表主義《ディアグラマティスム》）であることが起こりうる。こうして、表現の受動的な諸形態は能動的な〈記号‐微粒子〉に変形され、また記号論的エネルギーの問いはもはや排除されることができない。〈表現〉の諸形態の形式が〈内容〉の諸形態の形式と同一であることを措定するにいたったイェルムスレウの分析からあらゆる帰結を引き出さなければならない。〈内容〉と〈表現〉の交叉する〈記号論的機能素としてこの両者がつねに反転可能であることに関連した〉ところで脱‐領土化した一つの同じ機械状のもののの存在を肯定することは、すべての構造論的二元論を決定的に無効にすることにつながる(1)［強調、引用者］。

スピノザが偉大なのは、こうした図表論の問題をまさに人間身体との間で考えたことにある。いずれにしても、ガタリのこの言説では、きわめて重要な三つないし四つの論点が提起されている。ガタリのこの〈記号論的‐機械状〉の遠近法は、何を問題化しているのか。この遠近法においては、(1)記号は、ソシュールの構造論的言語学とはまったく異なって、記号の物質面が指示対象に対して恣意的あるいは無関係であるとはけっして考えない。何故なら、(2)記号の表現の形相（信号的形式）は、指示対象の諸々の〈実在性‐力〉（＝内容形式）を直接に含むからである。その結果として、(3)言葉のいわゆるシニフィアンの諸形態（＝表象形式）は、言わば〈記号‐微粒子〉群なるものへと変形されることになる。言い換えると、(4)こうした表現と内容は、相互に反転可能な脱‐領土化した一つの機械状のものの諸形式となる。ガタリが提起する機械状記号論は、こうした特徴を有する非物体的唯物論に属すると言えるだろう（「序論」とその注（3）を参照せよ）。これは、まさにスピノザにおける観念の思考活動による脱‐領土性並行論を継承する哲学である。以下では、ここで述べた重要な論点を詳しく考察していくことにする。

指示対象と表現形式との間の関係について――例えば、日本語の〈ツ／ク／エ〉という言葉（音声）は実際に目の前にある「机」を指示したり、あるいは〈つくえ〉を意味したり、また〈イ／ス〉という言葉は実際の椅子を指示したり、あるいは〈いす〉を意味したりすることができる。しかし、現実に存在するこうした諸物（「机」、「椅子」、等々）をそのような特定のまとまった〈音‐言葉〉（〈ツ／ク／エ〉、〈イ／ス〉、等々）を用いて呼ぶべき必然性は、物の自然のうちには実はどこにもないであろう（これは、世界中のすべての言語がその内部に有するもっとも本質的な特性の一つ――すなわち恣意性――である）。仮に唯一の必然性をここで見出すとすれば、それは、こうした物を相互に異なった音を用いて呼ばなければならないということぐらいである。これは、観念ではなく、言葉に固有の問題の一つ、シニフィアン（意味するもの）におけるまさに差異の体系に関する事柄である――ソシュールの構造主義的言語学が存立基盤とする恣意性の問題。これは、或る物が偶然にわれわれの喜びや悲しみや欲望の原因になると言われる場合

（第三部、定理一五、定理五〇）と同様の事態を示しているとも言える。しかし、こうした感情は、たとえそれが偶然の出会いであっても、観念である以上、外部の原因（あるいはこの場合の指示対象）の諸々の〈力‐実在性〉を〈より多く〉あるいは〈より少なく〉という度合が生成する仕方で必然的に含んでいる。

そこで、次のように問うてみよう――言葉（＝身体の運動）と観念（＝精神の概念）はたしかにまったく属性を異にする様態であるが、しかし言葉に対応する観念も存在するのではないか、と。音声化された言葉は、身体（あるいは物体）から発せられるものである限り、つまり発話行為は自己の人間身体を同時に必然的に触発する限り、精神のうちに特異な観念として存在することになるであろう。というのも、人間精神を構成する観念の対象である人間身体の変様は、すべて人間精神によって知覚されなければならないからである（第二部、定理一二）。発話行為はたしかに身体の運動を最近原因として実現されるが、しかし発話行為そのものは、同時にたとえ受動的であっても、たしかに身体へと〈内包的‐逆行的〉な触発――言わば〈逆‐実現〉――を必然的にともなうであろう。このように言葉を含めた発話行為は、たしかに身体の変様の原因となりうる。しかし、われわれはここで、その発話行為が一般概念（身体の変様の無差異性に基づく観念）に結びついた言葉である場合と、身体の諸変様の差異的観念に対応したような或る非‐言語的なノイズである場合というまったく異なる二つの事態を考えることができるであろう。ところで、スピノザにおける観念は、外部の原因（個物）の諸々の〈実在性‐力〉の流れと無関係ではない。したがって、スピノザの観念が身体の変様の認識の様式である限り、その認識論は、十全な観念であれ非十全な観念であれ、身体を強度の地図とする精神における図表主義以外の何ものでもない。これはまた、ガタリの機械状記号論として展開されうるものでもある。これらは、先に挙げたガタリの言表の(1)と(2)に対応したスピノザ哲学に内在する論点である。

〈観念‐形相〉の微粒子化と反転性について――記号あるいは表現の信号的な形式面が物の力や実在性を含んでいるなら、その記号の表現形式は、もはやその既存の諸形態を維持することができず、まさに〈記号‐微粒子〉に変形されうるであろう、とガタリは考えている。この言表は、いったい何をいかなる意義を有しているのか。実在性とは、第一に物の諸力の流れ、あるいは諸物の間を流れる力のことである（人間身体は、つねにこうした諸物のうちに含まれていなければならない）。実在性とは、それゆえ第二に絶えざる変動のもとにある物の内在的様相のことである。このように考えると、記号の形式的側面は、こうした〈力‐実在性〉の潜在的な流れを含む限りで、力というまさに無形式なものの形相になるということ、すなわち能動的な〈記号‐微粒子〉になるということである。これは、次のことをまったく意味しない。つまり、記号の信号的な形式面が対象の実在性を含んでいるがゆえに、その恣意的で受動的な諸形態が崩壊して、まったくのばらばらの粒子状――例えば、音声的には単なるノイズに、視覚的には単なる落書き――になってしまうということではまったくない。そうではなく、これは、人間精神の能動的な〈力能‐表現〉が身体の受動的な〈触発‐内容〉と、あるいは精神の受動的な〈観念‐形相〉が人間身体の能動的な〈力能‐実質〉と相互に脱‐領土的に反転し合うということである。これは、いったいどういうことであろうか。いずれにしても、これは、言葉を前提とした身体の発話行為から、こうした言語作用の運動を相対化するような、まさに身体の言表作用への強度部分的な転換である。

　われわれが用いる記号は、明らかに意味作用と意味内容との相対的な安定性のなかで機能している。言い換えると、これは、言葉の存在がつねに別の言葉の意味へと送り返されることで、少なくともその表象的機能がコード化として発揮されることの証しである（無際限な退行のパラドクス、言語の最高の力能）。われわれの言語あるいは言葉は、実際には〈能記《シニフィアン》〉（＝意味するもの）とその〈所記《シニフィエ》〉（＝意味されるもの）とがけっして反転しないことによって、その相対的な安定性のもとで機能している。ここからわれわれは、表象のあるいはその言語のもっとも有効な定義を得ることができるであろう。すなわち、言語上の表象は、実は表現と内容とが反転しない限りでその機能を有するのである。これに対して能動的な〈記号‐微粒子〉は、言わば観念の形相的有と並行論的に成立する身体の言表作用そのものとなる――〈身体‐声‐言葉〉という身体の相対的運動を原因とする表面の受動的な言語活動に代わる、人間身体の変様を構成する〈運動と静止〉あるいは〈速さと遅さ〉からなる能動的な〈音声‐記号〉の表現活動。外部の物の〈実在性‐力〉が流れ込む人間身体は、その触発を内容とした表現を言葉ではなく、ダイアグラム的な〈記号‐微粒子〉として存在させることができるのだ（これについては、すぐ後で論じることになる）。いずれにしても、これらが、まさにガタリの先の言説の⑶と⑷に対応するスピノザの戦略哲学の意義である。

さて、こうした事柄の考察を通して、スピノザの『エチカ』の難解さの理由が明らかになるであろう。それは、『エチカ』を構成するすべての言表作用がまさにその内容と相互に反転しうる表現の形式だからである。つまり、こうした表現の形式は、表現されるものの〈実在性‐力〉を含んでいるのだ。ここで言う〈含む〉とは、あるいはもっとも強い意味での〈含むもの〉と〈含まれるもの〉とが相互に反転するという意味である。スピノザは、『エチカ』をたしかにラテン語で書いた。しかも、その文字の諸系列を形成している実際のラテン語の信号的な諸形式あるいは諸系列それ自体は、言語の文法的な形式的側面から観れば、幾何学的秩序に従った論証を意図していたことからもわかるように、比較的平易なものでさえあると言える。しかし、これに反して『エチカ』の思考内容を表現しているラテン語の諸系列は、完全に〈記号‐微粒子〉群からなると言える。というのは、その表現が内容と完全に反転可能なものとして存立しているからである。つまり、その表現は、その内容を完全に表現するものだからである。それゆえ、人々は、これまで『エチカ』を読めなかったのである。『エチカ』は、単に複雑な対象についての記述であるがゆえに難解だったのではない。そうではなく、『エチカ』のすべての言表作用は、その内容の諸々の〈力‐実在性〉を完全に含む表現形式だったからである。

表現と内容とが実在的に反転しうるものは、容易に読まれたり見られたり、聞かれたり理解されたりすることができない。何故なら、それらが反転あるいは交叉するところでの言表作用は、脱‐領土的な観念の思考活動と並行論的に一致しうるからである。こうした意味において『エチカ』は、ガタリの機械状記号論に先立って一つの非身体的唯物論を、すなわち図表論的観念論を形成しているとさえ言えるのだ[2]。さて、ガタリが言うこうした内容と表現との間の相互反転の思考は、スピノザにおいて一つの理説としてすでに明確に考えられていた。それは、記号の表現と内容ではなく、物の本質についての特異な定義のうちにある。つまり、内容と表現との間の相互反転は、スピノザにおいては、物の本質とその物の存在との間の一種の〈相即性の関係〉としてすでに定義されていた。

或る物の本質には、それが与えられれば、或る物が必然的に定立され、それが除去されれば、その或る物が必然的に滅びるようなものが属する、あるいは、それがなければ或る物が、また逆にその或る物がなければそれが、在ることも考えられることもできないようなものが属する、と私は言う（第二部、定義二）。

この定義は、まず次の二つの部分に分けられる。物の本質には、(1)「それが与えられれば、或る物が必然的に定立され、それが除去されれば、その或る物が必然的に滅びるようなものが属する」、あるいは(2)「それがなければ或る物が、また逆にその或る物がなければそれが、在ることも考えられることもできないようなものが属する」(3)。さて、スピノザは、この第二部の定理一〇の系の備考で次のように述べている。「私のここでの意図は、何故、私は〈或る物の本質には、それがなければその或る物が在ることも考えられることもできないものが属する〉と言わなかったかの理由を、つまり個物は神なしには在ることも考えられることもできないが、それにもかかわらず、神は個物の本質には属さないからだということを示そうとすることにのみあったからである」(4)、と。

或る属性の様態は、それ自体で肯定されている。したがって、この様態の観念は、その肯定を説明し表現しうる思考の肯定的様態である。言い換えると、観念の本質には、こうした肯定する思考が属するということになる。この肯定には、その物の観念が含まれている。さて、「AはBの観念を含まなければならない」と言うのは、「AはBなしには考えられることができない」と言うのと同じ意味である(第二部、定理四九の証明では、スピノザは、Aとして「三角形の内角の和は二直角に等しいこと」の肯定作用を、またBとして「三角形の観念」を挙げている)。そして、Aの肯定作用は、このBの観念なしには在ることも考えられることもできない。ところが、このBはAの肯定を含んでいる。ということは、BはAなしに在ることも考えられることもできないことになる。したがって、先の個物の本質の定義によって、AはBの本質に属し、それ以外の何ものでもないということになる。つまり、Aは、Bの本質を構成するということである(ここでの「属する」は、「構成する」と同じ意味で用いられている(第二部、定理一〇、備考、参照))。要するに、肯定は実は観念そのものであり、その作用は観念それ自体に含まれている。肯定・否定の諸作用は、個々の観念のうちにそれ自体として含まれているのだ(自由意志無用論)。ここで、「AはBの概念を含む」あるいは「BはAの肯定を含む」と言われる際の「含む」(involvere)は、様態の存在と本質との間の「相即性の規定」を意味するが(5)、しかしそれ以上に、実在的で脱-領土的な意味での反転性の規定をも示しているのだ。つまり、ここでの「含む」とは、もっとも強い意味においては「反転する」ということである。というのも、この相即性の関係は、すべての並行論において、むしろ相互反転の規定にまで至らなければならないからである。

その物の肯定（物の本性）は、それを肯定する肯定（観念の本性）なしには在ることも考えられることもできない。また同時に、観念の本質としての肯定の肯定は、物の様態を肯定する思考の様態なしには在ることも考えられることもできない。すなわち、肯定は肯定の肯定なしには考えられず、また同様に肯定の肯定は肯定なしには考えられないのだ。本質は、必ず何かの本質である。様態の本質と存在は、反転可能であり、したがって一つの決定不可能な言表を形成する。つまり、ここでは、〈これは本質であり、これは存在である〉、あるいは〈これは表現であり、これは内容である〉といった言説がもはや意味をなさないのだ。絶対に無限な実体の本質には、その存在が含まれる。これは、一致ではなく、同一であるが、それ以上に絶対的な相互反転である。ここから生起する様態は、その本質に存在が含まれない仕方で存在するものである。様態の本質と存在は、様態的に区別されるが、しかし相即の関係にあるのだ。それらは決定不可能な要素であるが、しかしこのことはむしろ肯定的な意味で特異なものの特性を十分に示している。このようにして、スピノザにおいては、神の本質を構成する属性からはじまって人間精神を構成する観念に至るまで、そのすべてが〈図表論《ディアグラマティスム》〉であり、またその限りでガタリにはるかに先立って機械状記号論を本質的に内含したような脱-領土性並行論が展開されていたと言える。

実践から戦略へ（I）——身体の諸系列

スピノザにおける人間精神は、特異なものの観念の集合体である。それは、自然における必然的あるいは強制的な仕方で存在する内在的な多様体そのものである。人間身体は、これをまったく異なる仕方で、つまり触発という仕方で表現する一つの多様体である。ここでは、身体の運動としての言葉の言語活動と観念の思考活動としての人間精神との関係をまさに人間身体の本性から考えることにする。つまり、非十全な観念からいかにして十全な観念を形成するのかという実践の領域に代わって、われわれは、言葉あるいは記号を脱-表象化させるような身体の変様力能の戦略的で実験的な地帯を描き出さなければならないであろう。

(1) 身体から言葉への系列――共可能的発生論について

スピノザは、次のように言う。「私は読者に、観念あるいは精神の概念とわれわれが表象する物の像とを正確に区別するように注意する。次に、観念とわれわれが物を意味する言葉とを区別することが必要である」（第二部、定理四九、備考）。人々においては、こうした表象像、言葉、観念はまったく混同されているが、このことは、人間が知性に対する自由意志の自律的存在を信じ込んでいることと深く関わっている。観念は、自由意志なき精神を真に構成する以上、必然性の様相しかともなわない。しかし、表象像あるいは言葉の存在は意志によって自由気ままに作り出されたり、あるいは人は単なる言葉だけで肯定あるいは否定する度にそれとは反対のことをいくらでも意志したりすることができるという思い込みは、あまりに人間的な自分たちの人間理解と不可分である（同部、同定理、備考）。そこで、第一に注意したい論点は、身体の受動的変様から表象像が形成され、また身体の相対的な諸運動にのみ基づく、身体のノイズと混合した声が発生するということである。そして、この混合物から言葉の信号的形式が差延的に形成されることになる。身体の変様の痕跡としての表象像も、こうした声の遅れとしての言葉も、ともに人間精神のうちではたしかに観念の表象内容として存立する。それらは、いずれにしても、精神の受動的側面しか示していない。ということは、この身体から表象像へ、またこの表象像から言葉への一系列は、身体の諸変様あるいはその相対的な諸運動に基づいた受動的で共可能的な作動配列であると理解されなければならない。これらは、言わばすべて痕跡の系列である――〈身体－変様〉→〈声－表象像〉→〈言葉－意味〉。

そこで、まず考えるべき論点は、第一にこうした言葉の発生に直結するような身体の運動とは何かということである。一方で言葉は表象知に対応した身体の諸運動――発話行為、書記行為、等々――の形相的側面であるが、他方で言葉の意味はそうした身体の変様を痕跡として示す、非身体的な精神の想念的側面であるように思われる。この限りで言葉の言語活動は、第一種の認識の様式に対応する身体の変様と、この反復作用によって形成されるその痕跡化とからなる（第二部、定理一八、備考）。言表は、たしかに身体を中心とした外部の諸々の〈力－実在性〉の表現の形相、こうした外部性の反復の形相である。しかしながら、言表は、身体の諸運動と多様な言葉との間を共可能性という様相で被覆するような、つまり身体の変様を地層化するような要素でもある。この限りで言表は、身体と言葉との間に張り巡らされた、沈黙し続ける声、あるいは振動音なき音声のようである。いずれにしても、それらが相互に共可能的である限り、たしかにスピノザにおいては、身体のプラグマティック（〈よい／わるい〉）と精神の実践哲学（〈能動／受動〉）は存在するが、戦略の実験哲学（〈言表作用／言語活動〉あるいは〈身体の速度／身体の運動〉）は成立しえないであろう。しかしながら、第一に戦略哲学のもとに置かれた身体のプラグマティックは、一方で言葉あるいは記号との間に非可能的な関係が生起するような身体の触発に関わり、他方でそれらとの間に脱-地層化の問題を提起することで、受動感情の多様な作動配列を一つの身体の活動力能の言表作用として提起することができる。ここでの身体は、言語の表面に対して単なる深層にとどまることなく、むしろ言表の先端的作用となる。感情は一つの言表であり、その機能はまさに一つの言表作用として存立しているのだ。次に戦略哲学のもとに置かれた精神の実践哲学は、言葉あるいは記号との間に非可能的な関係が生起するような身体の触発について原因からの認識を与え、またそこで形成された共通概念を内容の形相とするような身体の表現の形相に関わる。

身体の変様は、それと同時に精神の観念として存立する。それゆえ、言語形成の言わば質料となるような身体の〈声-ノイズ〉は、それが身体の変様をともなう運動である限り、同様に精神の観念として存立する。それは、何よりも口から発せられるものである。つまり、人間身体の運動による音調性のもとで生起する〈ノイズ-声-言葉〉の系列は、スピノザにおいては延長属性の様態としての人間身体から動的に生成する因果関係の一つである。(6) これは、あくまでも声と言葉とその意味との共可能的な発生の系列であり、それゆえ表象知をむしろ保存する形態である。言葉は、まさに表象における「物の記号」である。これに対して身体の変様を含んだ限りでの表現の問題は、非身体的なものを変形し変容する思考に関わる。ということは、こうした観念の思考活動を内容とした身体の形相的有は、この思考を身体の運動が有する別の速度のもとで、すなわち言表作用として投射するであろう。表現の問題は、意味の理説と一致しているわけではなく、むしろ積極的に異なった問題系を示している。例えば、初期ストア派の哲学者たちは、諸々の物体の間の因果関係と非物体的な出来事の論理との間に明確な境界線を引いた。これは、物体の効果としての不可視の線であり、また同時に出来事の物体からの逃走線でもある。さらに彼らは、そこから〈表現されるもの〉と〈意味されるもの〉との違いを批判的に区別していた。「一般的に言うと、「意味されるもの」が一つの「表現可能なもの」であるとしても、われわれには、あらゆる表現可能なものが一つの「意味されるもの」であるかどうかはまったくわからない(7)」。〈表現されるもの〉は〈意味されるもの〉に、あるいは表現の問題は意味の理論にけっして還元されえない。これは、まさにスピノザが肯定していた批判的区別とまったく同じである。しかし、スピノザは、それ以上の臨床的な問題――言わば〈別の身体へ〉――をこれと不可分な仕方で提起していた（第五部、定理三九、備考）。われわれは、たしかに身体によるノイズから声への動的発生と、声から言葉への静的発生を区別して考えることができる。しかし、この発生論には、言葉の形相を一つの目的にした目的論の匂いが溢れている。身体の変様力能は、この有機的な発生の系列の只中にその外部性の表現の形相を投射しうる。それは、認識の三つの様式に対応した、自己の身体の〈別の身体へ〉の生成部分が展開する言表作用である――〈観念の観念〉に対応した〈身体の身体〉。

(2) 非身体的変形を表現する〈パラグラフ‐身体〉――非共可能的発生論について

観念は、何かについての認識の基本的様式であり、したがって人間精神の具体的な思考活動を構成するものである。認識論的並行論においては、表現の形相としての観念に対応するのは、内容の形相としての身体である。観念の連結と物の連結は、同じ一つの連結である（第二部、定理七）。観念は、第一に身体の変様の観念である。したがって、その観念には、身体とその外部の物体との間の諸々の〈力‐実在性〉の流れが含まれている。身体は、ただ特異なものとしての個物によってのみ触発される。身体は、特異性を理解するのではなく、特異なもの――此的なもの――によってしか触発されない。それゆえ次のように考えることができるであろう――人間身体には、スピノザが言うような物の表面に配分された〈言葉の系列〉に還元されえないような、〈言表の配列〉に関する身体の運動があるのではないか、と。われわれは、スピノザの三つの認識論をこうした意味での〈機械状観念論〉として展開することができるであろう。つまり、これは、それらの認識に対応する身体の内包的変様を並行論的に考えるだけでなく、身体の触発を新たな言表作用として言葉の身体運動に代わって実現することである。触発の多様体としての身体は、言わば観念にとっての投射的な〈パラグラフ‐身体〉になると言える。[8] ここで言う〈パラグラフ〉とは、特定の言語に関する命題や文法や統辞からなる収蔵体ではなく、まさに〈別の身体へ〉という移行の実質性が作用原因となって、そのもとで身体の声あるいは言表を作動配列させることにある。精神との並行論的関係にある身体の諸々の触発は、言語にとっての非身体的変形を含んだまさに〈パラグラフ‐身体〉そのものである。それは、現行の受動的な言葉の言語活動のうちにたとえ部分的にであっても能動的な観念の思考活動とともに、つまりそれと並行論的に身体の変様力能の言表作用を形成することである。身体の能動的変様、つまりその自己触発は、言語系列に対して、何よりも自己自律的なパラグラフのうちに存するであろう。パラグラフとは、既存のあらゆる言語使用のうちに、観念の思考活動と並行論をなす身体の諸々の触発の作動配列そのものが介入すること、つまりその使用のうちに外部性の形相を実現することである。これこそが、言表が作用するということである。

アントナン・アルトー（一八九六―一九四八年）は、フランス語の言葉の形式に向けてひたすら声を吹き込む身体に対して残酷演劇から決定的な批判を加えた。それは、まさに演劇だけがもちうる言語に対する反省的認識（観念の観念）であるとさえ言える。言葉を目的にした声ではなく、身体が作用原因となった声は、まさに叫びあるいは気息である。しかし、こうした〈叫び‐気息〉は、現にそのように存在する有機的身体ではなく、別の身体への生成過程において生起する実在性の流れそのものである(9)。身体は、それが身体である限り、第一にそこには無数の触発があり、かつそれを〈運動と静止〉のもとで多様に放射する諸器官があり、さらにそれらを実質的に表現するようなパラグラフの領域を有するのだ。言語の目的論的な信号の諸形式をつねに物理的に変形するような身体の活動力能があり、また同時に言葉がもつ意味や価値を非身体的に変形するような、こうした身体に対応する精神の思考活動がある。こうした身体は、言語上の無意味と混合するような身体ではなく、まさに別の身体を部分的に触発することでそれを言表作用のもとで自らのものとする。言い換えると、それは、諸々の変様をダイアグラム的形相とする身体、つまりパラグラフ化する身体である。表現の形相は、単なる身体表現や表現行為などといった言葉で理解されてはならない。いずれにしても、スピノザには、身体に基づいた〈よい／わるい〉の絶対的なプラグマティックがある。そして、このプラグマティック（価値転換に関する生活法）のもとで精神と身体の並行論を肯定的にあるいは表現的に形成しようとするプラティック（認識に関する生活法）が、つまり実践哲学がある。これが、いわゆる共通概念の形成の秩序である。そして、精神と身体とを相互に反転させること、それは、具体的には内容の形相と表現の形相との相互反転が強度部分的に生起することである。これこそが、まさに〈自然学‐倫理学〉における第三の戦略の哲学（言表作用に関する生活法）である。

実践から戦略へ（II）――武器としての〈並行論－エチカ〉

いかなる人間であれ、一度は神について考えるであろう。ところが、ほとんどの人間は、いかなる神を考えるのであれ、それを擬人化した限りで表象することになるであろう。何故なら、神の擬人化的表象がわれわれに不可避的な事柄であるのは、それ以前にわれわれが自己と物とを絶えず表象化して理解しているからである。同様に言葉は、表象化全体のうちで最大の形相部分であり、また同時に一般的概念を虚構するまさに装置である。したがって、「言葉は、知性のうちにある通りではなく、表象のうちにある通りの物の記号でしかない」。しかし、スピノザは、これに続けて次のように述べている。

> このことは人々が、知性のうちにのみあり、表象のうちにないもののすべてにしばしば〈非物体的〉、〈無限的〉、等々の否定的名称を与えた事実から、また実際には肯定されている多くのものを創造されざる、依存せざる、限りなき、不死、等々のように否定的に――そして逆に、否定されているものを肯定的に――表現する事実から明確である。それは、たしかにその反対の場合がはるかに表象し易く、したがってそれがまず最初の人間たちの頭に浮かんで積極的名称を獲得したことによる。肯定であれ否定であれ、物の本性ではなく、言葉の本性がそれを許すために為されていることが多い[10]。

表象のうちにあるものは容易に肯定され、知性のうちにあるものはむしろ否定的名称によって辛うじて意識されるだけである。しかし、表象化は、もっぱら言葉の本性に従った事柄であって、物の本性による肯定・否定の作用ではない。人間は、目的論において原因と結果をひっくり返して理解するだけでなく、まさに言語使用においても肯定と否定を転倒して用いているのである。これが第一の点である。さらにスピノザは、〈反〉、〈脱〉、〈非〉、〈無〉、等々が有する実際の具体的な諸作用とその肯定性について述べている。すなわち、こうした否定的な接頭辞は、むしろ言語の本性とは非可能的な分子的観念、つまり部分的で強度的な思考の様式を機能させるためのまさに言語に対する〈抵抗の要素〉である。〈反〉、〈脱〉、〈非〉、等々は、こうした言表作用を有するものとして、まさに〈反‐〉、〈脱‐〉、〈非‐〉、等々のように表記されるべきであろう。ここに付加したハイフンの記号（‐）は、〈反‐〉、〈脱‐〉、〈非‐〉が実際に具体的で肯定的な言表作用を言語の本性から抜き取る力能の記号であることを表示している。言い換えると、これらは、言語の表象的体系を〈度合の生成〉のもとで再び作動させる具体的な働きを有しているのだ。こうした意味における否定的な接頭辞、つまり正確に言うと、戦略化された〈抵抗の接頭辞〉は、単なる否定辞ではなく、まさに〈脱化‐辞〉、〈生成‐辞〉、〈分子‐辞〉、等々といった仕方で把握されるべきものである。言い換えると、こうした〈抵抗‐言表〉作用を有する接頭辞は、実はかつての超越概念にとって代わるべき内在性の概念を開始するまさに〈身体の或る頭部〉として理解されるべきものである。

　さて、スピノザの有神論は、徹底した自然主義、すなわち内在性の哲学である。その限りでこの有神論は、むしろ絶対的な〈無‐神〉論であると言うことができる。ここで言う〈絶対的〉とは、信仰や意志といった超越的要素にまったく依拠することなく、自然のうちに内在しうる強さを意味する。人間精神は、こうした意味での〈無‐神〉論者であることの強度をつねにもつ必要があるだろう――まさに人間以外の動物がそうであるように。というのも、超越性という特性で装飾された人間は、実はその背後では自然に従属することの意識を前提とせざるをえないのだ。内在性の哲学は、あらゆる超越への欲望を無‐化することと一つである――超越的な機能を有するあらゆる表象物（人格神、私《コギト》、超越論的主観性、超越的対象、統覚、超越的シニフィアン、欠如、空白、等々）と訣別して、欲望を内在的に使用すること（第四部の〈生活法〉について）。物の自然においては、すべては一定の仕方で存在することしかできず、それゆえ〈必然的に〉あるいは〈強制的に〉存すると言われなければならない（第一部、定義七）。欲望は、自然の諸条件のうちで自由（必然性）と従属（強制性）の両者を具体的に現働化する人間の本質である。多くの事柄を自然の諸条件のもとで考えれば、われわれはそれだけより強く必然性の様相を感じるが、しかし、そこに社会的な諸条件を折り畳んで考えると、われわれは今度はより多くの様相を意識し、それと同時に必然性は〈強制的〉という様相変化のもとで感覚されることになる。必然性は様相の一義性として肯定的な唯一の様相であるが、強制は他の諸様相を前提としたなかで意識される特性である。例えば、ここに現代の資本主義の公理系（＝常識の自己自律化）とこれらを具体的に実現する国家装置（＝常識の自律化）に基づく〈内部性の形式〉が有する条件づけの二様式、つまり二つの従属形態——社会的服従と機械状隷属——が考えられる。[11] この二つの形態は、すでに述べたように、一方では様態としての人間が必然的に無際限な所産的自然のうちに受動的に隷属する様式に、また他方では物の自然が要求する限り自己自身で適応し続けなければならない服従の形式にそれぞれ対応する。能産的自然はたしかに無限に多くの様態に変様するが、しかし人間精神は自己の身体の変様のもとで外部のいくつかの物体（人間、道具、動物、他の自然物、等々）を認識するだけである。人間精神は、外部の物体も自己の身体も自己自身も非十全な仕方でしか知覚することができない。これは、自然における言わば必然的な機械状隷属であり、非十全な実在的領域である。他方で人間精神は、自己を強制的に主体として定立することで、自らを従属的な所産性として理解することなく、むしろ自己自身を自由であると考える。言い換えると、社会的服従とは、まさに前提を欠いた結論のみから構成されるようなこうした人間の生である。スピノザは、これらに対応する従属の諸形態を物の自然における〈人間-様態〉のもとで考えていた。しかし、第一に神あるいは自然が人間精神を構成するだけでなく、無限に多くの個物の観念に変様するという機械状因果系列があり、これによってわれわれは、まさに身体の言表作用という戦略の哲学を形成することができる。第二に神あるいは自然が人間精神のみを構成するという、また神あるいは自然が人間精神のみによって説明されるという非-主体的な十全な原因性があり、これによってわれわれはまさにスピノザの実践の哲学を理解することができるのだ。非十全性の実在論には、単に従属か自由かの対立する二元論などけっして存在せず、またその領域では、無媒介的に区別されるものの〈度合の生成〉が、必然的であれ強制的であれ、すなわち〈より強く必然的であれば、それだけより弱く強制的である〉が産出されるであろう。

注

＊『エチカ』からの引用については、逐一書名の『エチカ』や、扱っている部の番号を入れることはしなかった。例えば、本書の第I部では『エチカ』第三部について考察しているが、『エチカ』第三部定理七を示す場合には「定理七」とした。逆に、第I部で『エチカ』第二部定理一一を示す場合には「第二部、定理一一」とした。また『エチカ』は、*Spinoza Opera II*, im Auftrag der Heidelberger Akademie der Wissenshaften hrsg. von Carl Gebhardt, Carl Winter, 1925を底本としている。

序論

（1）ヨハン・ゴットリープ・フィヒテ『フィヒテ全集4——全知識学の基礎』隈元忠敬訳、哲書房、一九九七年、一〇二頁。また、スピノザ主義がもつ独断論とカントが始めた批判哲学との差異を原動力としたフィヒテ——「裏返しのスピノザ主義」——については、ジョゼフ・モロー『スピノザ哲学』（竹内良知訳、文庫クセジュ、一九七三年、一四四—一五四頁）を参照せよ。

（2）フリードリヒ・ニーチェ『ニーチェ全集11——善悪の彼岸』信太正三訳、ちくま学芸文庫、一九九三年、第一章、四、二一頁。

（3）これは、「非物体的なものの唯物論《マテリアリスム》」という考え方でもある。これについては、拙論「出来事と自然哲学——非歴史性のストア主義について」（エミール・ブレイエ『初期ストア哲学における非物体的なものの理論』所収、江川隆男訳、月曜社、二〇〇六年）を参照されたい。これは、スピノザの哲学においても考えられうる事柄である。というのも、スピノザにおける〈観念〉は、哲学で言われるところのいわゆる「観念論」の基本要素なのではなく、むしろ身体とともに一つの唯物論を形成する非身体的なものとして把握されるべきだからである。

（4）ジル・ドゥルーズ『差異と反復』財津理訳、河出文庫、二〇〇七年、上・三七二頁。

（5）ドゥルーズは、現代の何人かの映画作家について次のように述べている。「ストローブ夫妻、マルグリット・デュラス、ジーバーベルグは、これらの作家の差異が何であれ、まさに一つの視聴覚的な体制を構築する試みにおいて、しばしばひとまとめにされるが、それは正しいのだ」（ジル・ドゥルーズ『シネマ2——時間イメージ』宇野邦一・他訳、法政大学出版局、二〇〇六年、三六八頁）。要するに、単なる一般的な共通性を超えた、価値転換の最小回路の諸転移——ここで言う特異な「ひとまとめに」――が、いくつかの哲学の間でも形成されうるということである。

(6) 今道友信『同一性の自己塑性』、東京大学出版会、一九七九年、一〇九―一一八頁、参照。

(7) ニヒリズムの四つの類型――否定的、反動的、受動的、能動的――については、ジル・ドゥルーズ『ニーチェと哲学』(江川隆男訳、河出文庫、二〇〇八年、二八八―三〇四、三三二―三三九頁)を、またニヒリズムの二つの徹底化――歴史的展開としての、二つの多様体の形成としての――については、拙論「破壊目的あるいは減算中継――能動的ニヒリズム宣言について」(アンドリュー・カルプ『ダーク・ドゥルーズ』大山載吉訳、河出書房新社、二〇一六年、一九五―二一三頁)をそれぞれ参照せよ。

(8) ミシェル・フーコー『快楽の活用』田村俶訳、新潮社、一九八六年、一五―一六頁、参照。

第一講義

(1) 個別性と特異性との差異、あるいは一般性と普遍性との差異については、本書を通してじっくりと概念形成されることを期待したい。またこうした論点も含めて、道徳から倫理を批判的に区別するものとしては、拙著『超人の倫理――〈哲学すること〉入門』(河出ブックス、二〇一三年)を参照されたい。この著作で私は、心身並行論を倫理作用Σ、非意志主義を倫理作用Π、遠近法主義を倫理作用Ψとして、それぞれについて多くの事例を介して、その理説を展開した。

(2) ニーチェは、スピノザの自己保存について次のように批判的に述べている。「変化が止むことはないということは、単なる経験的事実である。それ自体としては、われわれは、或る変化に他の変化が続いて生じなければならないという理由などまったく必要としない。むしろ反対に、――達成された状態は、まさに自らのうちに自己保存を破ろうとする能力がないとき、やむなく自己保存せざるをえないよう見えるのである……。自己保存についてスピノザの命題に従えば、本来は変化の停止が起こらざるをえなかったであろう。しかし、この命題は偽であって、その反対が真である。まさにすべての生あるものにもっとも明瞭に見てとれることは、自己を保存することではなく、自己をより以上のものにするべく全力を尽くすということである……」(ニーチェ『ニーチェ全集 第一一巻(第II期)遺された断想(一八八八年初頭―一八八八年夏)』氷上英廣訳、白水社、一九八三年、14[一二一]、一二五頁)。

(3) ここで用いた〈外延的な時空座標〉と〈強度的な縦座標〉という二つの座標系に関する表現は、以下の著作から借用した(「時空的座標《コオルドネ》」と「強度的縦座標《オルドネ》」)。ジル・ドゥルーズ/フェリックス・ガタリ『哲学とは何か』財津理訳、河出文庫、二〇一二年、三九―四〇頁。

第二講義

（1）この精神と身体の「並行論」という言葉は、ライプニッツが最初に用いたものである。「私は、魂に起きることと物質に起きることとの間の完全な〈並行論〉を確立した。この並行論によって私は次のことを示したのだ。つまり、魂とその働きは、物質とは区別される何らかの事物であるが、しかしその魂は物質的な諸器官をつねにともなっているし、魂の働きの方も、これに対応しなければならないような、諸器官の働きをつねにともなっている。また、このことはその逆も成り立ち、しかもつねにそうなっているだろう、と」（ゴットフリート・ヴィルヘルム・ライプニッツ「唯一普遍的精神の説についての考察」佐々木能章訳、『ライプニッツ著作集（第八巻）前期哲学』所収、工作舎、一九九〇年、一二七頁）。

（2）こうしたスピノザの系譜学的倫理学からフェリックス・ガタリの新たな「主観性の産出」についての構想をかなり的確に理解することができる。「そうであるとすれば、主観性のより横断的な概念を練り上げることは、適切であるようにみえる。この主観性は、社会的で文化的な諸帰結に対して、気質化し領土化した自らの固着（実存的領土〔T〕）と、価値の諸体系に向けた自らの解放（非物体的領界〔U〕）とを同時に引き受けることを可能にするようなものである」（フェリックス・ガタリ『カオスモーズ』宮林寛・小沢秋広訳、河出書房新社、二〇〇四年、一一頁）。この論理は、まさにスピノザにおける三つの認識の様式の間の移行論を改めて反復するような概念を含んでいる。

（3）ドゥルーズは、スピノザの哲学における身体の意義を、ニーチェが企図した、受動科学に対する能動科学に即して次のように述べている。「スピノザは諸科学と哲学に新たな道を開いたのだ。われわれは身体が何をなしうるのかさえ知らない、とスピノザは言っていた。われわれは意識や精神について語り、そういったことのすべてについてお喋りするが、しかしわれわれは、身体が何をなしうるのか、どんな力がそこに帰属しているのかも、またその力が何を準備しているのかも知らないのだ。ニーチェは時が来たことを知っている。「われわれは意識が謙虚になるような局面にいるのだ」。意識に必要な謙虚さを取り戻させること、それは意識をそれが現にそうあるものとして、つまり一つの徴候として捉えることである」。「真の科学は能動性の科学であるが、しかし能動性の科学はまた必然的無意識の科学でもある。科学（science）は意識（conscience）と同じ歩みで同じ方向に進んでいかなければならないというのは馬鹿げた考えである。こうした考えのなかで、ひとは道徳がそそり立っているのを感じるのだ。実際には、意識が存在せず、また存在しえないところにのみ、科学は存在するのである」（ドゥルーズ『ニーチェと哲学』、八八、九三頁）。

（4）「それ〔身体をモデルにすること〕は、身体はわれわれがそれについてもつ認識を超えており、同時に思考もまたわれわれがそれについてもつ意識を超えているということである。身体のうちにはわれわれの認識を超えたものがあるように、精神のうちにもそれに優るとも劣らぬほどこのわれわれの意識を超えたものがある。(…)身体の諸々の力能についての認識を得ようとするのは、同時にそれと並行的に、意識を逃れている諸々の力能を発見するためであり、両方の力能を対比することができるようにするためである。(…)無意識というものが、つまり身体のもつ未知の部分と同じくらい深い思考のもつ無意識の部分がここに発見されるのである」[強調、引用者](ジル・ドゥルーズ『スピノザ――実践の哲学』鈴木雅大訳、平凡社ライブラリー、二〇〇二年、三四―三五頁)。

(5) ニーチェ『ニーチェ全集(別巻4)生成の無垢(下)』原佑・吉沢伝三郎訳、ちくま学芸文庫、一九九四年、[三四三]、一九三頁。

(6) ニーチェ『ニーチェ全集13――権力への意志(下)』原佑訳、ちくま学芸文庫、一九九三年、[六八八]、二一四頁。

第三講義

(1) スピノザ『神、人間及び人間の幸福に関する短論文』畠中尚志訳、岩波文庫、一九五五年、第二部、第一六章「意志について」、一六三頁。「認識は、主体の作用ではなく、精神における観念の肯定である」(ドゥルーズ『スピノザ　実践の哲学』、一六七頁)。

(2) 「或る受動のあるいは或る感情の力は人間のその他の働きあるいは力能を凌駕することができ、そのように感情は執拗に人間につきまとうことになる」(第四部、定理六)。

(3) 「身体的原因から生じる表象力のすべての現われは、けっして未来の物の前兆とはなりえません。そうした現われの原因は、何ら未来の物を含まないからです。これに反して、精神の状態から生じる表象力の現われ、すなわち表象像は、未来の物の前兆となりえます。精神は、未来に起こる何らかの事柄を漠然としながらも予感しうるからです」(『スピノザ往復書簡集』畠中尚志訳、岩波文庫、一九五八年、書簡一七、八八頁)。われわれがここで言う〈希望/恐怖〉の体制は、より多く精神の状態に依拠する限りで過去と未来へと拡大していく〈表象像 - 前兆〉と、これらにともなう諸感情のコード化された反復との意義を有するであろう。

(4) Cf. Pierre Macherey, *Introduction à l'Ethique de Spinoza, La troisième partie, La vie affective*, PUF, 1995, pp. 183-262.

第四講義

（1）これは、クロード・レヴィ＝ストロース（一九〇八―二〇〇九年）によって構造主義の名のもとで二〇世紀において再び発見された「野生の思考」に本質的につながる考え方のように思われる。「野生の思考の特性は、その非時間性にある。それは、世界を同時に共時的通時的に全体として把握しようとする。野生の思考の世界認識は、向き合った壁面に取り付けられ、厳密に並行ではないが、互いに他を映す（そして、間にある空間に置かれた物体をも映す）何枚かの鏡に映った部屋の認識に似ている。（…）野生の思考は、世界像（imagines mundi）を用いて自分の知識を深めるのである。この思考がいくつかの心的建築物をつくり上げるると、それらが世界に似ていればいるほど、世界の理解が容易になる。この意味において、野生の思考を類推の思考と定義することができたのである」（クロード・レヴィ＝ストロース『野生の思考』大橋保夫訳、みすず書房、一九七六年、三一七頁）。しかし、ここで排除されるべきは鏡と類推であり、またそこに絶対に付与されるべきは身体の変様による遠近法的な強度の地図である。こうした〈野生〉をまったくの内在的な無名性――あるいは最小回路――のもとで系譜学的に考える限り、スピノザは、まさに人間の〈野生の身体〉と〈野生の思考〉との並行論を構成しえたと言えるだろう。これは、人間身体と人間精神との間の原初的な、あるいはそれ以上に系譜学的な、つまり価値転換的な表現関係を示している。

（2）「それゆえ、ここでkrinein〔批判すること〕のためには、自分がクリティークの対象に実践的に通じている必要はないが、その技術を統轄する知識はもっていなくてはならない」（今道友信『美の位相と藝術』、東京大学出版会、一九七一年、三七五―三七六頁）。あるいは、今道友信『現代の思想――二十世紀後半の哲学』、放送大学教育振興会、一九八五年、六―七頁、参照。

（3）「このようにしてわれわれは、認識を精神におけるあらゆる感情の最近原因と認める。何故なら、人は、上述したような方法あるいは様式のどれかに基づいて何らかの概念や認識を有しない限り、愛や欲望、あるいは何らかの意志の様態に動かされるということはまったく不可能である、とわれわれは考えるからである」［強調、引用者］（『短論文』、第二部、第二章「臆見、信念、そして明晰な認識とは何か」、一一七頁）。

（4）スピノザ『知性改善論』畠中尚志訳、岩波文庫、一九六八年、［一〇九］、八六頁。

（5）理性知とは、「受動である限りの喜びの感情の集積によってではなく、むしろこの集積を利用しながら、われわれに十全な観念を所有させる真の「跳躍」によってなされるのである」（ジル・ドゥルーズ『スピノザと表現の問題』工藤喜作・他訳、法政大学出版局、一九九一年、二九八―二九九頁）。ここで言われているきわめて古典的な「跳躍」概念は、すべて幾何学的で実在的な〈反転〉として理解されるべきである。

(6)「今日、諸能力の理説が陥っている不評は、しかしながら哲学の体系においてはたしかに必要な部門であるにもかかわらず、こうしたまさに超越論的経験論への無理解によって説明されうるのであって、空しくもこの超越論的経験論の代わりに経験的なものに基づいた超越論的なものの複写がなされていたのである。(…)超越論的経験論は、これに反して経験的なものの諸形象に基づいて超越論的なものを複写することのない唯一の方法である」[強調、引用者](ドゥルーズ『差異と反復』上・三八二―三八四頁)。

(7) ドゥルーズ『差異と反復』上・三六九―三九四頁、参照。

(8) これらの一連の記号論的なテーマについては、拙論「ディアグラムと身体――図表論的《ディアグラマティック》思考の系譜について」(『ドゥルーズ・知覚・イメージ――映像生態学の生成』所収、宇野邦一編、せりか書房、二〇一五年、一七四―一九一頁)を参照されたい。

第五講義

(1) 次のニーチェの言説は、ほぼスピノザと同じ遠近法から言われているものである。「人間の目的を決定しようとする限り、人間の概念が前提とされる。しかし、存在するのは個人だけである。そして、現在までに知られた個人から人間の概念を得るためには、個人性を捨象しなければならない、――したがって、人間の目的を設定することは、個人が個人化することを妨げることであり、個人に一般的になれと命ずることである。個人というものは、むしろ逆に、人間よりも高い種属に到達するための、しかももっとも個人的な手段を用いての試みではないのか。私の道徳は、人間からその一般的性格を徐々に奪い、人間を特殊化することであり、或る程度まで、或る人間を他の人間にとって不可解なものにすることである(そして、そのことによって体験や驚嘆や学びの対象にすることである)」[強調、引用者](ニーチェ『ニーチェ全集 第一一巻(第Ⅰ期)遺された断想(一八八〇年初頭―八一年春)』恒川隆男訳、白水社、一九八一年、6[一五八]、三〇八頁)。

第六講義

(1) 福居純『スピノザ「共通概念」試論』、知泉書館、二〇一〇年、四五頁。

(2) ジル・ドゥルーズ『スピノザ　実践の哲学』、九九―一〇〇頁。また、「第二講義」の注(3)も参照せよ。

(3) ドゥルーズ『スピノザ　実践の哲学』、一〇二―一一一、二二五―二三五頁、『スピノザと表現の問題』、二九五―三〇四頁、参照。

（4）ドゥルーズ『スピノザと表現の問題』、二九六頁。

（5）ピエール＝フランソワ・モローは、この点について次のように述べている。受動感情の力に対して理性は、あまりに弱く、ほとんど無力である、と。何故なら、「われわれは、より善きものを見ながら、より悪しきものに従う」からである（『エチカ』のなかに三度出てくる、ローマの詩人、オヴィディウスの言葉）。第四部で描かれた、理性に導かれた人間の行為は単に一つのモデルにすぎず、それゆえこうしたモデルは「人間が自由になるためにはけっして充分ではない」。たしかにスピノザは理性に信頼を置いているが、それは、「理性が全能だからではなく、むしろ理性よりも優れているものや理性以上の能力をもっているようなものが何もないからである」。さらに、このように制限された理性に対する人間の自由の仕上げが、まさに最後の直観知としての「神に対する愛」である、と言われる（『スピノザ入門』松田克進・樋口善郎訳、文庫クセジュ、白水社、二〇〇八年、一〇九―一一一頁、参照）。モローのこうした理解は、或る意味できわめて弁証法的であり、その限りで道徳的な展開の平面に帰属した解釈であると思われる。モローによれば、理性に導かれることの意義は、「感情に対する絶対的支配力という幻想を放棄すること」であり、また「感情を部分的に制御すること」である（同書、一一一頁）。放棄や制御といった仕方で描き出されるこうした理性は、両義的であり、まさに弁証法的で道徳な後味に溢れている。

（6）ドゥルーズ『スピノザ　実践の哲学』、一一〇―一一一頁。

（7）「後悔とは、われわれが精神の自由な決意によって為したと信ずる或る行為の観念をともなった悲しみである」（第三部、諸感情の定義二七）。

第七講義

（1）スピノザは、こうした様相をより簡潔に次のように定義している。「私が不可能と呼ぶのは存在することがその本性に矛盾するもの、必然と名づけるのは存在しないことがその本性に矛盾するもの、可能というのは存在するとしても存在しないとしてもそのものの本性上矛盾がなく、むしろその存在の必然性あるいは不可能性は、その存在をわれわれが虚構している間はわれわれに知られることのない諸原因に依存するもののことである。だから、もし外部の原因に依存するその必然性あるいは不可能性がわれわれに知られたとすれば、われわれはそれについて何事も虚構することができなくなる」（スピノザ『知性改善論』、［五三］、四三頁）。「虚構」（fictio）は、可能性の様相だけに関わることができる。つまり、人がたとえその物の必然性や不可能性について言及したとしても、ほぼ知られていない原因に依拠してそのことが言われているとすれば、それは、まさに可能性を用いて虚構された観念や知覚以外の何ものでもないということである。

(2)「人が〈持続〉を抽象的に考えて、これを〈時間〉と混同し、そしてこれを部分に分割し始めるとしたら、彼は、例えば、或る時間がどのように過ぎ去りうるのかをけっして理解しえないでしょう」(『スピノザ往復書簡集』、書簡一二、六五頁)。

(3) スピノザ『形而上学的思想』畠中尚志訳、岩波文庫、一九五九年、一七九頁。ここで言われている「一定の確実な運動を有する他の物の持続」とは、一定の循環する運動を数えることによって成立するアリストテレス的な時間概念のことである。

(4)『スピノザ往復書簡集』、書簡一二、六五頁。

(5)「人間身体をかつて刺激した外部の物体がもはや存在しなくても、あるいはそれが現在しなくても、精神はそれをあたかも現在するかのように観想しうるであろう」(第二部、定理一七、系)。

(6) ドゥルーズは、哲学のさまざまな領域で大いに機能してきた〈個別性‐一般性〉の思考を批判して、ここから〈特異性‐普遍性〉の基礎概念を形成した。例えば、これについて次のように言われる。「反復が存在するのであれば、反復は、一般的なものに反する或る特異性、個別的なものに反する或る普遍性、通常なものに反する或る特別なもの、変化に反する或る瞬時性、恒久性に反する或る永遠性を表現している」(ドゥルーズ『差異と反復』、上・二四頁)。この存在すると言われる「反復」という言葉の代わりに、例えば、ここで問題となっている「感情」を入れたら、つまり反復を一つの具体性をもった〈感情‐反復〉として考えたらどうなるであろうか。もう一つだけ使用事例を挙げておく。「ヘーゲルは、理念《イデア》における特異なものと普遍的なものとの真の関係の代わりに、個別的なものと概念一般との抽象的関係を利用している。(…)したがって、彼は、諸理念をドラマ化する代わりに、いくつかの概念を表象化する。つまり、彼は、贋の演劇、贋のドラマ、贋の運動をつくるのである」(同書、四二頁)。ただし、注意されたい。特異性は、物の特殊性や個性などではない。つまり、それは、物の個体的差異などではない。こうした〈個別性‐一般性〉(particularité - généralité)と〈特異性‐普遍性〉(singuralité - universalité)の差異、あるいはその基本的原理については拙著『存在と差異——ドゥルーズの超越論的経験論』(知泉書館、二〇〇三年)を、またその具体的な諸事例については前掲書『超人の倫理』をそれぞれ参照されたい。

(7) ニーチェにおける〈偶然の必然〉という思考には、不可能性あるいは必然性についてのもっとも深い潜在的な観念が含まれている。偶然性は、あまりに無垢である。こうした偶然性は、それ自体ですでに肯定されているが、あまりに希薄である。それは、実は不可能性に裏打ちされた必然性のもとで肯定されるべきものではないのか。「ひとたび投じられた骰子は偶然の肯定であり、骰子が落下することによって形成される組合せは必然の肯定である」(ドゥルーズ『ニーチェと哲学』、六五頁)。

(8) ジル・ドゥルーズ/クレール・パルネ『ディアローグ――ドゥルーズの思想』江川隆男・増田靖彦訳、河出文庫、二〇一一年、二四九―二五六頁、参照。「現働的なものと潜在的なものの関係はつねに一つの回路を構成するが、それは二つの仕方においてである。すなわち、〔1〕或る場合には、潜在的なものが現働化されるような巨大回路のなかで、現働的なものが〔自らとは〕別のものとしての潜在的なものに向かうという仕方で、〔2〕或る場合には、潜在的なものが現働的なものと結晶化するような最小回路のなかで、現働的なものが自分自身の潜在的なものとしての潜在的なものに向かうという仕方で」(同書、二五六頁)。この二つの回路を区別することは、現代において新たな哲学的思考を促すことになる。というのも、どんな問題であれ、その最小回路を見出すこと――巨大回路を解体すること――は、もっとも問う力能をもった強度的部分に思考が触れることになるからだ。

(9) 「それゆえ、精神の自由な決意〔命令〕から話したり黙っていたり、あるいはその他のいろいろなことを為すと信じる者は、眼を開けながら夢を見ているのである」(第三部、定理二、備考)。

(10) Cf. Pierre Macherey, *Introduction à l'Ethique de Spinoza, La quatrième partie, La condition humaine*, PUF, 1997, pp. 438-440.

(11) これは、すでに述べたように、〈希望/恐怖〉の体制に全面的に依拠したような人間の共同社会のうちで、いかにして脱-表象的な能動感情――言わば〈勇気/寛容〉の体制――を所有しうるかという問題提起である。「ところで私は、〈勇気〉とは各人がただ理性の指図に従ってのみ自己の有を維持しようと努める欲望であると解する。これに対して、〈寛容〉とは各人が理性の指図に従って他の人間を助け、またこれと友情で結びつこうと努める欲望であると解する。それゆえ私は、行為者の利益のみを意図する行為を〈勇気〉に帰し、他者の利益をも意図する行為を〈寛容〉に帰する」〔強調、引用者〕(第三部、定理五九、備考)。

第八講義

(1) ルネ・デカルト『方法序説』第五部、あるいは『感情論』第一部、一〇、一一、三一―三五、参照。

(2) これは、〈観念〉と〈観念の観念〉との間には、理性上の区別しかないことを示している。この区別については、この第五部の定理三の証明に加えて、第二部の定理二一と備考、第四部の定理八の証明をとくに参照されたい。

（3）スピノザのこの思考は、先に述べた、理性によって受動感情なしに同じ触発を得ることとともに、実は次のような事柄へとつながっていくこともある。「麻薬やアルコールの物質の使用を限定する社会的疎外の技術が探求の革命的手段に転ずるならば、麻薬やアルコールの効果（あるいはそれらの「啓示」）が、それらの物質的使用とは独立に、世界の表面でそれ自身として再び体験され取り戻されうるだろうという希望を捨てることはできない。バロウズはこの点について異様な文章を書いているが、それは〈大いなる健康〉の探求、われわれなりの敬虔的（pieux）な在り方を表わしている」［強調、引用者］（ジル・ドゥルーズ『意味の論理学』小泉義之訳、河出文庫、二〇〇七年、上・二八〇頁）、「麻薬を使わないでトリップすること。ヘンリー・ミラーの実験のように、ただの水で酔っぱらうこと」（ジル・ドゥルーズ／フェリックス・ガタリ『千のプラトー』宇野邦一・他訳、河出文庫、二〇一〇年、上・三三九頁）。

（4）「追従（ambitio）とは、名誉（gloria）に対する過度の欲望のことである」（第三部、諸感情の定義四四）。追従、すなわち名誉欲は、きわめて重要な感情である。というのも、この欲望は、スピノザによれば、あらゆる感情を育むと同時に、強化する感情だからである。スピノザは、「この感情は、ほとんど征服できないものである」とさえ述べている。何らかの欲望に囚われているとするなら、その人間は、また同時にこの追従（＝名誉欲）という感情にも囚われていることになる。他の人々に気に入られようとする欲望は、受動のもとでは、不和や分裂さえ引き起こすようなこの追従（＝名誉欲）となる。それは、まさに「偽りの敬虔の表象像」であることに間違いない（第四部、付録、第二五項）。しかし、この感情は、派生欲望のなかでももっとも本質的な欲望である。というのも、これに対応する能動感情は「敬虔」（pietas）であり、それは「理性に従って生活することから生じる〈善《よいこと》〉を為そうとする欲望」（第四部、定理三七、備考一）だからである。

反転

追従（＝名誉欲）←→敬虔

（受動性）　　（能動性）

（5）ドゥルーズは、この定理をスピノザが初めて示した共通概念の形成の秩序あるいはその発生の過程であると述べている（ドゥルーズ『スピノザ　実践の哲学』、一〇六頁）。喜びと悲しみという思考力能の相反する移行方向は身体のプラグマティックにおいてはともに肯定されるが、これに反して、「人間本性の型」により接近するに際しては、喜びの移行は〈より完全〉と呼ばれ、悲しみの方向は〈より不完全〉と呼ばれたことを思い起こされたい（第四部、序言）。

第九講義

（1）ニーチェ『ニーチェ全集9――ツァラトゥストラ（上）』吉沢伝三郎訳、ちくま学芸文庫、一九九三年、第二部、「至福の島々で」、一五一頁。

（2）この備考を詳細に論じたものとして、鈴木泉「「私たちは自らが永遠であることを感得し、経験する」――スピノザにおける内在性の哲学の論理と倫理の一断面」（『哲学を享受する（東洋大学哲学講座・第四巻）』、東洋大学哲学科編、知泉書館、二〇〇六年、一八一―二〇六頁）があるので、ぜひ参照されたい。

（3）「〈移行《パサージュ》〉は、もはや現われにすぎない」（ドゥルーズ『スピノザと表現の問題』、三二六頁）。この移行は、喜びの感情がもつ特質である。もはやそうした移行は外的な現われにすぎず、直観知から生起する喜びの感情、つまり至福だけが本質の触発の名に値するということである――「もし喜びがより大きな完全性への移行に存するとすれば、至福は実に精神が完全性そのものを所有することに存しなければならない」［強調、引用者］（定理三三、備考）。喜びの感情が表現するこの移行を或る意味で前提とする共通概念の形成の秩序は、物の存在の外在的な在り様からその本質の内包的な在り様を指示する機能を有するであろう。すべての物に共通な或るものはけっして個物の本質を構成しない以上（第二部、定理三七）、たしかにその概念も、同様にけっして個物の本質についての理解の様式とはならない。しかしながら、共通概念は、第三種の認識における能動的欲望の最近原因となりうる限りで、まさにその本質の強度的部分を指示する機能を有すると言える。

（4）こうした度合の表現は、何よりもカントの「内包量」の定義が有名である。「すべての現象において、感覚の対象である実在的なものは、内包量、すなわち度合を有する」（イマヌエル・カント『純粋理性批判』篠田英雄訳、岩波文庫、一九六一年、上・二四一頁［B207］）。あるいは、「無際限な質的生成における反対のものの共存、つまり〈より多いもの〉と〈より少ないもの〉との共存こそが、思考せよと強いるものの記号あるいはその出発点を構成している」（ドゥルーズ『差異と反復』、上・三七七―三七八頁）。

（5）「われわれの憎む者に対して害悪を加えようとする努力は、怒りと呼ばれる。またわれわれに対して加えられたが害悪に報いようとする努力は、復讐と称される」（第三部、定理四〇、系二、備考）。怒りと復讐は、こうした努力である以上、ともに欲望である（第三部、諸感情の定義三六、三七、参照）。

（6）こうした問題については、とりわけ拙著『死の哲学』（河出書房新社、二〇〇五年）を参照されたい。本書ではこれと同様の問題が、至るところで多様な仕方――例えば、至福に対する残酷、移民に対する絶対的難民、残酷演劇におけるアルトー問題、死の分裂症化、無力能の肯定、別の身体へ、等々――で論究されている。

（7）ニーチェ『ニーチェ全集2――悲劇の誕生』塩屋竹男訳、ちくま学芸文庫、一九九三年、例えば、三一―四二、七三―八二頁、参照。

（8）身体のこうした三つの変様の仕方については、拙著『超人の倫理――〈哲学すること〉入門』（河出書房新社（河出ブックス）、二〇一三年、一〇一―一一六頁）のなかでわかり易く論じているので、ぜひ参照されたい。

（9）「別の身体へ」あるいは「より多くのことに有能な身体」、「幼児期の身体」あるいは「大人になること」、等々については、同様に拙著『死の哲学』（とりわけ一〇四―一一六頁）を参照されたい。

第九講義　附録

（1）ジル・ドゥルーズ『批評と臨床』守中高明・谷昌親訳、河出文庫、二〇一〇年、二八五―三一二頁、参照。「『エチカ』は、内容であるだけでなく、表現の形相でもある三つの要素を提示している。すなわち、〈記号〉あるいは被情動態《アフェクト》、〈概念《ノシオン》〉あるいは被概念態《コンセプト》、〈本質〉あるいは被知覚態《ペルセプト》」（同書、二八六頁）。この三つの要素については、すぐ後で論じることになる。

（2）内部性の形式（国家装置）と外部性の形相（戦争機械）は、一つの戦略哲学を問題提起している。「これら〈専制君主と立法者、ヴァルーナとミトラ、結ぶ者と組織する者、等々〉は、国家装置の主要な諸要素であり、〈一‐二〉によって作用し、二項の区別を配分し、内部性の環境を形成する。これは、国家装置を一つの地層にする二重分節である」。これに対して「戦争機械それ自身に関して言うと、それは、まさに国家装置に還元不可能であり、国家の主権の外部にあり、国家の法に先行するように思われる。すなわち、戦争機械は、他の場所からやってくるのだ。戦いの神インドラは、ヴァルーナにもミトラにも同様に対立する。インドラは、これら二神のどちらかに還元されることはないし、第三の神を形成するわけでもない。インドラとは、むしろ純粋な尺度なき多様体のような、群れのようなものであり、かげろうの侵入であり、変身の力能であろう。インドラは、結びを解くと同時に、契約を裏切るのである」（ドゥルーズ／ガタリ『千のプラトー』、下・一四頁）。

(3)「芸術は保存し、また保存されるこの世界で唯一の物である。芸術は、石、画布、化学塗料などの支持体や材料よりも長くは持続しないにもかかわらず（事実問題）、自己において保存し、また保存される（権利問題）」（ドゥルーズ／ガタリ『哲学とは何か』、二七四頁）。ということは、芸術作品として認識されていない物、言い換えると、日常のなかの非解釈的な事物とは、こうした事実問題と権利問題が未分化の状態にあり、それゆえ結果的に、その境界が一致しているもののことである。あるいはそこには、現働的な事実問題において不活発な仕方で権利問題が潜在的なものとして含まれている。

(4) ドゥルーズ／ガタリ『哲学とは何か』、二七五頁。翻訳では、「概念《コンセプト》」、「変様態《アフェクト》」、「被知覚態《ペルセプト》」という訳語がそれぞれに用いられているが、後で述べるように、これらはすべて観念の対象性あるいは想念的有に関わるものである。したがって、〈percept〉を「被知覚態」と訳したのであれば、〈concept〉を「被概念態」、〈affect〉を「被感情態」あるいは「被情動態」とすべきであろう。

(5) スピノザにおける持続の相のもとでの永遠であることの感覚や経験と同様の事柄をドゥルーズ＝ガタリは、次のように述べている。「権利上保存されるものは、単に事実上の条件だけを構成するような材料《マテリアル》ではない。しかし、この条件が充たされる限り（画布、色彩あるいは石が粉々にならない限り）、自己において保存されるのは、被知覚態あるいは被情動態である。たとえ材料が二、三秒しか持続しなくても、その短い持続とともに共存する永続性のなかで存在し、それ自体において保存される能力を、材料は感覚に与えるだろう。材料が持続する限りにおいて、感覚がそうした時間そのものの間で享受するのは、まさに或る永遠性である」（ドゥルーズ／ガタリ『哲学とは何か』、二八〇頁）

(6) これについての論考は、拙論「最小の三角回路について――哲学あるいは革命」（『Hapax』、vol. 7, 夜光社、二〇一七年、一一六―一三〇頁）も参照されたい。

第一〇講義

(1) ドゥルーズは、これらを「論理学的構成」と「自然学的合成」と言っている。「様態の発生は自然学的合成に関わり、実体の系譜は論理学的構成に関わる。スピノザがその着想を得ているホッブスの表現に帰るなら、前者は「発生するものの記述」であり、後者は「発生の記述」である」（ドゥルーズ「スピノザとゲルー氏の一般的方法」小泉義之訳、『無人島 1969-1974』所収、河出書房新社、二〇〇三年、一六頁）。

(2) スピノザ『神、人間及び人間の幸福に関する短論文』、第一部、第七章「神に属さない属性について」（九九―一〇三頁)、参照。「哲学者たちは、神を次のように定義している。自己自身からあるいは自己自身によって存在する実有、万物の原因、全知、全能、永遠、単純、無限、最高善、無限なる慈悲者、等々、と」。「われわれの見るところでは、彼らは、そのなかで何らかの属性(Attributa)を、すなわち物(神)の何であるかを認識させる属性をわれわれに示していない。ただ若干の特性(Propria)を、すなわち或る物に属するが、その物の何であるかをけっして説明しない特性を示しているにすぎないのだ」(同書、一〇〇、一〇一頁)。

(3) 本書とはその理解の仕方は異なるが、次に挙げる著作は、属性を実体の「ダイアグラム」として捉えようとしている。松田克進『スピノザの形而上学』、昭和堂、二〇〇九年。

(4) 『スピノザ往復書簡集』、書簡五六、二六一頁。

(5) 「大地は皮膚をもっている。そして、この皮膚は、さまざまな病におかされている。これらの病の一つは、例えば、「人間」と呼ばれる」(ニーチェ『ニーチェ全集9――ツァラトゥストラ(上)』、第二部、「大いなる出来事について」、二三七頁)。

第一一講義

(1) スピノザ『神、人間及び人間の幸福に関する短論文』、第一部、第七章「神に属さない属性について」、一〇一頁。

(2) 実在性と完全性は、同じものとして解される(第二部、定義六)。「完全性」は物の存在を定立するが、これに対して「不完全性」は物の存在を排除する。絶対に無限な実有について、つまり「絶対的完全性」を含む神の存在についてほど確実なものはないだろう(定理一一の備考、参照)。

(3) スピノザ『知性改善論』、[九五]、七五頁。

(4) スピノザ『知性改善論』、[九五]、七五―七七頁、参照。

(5) 「遠隔原因」(causa remota)とは、或る結果を産出するためにいくつかの媒介物を必要とするような原因のことである。これに対して、「最近原因」(causa proxima)とは、或る結果に対していかなる媒介もなしにそれを直接に産出するような原因のことである(定理二八、備考、参照)。

第一二講義

(1) ドゥルーズ『スピノザと表現の問題』、九四―一〇八頁、参照。「神は、存在するのと同じように産出する。すなわち、神は、必然的に存在するから、必然的に産出するのである」、「したがって、産出の必然性の原理は、二重の一義性に関わる。一つは原因の一義性（univocité de la cause）。つまり、神は、自己原因であるのと同じ意味においてあらゆる物の原因である。もう一つは属性の一義性（univocité des attributs）。つまり、神は、その本質を構成する同じ属性によって、また同じ属性のうちで産出する」（同書、九五、九八頁）。つまり、属性によってその本性が構成される実体は、その同じ属性のうちで様態を産出するのである。言い換えると、構成と産出は、唯一同一の意味で神の存在そのものである。したがって、スピノザにおける存在の一義性は、まさに〈属性の一義性〉になるのだ。

（2）「あなたがそんなことを言うのは、超越的原因のみを知っていて、内在的原因を知らないからである。内在的原因は、けっして物を自己自身の外に作りはしないのだから。例えば、知性は、その諸概念の原因である」（スピノザ『短論文』、七九頁）。

（3）ジャン＝ポール・サルトル『実存主義とは何か』伊吹武彦訳、人文書院、一九八四年、一三頁、参照。サルトルは、さらに人間の定義についての次のように述べている。「実存主義が考える人間が定義不可能であるのは、人間が最初は何ものでもないからである。人間は後になって人間になるのであり、人間は自らがつくったところのものになるのである。このように、人間の本性は、存在しない。その本性を考える神が存在しないからである」［強調、引用者］（同書、一七頁）。

（4）〈関係〉概念には、およそ〈関係‐連関〉（relation）と〈関係‐比〉（rapport）という二つがある。端的に言うと、前者は関係する項を先に考える場合の関係概念であり、後者はむしろ関係する項に先立って考えられるような関係そのものの概念である。前者から後者への移行は、例えば、一般的には実体主義から関係主義へ、あるいは主体性の形而上学から構造主義的な脱主体性論へといった文脈で根本的に機能するように思われる。しかし、スピノザにあるのは、この二つの関係の仕方を度合化することである。両者は、けっして相互に無媒介な関係にあるのではなく、すでに述べたような、度合の生成のもとに存する〈より多く〉と〈より少なく〉との間の逆比例の相関関係のうちにある（第五部の定理四〇と「第九講義」を参照せよ）。

（5）『スピノザ往復書簡集』書簡六四、二八五頁、参照。

（6）この有限様態の作用原因の在り方（自然の共通の秩序）は、『エチカ』では何度も参照され用いられる。意志の場合（第一部、定理三二、証明、第二部、定理四八）、観念の場合（第二部、定理九）、身体の持続的存在の場合（第二部、定理三〇、証明）、物体の運動の場合（第二部、定理一三の後の補助定理三）、〈観念の観念〉の場合（第二部、定理二一、備考）、永遠なる思惟様態の場合（第五部、定理四〇、備考）、等々。

（7）佐藤一郎『個と無限――スピノザ雑考』、風行社、二〇〇四年、一―六六頁、参照。これは、この二つの因果関係についての先行する諸解釈を通して、スピノザのテクストを詳細に検討することによって、きわめて重要な整合的読解が提示されている著作である。

（8）様態においてのみ存立しうる言わばこうした〈結晶的並行論〉については、拙著『アンチ・モラリア――〈器官なき身体〉の哲学』、河出書房新社、二〇一四年、二一一―二二〇頁を参照されたい。

第一三講義

（1）アリストテレス『形而上学』出隆訳、岩波文庫、一九五九年、986a22-b8, 上・四二頁、参照。

（2）『エチカ』の第一部のとりわけ定理一六では無限知性（思考属性の直接無限様態）という形相的有についての言及があるが、そこではこれに相関する、つまりあくまでも無限知性が有する想念的有としての〈神の観念〉が想定されている。また同部の定理三〇においては、形相的知性に対応するその想念的有に関して次のような言表が為される――「現実に有限な知性も、現実に無限な知性も、神の属性と神の変様を把握しなければならない。そして、これ以外の何ものも把握しない」（定理三〇）、「知性のうちに想念的に含まれているものは、必然的に自然のうちに〈形相的に〉与えられていなければならない」（定理三〇、証明）。第二部では、明確にこの二つの有は、次のように言われる――「例えば、自然のなかに〈形相的に〉存在する円と、神のなかにあるこの存在する円の観念〈想念的有〉とは、同一物である」（定理七、備考）。

（3）属性のこの二つの類型についての論究も含めて、スピノザにおける属性の諸問題を契機とした〈脱-属性化〉という思考、あるいは神におけるこの二つの並行論が潜在的に有するきわめて生産的な問いを展開したものとして、あるいは端的にスピノザの『エチカ』とドゥルーズ＝ガタリの哲学とを言わば脱-構築的に二一世紀の〈倫理学＝自然学〉として再構成したものに拙著『アンチ・モラリア――〈器官なき身体〉の哲学』がある。

（4）ドゥルーズ／ガタリ『哲学とは何か』、七〇―七一頁。「内在が、スピノザ的な実体と様態に関係づけられるというのではなく、反対に実体と様態というスピノザ的な概念の方が、それらの前提として内在平面に関係づけられるということである。この平面は、延長と思考というその二つの面を、あるいは正確に言うと、〈存在する力能〉と〈思考する力能〉という二つのその力能をわれわれに差出すのである」（同書、八七―八八頁）。

第一四講義

(1) ドゥルーズ『スピノザと表現の問題』、一二二頁。

(2) 「各々の物は神の無限知性のうちでは無数の仕方で表現されますが、しかし、この表現された無数の観念は、或る一個物の単一の精神を構成することができず、無数の異なった精神を構成するのです」(『スピノザ往復書簡集』、書簡六六、二八七頁)。

(3) ここから無限知性の分裂的総合の問題が生起するが、これについては、拙著『アンチ・モラリア』(一三二―一七六頁)を参照されたい。ここでは、神の力能の発生と諸属性の系譜とを総合的に論究するための方法論として、無限知性の分裂症化(あるいは分裂的総合化)が一つの論点となる。また、思考属性がもついくつかの特権性については、同書のとくに注(Ⅱ)の(3)(一七七―一七八頁)を参照されたい。

(4) マルシャル・ゲルー(一八九一―一九七六年)は、この系の二つの部分――明示された部分、すなわち〈α〉と〈β〉――からさらにそこに含意された二つの言明を指摘することで、四つの言説を区別している。すなわち、(1)われわれがここで〈α〉と記した部分。(2)この〈α〉部分の帰結の反対対当の言明。(3)われわれがここで〈β〉と記した部分。(4)この〈β〉部分の帰結の反対対当の言明。(1)と(3)はこの系で明示されているものであるが、(2)と(4)はこれらに含意されたものである。つまり、(1)「われわれが、人間精神がこのものあるいはあのものを知覚すると言うとき、それは、神が無限である限りにおいてではなく、神が人間本性によって説明される限りにおいて、あるいは神が人間精神の本質を構成する限りにおいて、神がこのあるいはあの観念をもつと言うことにほかならない」(定理一一、系)。(2)「神が人間精神を構成する限りにおいてではなく、きわめて多くの他の観念に変様した限りにおいて、人間精神の観念を有し、あるいは人間身体を認識する。言い換えると、人間精神は、人間身体を認識しない」(定理一九、証明)。(3)「神が人間精神の本性を構成する限りにおいてのみでなく、神が人間精神と同時に他の物の観念を有する限りにおいて、神がこのあるいはあの観念をもつと言うとき、それは、われわれが物を部分的にあるいは非十全に知覚すると言う」(定理一一、系)。(4)「神が無限である限りにおいてではなく、また神がきわめて多くの個物の観念に変様した限りにおいてでもなく、神が単に人間精神の本質を構成する限りにおいて、神の知性自身のなかに神を原因とする或る観念がある」という場合に、それは、「人間精神のうちに十全な観念から精神のうちに或る観念が生じる」ということである(定理四〇、証明)。ゲルーの見解を簡単にまとめてみよう。(1)は、言わば人間精神が物を知覚あるいは認識するための存在論的条件だと言える。言い換えると、これは、十全であれ非十全であれ、人間の認識の可能性の条件である。これに対して、(2)は、人間精神が物を知覚あるいは認識することが不可能になる条件である。(3)は、人間精神が物を非十全に知覚する条件である。(4)は、人間精神が物を十全に知覚する条件である（Cf. Martial Gueroult, *Spinoza II: L'âme (Éthique, II)*, Aubier-Montaigne, 1974, pp. 118-128）。また、ゲルーのこうした解釈については、福居純『スピノザ『エチカ』の研究』（知泉書館、二〇〇二年、一一八—一一九頁）を参照せよ。

（5） この人間精神が無限知性に内在する〔α〕部分と〔β〕部分は、言い換えると、人間が自然のうちに服従あるいは隷属する仕方でもある。したがって、自然のなかに存在する限りでの国家や資本、社会や共同体も、実際には必然的にこうした自然における従属の二つの仕方を、程度の差異こそあれ、転写し複写した限りでの支配体系を形成せざるをえないであろう。例えば、ドゥルーズ＝ガタリは、こうした意味での従属の二つの類型——「機械状隷属」（asservissement machinique）と「社会的服従」（assujettissement social）——を提起している。まず機械状隷属は、「人間自らが、上位の統一体による管理と指揮のもとで、人間同士で、あるいは他のもの（動物や道具）とともに合成する機械の構成部品になっている場合に現われる」。次に社会的服従は、「上位の統一体が、動物であろうと道具であろうと機械であろうと、外部のものとなった対象に関わる主体として人間を構成するときに現われる」［強調、引用者］（ドゥルーズ／ガタリ『千のプラトー』、下・二二五頁）。つまり、自然における〔α〕部分を権力形態のうちに転移したものが「社会的服従」の構成であり、また〔β〕部分を転写したものが「機械状隷属」の変様態であると言える。ここでゲルーが定理一一の系に関して分類していた〔α〕部分の反対対当（前の注を見よ）は、まさにこの人間を主体化することの意義であり、社会的服従に転写される以前の自然従属の形態の一つにほかならない。人間を主体として構成することは、人間精神を存在の中心とし、身体を単なる物財とすることである。それは、まさに人間身体を認識しないのだ。これに反して〔β〕部分は、人間身体を機械とともに機械状に連結し組織する支配形態に転写される。この限りで機械状隷属は、人間身体が内在する非十全な実在性の領域のほとんどで存在する。ここでの諸身体の機械状接続、つまり諸身体の実質的な作動配列は、まさに非十全で実在的な諸力能の平面を織りなす。したがって、ドゥルーズ＝ガタリは、むしろ「こんな機械状隷属にさえ、あるいはここにこそ、決定不可能な命題や運動が溢れている」［強調、引用者］（同書、二四四頁）と言うのである。要するに、こうした諸身体の非十全な実在的領域に内在する決定不可能な定理と備考を通過しない闘争——あるいは十全な観念の所有——は、けっして存在しえないということである。

（6） これらの点に関しては、拙著『超人の倫理』（とくに心身の並行論に基づく「倫理作用Σ《シグマ》」を論じた、七一—一一六頁）を参照されたい。

（7）ピエール＝フランソワ・モロー『スピノザ入門』、一五七―一五八頁、参照。

（8）観念の表現的形相と言葉の表象的形式との違いについては、拙論「ディアグラムと身体――図表論的《ディアグラマティック》思考の系譜について」（『ドゥルーズ・知覚・イメージ』所収、一七四―一九一頁）を参照されたい。

（9）これについて無媒介的区別を否定的な意味で強調する言説は、例えば、次のようなものになる。「これは取りも直さず、「努力」ないし「衝動」は、おのれの肯定するものも、またおのれがそのような肯定であることも、十全な観念としては何も知らないということを意味している。「衝動」とは、おのれの真理から隔離された肯定なのだ」、「主体の精神とは、諸観念のセリー上で主体の身体の観念（およびその観念の観念）の位置を占めている限りでの神のことである。神はその位置を占めて人間精神となることで、自分自身および外部物体の十全な認識に必要な前提諸観念のセリーから遮断され、この認識を失う。これはそうした認識からのまったき排除である」［強調、引用者］（上野修『デカルト、ホッブズ、スピノザ』、講談社学術文庫、二〇一一年、一二六、一二七―一二八頁）。しかしながら、こうした〈隔離〉、〈遮断〉、〈消失〉、〈排除〉とは別の仕方で無媒介的区別――〈含む〉と〈表現する〉との間の区別――を示すこともできる。「問題は、もはや精神（身体の観念）ではなく、精神のうちで生起するもの（精神のうちで生起するものの観念）である。さて、こうした意味において、諸観念をわれわれは有する。というのも、こうした〔身体の〕変様は、神が有する他の諸観念から独立して、神がわれわれの精神のみによって説明される限りにおける神のうちに存するからである。したがって、こうした諸観念は、われわれのうちに存する。（…）所与は、ここでは諸物体の認識と身体の認識と自己の認識との間の、もっとも親密でもっとも活き活きとした、またもっとも混乱した関係として現前する」、「おそらくわれわれの変様の諸観念は、それらの固有の原因、つまり外部の物体の想念的本質を「含んでいる」。しかし、そうした諸観念は、それを「表現すること」も、「説明すること」もない。同様に、変様の諸観念は、われわれの認識する力能を含むが、しかしその力能によって説明されず、偶然を示しているのだ。まさにこの場合に、「含む」という言葉は、もはや「説明する」あるいは「表現する」に相関する言葉ではなく、むしろこれらの言葉と対立する。というのも、それは、われわれがその観念を有する変様において外部の物体とわれわれの身体との混合を指示しているからである」（ドゥルーズ『スピノザと表現の問題』、一四六―一四七、一四七―一四八頁）。これらの二つの観点に対して、本書においては、非十全な認識を第三の観点のもとで、つまり〈度合の生成〉のもとできわめて肯定的な位相として把握すべきだと考えている。

第一五講義

(1)「非十全で混乱した観念は、十全なあるいは明晰判明な観念と同じ必然性をもって生じる」(第二部、定理三六)。

(2)「すべての物体は、いくつかの点において一致する」(定理一三の後の補助定理二)。すべての物体は、延長物という点で、つまり同じ延長属性の概念を含むという点で一致する。さらに言うと、すべての物体は、直接無限様態としての〈速さと遅さ〉あるいは〈運動と静止〉を有する限りで一致する(補助定理二、証明)。

(3)「共通概念は、つねに存在する諸様態における合成の相似性の観念である。(…)実際に、共通概念は、大きく二種類に区別されるであろう。もっとも一般性の小さい(しかしながらもっとも有益な)共通概念は、直接的に、またそれらに固有の視点から一致する諸物体の間の合成の相似性を示すような概念である。(…)他方の極では、もっとも一般性の大きい共通概念は、合成の相似性あるいは共通性を示すとしても、それらに固有の視点からではなく、きわめて一般的な視点から一致する諸物体の間の合成の相似性あるいは共通性である」(ドゥルーズ『スピノザと表現の問題』、二八九—二九〇頁)。

(4) アンリ・ベルクソン『意識に直接与えられたものについての試論——時間と自由』合田正人・平井靖史訳、ちくま学芸文庫、二〇〇二年、九〇—九二頁、参照。

(5) ドゥルーズ『スピノザ　実践の哲学』、一二七頁。

(6) ニーチェ『ニーチェ全集14——偶像の黄昏』原佑訳、ちくま学芸文庫、一九九四年、「四つの大誤謬」、七、六五—六六頁。

(7) ニーチェ『ニーチェ全集　第一一巻(第II期)遺された断想(一八八八年初頭—八八年夏)』、15[三〇]、二七五頁。

(8) この本質的な論点については、拙著『超人の倫理』(一六七—二〇一頁)のなかでより詳しく論じているので、ぜひ参照されたい。

(9) これについては、拙論「ディアグラムと身体——図表論的《ディアグラマティック》思考の系譜について」(『ドゥルーズ・知覚・イメージ——映像生態学の生成』所収、一七四—一九一頁)のなかで詳細に論じているので、ぜひ参照されたい。ミシェル・フーコー『知の考古学』中村雄二郎訳、河出書房新社、一九八一年、一二九—一三二頁、参照。

結論

(1) フェリックス・ガタリ『分裂分析的地図作成法』宇波彰・吉沢順訳、紀伊國屋書店、一九九八年、一四一頁。

（2） カントは、『遺稿集』のなかでスピノザ哲学のうちにカント自身が確立した「超越論的観念論」が既に存在していたことを述べている――「神におけるあらゆる物の直観の体系。自らを総合的かつア・プリオリに定立する超越論的観念論」、「スピノザの超越論的観念論に従えば、われわれは、われわれ自身を神において直観する」(Immanuel Kant, *Opus postumum, Passage des principes métaphysiques de la science de la nature à la physique*, traduction présentation et notes par François Marty, PUF, 1986, pp. 189-190 (XXII, 54-56); cf. p. 341, n. 420)。しかしながら、ここまで論じてきたように、スピノザの観念論は、超越論的でも図式論的でもなく、まさに唯物論的で並行論的な図表論である。

（3） ゲルーは、この定義のうちには次の三つの言説が物の本質として規定されていると考える。(1)それがなければ、物は考えられも存在することもできない。(2)それによって、物の概念と存在が必然的に与えられる。(3)物がなければ、それは、存在することも考えられることもできないようなものである（Cf. Martial Gueroult, *Spinoza II: L'âme (Éthique, II)*, pp. 20-21)。

（4） 同様の言説は、『短論文』のなかにもある。人間の本性は属性なしには存在することも理解されることもできないということから、或る人々は、人間が一つの実体であることを証明しようとする。しかし、これは不条理である。何故なら、物質あるいは物体の本性は、人間身体以前にすでに存在していた以上、人間身体の本性に特有のものでもなければ、また人間の本性に帰属するものでもなかったからである。同様に神の本性も、あらゆる個物の本性以前に存在し理解されなければならないからである。ここから物の本質についての相即性あるいは反転性の定義が考えられることになる。すなわち、「〔物の本性の〕規則は、次の通りである――「それがなければ或る物が存在することも理解されることもできないようなものがその或る物の本性に属する」と言うだけでなく、この命題がつねに転換されうるようでなければならない。つまり逆に「それの方もその或る物がなければ存在することも理解されることもできない」と言わなければならない」（スピノザ『短論文』、第二部、序言、一一二―一一三頁）。

（5） ドゥルーズ『スピノザ　実践の哲学』、一九三頁。

（6） スピノザにおける身体の運動と言葉との連結を、ドゥルーズは、ここで述べてきたような〈身体‐声‐言葉〉の発生の系列として論及していると言える。「深層の雑音は、底‐意味、下‐意味、下意味（Untersinn）である。高所の声は、前‐意味であった。そして、今や、表面の組織化とともに、無‐意味が意味になる点に、無‐意味が意味を捉える点に到達した、と信じることができるだろう」（ドゥルーズ『意味の論理学』、下・一〇一―一〇二頁）。ドゥルーズは、第一の身体の多様なノイズからなる深層閾を定立し、次にここから動的に発生する声の組織化の水準、つまり沈黙した動詞的把握の領域を設定し、さらにこれによって静的に条件づけられる言葉による分節の体系を配置する。これらの諸領域は、動的にあるいは静的に発生する過程として、アルトーに関する論究部分を除いて、ほぼ相互に共可能的な関係性のもとで論じられている。たしかにこのなかで非共可能性——遠近法主義、離接的総合、等々——が論じられるが、それは、あくまでも非物体的な諸々の出来事の間での様相の問題であり、必ずしも身体と非身体的なものとの間の様相として問題提起されたものではない。

（7） エミール・ブレイエ『初期ストア哲学における非物体的なものの理論』、三一頁。「この誤り〔〈表現されるもの〉と〈意味されるもの〉との同一視〕は、すべての場合において、表現可能なものと言語との間に深い融合が存在することから生じたのである（…）。しかし、表現可能なものの述語である〈表現される〉という事実（言われること《レゲスタイ》）は、それ自体が対象の表現可能なものと述語である〈意味される〉という事実（意味されるもの《ト・セーマイノメノン》）とけっして混同されてはならない。ひとは、すべての表現可能なものが語によって指示される必要があるということから、表現可能なものの本性全体はまさに語によって〈指示される〉あるいは〈意味される〉ということをあまりに早急に結論してしまったのだ」（同書、三一—三二頁）。

（8） 言葉の言語活動のうちに残酷な非身体的変形を持ち込むのが、まさに〈表現の形相〉のブロック群としての〈パラグラフ〉である。これについては、拙論「出来事と自然哲学——非歴史性のストア主義について」（ブレイエ『初期ストア哲学における非物体的なものの理論』所収）のなかのとりわけ「XIV 民衆の身体——非物体的なもののマテリアリスムについて」（二〇一—二〇七頁）を参照されたい。

（9） こうした残酷演劇の行使、別の身体への作用、あるいは非身体的変形については、拙著『死の哲学』のとりわけ「第四節 ヘテロリズム宣言（Manifeste pour l'héterrorisme）」（八〇—一〇二頁）を参照されたい。

（10） スピノザ『知性改善論』、「八八—九〇」、七一—七二頁、参照。

（11） これらは、ドゥルーズ＝ガタリが提起した、資本主義と国家装置との内部性の諸形式のうちで形成される二つの受動的な存在の様式である（これについては、「第一四講義」の注（5）を参照せよ）。こうした「服従と隷属は、二つの段階というよりも、共存する二つの極を形成する」。「それ〔現代の権力行使〕は服従と隷属とを同時に含む集合であり、この両者は互いに強化し合い補給し合うことをやめないような、二つの同時的部分として極端に突き進められている」（ドゥルーズ／ガタリ『千のプラトー』、下・二二九、二二八頁）。服従と隷属は、そもそも自然に内属する限りでは段階的な形態などではなく、むしろ二つの同時に共存する極である。これらは、第二部の定理一一の系において明示された、有限な人間知性が思考属性における無限知性に帰属する二つの仕方、すなわち〔α〕部分と〔β〕部分を系譜学的要素とした派生形態である。

あとがき

本書を書き始めたのは、二〇一四年の春ごろからである。したがって、完成まで、ほぼ四年半を要したことになる。この「あとがき」では、本書のいくつかの特徴をとくに述べることにしたい。

(1)人間にとってのより有益な精神とは何か、スピノザの『エチカ』が実在的に有するこの問いの意義、『エチカ』が本質的にもつこの人類学的意義を私たちがさらによりよく理解するには、残念ながら、まだ多くの年月を必要とするであろう。この大地も大気も、そしてそこに内在するすべての様態が、スピノザが或る一つの言語によって表現したように、まさに自然の強度的部分、度合の生成として存在するのである。このことを読者に感覚してもらうことが、本書の目標の一つである。

(2)本書は、スピノザの『エチカ』に関して新たな問題提起と、これに対応した表現の仕方とを探究した書物である。私は、本書において、研究書（二次文献を媒介とした著作）でもなければ、また入門書（比喩を媒介とした啓蒙書）でもないような、その意味で内容的にも表現形式的にも、可能な限り〈現前の思考〉によって、すなわち〈無‐媒介的思考〉――とくに脱‐擬人化の思考――によって多くの部分が成立するような書物を目指した。何故なら、それこそが、スピノザ自身の何よりも〈神あるいは自然〉についての思考だからである。

(3)スピノザの哲学が難解なのは、彼が複雑な対象について考察しているからでも、また単に新しい知識や考えを私たちに提起しているからでもない。そうではなく、この哲学が、むしろ私たち自身の考え方そのものを対象にして、非‐擬人的な、その限りでより有効な人間の思考の仕方へとそれを転換し変形しようとしているからである。私は、こうした意味でのこの非‐常識な、つまり非‐共通感覚な哲学がどのようにしてその有効性のもとで思考し感覚し知覚するのかを絶えず意識して本書を書いた。

(4)スピノザが『エチカ』のなかで実際に述べている事柄について説明しようとする場合、(a)「例えば」という仕方で事例を挙げて考察を進めることで、読者にその事柄についての理解を促すことのできる部分と、(b)いかなる事例もまったくなしにスピノザの諸言表を展開しなければならない部分とがある。しかしながら、後者のような、経験上の事例を挙げて説明することがほとんど不可能な無‐媒介的な事柄――端的に言うと、とくに能産的自然に関する一切――については、まさに〈神の観念〉における私たちの知覚そのものを用いなければならない（第一部、定義四）。

(5)『エチカ』における定理や系についての証明は、たしかに幾何学的秩序にとってもっとも重要な言語上の論理的展開を有するであろう。しかしながら、本書では、『エチカ』に関する多くの著作や論文に見られるように、単に証明をなぞったり、その後を追ったりすることは、あえて二次的なものと見なし、その結果として極力避けることにした。それ以上に重要な――つまりより有効な――ことは、定理や証明の言語形式上の展開や解説よりも、『エチカ』における諸観念そのものがもつ〈表現されるもの〉――すなわち、〈被知覚態〉、〈被情動態〉、〈被概念態〉――に依拠した言表作用を形成することである。というのも、私は、「定理」は命題である以前に、そもそも〈言表作用〉に依拠した表現形式であることを問題提起したかったからである（実はこれは、本書を書いている途中ではじめて意識できたことである）。ドゥルーズ＝ガタリは、見事に同様の事柄を述べていた――「本当は言表が命題〔定理〕に依存するのではなく、その逆である」（ドゥルーズ／ガタリ『千のプラトー』、上・三〇三頁）。言表は定理に依拠せず、また証明はむしろ〈被知覚態〉――「精神の眼」（第五部、定理二三、備考）が知覚するもの――に依存するのである。言表とはスピノザにおけるまさに観念のことであり、また形式言語に対して観念が有する言表作用は諸観念からなる作動配列そのものである。私は本書を、『エチカ』に関してこうした事柄を実践し、またこれらを戦略的に用いて強度化した書物として成立させたかった。言い換えると、これは、「結論」でも論究したように、経験論の新たな可能性、つまり身体の触発なしにはけっして現働化しえないような言表作用の集合体である。

(6)また、人間身体と人間感情との間の回路は、本書で考察した仕方で新たな政治哲学あるいは法哲学を展開することができる。人間精神に基づくこれまでの体系は、つねに原因を精神に求め、その結果を人間身体に背負わせるという愚鈍な系列のもとでしか考えられていなかった。人間身体とその感情――とりわけ欲望とその派生欲望――を考察しない限り、政治も法も復讐の精神に基づく単なる精神至上主義のもとでしか存立することができないであろう。

(7)私は、二〇一四年に『アンチ・モラリア』（河出書房新社）という本を出版した。この本において私は、スピノザの実体と属性の考え方を批判して、スピノザにおける神というまさに絶対的な無仮説の原理を相対化した。何故なら、スピノザには、もっとも本質的な或る一つの限界があるからである――「私はこのことを現在のところこれ以上明瞭に説明することができない」（第二部、定理七、備考）。ここには、スピノザの極限の思考が端的に表明されていると言える。しかしながら、こうした意味での極限は、つねに必然的であり、単なる否定的な限界などではなく、むしろ新たな事柄の起点となるものである。ここにこそ、スピノザ主義のもっとも本質的な内在性の思考がある。

さて、以上のような本書の諸特徴に少しでも読者諸賢が触発されるなら、言い換えると、本書がもつ内在性の哲学に関する多様な問題を意識されるのであれば、著者としては本書が『アンチ・モラリア』に取り組んでいただける機会となりうることを表明しておきたい。著者としては、それだけでも本書を書き上げた意義は完結されると思っている。本書は、スピノザの『エチカ』の理解そのものを目的とする人にとってはたしかに一つの手段となりうるが、それ以上にもし『エチカ』を手段にしようとする人がいるとすれば、それらの人々にとっては、少なくとも脱根拠化のもっとも原理論的な部分――すなわち絶対的な無仮説の原理――に関しては、『アンチ・モラリア』が確実に一つの目標（目的ではなく）になりうるであろう。

＊

本書を書くきっかけの一つは、私が「アソシエ21 学術思想講座」において、次いで「変革のアソシエ講座」においてて（どちらも、月に一度の二時間の演習形式）、『エチカ』を丁寧に読みながら、考察し論究する講座をおこなっていたことにある。ここでは、二〇〇六年から一七年までのほぼ一一年かけて、『エチカ』をすべて読み終えた。この講座では、受講者の方々から多くの有意義な質問や意見を頂戴した。この講座を立ち上げ、継続して企画していただいた故・木畑壽信氏には、とくに心からの感謝の気持ちを表明したい（木畑さん、本当にありがとうございました）。また、朝日カルチャーセンター（新宿校）でも同様に、スピノザの『エチカ』についての講座を四年ほど前からおこなっている。この講座は、つねに三〇名前後の熱心な受講者の方々に支えられて現在も継続中であり、私にとってもっとも充実した時間でもある。

本書の出版に関しては、まず講談社の互盛央氏に感謝したい。本書の成立の観点から言うと、互氏からの提案がなければ、こうした様式と規模で本書が成立することはなかったであろう。

また、法政大学出版局の岡林彩子氏には、この書物をまさにアクチュアルなものに仕上げていただいたという点で心から感謝したい。とくに多くの図や表を含んだ哲学書にもかかわらず、的確に編集作業を進めていただいた。本当にお世話になりました。

こうした方々からのさまざまな触発を受けて、それに対して私自身がわずかでも能動的に作用することがなければ、スピノザの『エチカ』について多様な強度線を描くことも、また一つの内在性の書物を織り上げることもできなかったであろう。今は、こうした成果を読者に届けられることに喜びを感じている。

二〇一九年一月

江川隆男

江川隆男（えがわ たかお）
1958年生まれ。東京都立大学大学院博士課程満期退学。立教大学現代心理学部教授。博士（文学）。専門は西洋近現代哲学。
著書に『存在と差異——ドゥルーズの超越論的経験論』（知泉書館、2003年）、『超人の倫理——〈哲学すること〉入門』（河出書房新社、2013年）、『アンチ・モラリア——〈器官なき身体〉の哲学』（河出書房新社、2014年）、『すべてはつねに別のものである——〈身体－戦争機械〉論』（河出書房新社、2019年）、『残酷と無能力』（月曜社、2021年）などがある。

スピノザ『エチカ』講義
批判と創造の思考のために

2019年 2月25日 初版第1刷発行
2022年12月28日 第2刷発行

著 者 江川隆男

発行所 一般財団法人 法政大学出版局
〒102-0071 東京都千代田区富士見2-17-1
電話 03（5214）5540 振替 00160-6-95814

組版 村田真澄 印刷 ディグテクノプリント 製本 誠製本
装幀 森 裕昌

ISBN978-4-588-15098-2 Printed in Japan